U0904305

2014 新企业会计准则

解析与案例

韩洪灵　陈俊◎编著

清华大学出版社
北　京

内容简介

2014年中国《企业会计准则》经历了颁布以来的最大一次修订，其规模之大、影响之深将是空前的。本书对2014年新增或修订的八项具体会计准则进行了深度的解读，对其核心条款进行了详细的讲解，并辅以丰富的案例分析，以期有利于公司会计与财务人员更好地理解新企业会计准则的精髓及新旧准则的变化，从而能熟练地运用新会计准则进行职业判断和账务处理，以提高财务呈报的信息质量和企业决策的有效性。本书可以用作公司会计与财务人员的培训与自学用书、也可作为会计学本科生、研究生及教师授课参考用书。

本书封面贴有清华大学出版社防伪标签，无标签者不得销售。
版权所有，侵权必究。侵权举报电话：010-62782989　13701121933

图书在版编目（CIP）数据

2014新企业会计准则：解析与案例/韩洪灵，陈俊编著. --北京：清华大学出版社，2015
ISBN 978-7-302-39241-5

Ⅰ. ①2…　Ⅱ. ①韩…　②陈…　Ⅲ. ①企业—会计准则—中国　Ⅳ. ①F279.23

中国版本图书馆CIP数据核字(2015)第024245号

责任编辑：左玉冰
封面设计：汉风唐韵
责任校对：宋玉莲
责任印制：李红英

出版发行：清华大学出版社
网　　址：http://www.tup.com.cn，http://www.wqbook.com
地　　址：北京清华大学学研大厦A座　　**邮　　编**：100084
社 总 机：010-62770175　　**邮　　购**：010-62786544
投稿与读者服务：010-62776969，c-service@tup.tsinghua.edu.cn
质量反馈：010-62772015，zhiliang@tup.tsinghua.edu.cn
印 刷 者：北京鑫丰华彩印有限公司
装 订 者：三河市吉祥印务有限公司
经　　销：全国新华书店
开　　本：185mm×260mm　　**印　张**：20　　**字　　数**：426千字
版　　次：2015年4月第1版　　**印　　次**：2015年4月第1次印刷
印　　数：1～4000
定　　价：48.00元

产品编号：062913-01

前言

为了规范企业的会计核算，真实、完整地提供会计信息，我国于2006年2月15日颁布了新的企业会计准则，并已于2007年1月1日起在上市公司中执行，并鼓励其他企业执行。随着我国市场经济改革的不断深入，我国经济与世界经济相互渗透，伴随着经济全球化、金融全球化，世界资本市场相互渗透，世界经济的竞争已不再是单纯的产品和技术的竞争，而更多的是规则的竞争，是对规则制定与参与程度的竞争。会计作为一种国际通用商业语言的重要性更加突出，规范会计信息的会计准则国际化逐渐提上了议事日程。当今世界包括中国在内的各国会计准则不断趋同正是顺应了这个趋势。目前，国际会计准则的新一轮改革已经进入了关键阶段，在这一轮的改革过程中，我国在会计准则修订过程中已经开始逐渐掌握话语权。

2014年是贯彻落实党的十八届三中全会精神，全面深化改革的起步之年，也是全面完成"十二五"规划的关键之年。党的十八届三中全会作出了关于全面深化改革若干重大问题的决定，提出了使市场在资源配置中起决定性作用、建立权责发生制的政府综合财务报告制度、建立集聚人才体制机制等一系列的新思想、新论断、新举措，此举必将引领新一轮的会计改革，也将为会计行业的发展带来新的契机。

在此背景下，为进一步完善我国企业会计准则体系，提高财务报表列报质量和会计信息透明度，保持我国企业会计准则体系与国际财务报告准则的持续趋同，2014年中国《企业会计准则》经历了颁布以来最大的一次修订，其规模之大、影响之深将是空前的。此次会计准则体系的修订，不仅新增了公允价值计量、合营安排、在其他主体中权益的披露这三项新会计准则，而且完善了金融工具列报、财务报表列报、长期股权投资、合并财务报表及职工薪酬这五项会计准则的重大修订，并于2014年7月1日开始正式实施(其中《企业会计准则第37号——金融工具列报》于2014年12月31日开始执行)。

2014年会计准则的重大修订将给具体的会计与财务工作者带来新的挑战。这些最新及修订的会计准则背后的真正内涵是什么？哪些企业预期将受到这一变革的影响？执行时需要考虑的事项又有哪些？如何充分认识和有效把握会计准则的最新变化与发展趋势？这些问题对于财务报告信息质量的提高和企业决策都有十分重要的意义，需要我们紧跟准则修订步伐，准确把握准则变化的实质与操作方法。

为此，我们编写了本书。本书在编著的过程中力求以"博采众长，融合提炼"为原则，吸纳国内外会计准则研究的最新成果，本书对2014年新增或修订的八项具体会计准则进行了深度的解读，对其核心条款进行详细的讲解，并辅以丰富的案例分析，以有利于公司会计与财务人员更好地理解新企业会计准则的精髓及新旧准则的变化，从而能熟练地运用新会计准则进行职业判断和账务处理。本书可以用作公司会计与财务人员的培训与自学用书、也可作为会计学本科生与研究生及教师授课参考用书。

本书由浙江大学管理学院的韩洪灵、陈俊担任主编，各章具体分工如下：前言（韩洪灵、陈俊）；第一章（陈俊、宁静、陆梦瑶）；第二章（韩洪灵、沈湘汝）；第三章（韩洪灵、李天琪）；第四章（韩洪灵、陆梦瑶）；第五章（韩洪灵、宁静）；第六章（韩洪灵、张立燕）；第七章（陈俊、沈湘汝）；第八章（陈俊、李天琪）。本书的编著与出版得到了国家自然科学基金（项目批准号：71272168及71102085）和浙江省自然科学基金（项目批准号：Y6110216及Y7100206）的资助，作者特别感谢中国证监会会计部夏文贤博士的支持与帮助，感谢其所提供的大量最新资料与准则修订的背景信息及政策导向；也特别感谢清华大学出版社左玉冰女士对本书的悉心编辑与指正。需特别指出的是，本书是在借鉴国内外大量书籍和文献的基础上编写而成的，我们对这些书籍与文献的作者表示诚挚的谢意，对于文献标注的可能疏漏表示真诚的歉意。由于我们水平有限，书中可能存在的错漏与不足在所难免，祈望各位专家、读者批评指正。

编　者

2015年3月11日

目　录

第一章　长期股权投资　<<< 1

第一节　长期股权投资准则修订概述 …… 1

一、修订的主要背景 …… 1

二、修订的主要内容 …… 1

第二节　长期股权投资准则的适用范围 …… 3

一、长期股权投资准则规范的范围 …… 3

二、不属于修订后准则规范的长期股权投资 …… 4

第三节　长期股权投资的初始计量 …… 5

一、企业合并形成的长期股权投资 …… 5

二、企业合并以外其他方式取得的长期股权投资 …… 8

第四节　长期股权投资的后续计量 …… 10

一、长期股权投资的成本法 …… 10

二、长期股权投资的权益法 …… 11

三、长期股权投资的减值 …… 19

第五节　长期股权投资重分类、核算方法的转换及处置 …… 19

一、长期股权投资的重分类 …… 19

二、长期股权投资核算方法的转换 …… 24

三、长期股权投资的处置 …… 27

第二章　职工薪酬　<<< 31

第一节　职工薪酬会计准则修订概述 …… 31

一、职工薪酬准则修订背景 …… 31

二、职工薪酬准则修订的主要内容 …… 32

第二节　职工薪酬的范围、分类与确认 …… 33

一、职工的范围 …… 33

二、职工薪酬的范围 …… 33

三、职工薪酬的确认 …… 34

第三节　短期薪酬 …… 34

一、短期薪酬的内容 …… 34
二、短期薪酬的计量 …… 35
第四节 离职后福利及其分类 …… 42
一、设定提存计划 …… 42
二、设定受益计划 …… 44
第五节 设定受益计划的会计处理 …… 45
一、设定受益计划会计处理的基本原则 …… 45
二、设定受益计划义务的确认与计量 …… 45
三、设定受益计划资产 …… 50
四、设定受益计划的修改或变更——过去服务成本 …… 51
五、设定受益计划义务的列报 …… 51
六、设定受益计划结算 …… 53
第六节 辞退福利 …… 54
一、辞退福利的含义 …… 54
二、辞退福利的确认 …… 55
三、辞退福利的计量 …… 55
第七节 其他长期职工福利 …… 58
一、其他长期职工福利的含义 …… 58
二、其他长期职工福利的确认与计量 …… 59
第八节 列报与披露 …… 60
一、短期薪酬的披露 …… 60
二、设定提存计划的披露 …… 61
三、设定受益计划的披露 …… 61
四、辞退福利的披露 …… 62
五、其他长期福利的披露 …… 63
第九节 新旧准则衔接 …… 63

第三章 财务报表列报 <<< 64

第一节 财务报表列报准则概述 …… 64
一、财务报表列报准则修订背景 …… 64
二、财务报表列报准则修订的主要内容 …… 64
三、财务报表的定义与类型 …… 65
四、财务报表列报准则的范围 …… 67
第二节 财务报表列报的基本要求 …… 67
一、依据各项会计准则确认和计量的结果编制财务报表 …… 67
二、列报基础 …… 67

三、权责发生制 …… 68
四、重要性和项目列报 …… 68
五、列报的一致性 …… 69
六、财务报表项目金额间的相互抵消 …… 69
七、比较信息的列报 …… 70
八、财务报表表首的列报要求 …… 70
九、报告期间 …… 70
第三节 资产负债表 …… 71
一、资产负债表概述 …… 71
二、资产负债表的列报方法 …… 74
第四节 利润表 …… 81
一、利润表概述 …… 81
二、其他综合收益和综合收益 …… 82
三、利润表的列报格式和列报方法 …… 90
第五节 所有者权益变动表 …… 96
一、所有者权益变动表概述 …… 96
二、所有者权益变动表的列报格式和列报方法 …… 97
第六节 附注 …… 100
一、附注概述 …… 100
二、附注披露的内容 …… 101
第七节 衔接规定 …… 106

第四章 合并财务报表 <<< 107

第一节 合并财务报表准则修订概述 …… 107
一、修订的主要背景 …… 107
二、修订的主要内容 …… 108
第二节 合并范围的确定 …… 109
一、确定合并范围的原则——控制 …… 109
二、判断是否存在控制需考虑的因素 …… 111
三、对被投资方可分割部分的控制 …… 122
四、判断对结构化主体是否存在控制的特殊考虑 …… 123
五、母公司合并财务报表的合并范围 …… 124
第三节 合并财务报表的编制程序 …… 133
一、统一会计政策和会计期间 …… 133
二、编制合并工作底稿 …… 133
三、编制调整分录和抵消分录 …… 133

四、计算合并财务报表各项目的合并金额 …… 134
五、填列合并财务报表 …… 134
第四节　合并资产负债表 …… 134
一、对子公司的个别财务报表进行调整 …… 134
二、按权益法调整对子公司的长期股权投资 …… 135
三、编制合并资产负债表时应进行抵消处理的项目 …… 148
四、报告期内增减子公司 …… 157
五、子公司发生超额亏损在合并资产负债表中的反映 …… 160
六、合并资产负债表编制 …… 160
七、合并资产负债表的格式 …… 162
第五节　合并损益表 …… 162
一、编制合并利润表时应进行抵消处理的项目 …… 162
二、报告期内增减子公司 …… 166
三、合并利润表的编制 …… 167
四、合并利润表的基本格式 …… 168
第六节　合并现金流量表 …… 170
一、编制合并现金流量表时应进行抵消处理的项目 …… 171
二、报告期内增减子公司的处理 …… 173
三、合并现金流量表中有关少数股东权益项目的反映 …… 173
四、合并现金流量表的编制 …… 174
五、合并现金流量表格式 …… 176
第七节　合并所有者权益变动表 …… 178
一、合并所有者权益变动表的编制 …… 179
二、合并所有者权益变动表格式 …… 182
第八节　特殊交易的会计处理 …… 182
一、多步骤取得股权实现控制的会计处理 …… 182
二、处置子公司部分股权的会计处理 …… 187
第九节　衔接规定 …… 190

第五章　金融工具列报　<<< 191

第一节　金融工具列报准则概述 …… 191
一、金融工具列报准则修订背景 …… 191
二、金融工具列报修订的主要内容 …… 192
三、金融工具列报准则的范围 …… 194
第二节　金融负债和权益工具的区分 …… 195
一、金融负债的定义 …… 195

二、权益工具的定义 …… 196
三、金融负债与权益工具的区分 …… 203
四、复合金融工具的分拆 …… 205
第三节 特殊金融工具的区分 …… 207
一、可回售工具确认为权益工具的条件 …… 207
二、发行方仅在清算时才有义务向另一方按比例交付其净资产的金融工具确认为权益的条件 …… 208
三、可回售工具和负清算义务的金融工具确认为权益工具时的特殊要求 …… 208
第四节 收益和库存股 …… 209
一、金融负债的相关损益处理 …… 209
二、权益工具的相关变动处理 …… 209
三、库存股的相关处理 …… 210
第五节 金融资产和金融负债的抵消 …… 210
一、金融资产和金融负债抵消应满足的条件 …… 210
二、金融资产与金融负债抵消应注意的事项 …… 212
第六节 金融工具对财务状况和经营成果影响的列报 …… 213
一、一般性规定 …… 213
二、资产负债表中的列示及相关披露 …… 214
三、利润表中的列示及相关披露 …… 218
四、套期保值相关披露 …… 219
五、公允价值披露 …… 219
第七节 与金融工具相关的风险披露 …… 221
一、各类金融工具风险相关的定性、定量信息 …… 221
二、信用风险信息 …… 222
三、流动性风险信息 …… 223
四、市场风险信息 …… 226
第八节 金融资产转移的披露 …… 228
一、列明已转移尚未全部终止确认的金融资产应披露信息 …… 229
二、列明已全部终止确认，但转出方继续涉入的被转移金融资产应披露信息 …… 230
第九节 衔接规定 …… 230

第六章 公允价值计量 <<< 232

第一节 公允价值计量准则概述 …… 232
一、公允价值计量准则制定背景 …… 232

二、公允价值计量准则的主要内容 …… 233
三、公允价值计量准则的范围 …… 234
第二节 公允价值的定义 …… 234
一、公允价值是对资产或负债在市场参与者之间交易价格的估计 …… 234
二、公允价值取决于资产或负债的特征,与报告企业特征无关 …… 235
三、公允价值是退出价格 …… 235
第三节 公允价值计量基本要求 …… 236
一、计量对象与计量单元 …… 236
二、有序交易 …… 237
三、最主要市场与最有利市场 …… 238
四、市场参与者特征 …… 240
五、价格 …… 240
第四节 估值技术 …… 242
一、估值技术方法——市场法、收益法和成本法 …… 242
二、估值技术的输入值 …… 243
三、校准估值技术 …… 244
四、变更估值技术 …… 244
五、估值溢折价 …… 245
六、基于出价—要价的公允价值计量 …… 246
第五节 公允价值层次 …… 248
一、公允价值层次划分的原则 …… 248
二、第一、二和第三层次公允价值的特征与判定 …… 248
第六节 公允价值计量的应用 …… 251
一、公允价值初始计量 …… 251
二、金融工具公允价值计量单元的特殊考虑 …… 252
三、非金融资产公允价值计量:最佳用途 …… 254
四、负债和企业自身权益工具的公允价值计量 …… 257
第七节 公允价值披露 …… 259
第八节 衔接规定 …… 264

第七章 合营安排 <<< 265

第一节 合营安排准则概述 …… 265
一、制定背景 …… 265
二、合营安排准则的主要内容 …… 265
第二节 合营安排的认定 …… 266
一、存在具有约束力的合营协议 …… 267

二、共同控制 …… 267
第三节 合营安排的分类 …… 270
一、新旧准则关于合营安排分类的比较 …… 270
二、共同经营与合营企业的区分 …… 271
第四节 合营安排的会计处理 …… 276
一、核心原则 …… 276
二、共同经营参与方的会计处理 …… 277
三、合营企业参与方的会计处理 …… 279
四、衔接规定 …… 281

第八章 在其他主体中权益的披露 <<< 282

第一节 在其他主体中权益的披露准则概述 …… 282
一、制定背景 …… 282
二、准则的主要目标 …… 282
三、准则的主要内容 …… 283
四、准则的范围 …… 284
第二节 关于在其他主体中权益的定义 …… 285
一、在其他主体中的权益 …… 285
二、结构化主体 …… 285
第三节 重大判断和假设的披露 …… 287
一、对控制、共同控制、重大影响的判断 …… 287
二、对投资性主体的判断 …… 288
第四节 在子公司中权益的披露 …… 289
一、基础信息披露 …… 289
二、重大限制披露 …… 290
三、已纳入合并报表范围内结构化主体权益的风险披露 …… 291
四、在子公司所有者权益份额变化的披露 …… 292
五、企业是投资性主体的且存在未纳入合并范围内子公司相关权益信息的披露 …… 292
第五节 在合营企业或联营企业中权益的披露 …… 293
一、合营安排和联营企业的基础信息 …… 293
二、合营企业和联营企业的财务信息 …… 294
三、与企业在合营企业和联营企业中权益有关的风险信息 …… 297
第六节 在未纳入合并报表范围的结构化主体中权益的披露 …… 299
一、未纳入合并报表范围的结构化主体的基础信息 …… 299
二、与权益相关资产负债的账面价值和最大损失敞口 …… 300

三、企业是结构化主体的发起人但在结构化主体中没有权益的情况 ········ 301
四、向未纳入合并报表范围的结构化主体提供支持的情况 ················ 302
五、未纳入合并财务报表范围结构化主体额外信息披露 ···················· 302
第七节　衔接规定 ··· 303

参考文献　　<<< 304

第一章

长期股权投资

第一节　长期股权投资准则修订概述

一、修订的主要背景

财政部2006年发布的《企业会计准则第2号——长期股权投资》及相关应用指南实施六年多来，规范了企业长期股权投资的会计处理，取得了良好成效。但是，随着我国企业并购市场的不断发展及并购业务的日益复杂，实务中一些与长期股权投资问题相关的会计问题缺乏明确、一致的会计处理要求，如多次交易分步实现的企业合并在个别报表层面的会计处理、权益法下投资方应享有的被投资单位除净损益和其他综合收益以外的其他净资产变动的会计处理等，信息编报者和使用者都希望能尽快完善长期股权投资会计处理及其相关信息的列报与披露要求。在长期股权投资准则实施过程中，针对实务中存在的问题，财政部通过发布企业会计准则解释、修订企业会计准则讲解等方式完善了相关规定。为提高准则的可操作性，有必要对这些内容进行整合，以充实、完善长期股权投资准则。

2011年5月，国际会计准则理事会正式发布了《国际会计准则第27号——单独财务报表》(IAS27)和《国际会计准则第28号——联营和合营企业中的投资》(IAS28)修订版。此次国际准则的修订主要是将对联营和合营企业的投资的会计处理纳入了IAS28。为进一步规范长期股权投资的相关会计处理，并保持中国企业会计准则与国际财务报告准则的持续趋同，财政部借鉴修订后的有关国际准则，结合我国企业实际情况对长期股权投资准则进行了修订。

二、修订的主要内容

（一）调整长期股权投资的范围

现行长期股权投资准则正文并未对长期股权投资的范围作出规定，只是在《企业会计准则讲解》中明确长期股权投资主要包括四类：一是投资企业能够对被投资单位实施控制的权益性投资；二是投资企业与其他合营方一同对被投资单位共同实施控制的权益性投资；三是投资企业对被投资单位具有重大影响的权益性投资，即对联营企业投资；四是投资企业持有的对被投资单位不具有控制、共同控制或重大影响，并在活跃市场中没有报价、公允价值不能可靠计量的权益性投资。本次长期股权投资准则修订除将讲解中关于长期股权投资范围的规定整合至准则正文外，还将上述第四类改按《企业会计准则第22号——金融资产的确认和计量》处理。

（二）明确并协调关键性概念的运用

长期股权投资准则与合并财务报表、合营安排等准则项目有着紧密的联系，合并财务报表、合营安排等准则中“控制”、“共同控制”、“重大影响”等概念都直接影响长期股权投资的分类及其相关会计处理要求。财政部本次也对《企业会计准则第33号——合并财务报表》进行了修订，并新制定了《企业会计准则第40号——合营安排》准则，借鉴《国际财务财务报告准则第10号——合并财务报表》、《国际财务财务报告准则第11号——合营安排》，对“控制”等关键概念进行了修订。为保持中国企业会计准则体系内的协调一致，本次长期股权投资准则的修订，明确规定在运用“控制”、“共同控制”、“重大影响”等概念时应按照《企业会计准则第33号——合并财务报表》和《合营安排》的规定进行判断。

（三）完善权益法的运用

(1) 明确规定了投资企业采用权益法核算时，对于被投资方净损益、其他综合收益和利润分配以外的其他原因导致的所有者权益变动中应享有的金额，应确认为所有者权益(资本公积)，同时调整长期股权投资的账面价值。

(2) 明确规定了投资企业在计算确认应享有或应分担被投资单位的净损益时，与被投资单位之间发生的未实现内部交易损益按照持股比例计算归属于投资企业的部分应当予以抵消。

(3) 明确规定了投资企业因追加投资能够对被投资单位实施共同控制或重大影响的，应当改按权益法核算，并视同原持有的股权投资自取得之日起即按照权益法核算的账面价值加上新增投资成本之和作为权益法核算的初始投资成本。

(4) 明确规定了投资企业因增加投资或减少投资等原因导致对被投资单位的控制、共同控制或重大影响发生变化的会计处理，即长期股权投资核算方法随着以上变化相应在成本法、权益法之间的转换衔接，以及改按《企业会计准则第22号——金融资产的确认和计量》核算的衔接规定。

（四）其他修订

(1) 明确规定投资企业采用成本法核算对被投资单位的投资时，投资企业确认投资收益的会计处理，取消了现行准则中以被投资单位接受投资后产生的累积净利润的分配额为限的规定。

(2) 明确规定通过分步实现的企业合并取得的长期股权投资和通过多次交易取得重

大影响的长期股权投资在个别报表中均采用“成本叠加”的方法确定长期股权投资的成本，且在长期股权投资核算方法转化日与原投资相关的其他综合收益转入当期损益。

第二节 长期股权投资准则的适用范围

投资是企业为了获得收益或实现资本增值向被投资单位投放资金的经济行为。企业对外进行的投资，可以有不同的分类。从性质上划分，可以分为债权性投资与权益性投资；从管理层持有意图划分，可以分为交易性投资、可供出售投资、持有至到期投资等。长期股权投资准则规范了符合条件的权益性投资的确认、计量结果和相关信息的披露，其他投资适用《企业会计准则第 22 号——金融工具确认和计量》等相关准则。

一、长期股权投资准则规范的范围

明确界定长期股权投资的范围是对长期股权投资进行正确确认、计量和报告的前提。本次修订后的长期股权投资准则界定了准则的范围，明确指出，本准则所称长期股权投资，是指投资方对被投资方实施控制、重大影响的权益性投资，以及对合营企业的权益性投资。具体而言，长期股权投资可以分为以下三类：

一是投资企业能够对被投资单位实施控制的权益性投资，即对子公司投资。为保持准则体系内的协调一致，修订后长期股权投资明确规定，在确定能否对被投资方实施控制时，投资方应当根据《企业会计准则第 33 号——合并财务报表》有关规定进行判断。投资方能够对被投资方实施控制的，被投资方为其子公司，投资方应当将子公司纳入合并财务报表的合并范围。

二是投资企业与其他合营方一同对被投资单位实施共同控制的权益性投资，即对合营企业投资。财政部在本次准则修订中单独制定了《企业会计准则第 40 号——合营安排》准则。因此，为保持准则体系内的协调一致，修订后长期股权投资明确规定，在确定投资方能否对被投资方实施共同控制以及被投资方是否为其合营企业时，应当根据《企业会计准则第 40 号——合营安排》有关规定进行判断。

三是投资企业对被投资单位具有重大影响的权益性投资，即对联营企业投资。重大影响是指投资方对被投资方的财务和经营政策有参与决策的权力，但并不能够控制或者与其他方一起共同控制这些政策的制定。在确定能否对被投资方施加重大影响时，应当考虑投资方和其他方持有的被投资方当期可转换公司债券、当期可执行认股权证等潜在表决权因素。投资方能够对被投资方施加重大影响的，被投资方为其联营企业。

实务中，较为常见的重大影响体现为在被投资单位的董事会或类似权力机构中派有代表，通过在被投资单位生产经营决策制定过程中的发言权实施重大影响。投资企业直接或通过子公司间接拥有被投资单位 20%以上但低于 50%的表决权股份时，一般认为对被投资单位具有重大影响，除非有明确的证据表明该种情况下不能参与被投资单位的生产经营决策，不形成重大影响。在确定能否对被投资单位施加重大影响时，一方面应考虑投资企业直接或间接持有被投资单位的表决权股份，同时要考虑企业及其他方持有的现行可执行潜在表决权在假定转换为对被投资单位的股权后产生的影响，如被投资单位发行的现行可转换的认股权证、股份期权及可转换公司债券等的影响。

通常企业可以通过以下一种或几种情形来判断是否对被投资单位具有重大影响：①在被投资单位的董事会或类似权力机构中派有代表。这种情况下，由于在被投资单位的董事会或类似权力机构中派有代表，并享有相应的实质性的参与决策权，投资企业可以通过该代表参与被投资单位经营政策的制定，达到对被投资单位施加重大影响。但应注意的是，一些情况下投资单位有能力向被投资单位派出代表但尚未派出，或者暂时委托其他董事行使决策权，这类情况也应判断为对被投资单位具有重大影响。②参与被投资单位的政策制定过程，包括股利分配政策等的制定。这种情况下，因可以参与被投资单位的政策制定过程，在制定政策过程中可以为其自身利益提出建议和意见，从而可以对被投资单位施加重大影响。③与被投资单位之间发生重要交易。有关的交易因对被投资单位的日常经营具有重要性，进而一定程度上可以影响到被投资单位的生产经营决策。④向被投资单位派出管理人员。这种情况下，通过投资企业对被投资单位派出管理人员，管理人员有权力负责被投资单位的财务和经营活动，从而能够对被投资单位施加重大影响。⑤向被投资单位提供关键技术资料。因被投资单位的生产经营需要依赖投资企业的技术或技术资料，表明投资企业对被投资单位具有重大影响。

二、不属于修订后准则规范的长期股权投资

修订后的准则列举了适用其他相关会计准则的长期股权投资，主要包括以下三类：

一是修订后准则未予规范的长期股权投资，适用《企业会计准则第 22 号——金融工具确认和计量》。尽管该条款的文字表述与原准则完全相同，但修订后准则界定长期股权投资的范围时，未包括“投资企业持有的对被投资单位不具有控制、共同控制或重大影响，并且在活跃市场中没有报价、公允价值不能可靠计量的权益性投资”（通常称为“三无投资”）。因此，根据修订后准则的规定，“三无投资”将适用《企业会计准则第 22 号——金融工具确认和计量》，视为金融工具予以确认、计量。这是本次长期股权投资准则修订在准则范围上的最大变化。其实，根据国际财务报告准则的相关规定，除具有控制、共同控制或重大影响以外的权益性投资，其他都适用金融工具准则，并且在计量方面，对于在活跃市场中没有报价、公允价值不能可靠计量的权益性投资可以采用以成本进行计量。财政部 2006 年发布企业会计准则体系时，为缓解公允价值计量金融工具所引发的问题，将“三无投资”纳入长期股权投资准则的范围，并要求以成本法计量。此次长期股权投资准则的修订，将“三无投资”重新纳入金融工具准则的范围，与国际财务报告准则更趋一致。但是应注意的是，将“三无投资”纳入金融工具准则的范围后，企业因追加或减少投资导致长期股权投资的核算方法发生变化时的会计处理要求也发生了变化，具体参见本章第五节的解析。

二是长期股权投资准则规范的权益性投资不包括风险投资机构、共同基金以及类似主体持有的、在初始确认时按照《企业会计准则第22号——金融工具确认和计量》的规定指定为以公允价值计量且其变动计入当期损益的金融资产或者分类为交易性金融资产的投资。风险投资机构、共同基金以及类似主体持有的、在初始确认时按照《企业会计准则第22号——金融工具确认和计量》的规定指定为以公允价值计量且其变动计入当期损益的金融资产或者分类为交易性金融资产的投资，即使符合持有待售条件，也应继续按《企业会计准则第22号——金融工具确认和计量》的规定核算。

三是外币长期股权投资的折算，适用《企业会计准则第19号——外币折算》。这里强调的是外币长期股权投资折算的会计处理适用《企业会计准则第19号——外币折算》的规定，除此之外，外币长期股权投资的确认、计量仍适用长期股权投资准则的规定。

第三节　长期股权投资的初始计量

一、企业合并形成的长期股权投资

企业合并形成的长期股权投资，应区分企业合并的类型，分别同一控制下控股合并与非同一控制下控股合并确定其初始投资成本。

（一）同一控制下企业合并形成的长期股权投资

同一控制下的企业合并，合并方以支付现金、转让非现金资产或承担债务方式作为合并对价的，应当在合并日按照取得被合并方在最终控制方合并财务报表中所有者权益账面价值的份额作为长期股权投资的初始投资成本。长期股权投资初始投资成本与支付的现金、转让的非现金资产以及所承担债务账面价值之间的差额，应当调整资本公积；资本公积不足冲减的，调整留存收益。合并方以发行权益性证券作为合并对价的，应当在合并日按照取得被合并方在最终控制方合并财务报表中所有者权益账面价值的份额作为长期股权投资的初始投资成本。按照发行股份的面值总额作为股本，长期股权投资初始投资成本与所发行股份面值总额之间的差额，应当调整资本公积；资本公积不足冲减的，调整留存收益。合并方为企业合并发生的审计、法律服务、评估咨询等中介费用以及其他相关管理费用，应当于发生时计入当期损益。

上述在按照合并日应享有被合并方账面所有者权益的份额确定长期股权投资的初始投资成本时，前提是合并前合并方与被合并方采用的会计政策应当一致。如企业合并前合并方与被合并方采用的会计政策不同，应基于重要性原则，统一合并方与被合并方的会计政策。在按照合并方的会计政策对被合并方资产、负债的账面价值进行调整的基础上，计算确定形成长期股权投资的初始投资成本。如果被合并方存在合并财务报表，则应当以合并日被合并方合并财务报表所有者权益为基础确定长期股权投资的初始投资成本。

【例 1-1】　M公司和N公司同受A公司控制。20×4年2月5日，M公司通过向N

公司的股东定向发行2 000万股普通股(每股面值为1元,市价为10元),取得N公司80%的股权,并于当日起能够对N公司实施控制。M公司和N公司在企业合并前采用的会计政策相同。合并日,N公司所有者权益的总额为3 000万元。M公司为合并N公司发生的审计、法律服务、评估咨询等中介费用为150万元。合并日,M公司应确认对N公司的长期股权投资,其成本为合并日享有N公司账面所有者权益的份额,账务处理为

借:长期股权投资　　24 000 000

　贷:股本　　20 000 000

　　资本公积——股本溢价　　4 000 000

同时,M公司应在合并费用实际发生时计入当期损益,账务处理为

借:管理费用　　1 500 000

　贷:银行存款　　1 500 000

需要注意的是,被合并方是最终控制方以前年度从第三方收购来的情况下,被合并方的"账面价值"是指被合并方的原账面价值,还是最终控制方从第三方并购日的账面价值,实务中一直存在困惑和争议。本次长期股权投资准则的修订明确了以被合并方净资产在最终控制方合并报表中的账面价值的份额作为长期股权投资的初始成本。这主要是由于权益结合法的实质是站在最终控制方的角度,认为在该交易前后,最终控制方所能控制的经济资源并未发生变化,故采用账面价值。相应地,作为同一控制下会计处理基础的"账面价值"是指被合并方的各项资产负债在最终控制方合并报表层面显示的账面价值,也包括最初从第三方收购所产生的商誉。合并报表比较数据追溯调整的期间范围应该不早于双方处于最终控制方的控制之下的时间。

【例1-2】 20×1年8月30日,A公司通过支付现金1 800万元,从独立第三方购入B公司100%的股权,并于当日起能够对N公司实施控制,N公司保留独立的法人地位持续经营。当日,N公司净资产账面价值为1 000万元,可辨认净资产公允价值为2 000万元。C公司是受A公司控制的另一子公司。为整合集团内部资源,20×3年4月20日,C公司向A公司定向发行股份1 000万股(每股面值1元,每股市价5.2元)取得A公司持有的B公司股权。合并日,B公司净资产账面价值为850万元;以A公司合并B公司的并购日(20×1年8月30日)B公司可辨认净资产公允价值为基础计算的净资产账面价值为1 800万元,合并商誉未发生减值,仍为200万元。同一控制下企业合并日(20×3年4月20日),C公司的账务处理为

借:长期股权投资　　20 000 000

　贷:股本　　10 000 000

　　资本公积——股本溢价　　10 000 000

此外,同一控制下企业合并形成的长期股权投资,如子公司按照改制时的资产、负债评估价值调整账面价值的,母公司应当按照取得子公司经评估确认净资产的份额作为长期股权投资的成本,该成本与支付对价的差额调整所有者权益。

（二）非同一控制下企业合并形成的长期股权投资

非同一控制下的控股合并中，购买方应当按照确定的企业合并成本作为长期股权投资的初始投资成本。企业合并成本包括购买方付出的资产、发生或承担的负债、发行的权益性证券的公允价值之和。购买方为企业合并发生的审计、法律服务、评估咨询等中介费用以及其他相关管理费用，应当于发生时计入当期损益；购买方作为合并对价发行的权益性证券或债务性证券的交易费用，应当计入权益性证券或债务性证券的初始确认金额。

【例 1-3】　M 公司于 20×1 年 6 月 30 日支付现金 800 万元从无关的第三方取得 N 公司 60%的股权，并于当日起可以对 N 公司的生产经营决策实施控制。为完成并购 N 公司的交易，M 公司发生的审计、法律服务、评估咨询等费用为 100 万元。

本例中因 M 公司从无关第三方取得 N 公司股权，应作为非同一控制下的企业合并处理。M 公司对于合并形成的对 N 公司的长期股权投资，应进行的账务处理为

借：长期股权投资	8 000 000	
管理费用	1 000 000	
贷：银行存款		9 000 000

（三）多次交易分步实现企业合并形成的长期股权投资

通过多次交换交易分步实现非同一控制下企业合并的，应当区分个别财务报表和合并财务报表进行相关会计处理①：

(1) 在个别财务报表中，应当以购买日之前所持被购买方的股权投资的账面价值与购买日新增投资成本之和，作为该项投资的初始投资成本。但应注意的是，购买日之前持有的被购买方的股权涉及其他综合收益的情况下，原准则规定应当在处置该项投资时将与其相关的其他综合收益(例如，可供出售金融资产公允价值变动计入资本公积的部分，下同)转入当期投资收益，修订后的准则规定，在追加投资使得长期股权投资核算方法发生变化日将与原投资相关的其他综合收益和所有者权益转入当期损益，具体参见本章第五节的解析。

(2) 在合并财务报表中，对于购买日之前持有的被购买方的股权，应当按照该股权在购买日的公允价值进行重新计量，公允价值与其账面价值的差额计入当期投资收益；购买日之前持有的被购买方的股权涉及其他综合收益的，与其相关的其他综合收益应当转为购买日所属当期投资收益。购买方应当在附注中披露其在购买日之前持有的被购买方的股权在购买日的公允价值、按照公允价值重新计量产生的相关利得或损失的金额。

【例 1-4】　20×2 年 1 月 1 日，ABC 公司以每股 5 元的价格购入某上市公司 XYZ 的

---

①　对于通过多次交易分步实现的同一控制下企业合并(例如，被投资单位从联营企业变为子公司)在个别报表中的会计处理，原准则和修订后的准则都没有明确规定。我们认为，修订后准则在个别报表层面对同一控制下企业合并采用的是权益结合法，因此，对原取得的投资(例如，原联营投资)应视同自从原取得投资时和双方处于最终控制方之下孰晚起，即视同按照同一控制下企业合并取得的长期股权投资进行会计处理。

股票 100 万股，并由此持有 XYZ 公司 2%的股权，两家公司不存在关联方关系。ABC 公司将对 XYZ 公司的投资作为可供出售金融资产进行会计处理。20×4 年 1 月 1 日，ABC 公司以现金 1.75 亿元为对价，向 XYZ 公司大股东收购了该公司 50%的股权，相关手续于当日完成。假设 ABC 公司购买 XYZ 公司 2%的股权和后续购买 50%的股权不构成“一揽子交易”，ABC 公司取得对 XYZ 公司控制权之日为 20×4 年 1 月 1 日，XYZ 公司当日股价为每股 7 元，XYZ 公司可辨认净资产的公允价值为 2 亿元，不考虑相关税费等其他影响。

购买日前，ABC 公司持有对 XYZ 公司的股权投资作为可供出售金融资产进行会计处理，购买日前 ABC 公司原持有可供出售金融资产的账面价值为 700 万元。本次追加投资应支付对价的公允价值为 17 500 万元。购买日对子公司按成本法核算的初始投资成本为 18 200 万元(17 500＋700)。

购买日前 ABC 公司原持有可供出售金融资产相关的其他综合收益为 200 万元[(7－5)×100]，购买日该其他综合收益转入购买日所属当期投资收益。其有关会计分录为

借：长期股权投资——投资成本　　182 000 000
　贷：可供出售金融资产　　7 000 000
　　　银行存款　　175 000 000
借：其他综合收益　　2 000 000
　贷：投资收益　　2 000 000

ABC 公司合并财务报表的会计处理参见《企业会计准则第 33 号——合并财务报表》相关规定。

二、企业合并以外其他方式取得的长期股权投资

除企业合并形成的长期股权投资外，其他方式取得的长期股权投资，应当按照以下要求确定初始投资成本。

(1) 以支付现金取得的长期股权投资，应当按照实际支付的购买价款作为初始投资成本，包括购买过程中支付的手续费等必要支出。

需要强调的是，企业无论是以何种方式取得长期股权投资，取得投资时，对于支付的对价中包含的应享有被投资单位已经宣告但尚未发放的现金股利或利润应确认为应收项目，不构成取得长期股权投资的初始投资成本。

【例 1-5】 ABC 公司于 20×1 年 6 月 15 日自公开市场中买入 XYZ 公司 15%的股份，实际支付价款 2 000 万元。另外，在购买过程中支付手续费等相关费用 200 万元。ABC 公司取得该部分股权后能够对 XYZ 公司的生产经营决策施加重大影响。

ABC 公司应当按照实际支付的购买价款作为取得长期股权投资的成本，其账务处理为

借：长期股权投资　　22 000 000
　贷：银行存款　　22 000 000

【例 1-6】 沿用例 1-5，假定 ABC 公司取得该项投资时，XYZ 公司已经宣告但尚未发放现金股利，ABC 公司按其持股比例计算确定可分得 15 万元。则 ABC 公司在确认该长期股权投资时，应将包含的现金股利部分单独核算，即

借：长期股权投资　　21 850 000
　　应收股利　　150 000
　贷：银行存款　　22 000 000

（2）以发行权益性证券方式取得的长期股权投资，其成本为所发行权益性证券的公允价值。

确定发行的权益性证券的公允价值时，所发行的权益性证券存在公开市场，有明确市价可供遵循的，应以该证券的市价作为确定其公允价值的依据，同时应考虑该证券的交易量、是否存在限制性条款等因素的影响；所发行权益性证券不存在公开市场，没有明确市价可供遵循的，应考虑以被投资单位的公允价值为基础确定权益性证券的价值。为发行权益性证券支付给有关证券承销机构等的手续费、佣金等与权益性证券发行直接相关的费用，不构成取得长期股权投资的成本。该部分费用应自权益性证券的溢价发行收入中扣除，权益性证券的溢价收入不足冲减的，应冲减盈余公积和未分配利润。

【例 1-7】 20×4 年 3 月，M 公司通过定向发行 5 000 万股本公司普通股（每股面值 1 元）取得 N 公司 30%的股权，经评估，该 5 000 万股股份的公允价值为 2 5000 万元。为定向增发该部分股份，M 公司向证券承销机构等支付了 300 万元的佣金和手续费。假定 M 公司取得该部分股权后能够对 N 公司的生产经营决策施加重大影响。

本例中 M 公司应当以所发行股份的公允价值作为取得长期股权投资的成本：

借：长期股权投资　　75 000 000
　贷：股本　　50 000 000
　　　资本公积——股本溢价　　22 000 000
　　　银行存款　　3 000 000

（3）投资者投入的长期股权投资，应当按照投资合同或协议约定的价值作为初始投资成本，但合同或协议约定的价值不公允的除外。

投资者投入的长期股权投资，是指投资者以其持有的对第三方的投资作为出资投入企业，接受投资的企业原则上应当按照投资各方在投资合同或协议中约定的价值作为取得投资的初始投资成本，但有明确证据表明合同或协议中约定的价值不公允的除外。

在确定投资者投入的长期股权投资的公允价值时，有关权益性投资存在活跃市场的，应当参照活跃市场中的市价确定其公允价值；不存在活跃市场，无法按照市场信息确定其公允价值的情况下，应当将按照一定的估值技术等合理的方法确定的价值作为其公允价值。

【例 1-8】 M 公司设立时，其主要出资方之一甲公司以其持有的对乙公司的长期股权投资作为出资投入 M 公司。投资各方在投资合同中约定，作为出资的该项长期股权投资作价 3 600 万元。该作价是按照乙公司股票的市价经考虑相关调整因素后确定的。

M公司注册资本为15 000万元。甲公司出资占M公司注册资本的20%。取得该项投资后，M公司根据其持股比例，能够派人参与甲公司的财务和生产经营决策。

本例中，M公司对于投资者投入的该项长期股权投资，应进行的会计处理为

借：长期股权投资　　36 000 000

　贷：实收资本　　30 000 000

　　资本公积——资本溢价　　6 000 000

(4) 以债务重组方式取得的长期股权投资，其初投资成本应按照《企业会计准则第12号——债务重组》的原则确定。

(5) 以非货币性资产交换方式取得的长期股权投资，其初投资成本应按照《企业会计准则第7号——非货币性资产交换》的原则确定。

第四节　长期股权投资的后续计量

长期股权投资在持有期间，根据投资企业对被投资单位的影响程度分别采用成本法及权益法进行核算。

一、长期股权投资的成本法

(一) 成本法的适用范围

修订后长期股权投资准则核算的权益性投资中，应当采用成本法核算的只有一类，即投资方能够对被投资方实施控制的长期股权投资(对子公司投资)。对被投资单位不具有共同控制或重大影响，且在活跃市场中没有报价、公允价值不能可靠计量的长期股权投资，已不属于修订后长期股权投资的范围，但在适用《企业会计准则第22号——金融工具的确认与计量》时，根据相关规定，仍可采用成本法予以计量。

准则中要求企业对子公司的长期股权投资在日常核算及母公司个别财务报表中采用成本法核算，一方面是为了避免在子公司实际宣告发放现金股利或利润之前，母公司垫付资金发放现金股利或利润等情况，解决了原来权益法下投资收益不能足额收回导致超分配问题；另一方面，对于纳入合并范围的子公司，企业编制的合并财务报表能全面反映子公司的财务状况及经营成果，能够提供权益法所反映的子公司信息，因此，在个别报表层面采用成本法核算对子公司投资，能够更充分满足各类信息使用者的需求。

(二) 成本法核算下长期股权投资账面价值的调整及投资损益的确认

采用成本法核算的长期股权投资，应当按照初始投资成本计价，追加或收回投资应当调整长期股权投资的成本。修订后的长期股权投资明确规定，对于通过多次交易取得的长期股权投资，无论是实现了企业合并，还是对被投资单位具有重大影响，在个别报表中均采用“成本叠加”的思路对长期股权投资计价，即长期股权投资的账面价值应为多次交

易取得长期股权投资的成本之和。被投资单位宣告分派的现金股利或利润中，投资企业按应享有的部分确认为当期投资收益。

【例 1-9】 甲公司 20×1 年 1 月取得对乙公司 5%的股权，成本为 800 万元。20×2 年 6 月，甲公司又以 3 000 万元取得对乙公司 15%的股权。假定甲公司持有乙公司 5%股权时，对乙公司的生产经营决策不具有重大影响或共同控制；取得乙公司 20%股权后，对乙公司的生产经营具有重大影响。乙公司股权不存在活跃的交易市场，公允价值无法取得。20×3 年 3 月，乙公司宣告分派现金股利，甲公司按其持股比例可取得 10 万元。

甲公司应进行的会计处理为

① 20×1 年 1 月：

借：可供出售金融资产　8 000 000

　贷：银行存款　8 000 000

② 20×2 年 6 月：

借：长期股权投资　38 000 000

　贷：银行存款　30 000 000

　　可供出售金融资产　8 000 000

③ 20×3 年 3 月：

借：应收股利　100 000

　贷：投资收益　100 000

企业按照上述规定确认自被投资单位应分得的现金股利或利润后，应当考虑长期股权投资是否减值。在判断该类长期股权投资是否存在减值迹象时，应当关注长期股权投资的账面价值是否大于享有被投资净资产(包括相关商誉)的账面价值的份额等类似情况。出现类似情况时，企业应当按照《企业会计准则第 8 号——资产减值》对长期股权投资进行减值测试，可收回金额低于长期股权投资账面价值的，应当计提减值准备。

二、长期股权投资的权益法

长期股权投资准则规定，应当采用权益法核算的长期股权投资包括两类：一是对合营企业的长期股权投资；二是对联营企业的长期股权投资。

按照权益法对长期股权投资进行核算，主要包括以下几方面的内容：

第一，确定长期股权投资初始成本。初始投资或追加投资时，按照初始投资成本或追加投资的投资成本，增加长期股权投资的账面价值。

第二，调整长期股权投资初始成本。比较初始投资成本与投资时应享有被投资单位可辨认净资产公允价值的份额，对于初始投资成本小于应享有被投资单位可辨认净资产公允价值份额的，应对长期股权投资的账面价值进行调整，计入取得投资当期的损益。

第三，确认长期股权投资持有期间投资收益。持有投资期间，随着被投资单位所有者权益的变动相应调整增加或减少长期股权投资的账面价值，并分情况处理：对属于因被投资单位实现净损益产生的所有者权益的变动，投资企业按照持股比例计算应享有的份额，增加或减少长期股权投资的账面价值，同时确认为当期投资损益；对被投资单位除净损益以外其他因素导致的所有者权益变动，在持股比例不变的情况下，按照持股比例计算应享有或应分担的份额，增加或减少长期股权投资的账面价值，同时确认为资本公积（其他资本公积）。在持有投资期间，被投资单位能够提供合并财务报表的，应当以合并财务报表净利润和其他投资变动为基础进行核算。

第四，确认所取得的现金股利或利润。被投资单位宣告分派利润或现金股利时，投资企业按持股比例计算应分得的部分，一般应冲减长期股权投资的账面价值。

（一）初始投资成本的调整

投资企业取得对联营企业或合营企业的投资以后，对于取得投资时初始投资成本与应享有被投资单位可辨认净资产公允价值份额之间的差额，应区别情况处理。

（1）初始投资成本大于取得投资时应享有被投资单位可辨认净资产公允价值份额的，该部分差额是投资企业在取得投资过程中通过作价体现出的与所取得股权份额相对应的商誉及被投资单位不符合确认条件的资产价值，这种情况下不要求对长期股权投资的成本进行调整。

（2）初始投资成本小于取得投资时应享有被投资单位可辨认净资产公允价值份额的，两者之间的差额体现为双方在交易作价过程中转让方的让步，该部分经济利益流入应作为收益处理，计入取得投资当期的营业外收入，同时调整增加长期股权投资的账面价值。

（3）对于通过多次分步交易取得的长期股权投资，如果第一次取得股权份额时就采用权益法核算，应当将每一次取得股权份额的取得成本与取得该股权份额时应享有被投资单位可辨认净资产公允价值份额之间的差额，按上述规定分别调整长期股权投资初始投资成本，也即对每次交易取得的股权份额分别适用权益法；如果原股权投资不适用权益法，追加投资后才采用权益法进行会计处理，应当将采用权益法日股权份额的账面价值（例如可供出售资产的账面价值）加上新增投资成本之和，与当日持有的股权份额应享有被投资单位可辨认净资产公允价值份额之间的差额，按上述规定调整确定长期股权投资的初始投资成本。同时，原持有的权益性投资分类为可供出售金融资产并以公允价值计量的、计入其他综合收益的累计公允价值变动，应当在取得重大影响或共同控制之日转入当期损益。

【例 1-10】 甲公司于 20×1 年 3 月取得乙公司 20％的股权，支付价款 3 000 万元。甲公司在取得乙公司的股权后，能够对乙公司施加重大影响，对该投资采用权益法核算。

（1）假定取得投资时被投资单位可辨认净资产公允价值为 10 000 万元。长期股权投资的初始投资成本 3 000 万元大于取得投资时应享有被投资单位可辨认净资产公允价值的份额 2 000 万元（10 000×20％），该差额不调整长期股权投资的账面价值。甲公司有关账务处理为

借：长期股权投资——投资成本　　　　30 000 000

贷：银行存款 30 000 000

（2）假定本例中取得投资时被投资单位可辨认净资产的公允价值为 20 000 万元，甲公司按持股比例 20%计算确定应享有 4 000 万元，则初始投资成本与应享有被投资单位可辨认净资产公允价值份额之间的差额 1 000 万元应计入取得投资当期的营业外收入。甲公司有关账务处理为

借：长期股权投资——投资成本 40 000 000

贷：银行存款 30 000 000

营业外收入 10 000 000

（3）假定 20×2 年 8 月，甲公司对乙公司追加投资，支付现金 2 000 万元，取得乙公司 10%股权。当日，乙公司可辨认净资产的公允价值为 25 000 万元，新取得股权应享有当日被投资单位可辨认净资产公允价值的份额 2 500 万元（25 000×10%），两者的差额 500 万元应计入取得投资当期的营业外收入。甲公司有关账务处理为

借：长期股权投资——投资成本 25 000 000

贷：银行存款 20 000 000

营业外收入 5 000 000

（二）投资损益的确认

采用权益法核算的长期股权投资，投资方取得长期股权投资后，应当按照应享有或应分担的被投资方实现的净损益和其他综合收益的份额，分别确认投资损益和其他综合收益，同时调整长期股权投资的账面价值；投资方按照被投资方宣告分派的利润或现金股利计算应分得的部分，相应减少长期股权投资的账面价值。

在确认应享有或应分担被投资单位的净利润时，在被投资单位账面净利润的基础上，应考虑以下因素的影响进行适当调整：

（1）被投资单位采用的会计政策及会计期间与投资企业不一致的，应按投资企业的会计政策及会计期间对被投资单位的财务报表进行调整，在此基础上确认投资损益和其他综合收益等。

权益法下，是将投资企业与被投资单位作为一个整体对待，作为一个整体其所产生的损益，应当在一致的会计政策基础上确定，被投资企业采用的会计政策与投资企业不同的，投资企业应当基于重要性原则，按照本企业的会计政策对被投资单位的损益和其他综合收益进行调整。

（2）以取得投资时被投资单位固定资产、无形资产的公允价值为基础计提的折旧额或摊销额，以及有关资产减值准备金额等对被投资单位净利润的影响。

被投资单位个别利润表中的净利润是以其持有的资产、负债的账面价值为基础持续计算的，而投资企业在取得投资时，是以被投资单位有关资产、负债的公允价值为基础确定投资成本，取得投资后应确认的投资收益代表的是被投资单位资产、负债在公允价值计量的情况下在未来期间通过经营产生的损益中归属于投资企业的部分。投资企业取得投

资时被投资单位有关资产、负债的公允价值与其账面价值不同的，未来期间，在计算归属于投资企业应享有的净利润或应承担的净亏损时，应考虑被投资单位计提的折旧额、推销额以及资产减值准备金额等进行调整。

【例 1-11】 甲公司于 20×1 年 6 月 30 日购入乙公司 20%的股份，购买价款为 2 000 万元，并自取得投资之日对乙公司的生产经营决策具有重大影响。取得投资当日，乙公司可辨认净资产公允价值为 12 000 万元，除表 1-1 所列项目外，乙公司其他资产、负债的公允价值与账面价值相同。

表 1-1　乙公司部分资产的公允价值　　单位：万元

项　目	账面原价	已提折旧或摊销	公允价值	乙公司预计使用年限	甲公司取得投资后剩余使用年限
存货	1 000		1 200		
固定资产	4 000	1 000	4 500	20	15
土地使用权	500	400	1 200	10	8
小　计	2 400	380	3 100		

假定乙公司于 20×1 年实现净利润 1 000 万元，其中在甲公司取得投资时的账面存货全部对外出售；除此之外，乙公司持有的一项可供出售金融资产公允价值的变动计入资本公积(其他综合收益)的金额为 120 万元。甲公司与乙公司的会计年度及采用的会计政策相同。固定资产、土地使用权均按直线法提取折旧或摊销，预计净残值均为 0。假定甲、乙公司间未发生任何内部交易。

甲公司在确定其应享有的投资收益时，应在乙公司实现净利润的基础上，根据取得投资时乙公司有关资产的账面价值与其公允价值差额的影响进行调整(假定不考虑所得税影响)：

存货账面价值与公允价值的差额应调减的利润＝1 200－1 000＝200(万元)

固定资产公允价值与账面价值差额应调整增加的折旧额＝(4 500÷15－4 000÷20)÷2
＝50(万元)

土地使用权公允价值与账面价值差额应调整增加的摊销额＝(1 200÷8－500÷10)÷2
＝50(万元)

调整后的净利润＝1 000－200－50－50＝700(万元)

甲公司应享有份额＝700×30%＝210(万元)

确认投资收益的账务处理为

借：长期股权投资——损益调整　　2 100 000
　贷：投资收益　　2 100 000

借：长期股权投资——其他权益变动　　360 000
　贷：资本公积(其他综合收益)　　360 000

(3) 投资方计算确认应享有或应分担被投资方的净损益时，与联营、合营企业之间发生的未实现内部交易损益按照应享有的比例计算归属于投资方的部分，应当予以抵消，在此基础上确认投资损益[①]。

投资方与被投资方发生的未实现内部交易损失，按照《企业会计准则第 8 号——资产减值》等规定属于资产减值损失的，应当全额确认。

投资企业与其联营企业及合营企业之间的未实现内部交易损益抵消与投资企业与子公司之间的未实现内部交易损益抵消有所不同，母子公司之间的未实现内部交易损益在合并财务报表中是全额抵消的，而投资企业与其联营企业及合营企业之间的未实现内部交易损益抵消仅仅是投资企业或是纳入投资企业合并财务报表范围的子公司享有联营企业或合营企业的权益份额。

需要强调的是，未实现内部交易损益的抵消既包括顺流交易也包括逆流交易，其中，顺流交易是指投资企业向其联营企业或合营企业出售资产，逆流交易是指联营企业或合营企业向投资企业出售资产。当该未实现内部交易损益体现在投资企业或其联营企业、合营企业持有的资产账面价值中时，相关的损益在计算确认投资损益时应予抵消。

① 对于投资企业向联营企业或合营企业出售资产的顺流交易，在该交易存在未实现内部交易损益的情况下（即有关资产未对外部独立第三方出售），投资企业在采用权益法计算确认应享有联营企业或合营企业的投资损益时，应抵消该未实现内部交易损益的影响，同时调整对联营企业或合营企业长期股权投资的账面价值。当投资方向联营企业或合营企业出资或是将资产出售给联营企业或合营企业，同时有关资产由联营企业或合营企业持有时，投资方对于投出或出售资产产生的损益确认仅限于归属于联营企业或合营企业其他投资者的部分。即在顺流交易中，投资方投出资产或出售资产给其联营企业或合营企业产生的损益中，按照持股比例计算确定归属于本企业的部分不予确认。

【例 1-12】 甲公司持有乙公司有表决权股份的 30%，能够对乙公司生产经营施加重大影响。20×1 年 12 月，甲公司将其账面价值为 900 万元的商品以 1 000 万元的价格出售给乙公司，乙公司将取得的商品作为存货核算。乙公司在 20×1 年尚未对外出售该批存货。

假定甲企业取得该项投资时，乙公司各项可辨认资产、负债的公允价值与其账面价值相同，两者在以前期间未发生过内部交易。乙公司 20×1 年实现净利润为 500 万元。不

---

① 修订后的长期股权投资准则并未区分投资方与被投资方之间的交易标的是否涉及业务。然而，新制定发布的《企业会计准则第 40 号——合营安排》准则关于合营方与共同经营之间的交易区分了交易标的是否构成业务。该准则第十六条规定，合营方向共同经营投出或出售资产等（该资产构成业务的除外），在共同经营将该资产等出售给第三方之前，应当仅确认归属于共同经营其他参与方的利得或损失。交易表明投出或出售的资产按照《企业会计准则第 8 号——资产减值》等规定属于资产减值损失的，合营方应当全额确认该损失。合营方向共同经营投出或出售构成业务的资产等的，应当按照《企业会计准则第 33 号——合并财务报表》等相关企业会计准则的规定进行会计处理；第十七条规定，合营方自共同经营购买资产等（业务除外），在将该资产等出售给第三方之前，不应当确认因该交易产生的损益中该合营方应享有的部分。交易表明购入的资产发生减值损失的，合营方应当按其承担的份额确认该部分损失。合营方自共同经营购买业务的，应当按照《企业会计准则第 20 号——企业合并》等相关企业会计准则的规定进行会计处理。

考虑所得税影响。

甲公司在该项交易中实现利润100万元，其中的30万元（100×30%）是针对本公司持有的对联营企业的权益份额，在采用权益法计算确认投资损益时应予抵消。甲企业应当进行的会计处理为

借：长期股权投资——损益调整　　1 200 000

　贷：投资收益　　1 200 000

② 对于联营企业或合营企业向投资企业出售资产的逆流交易，在该交易存在未实现内部交易损益的情况下（即有关资产未对外部独立第三方出售），投资企业在采用权益法计算确认应享有联营企业或合营企业的投资损益时，应抵消该未实现内部交易损益的影响。当投资企业自其联营企业或合营企业购买资产时，在将该资产出售给外部独立第三方之前，不应确认联营企业或合营企业因该交易产生的损益中本企业应享有的部分。

【例1-13】 甲公司于20×1年3月取得乙公司30%有表决权股份，能够对乙公司施加重大影响。20×1年6月，乙公司将其成本为900万元的某商品以1 000万元的价格出售给甲公司，甲公司将取得的商品作为固定资产，预计使用寿命为10年，采用直线法计提折旧，净残值为0。至20×1年资产负债表日，甲公司未对外出售该固定资产。

假定甲企业取得该项投资时，乙公司各项可辨认资产、负债的公允价值与其账面价值相同。乙公司20×1年实现净利润500万元。不考虑所得税因素影响。

甲公司在按照权益法确认应享有乙公司20×1年净损益时，应进行以下会计处理：

借：长期股权投资——损益调整　　1 215 000

　贷：投资收益　　1 215 000

需要强调的是，投资企业与其联营企业及合营企业之间发生的无论是顺流交易还是逆流交易产生的未实现内部交易损失，属于所转让资产发生减值损失的，有关的未实现内部交易损失不应予以抵消。

【例1-14】 甲公司持有乙公司30%有表决权股份，能够对乙公司生产经营决策施加重大影响。20×1年，甲公司将其账面价值为500万元的商品以350万元的价格出售给乙公司。20×1年资产负债表日，乙公司尚未将该批商品对外出售。

假定甲公司取得取该项投资时，乙公司各项可辨认资产、负债的公允价值与其账面价值相同，两者在以前期间未发生过内部交易。乙公司20×1年净利润为500万元。

上述甲公司在确认应享有乙公司20×1年净损益时，如果有证据表明交易价格350万元与甲公司该商品账面价值500万元之间的差额是该资产发生了减值损失，在确认投资损益时不应予以抵消。

甲公司应当进行的会计处理为

借：长期股权投资——损益调整　　1 500 000

　贷：投资收益　　1 500 000

（4）取得现金股利或利润的处理。

按照权益法核算的长期股权投资，投资企业自被投资单位取得的现金股利或利润，应抵减长期股权投资的账面价值。在被投资单位宣告分派现金股利或利润时，借记"应收股利"科目，贷记"长期股权投资（损益调整）"科目；自被投资单位取得的现金股利或利润超过已确认损益调整的部分应视同投资成本的收回，冲减长期股权投资的成本。

（5）超额亏损的确认。

长期股权投资准则规定，投资企业确认应分担被投资单位发生的损失，原则上应以长期股权投资及其他实质上构成对被投资单位净投资的长期权益减记至零为限，投资企业负有承担额外损失义务的除外。

这里所讲"其他实质上构成对被投资单位净投资的长期权益"通常是指长期应收项目。比如，企业对被投资单位的长期债权，该债权没有明确的清收计划，且在可预见的未来期间不准备收回的，实质上构成对被投资单位的净投资。应予说明的是，该类长期权益不包括投资企业与被投资单位之间因销售商品、提供劳务等日常活动所产生的长期债权。

按照长期股权投资准则规定，投资企业在确认应分担被投资单位发生的亏损时，应将长期股权投资及其他实质上构成对被投资单位净投资的长期权益项目的账面价值综合起来考虑，在长期股权投资的账面价值减记至零的情况下，如果仍有未确认的投资损失，应以其他长期权益的账面价值为基础继续确认。另外，投资企业在确认应分担被投资单位的净损失时，除应考虑长期股权投资及其他长期权益的账面价值以外，如果在投资合同或协议中约定将履行其他额外的损失补偿义务，还应按《企业会计准则第 13 号——或有事项》的规定确认预计将承担的损失金额。企业在实务操作过程中，在发生投资损失时，应借记"投资收益"科目，贷记"长期股权投资（损益调整）"科目。在长期股权投资的账面价值减记至零以后，考虑其他实质上构成对被投资单位净投资的长期权益，继续确认的投资损失应借记"投资收益"科目，贷记"长期应收款"科目；因投资合同或协议约定导致投资企业需要承担额外义务的，按照或有事项准则的规定，对于符合确认条件的义务，应确认为当期损失，同时确认预计负债，借记"投资收益"科目，贷记"预计负债"科目。除上述情况外仍未确认的应分担被投资单位的损失，应在账外备查登记。

在确认了有关的投资损失以后，被投资单位于以后期间实现盈利的，应按以上相反顺序分别减记账外已确认的预计负债、恢复其他长期权益及长期股权投资的账面价值，同时确认投资收益。即应当按顺序分别借记"预计负债"、"长期应收款"、"长期股权投资"科目，贷记"投资收益"科目。

【例 1-15】 甲公司持有乙公司 30%的股权，能够对乙公司施加重大影响。20×1 年资产负债表日，甲公司长期股权投资的账面价值为 2 500 万元。

假定甲公司在取得该投资时，乙公司各项可辨认资产、负债的公允价值与其账面价值相等，双方所采用的会计政策及会计期间也相同。受宏观经济的影响，20×1 年乙公司亏损 10 000 万元。甲公司按其持股比例确认应分担的损失为 3 000 万元。但长期股权投资的账面价值仅为 2 500 万元，如果没有其他实质上构成对被投资单位净投资的长期权益

项目，则甲公司应确认的投资损失仅为2 500万元，超额损失在账外进行备查登记，则甲公司应进行的账务处理为

借：投资收益　　25 000 000

　贷：长期股权投资——损益调整　　25 000 000

假定在确认了2 500万元的投资损失，长期股权投资的账面价值减记至零以后，甲公司账上仍有应收乙公司的长期应收款300万元，该款项从目前情况看，没有明确的清偿计划，则甲公司还应冲减该应收账款，具体账务处理为

借：投资收益　　3 000 000

　贷：长期应收款　　3 000 000

（三）被投资单位除净损益、其他综合收益和利润分配以外的其他原因导致的所有者权益变动

采用权益法核算时，投资企业对于被投资方净损益、其他综合收益和利润分配以外的其他原因导致的所有者权益变动中应享有的金额，应确认为所有者权益（资本公积），同时调整长期股权投资的账面价值。

【例1-16】 甲公司为上市公司，20×1年1月1日，甲公司以1 100万元现金取得乙公司股份400万股，占乙公司总股份的25%，并对乙公司具有重大影响。20×1年1月1日，乙公司可辨认净资产公允价值为4 000万元，假定与其净资产账面价值相等。20×2年7月1日，乙公司向丙公司定向增发新股400万股，丙公司以2 000万元现金认购。增发股份后，甲公司对乙公司仍具有重大影响。20×1年1月1日到20×2年6月30日期间，以20×1年1月1日乙公司可辨认净资产公允价值为基础计算，乙公司累计实现净利润800万元。除所实现利润外，在此期间，乙公司所有者权益无其他变动。

20×1年1月1日，甲公司取得乙公司的长期股权投资，采用权益法核算。当日，甲公司分享乙公司可辨认净资产公允价值的份额为4 000×25%＝1 000(万元)，小于长期股权投资的初始成本。因此，长期股权投资初始成本为1 100万元，包括商誉100万元。

20×1年1月1日到20×2年6月30日，甲公司累计确认投资收益800×25%＝200(万元)，同时增加长期股权投资账面价值200万元。20×2年6月30日，甲公司对乙公司长期股权投资账面价值为1 100＋200＝1 300(万元)。

乙公司向丙公司定向发行股份后，所有者权益增加2 000万元，乙公司的所有者权益总额变为6 800万元。甲公司在乙公司所持股份比例变为：400/(400÷25%＋400)＝20%。甲公司应分享的份额为6 800×20%＝1 360(万元)。

20×2年7月1日，因乙公司向丙公司定向增发股份，甲公司应享有的乙公司所有者权益的份额增加60万元。甲公司应作如下账务处理：

借：长期股权投资——其他权益变动　　600 000

　贷：资本公积　　600 000

三、长期股权投资的减值

投资方应当关注长期股权投资的账面价值是否大于享有被投资方净资产(包括相关商誉)账面价值的份额等类似情况。出现类似情况时,投资方应当按照《企业会计准则第8号——资产减值》对长期股权投资进行减值测试,可收回金额低于长期股权投资账面价值的,应当计提减值准备。

第五节　长期股权投资重分类、核算方法的转换及处置

一、长期股权投资的重分类

修订后的长期股权投资准则规范的范围仅包括对子公司、联营企业和合营企业投资,除此之外的长期股权投资适用《企业会计准则第22号——金融工具确认与计量》。长期股权投资在持有期间,因各方面情况的变化,可能导致投资方对被投资方的影响程度发生变化,从而导致对长期股权投资进行重分类。长期股权投资的重分类应区分不同的情况进行处理。

(一)权益类金融工具重分类为长期股权投资

权益类金融工具重分类为长期股权投资,应区别投资方持有的长期股权投资对被投资方的影响程度进行处理。

(1)投资方因追加投资等原因能够对被投资方实施重大影响或共同控制但不构成控制的,应当改按权益法核算,并按照《企业会计准则第22号——金融工具确认和计量》确定的股权投资账面价值加上新增投资成本之和作为权益法核算的初始投资成本,原持有的权益性投资分类为可供出售金融资产并以公允价值计量的,计入其他综合收益的累计公允价值变动应当在取得重大影响或共同控制之日转入当期损益。

与原准则相比,修订后长期股权投资准则的主要变化如下:

一是直接将原取得的权益投资的账面价值加上新增投资成本作为权益法核算的初始投资成本,并以此为基础采用权益法进行会计核算。

原准则要求对原取得权益投资自取得日起追溯采用权益法,并使原取得权益投资在追加投资交易日的账面价值等于原持股比例分享的被投资企业在追加投资日可辨认净资产公允价值的份额。对于新取得的股权部分,应比较追加投资的成本与取得该部分投资时应享有被投资单位可辨认净资产公允价值的份额,前者大于后者的,不调整长期股权投资的成本;前者小于后者的,根据其差额分别调整长期股权投资的投资成本和当期的营业外收入,同时,对新旧股权账面价值进行上述调整时,应当综合考虑与原持有投资和追加

投资相关商誉或计入损益金额[①]。

二是如果原持有的权益性投资分类为可供出售金融资产，根据金融工具准则的相关规定，其公允价值变动累计形成的其他综合收益转入当期损益。然而，原长期股权投资准则规定，只有处置股权时才能将相关的其他综合收益转入当期损益。

从原则上讲，对资产进行重分类的会计处理，一般视同将原资产进行处置，并确认一项新资产。根据金融工具准则的相关规定，可供出售金融资产在进行处置时，应将其公允价值变动累计形成的其他综合收益转入当期损益。修订后长期股权投资范围不再包括对被投资企业无重大影响、无控制和公允价值无法可靠计量的权益投资，这类投资应确认为金融工具。因此，当追加投资使这类投资能够对被投资方实施重大影响或共同控制但不构成控制，也就意味着应将原权益投资从金融工具重分类为长期股权投资。

【例 1-17】 甲公司于20×1年3月取得乙公司10%的股权，成本为600万元，因对被投资单位不具有重大影响且无法可靠确定该项投资的公允价值，甲公司将其确认为可供出售金融资产并以成本计量。假定取得投资时乙公司可辨认净资产公允价值总额为5 600万元。

20×2年6月，甲公司又以1 200万元的价格取得乙公司12%的股权，当日乙公司可辨认净资产公允价值总额为8 000万元。取得该部分股权后，按照乙公司章程规定，甲公司能够派人参与乙公司的生产经营决策，对该项权益投资分类为长期股权投资并采用权益法核算。假定甲公司在取得对乙公司10%股权后至新增投资日，双方未发生任何内部及交易，乙公司通过生产经营活动实现的净利润为600万元，未派发现金股利或利润。除所实现净利润外，未发生其他计入资本公积的交易或事项。

为说明修订后准则相对原准则的变化，以下分别根据修订后准则和原准则对上述追加投资业务进行会计处理。

根据修订后长期股权投资准则进行的会计处理：

原投资成本与追加投资成本之和为1 800万元，大于追加投资时投资时按照持股比例计算确定应享有被投资单位可辨认净资产公允价值的份额1 760万元(8 000×22%)，之间的差额为投资作价中体现出的商誉，该部分商誉不要求调整长期股权投资的成本。由于原投资确认为可供出售金融资产并以成本计量，没有计入其他综合收益的累计公允价值变动。相关的账务处理如下：

借：长期股权投资　　　　18 000 000

　贷：银行存款　　　　　　12 000 000

---

① 对于原取得投资后至追加投资的交易日之间被投资单位可辨认净资产公允价值的变动相对于原持股比例的部分，属于在此期间被投资单位实现净损益中应享有份额的，一方面应调整长期股权投资的账面价值，同时对于原取得投资时至追加投资当期期初按照原持股比例应享有被投资单位实现的净损益，应调整留存收益，对于追加投资当期期初至追加投资交易日之间应享有被投资单位的净损益，应计入当期损益；属于其他原因导致的被投资单位可辨认净资产公允价值变动中应享有的份额，在调整长期股权投资账面价值的同时，应当计入“资本公积——其他资本公积”科目。

可供出售金融资产　　　　6 000 000

根据原准则进行的会计处理：

① 20×2 年 6 月，甲公司应确认对乙公司的追加投资

借：长期股权投资　　　　12 000 000

　贷：银行存款　　　　12 000 000

对于新取得的股权，其成本为 1 200 万元，与取得该投资时按照持股比例计算确定应享有被投资单位可辨认净资产公允价值的份额 960 万元(8 000×12%)之间的差额为投资作价中体现出的商誉，该部分商誉不要求调整长期股权投资的成本。

② 对原长期股权投资账面价值的调整

对于原 10%股权的成本 600 万元与原投资时应享有被投资单位可辨认净资产公允价值份额 560 万元(5 600×10%)之间的差额 40 万元，属于原投资时体现的商誉，该部分差额不调整长期股权投资的账面价值；对于被投资单位可辨认净资产在原投资时至新增投资交易日之间公允价值的变动(8 000－5 600)相对于原持股比例的部分 240 万元，其中属于投资后被投资单位实现净利润部分 60 万元(600×10%)，应调整增加长期股权投资的账面余额，同时调整留存收益；除实现净损益外其他原因导致的被投资单位可辨认净资产公允价值的变动 180 万元，应当调整追加长期股权投资的账面余额，同时计入资本公积(其他资本公积)。针对该部分投资的账务处理为

借：长期股权投资　　　　2 400 000

　贷：资本公积——其他资本公积　　　　1 800 000

　　　利润分配——未分配利润　　　　600 000

③ 原投资和追加投资的股权投资成本经上述调整后的合计金额为 2 040 万元，并以此为基础采用权益法长期股权投资进行会计处理。同时，相应调增资本公积 180 万元，调增留存收益 60 万元。

(2) 投资方因追加投资等原因能够对非同一控制下的被投资方实施控制的，应当改按成本法核算，并按照原持有的股权投资账面价值加上新增投资成本之和作为成本法核算的初始投资成本。原持有的权益性投资分类为可供出售金融资产的，计入其他综合收益的累计公允价值变动应转入取得对被投资方控制之日的当期损益。

【例 1-18】 承例 1-17，假定 20×2 年 6 月，甲公司以 3 200 万元的价格取得乙公司 45%的股权，并于当日对乙公司的生产经营实施控制。假定原可供出售金融资产的公允价值能够可靠计量，至追加投资日累计公允价值变动为 200 万元，则相关的会计处理如下：

借：长期股权投资　　　　40 000 000

　贷：银行存款　　　　32 000 000

　　　可供出售金融资产　　　　8 000 000

借：资本公积——其他资本公积　　　　2 000 000

　贷：投资收益　　　　2 000 000

需要注意的是，在编制个别财务报表时应当按照以上规定处理，在编制合并财务报表时应当按照《企业会计准则第33号——合并财务报表》的有关规定处理。

（二）长期股权投资重分类为权益类金融工具

长期股权投资重分类为权益类金融工具，也应区别投资方持有的长期股权投资对被投资方的影响程度进行处理。

（1）投资方因处置部分股权投资等原因丧失了对被投资方的共同控制或重大影响的，处置后的剩余股权应当改按《企业会计准则第22号——金融工具确认和计量》核算，其在丧失共同控制或重大影响之日的公允价值与账面价值间的差额计入当期损益，涉及权益法核算确认的被投资方除净损益以外所有者权益的其他变动的，应当在终止采用权益法核算时将有关其他综合收益和所有者权益的金额全部转入当期损益。

修订后准则相对原准则最大的变化是，剩余股权被重分类为金融资产，视同全部处置原股权投资，原采用权益法核算时产生的其他综合收益和所有者权益全部转入当期损益。根据原准则，剩余的股权仍属于长期股权投资的范围，只是将出售的股权按照资产处置进行会计处理，原计入其他综合收益和所有权益的金额，也仅将与所出售股权相对应的部分在处置时自资本公积转入当期损益。

【例1-19】 甲公司持有乙公司4 000万股有表决权股份，占乙公司总股本的40%，能够对乙公司的生产经营决策施加重大影响，采用权益法核算。20×2年10月，甲公司出售3 600万股乙公司股份，出售以后，无法再对乙公司施加重大影响，且该项投资不存在活跃市场，公允价值无法可靠计量，出售以后剩余的股权投资分类为可供出售金融资产。出售时，该项长期股权投资的账面价值为2 000万元，其中投资成本为1 200万元，损益调整为600万元，其他所有者权益变动调整为400万元，出售取得价款2 400万元。

根据修订后长期股权投资准则，甲公司确认处置乙公司股权的会计处理如下：

① 出售3 600万股乙公司股权，确认处置收益

借：银行存款　　24 000 000

　贷：长期股权投资　　18 000 000

　　投资收益　　6 000 000

② 将剩余权益投资分类为可供出售金融资产，并将原计入其他综合收益和所有权益的金额全部转入当期损益。

借：可供出售金融资产　　2 000 000

　贷：长期股权投资　　2 000 000

借：资本公积　　4 000 000

　贷：投资收益　　4 000 000

根据原长期股权投资准则，甲公司确认处置乙公司股权的会计处理如下：

① 出售3 600万股乙公司股权，确认处置收益

借：银行存款　　24 000 000

贷：长期股权投资 18 000 000

投资收益 6 000 000

② 将原计入其他综合收益和所有权益的金额，按所出售股权相对应的部分自资本公积转入当期损益。

借：资本公积 3 600 000

贷：投资收益 3 600 000

(2) 投资方因处置部分股权投资等原因丧失了对被投资方的控制的，处置后的剩余股权不能对被投资方实施共同控制或重大影响的，应当改按《企业会计准则第22号——金融工具确认和计量》核算，其在丧失控制之日的公允价值与账面价值间的差额计入当期损益。

在编制个别财务报表时应当按照以上规定处理，在编制合并财务报表时应当按照《企业会计准则第33号——合并财务报表》的有关规定处理。

① 在个别财务报表中，对于处置的股权，应当按照上述规定，结转与所售股权相对应的长期股权投资的账面价值，出售所得价款与处置长期股权投资账面价值之间的差额，确认为投资收益(损失)；同时，对于剩余股权，应当改按《企业会计准则第22号——金融工具确认和计量》核算。修订后长期股权投资准则的主要变化是，因为剩余股权不能对被投资方实施共同控制或重大影响，不再属于长期股权投资准则的范围，而应当适用金融工具准则，导致对该剩余股权进行重分类。

② 在合并财务报表中，对于剩余股权，应当按照其在丧失控制权日的公允价值进行重新计量。处置股权取得的对价与剩余股权公允价值之和，减去按原持股比例计算应享有原有子公司自购买日开始持续计算的净资产的份额之间的差额，计入丧失控制权当期的投资收益。与原有子公司股权投资相关的其他综合收益，应当在丧失控制权时转为当期投资收益。企业应当在附注中披露处置后的剩余股权在丧失控制权日的公允价值、按照公允价值重新计量产生的相关利得或损失的金额。

【例1-20】 2×10年6月1日，甲公司支付现金8 000万元，取得乙公司7 000万股股权，占乙公司总股份的70%，对乙公司的生产经营决策实施了控制；当日，乙公司可辨认净资产账面价值为5 000万元，公允价值为10 000万元。

2×12年8月30日，甲公司处置6 300万股乙公司股权，取得处置价款9 000万元，处置后甲公司对乙公司的持股比例仅为7%，丧失了对乙公司的控制权，对乙公司也不存在重大影响。当日，乙公司可辨认净资产账面价值为5 500万元，公允价值为12 000万元，剩余乙公司股权在处置日的公允价值为1 000万元。乙公司在2×10年6月1日至2×12年8月30日之间实现的净利润为1 000万元，其他综合收益为800万元。

在个别财务报表中，甲公司丧失对乙公司控制权的会计处理如下：

① 对于处置股权，应当将处置价款9 000万元与其账面价值7 200万元(8 000×90%)之间的差额计入当期投资收益。

借：银行存款　　　　　　　　　　　　　　　　90 000 000

　贷：长期股权投资　　　　　　　　　　　　　　72 000 000

　　　投资收益　　　　　　　　　　　　　　　　8 000 000

② 剩余股权不能对被投资方实施共同控制或重大影响，应当重分类为金融资产。因剩余股权公允价值无法可靠计量，将其分类为可供出售金融资产，并以成本(剩余股权的账面价值)计量。

借：可供出售金融资产　　　　　　　　　　　　10 000 000

　贷：长期股权投资　　　　　　　　　　　　　　8 000 000

　　　投资收益　　　　　　　　　　　　　　　　2 000 000

假定甲公司还存在其他子公司，在合并财务报表中，甲公司丧失对乙公司控制权的会计处理如下：

① 对剩余的对乙公司股权投资按照丧失控制权之日的公允价值进行重新计量，即1 000万元。

② 处置股权取得的对价(9 000万元)与剩余股权公允价值(1 000万元)之和(10 000万元)，减去按原持股比例(70%)计算应享有乙公司自购买子公司开始持续计算的净资产份额(12 000×70%＝8 400万元)之间的差额(10 000－8 400＝1 600万元)，计入丧失控制权当期的投资收益。

③ 乙公司其他综合收益中与甲公司持有股权(70%)相关的部分(800×70%＝560万元)，也应当转为投资收益。

④ 在丧失对乙公司权当期的合并财务报表附注中，甲公司还应当披露其处置后剩余的乙公司股权在丧失控制权日的公允价值(1 000万元)、按照公允价值重新计量产生的相关利得金额(1 000－12 000×7%＝160万元)。

二、长期股权投资核算方法的转换

长期股权投资在持有期间，因各方面情况的变化，可能导致其核算需要由一种方法转换为另外的方法。

(一) 成本法转换为权益法

投资方因处置部分股权投资等原因丧失了对被投资方的控制的，处置后的剩余股权能够对被投资方实施共同控制或重大影响的，应当改按权益法核算，并对该剩余股权视同自取得时即采用权益法核算进行调整；因处置投资导致对被投资单位的影响能力由控制转为具有重大影响或者与其他投资方一起实施共同控制的情况下，首先应按处置或收回投资的比例结转应终止确认的长期股权投资成本。在此基础上，应当比较剩余的长期股权投资成本与按照剩余持股比例计算原投资时应享有被投资单位可辨认净资产公允价值的份额，属于投资作价中体现的商誉部分，不调整长期股权投资的账面价值；属于投资成本小于原投资时应享有被投资单位可辨认净资产公允价值份额的，在调整长期股权投资成本的同时，应调整留存收益。

对于原取得投资后至因处置投资导致转变为权益法核算之间被投资单位实现净损益中应享有的份额，一方面应当调整长期股权投资的账面价值，同时对于原取得投资时至处置投资当期期初被投资单位实现的净损益（扣除已发放及已宣告发放的现金股利和利润）中应享有的份额，调整留存收益，对于处置投资当期期初至处置投资之日被投资单位实现的净损益中享有的份额，调整当期损益；其他原因导致被投资单位所有者权益变动中应享有的份额，在调整长期股权投资账面价值的同时，应当计入“资本公积——其他资本公积”。

长期股权投资自成本法转为权益法后，未来期间应当按照准则规定计算确认应享有被投资单位实现的净损益及所有者权益其他变动的份额。

【例 1-21】 甲公司原持有 600 万股乙公司的股权，占乙公司总股份的 60%，其账面余额为 6 000 万元，未计提减值准备。2×10 年 6 月，甲公司将其持有的 200 万股乙公司股权出售给独立第三方，出售取得价款 4 800 万元，当日被投资单位可辨认净资产公允价值总额为 20 000 万元。

甲公司原取得乙公司 60%股权时，乙公司可辨认净资产公允价值总额为 9 000 万元。自甲公司取得对乙公司长期股权投资后至部分处置投资前，乙公司实现净利润 4 500 万元。其中，自甲公司取得投资日至 2×10 年年初实现净利润 500 万元。假定乙公司一直未进行利润分配。除所实现净损益外，乙公司未发生其他计入资本公积的交易或事项。

在出售部分乙公司股权后，甲公司对乙公司的持股比例为 40%，在被投资单位董事会中派有代表，但不能对乙公司生产经营决策实施控制。对乙公司长期股权投资应由成本法改为按照权益法核算。

（1）确认长期股权投资处置损益

借：银行存款　　48 000 000

　贷：长期股权投资　　20 000 000

　　投资收益　　28 000 000

（2）调整长期股权投资账面价值

剩余长期股权投资的账面价值为 4 000 万元，与原投资时应享有被投资单位可辨认净资产公允价值份额之间的差额 400 万元（4 000－9 000×40%）为商誉，该部分商誉的价值不需要对长期股权投资的成本进行调整。

处置投资以后按照持股比例计算享有被投资单位自购买日至处置投资日期间实现的净损益为 2 000 万元（5 000×40%），应调整增加长期股权投资的账面价值，同时调整留存收益和当期损益。企业应进行以下账务处理：

借：长期股权投资　　20 000 000

　贷：利润分配——未分配利润　　18 000 000

　　投资收益　　2 000 000

（二）权益法转换为成本法

因追加投资原因导致原持有的对联营企业或合营企业的投资转变为对子公司投资的，长期股权投资账面价值的调整应当按照本章第三节的有关规定处理。修订后长期股权投资准则的主要变化是，原投资产生的其他综合收益或所有者权益金额应当在终止采用权益法核算时转入当期损益，而原长期股权投资准则规定，应当在长期股权投资处置时转入当期损益。

【例 1-22】 甲公司于 20×1 年 5 月 1 日取得乙公司 20%的股权，成本为 2 000 万元，当日，乙公司可辨认净资产公允价值总额为 8 000 万元。取得该部分股权后，按照乙公司章程规定，甲公司能够派人参与乙公司的生产经营决策，对该项权益投资分类为长期股权投资并采用权益法核算。

20×2 年 10 月 10 日，甲公司对乙公司追加投资 5 000 万元，甲公司持有乙公司股权的比例增加至 60%，并实现对乙公司的控制。

假定甲公司在取得对乙公司 20%股权后至新增投资日，双方未发生任何内部交易，乙公司通过生产经营活动实现的净利润为 800 万元，相关交易或事项增加其他综合收益 400 万元，未派发现金股利或利润。

甲公司的具体账务处理如下：

（1）甲公司于 20×1 年 5 月 1 日取得乙公司 20%的股权，采用权益法核算，甲公司初始投资成本 2 000 万元，大于分享的当日乙公司可辨认净资产公允价值 1 600 万元（2 000×20%），不需要调整初始投资成本。

借：长期股权投资　　20 000 000

　贷：银行存款　　20 000 000

（2）确认分享乙公司实现的净利润，以及相关交易或事项增加的其他综合收益

借：长期股权投资——损益调整　　1 600 000

　　　　　　　——其他权益变动　　800 000

　贷：投资收益　　1 600 000

　　资本公积——其他资本公积　　800 000

（3）甲公司追加投资，对乙公司实施控制，以合并日之前所持被购买方的股权投资的账面价值与购买日新增投资成本之和，作为该项投资的初始投资成本，原投资产生的其他综合收益转入当期损益。

借：长期股权投资　　50 000 000

　贷：银行存款　　50 000 000

借：资本公积——其他资本公积　　800 000

　贷：投资收益　　800 000

需要注意的是，在编制个别财务报表时应当按照以上规定处理，在编制合并财务报表时应当按照《企业会计准则第 33 号——合并财务报表》的有关规定处理。

三、长期股权投资的处置

企业持有长期股权投资的过程中，由于各方面的考虑，决定将所持有的对被投资单位的股权全部或部分对外出售时，应相应结转与所售股权相对应的长期股权投资的账面价值，出售所得价款与处置长期股权投资账面价值之间的差额，应确认为处置损益。

采用权益法核算的长期股权投资，如果投资方处置部分投资，投资比例减少，但被投资单位仍是投资单位的联营企业或合营企业时，投资单位应当继续采用权益法核算剩余投资，并按处置投资的比例将以前在其他综合收益中确认的利得或损失结转至当期损益；如果投资方因处置部分投资而终止采用权益法核算，因被投资方除净损益以外所有者权益的其他变动而累积计入的其他综合收益或所有者权益，应当在终止采用权益法核算时全部转入当期损益。

【例 1-23】 甲公司原持有乙公司 40%的股权，20×2 年 12 月 15 日，甲公司出售其持有的乙公司股权的 1/2，出售取得价款 1 000 万元。出售时甲公司账面上对乙公司长期股权投资的账面价值构成为：投资成本 1 200 万元，因乙公司实现净利润导致损益调整 300 万元，因乙公司其他综合收益变动调整 200 万元，其他原因导致分享乙公司权益变动 150 万元。

假定甲公司处置乙公司股权的 1/2 后，甲公司仍对乙公司具有重大影响，对于剩余投资继续采用权益法核算。

甲公司的部分处置乙公司股权的账务处理如下。

甲公司应确认的处置损益为：

借：银行存款　　10 000 000

　贷：长期股权投资　　9 250 000

　　　投资收益　　750 000

同时，还应将因乙公司其他综合收益变动调整计入资本公积的部分按比例转入当期损益。

借：资本公积——其他综合收益　　1 000 000

　贷：投资收益　　1 000 000

这里需要强调的是，采用权益法核算的长期股权投资，投资方处置部分投资，但继续采用权益法核算剩余投资，仅按处置投资的比例将以前在其他综合收益中确认的利得或损失结转至当期损益，对于因其他原因导致分享乙公司权益变动的金额，只有在终止权益法时才结转至损益。

【例 1-24】 承例 1-23，甲公司出售其持有的乙公司股权的 4/5，出售取得价款 1 500 万元。假定甲公司处置乙公司股权的 4/5 后，甲公司对乙公司不再具有重大影响，剩余股权投资确认为可供出售金融资产，因其不具有活跃交易市场，公允价值不能可靠估计，以成本予以计量。

甲公司的部分处置乙公司股权的账务处理如下。

甲公司应确认的处置损益为：

借：银行存款　　15 000 000

　贷：长期股权投资　　14 800 000

　　投资收益　　200 000

同时，因被投资方除净损益以外所有者权益的其他变动而累积计入的其他综合收益或所有者权益，还应全部转入当期损益。

借：资本公积——其他资本公积　　1 500 000

　　　　——其他综合收益　　2 000 000

　贷：投资收益　　3 500 000

企业处置子公司的投资，处置价款与处置投资对应的账面价值的差额，在母公司个别财务报表中应当确认为当期投资收益；处置价款与处置投资对应的享有该子公司净资产份额的差额，在合并财务报表中应当确认为当期投资收益。

在企业部分处置对子公司的长期股权投资，但不丧失控制权的情况下，在个别财务报表中，应当将处置价款与处置投资对应的账面价值的差额确认为当期投资收益；在合并财务报表中处置价款与处置投资对应的享有该子公司净资产份额的差额应当计入资本公积(资本溢价)，资本溢价不足冲减的，应当调整留存收益。

企业因处置部分股权投资或其他原因丧失了对原有子公司控制权的，应当区分个别财务报表和合并财务报表进行相关会计处理。

(1) 在个别财务报表中，对于处置的股权，应当按照上述规定，结转与所售股权相对应的长期股权投资的账面价值，出售所得价款与处置长期股权投资账面价值之间的差额，确认为投资收益(损失)；同时，对于剩余股权，应当按其账面价值确认为长期股权投资或其他相关金融资产。处置后的剩余股权能够对原有子公司实施共同控制或重大影响的，按本节中有关成本法转为权益法的相关规定进行会计处理。

【例 1-25】 2×10 年 4 月 30 日，甲公司支付现金 9 300 万元，取得乙公司 60%股权；当日，乙公司可辨认净资产账面价值为 9 700 万元，公允价值为 10 200 万元。

2×13 年 6 月 30 日，甲公司处置了持有的乙公司的部分股权(占乙公司股份的 40%)，取得处置价款 8 200 万元，处置后甲公司对乙公司的持股比例降为 20%，丧失了对乙公司的控制权，剩余 20%股权的公允价值为 4 200 万元；当日，乙公司可辨认净资产账面价值为 10 400 万元，公允价值为 10 900 万元。乙公司在 2×10 年 5 月 1 日至 2×13 年 6 月 30 日之间实现的净利润为 800 万元，其他综合收益为 300 万元。

甲公司丧失对乙公司控制权当期的个别财务报表中，首先，对于处置股权，应当将处置价款 8 200 万元与其账面价值 6 200 万元(9 300×40%÷60%)之间的差额计入当期投资收益。

借：银行存款　　82 000 000

　贷：长期股权投资　　62 000 000

　　投资收益　　20 000 000

其次，对于处置后剩余股权(即甲公司持有的乙公司 20%股权投资)，就甲公司而言，可能存在以下两种情形：

一是对乙公司不具有控制、共同控制和重大影响，应当按其账面价值 3 100 万元（9 300－6 200）确认为可供出售金融资产或交易性金融资产，并按照《企业会计准则第 22 号——金融工具确认和计量》的规定进行后续计量。

二是能够对乙公司实施共同控制或重大影响，属于因处置投资导致对被投资单位的影响能力由控制转为具有重大影响或共同控制的情形，应当先按成本法转为权益法的相关规定调整长期股权投资账面价值，再采用权益法核算。

此种情形下，甲公司应当按照以下三个步骤进行会计处理：

第一步，将剩余股权投资账面价值 3 100 万元与原投资时应享有乙公司可辨认净资产公允价值份额之间的差额（3 100－10 200×20%＝1 060 万元）作为商誉，该部分商誉不需要对长期股权投资的成本进行调整。

第二步，按照处置投资后持股比例计算享有乙公司 2×10 年 5 月 1 日至 2×13 年 6 月 30 日之间实现的净利润和其他综合收益的金额为 220 万元（1 100×20%），应当调整增加长期股权投资的账面价值。

第三步，在以后期间采用权益法核算。

（2）在合并财务报表中，对于剩余股权，应当按照其在丧失控制权日的公允价值进行重新计量。处置股权取得的对价与剩余股权公允价值之和，减去按原持股比例计算应享有原有子公司自购买日开始持续计算的净资产的份额之间的差额，计入丧失控制权当期的投资收益。与原有子公司股权投资相关的其他综合收益，应当在丧失控制权时转为当期投资收益。企业应当在附注中披露处置后的剩余股权在丧失控制权日的公允价值、按照公允价值重新计量产生的相关利得或损失的金额。

【例 1-26】 沿用例 1-25，并假定甲公司还存在其他子公司。

甲公司在编制对乙公司丧失控制权当期的合并财务报表时，应当按照以下四个步骤进行会计处理：

第一步，应当对剩余的对乙公司 20%股权投资按照丧失控制权之日的公允价值进行重新计量（4 200 万元）。

第二步，处置股权取得的对价（8 200 万元）与剩余股权公允价值（4 200 万元）之和（12 400 万元），减去按原持股比例（60%）计算应享有乙公司自购买子公司开始持续计算的净资产份额（10 900×60%＝6 540 万元）之间的差额（12 400－6 540＝5 860 万元），计入丧失控制权当期的投资收益。

第三步，乙公司其他综合收益中与甲公司持有股权（60%）相关的部分（300×60%＝180 万元），也应当转为投资收益。

第四步，在丧失对乙公司控制权当期的合并财务报表附注中，甲公司还应当披露其处置后剩余的乙公司 20%股权在丧失控制权日的公允价值（4 200 万元）、按照公允价值重新计量产生的相关利得金额（4 200－10 900×20%＝2 020 万元）。

上述长期股权投资重分类、核算方法的转换和处置的类型较多，并且修订后的长期股权投资作了较大修订，我们总结比较了长期股权投资重分类、核算方法的转换和处置新旧准则规定，具体见表 1-2。

表 1-2 长期股权投资重分类新旧准则处理方法比较

编号	类型			个别报表	
	交易或事项	原准则	修订后准则	原准则	修订后准则
1	对不具重大影响的权益投资追加投资后成为对联营企业投资	成本法转换为权益法	(可供出售)金融资产重分类为长期股权投资	成本法转权益法,视同原投资采用权益法核算进行调整。原投资不涉及其他综合收益的转出问题	(可供出售)金融资产重分类为长期股权投资,无须视同原投资采用权益法进行调整,保留原金融工具准则的核算结果。原金融工具准则核算下的其他综合收益于转换日转入当期损益
2	对不具重大影响的权益投资追加投资成为对子公司投资	成本法不变	(可供出售)金融资产重分类为长期股权投资	成本叠加原则,不涉及公允价值的重新计量,原(可供出售)金融资产核算相关的其他综合收益在后续股权处置时再转入当期损益	成本叠加原则未变,但原(可供出售金融资产)核算相关的其他综合收益在转换时转入当期损益,视同处置原(可供出售)金融资产
3	处置子公司投资,剩余投资不具有重大影响	成本法不变	长期股权投资重分类为(可供出售)金融资产	按比例处置原成本法投资	视同处置。剩余投资分类为(可供出售)金融资产,适用金融工具准则,以公允价值计量,可供出售金融资产公允价值与按比例结算后的账面价值的差异计入当期损益;若公允价值无法可靠估计,按成本,也即剩余股权投资账面价值计量
4	处置联营企业投资,剩余投资不具有重大影响	权益法转换为成本法	长期股权投资重分类为可供出售金融资产	按比例处置原权益法核算投资,原联营核算相关的其他综合收益按比例转入当期损益,可供出售金融资产公允价值与按比例结算后的账面价值的差异计入资本公积	视同处置。(可供出售)金融资产公允价值与按比例结算后的账面价值的差异计入当期损益,原权益法核算相关的其他综合收益权益和所有者权益转入当期损益
5	对联营企业追加投资成为对子公司投资	权益法转换为成本法	权益法转换为成本法	成本叠加原则,不涉及公允价值的重新计量,原联营核算相关的其他综合收益在后续股权处置时再转入当期损益	成本叠加原则未变,但原联营核算相关的其他综合收益在终止权益法核算时(即转换时)转入当期损益
6	处置子公司投资,剩余投资为对联营企业投资	成本法转换为权益法	成本法转换为权益法	按比例处置原成本法投资,剩余股权采用成本法转权益法原则进行调整	未变化

第二章

职工薪酬

第一节　职工薪酬会计准则修订概述

一、职工薪酬准则修订背景

在市场经济环境下，产品成本的核算是一项必不可少的流程，而产品成本主要包括直接材料、直接人工和制造费用三大类，其中人工成本是指企业在生产产品或提供劳务活动中所发生的各种直接和间接人工费用的总和，主要由劳动报酬、社会保险、福利、教育、劳动保护、住房和其他人工费用等组成，2006 年的《企业会计准则第 9 号——职工薪酬》将职工薪酬界定为“企业为获得职工提供的服务而给予各种形式的报酬以及其他相关支出”。该准则实施至今已逾 5 年，对于规范企业职工薪酬的会计核算，加强企业职工薪酬相关信息的披露，以及保护企业职工权益发挥了积极的作用。

但是，随着我国市场经济的发展，多层次社会保障体系逐渐完善，企业向职工提供福利的形式不断丰富，尤其是离职后福利计划日益发展，对职工薪酬的会计核算及相关信息披露提出了新的挑战和要求，这些变化暴露了此前职工薪酬会计准则所存在的问题，主要包括：①针对离职后福利缺乏规范的会计处理，需要进行修订以保证会计实务中关于离职后福利所适用的会计政策、披露内容等的一致性；②此前的职工薪酬会计准则及相关应用指南的针对性和可操作性不够强，需要有更具实践意义的修订来指导职工薪酬会计的实务操作；③原职工薪酬会计准则正文过于原则，只规范了职工薪酬的定义、确认、计量和披露的基本原则，关于带薪缺勤、利润分享计划、辞退福利等的确认与计量的具体规定散见于准则的应用指南和讲解中，需要对准则、应用指南和讲解中的相关内容进行整合、充实和完善。

国际会计准则理事会(IASB)于 2011 年对《国际会计准则第 19 号——雇员福利》进行了重大修改，取消了区间法，要求全额确认重新计量设定受益计划净负债或净资产的变动，简化了设定受益计划的列报模式。新修订的《国际会计准则第 19 号》发布后，得到了全球资本市场各利益相关方的支持，为其他国家或地区完善关于职工薪酬的会计准则提供了有益的参考。

为进一步规范我国企业会计准则中关于职工薪酬的相关会计处理规定，并保持我国企业会计准则与国际财务报告准则的持续趋同，财政部会计司借鉴新修订的《国际会计准则第19号》并结合我国实际情况，于2014年重新修订颁布了《企业会计准则第9号——职工薪酬》。

二、职工薪酬准则修订的主要内容

修订后的职工薪酬会计准则与原准则相比，主要在以下方面进行了改进和完善。

（一）完善了关于短期薪酬会计处理规范

原准则没有提出短期薪酬的概念，且许多与之相关的规范性条文分散在应用指南和讲解中。修订后的准则单设一章规范短期薪酬的会计处理，对短期薪酬的具体会计处理要求作了如下修订：一是将现行应用指南和讲解中关于带薪缺勤、利润分享计划的有关会计处理规定纳入准则正文。这主要是对准则体例的调整，将具有规范性的条文尽可能纳入准则的正文。二是企业缴纳的养老保险、失业保险等社会保险费，实质上向职工提供了离职后福利，属于设定提存计划，将这部分内容调整至离职后福利。这主要是引入离职后福利计划后，对准则内容结构所作的调整。三是企业向职工提供的非货币性福利统一采用公允价值计量，但公允价值无法可靠获得时，可以采用成本计量。这主要是解决现行准则中非货币性福利计量不一致的问题，并提高准则的可操作性。

（二）充实了离职后福利的内容及会计处理规范

原准则没有提出离职后福利的类别，除企业为职工缴纳的养老保险、失业保险等各种社会保障费用和企业年金外，没有关于离职后福利的相关规范。修订后的准则增设“离职后福利”一章，区分设定提存计划和设定受益计划，完整地规范了离职后福利的会计处理。这有助于适用我国社会保障体系和企业职工薪酬制度的发展的需要，统一规范离职后福利适用的会计政策、披露要求等，使财务报告更充分地反映企业提供的职工薪酬对其财务状况、经营成果和现金流量的影响。

（三）改进了关于辞退福利的会计处理规定

原准则中提出了关于辞退福利的定义及其会计处理规定，但相对简单，例如，实务中企业向职工提供长期辞退福利的现象比较普遍，旧准则规定了长期辞退福利的折现率如何确定，但对其他变量所造成影响的处理尚未规范。修订后的准则进一步明确了辞退福利与职工为企业提供的服务并不直接相关，要求明确区分辞退福利与离职后福利。同时，修订后的准则明确，在报告期末12月内不需要支付的辞退福利应适用其他长期福利的有关规定，这为职工内退等长期辞退福利的会计处理提供了更充分的指南。

（四）引入其他长期职工福利，完整规范职工薪酬的会计处理

原准则中没有提及其他长期职工薪酬。修订后的准则提出，其他长期职工福利包括除短期薪酬、离职后福利和辞退福利以外的所有职工薪酬。对于不符合设定提存计划条件的其他长期职工福利，其确认与计量应适用设定受益计划的有关规定。实务中企业提供的职工薪酬种类繁多，准则无法完全列举，在列举常见的三类职工薪酬（短期薪酬、离职后福利、辞退福利）的基础上，增设"其他长期职工薪酬"有助于囊括实务中可能存在的其他职工薪酬，以完整规范与职工薪酬相关的会计处理问题。

第二节 职工薪酬的范围、分类与确认

一、职工的范围

职工薪酬会计准则所称的"职工"主要包括以下三类人员：

（1）与企业订立劳动合同的所有人员，含全职、兼职和临时职工。按照《劳动法》和《劳动合同法》的规定，企业作为用人单位与劳动者应当订立劳动合同，职工薪酬准则中的职工首先包括这部分人员，即与企业订立了固定期限、无固定期限和以完成一定的工作为期限的劳动合同的所有人员。

（2）未与企业订立劳动合同，但由企业正式任命的人员，如董事会成员、监事会成员等。按照《公司法》的规定，公司应当设立董事会和监事会，董事会、监事会成员为企业的战略发展提出建议、进行相关监督等，目的是提高企业整体经营管理水平，对其支付的津贴、补贴等报酬从性质上属于职工薪酬。因而，尽管有些董事会、监事会成员不是本企业职工，未与企业订立劳动合同，但是属于职工薪酬准则所称的职工。

（3）在企业的计划和控制下，虽未与企业订立劳动合同或未由其正式任命，但为其提供与职工类似服务的人员，也属于职工薪酬准则所称的职工。比如，企业与有关中介机构签订劳务用工合同，虽然企业并不直接与合同下雇用的人员订立单项劳动合同，也不任命这些人员，但通过劳务用工合同，这些人员在企业相关人员的领导下，按照企业的工作计划和安排，为企业提供与本企业职工类似的服务，也属于职工薪酬准则所称的职工。这里应注意区分劳务用工合同产生的职工薪酬与购买其他企业提供的劳务支出，区分的关键在于人员的工作计划和安排是否在企业的计划和控制之下。如果企业不控制具体人员的工作安排，应认为接受其他企业的服务，相关支出应认定为购买劳务支出。

二、职工薪酬的范围

职工薪酬会计准则所称的"职工薪酬"，是指企业为获得职工提供的服务或解除劳动合同关系而给予的各种形式的报酬或补偿。此外，企业提供给职工配偶、子女、受赡养人、

已故员工遗属及其他受益人等的福利，也属于职工薪酬。

修订后的职工薪酬准则将职工薪酬分为短期薪酬、离职后福利、辞退福利和其他长期职工福利，并分别规范其会计处理。

（1）短期薪酬是指企业在职工提供相关服务的年度报告期间结束后12个月内需要全部予以支付的职工薪酬，因解除与职工的劳动关系给予的补偿除外。

（2）离职后福利是指企业为获得职工提供的服务而在职工退休或与企业解除劳动关系后，提供的各种形式的报酬和福利，短期薪酬和辞退福利除外。

（3）辞退福利是指企业在职工劳动合同到期之前解除与职工的劳动合同关系，或者为鼓励职工自愿接受裁减而给予职工的补偿。

（4）其他长期职工福利是指除短期职工薪酬、离职后福利、辞退福利之外所有的职工薪酬，包括长期带薪缺勤、长期残疾福利、长期利润分享计划等。

三、职工薪酬的确认

职工薪酬会计准则规定，企业应当在职工为其提供服务的会计期间，将应付的职工薪酬确认为负债，除因解除与职工的劳动关系给予的补偿外，应当根据职工提供服务的受益对象，分别按下列情况处理：

（1）应由生产产品、提供劳务负担的职工薪酬，计入产品成本或劳务成本。生产产品、提供劳务中的直接生产人员和直接提供劳务人员发生的职工薪酬，根据《企业会计准则第1号——存货》的规定，计入存货成本，但非正常消耗的直接生产人员和直接提供劳务人员的职工薪酬，应当在发生时确认为当期损益。

（2）应由在建工程、无形资产负担的职工薪酬，计入固定资产或无形资产成本。自行建造固定资产和自行研究开发无形资产过程中发生的职工薪酬，能否计入固定资产或无形资产成本，根据《企业会计准则第4号——固定资产》和《企业会计准则第6号——无形资产》确定。比如企业在研究阶段发生的职工薪酬不能计入自行开发无形资产的成本，在开发阶段发生的职工薪酬，符合《企业会计准则第6号——无形资产》资本化条件的，应当计入自行开发无形资产的成本。

（3）除直接生产人员、直接提供劳务人员、建造固定资产人员、开发无形资产人员以外的职工，包括公司总部管理人员、董事会成员、监事会成员等人员相关的职工薪酬，因难以确定直接对应的受益对象，均应当在发生时计入当期损益。

第三节 短期薪酬

一、短期薪酬的内容

短期薪酬是指企业在职工提供相关服务的年度报告期间结束后12个月内需要全部

予以支付的职工薪酬，因解除与职工的劳动关系给予的补偿除外。短期薪酬主要包括以下内容：

（1）职工工资、奖金、津贴和补贴，是指按照构成工资总额的计时工资、计件工资、支付给职工的超额劳动报酬和增收节支的劳动报酬，为了补偿职工特殊或额外的劳动消耗和因其他特殊原因支付给职工的津贴，以及为了保证职工工资水平不受物价影响支付给职工的物价补贴等。

（2）职工福利费，主要包括职工因公负伤赴外地就医路费、职工生活困难补助、未实行医疗统筹企业职工医疗费用，以及按规定发生的其他职工福利支出。

（3）医疗保险费、工伤保险费和生育保险费等社会保险费，是指企业按照国务院、各地方政府规定的基准和比例计算，向社会保险经办机构缴纳的医疗保险费、工伤保险费和生育保险费，以及以购买商业保险形式提供给职工的医疗、工伤和生育保险待遇，应当按照职工薪酬准则进行确认、计量和披露。这里需要注意的是，修订后准则单独设立离职后福利，原准则中关于中退休或离职后缴纳的养老保险费、失业保险费不属于短期薪酬的范畴。

（4）住房公积金，是指企业按照国家规定的基准和比例计算，向住房公积金管理机构缴存的住房公积金。

（5）工会经费和职工教育经费，是指企业为了改善职工文化生活、为职工学习先进技术和提高文化水平和业务素质，用于开展工会活动和职工教育及职业技能培训等相关支出。

（6）带薪缺勤，是指企业支付工资或提供补偿的职工缺勤，包括年休假、病假、短期伤残、婚假、产假、丧假、探亲假等。

（7）利润分享计划，是指因职工提供服务而与职工达成的基于利润或其他经营成果提供薪酬的协议。需要注意的是，根据利润分享计划，企业在职工提供服务后 12 个月内应当支付的薪酬或奖金才属于短期薪酬。根据利润分享计划，在 12 个月后才予以支付的薪酬或奖金，应分类为其他长期职工薪酬进行会计处理。

（8）非货币性福利，是指企业以自己的产品或外购商品发放给职工作为福利，企业提供给职工无偿使用自己拥有的资产或租赁资产供职工无偿使用，比如提供给企业高级管理人员使用的住房，免费为职工提供诸如医疗保健的服务，或向职工提供企业支付了一定补贴的商品或服务等，比如以低于成本的价格向职工出售住房等。

（9）其他短期薪酬，除上述八种短期薪酬以外，其他为获取职工提供的服务而需要在职工提供服务后 12 个月内予以支付的薪酬。

二、短期薪酬的计量

企业应当在职工为其提供服务的会计期间，将实际发生的短期薪酬确认为负债，并计入当期损益或相关资产成本。

（一）货币性职工薪酬

对于货币性薪酬，企业应当根据职工提供服务情况和工资标准计算应计入职工薪酬的工资总额按照受益对象计入相关资产的成本或当期费用，借记“生产成本”、“管理费用”等科目，贷记“应付职工薪酬”科目。发放时，借记“应付职工薪酬”科目，贷记“银行存款”等科目。

对于职工福利费，企业应当根据历史经验数据和当期福利计划，预计当期应计入职工薪酬的福利费金额；每一资产负债表日，企业应当对实际发生的福利费金额和预计金额进行调整。

企业为职工缴纳的医疗保险费、工伤保险费、生育保险费等社会保险费和住房公积金，以及按规定提取的工会经费和职工教育经费，应当在职工为其提供服务的会计期间，根据规定的计提基础和计提比例计算确定相应的职工薪酬金额。具体的计提规定为：①医疗保险费、工伤保险费、生育保险费等社会保险费应当按照国务院、所在地政府或企业年金计划规定的标准，计量应付职工薪酬义务和应相应计入成本费用的薪酬金额。②工会经费和职工教育经费应当按照财务规则等相关规定，分别按照职工工资总额的2%和1.5%的计提标准，计量应付职工薪酬（工会经费、职工教育经费）义务金额和应相应计入成本费用的薪酬金额；从业人员技术要求高、培训任务重、经济效益好的企业，可根据国家相关规定，按照职工工资总额的2.5%计量应计入成本费用的职工教育经费。按照明确标准计算确定应承担的职工薪酬义务后，再根据受益对象计入相关资产的成本或当期费用。

【例2-1】 ABC公司20×3年6月应发工资合计为2 000万元，其中：生产部门直接生产人员工资1 000万元；生产部门管理人员工资200万元；公司管理部门人员工资360万元；公司专设产品销售机构人员工资100万元；建造厂房人员工资340万元。根据所在地政府规定，公司分别按照职工工资总额的10%、8%、5%和12%计提医疗保险费、养老保险费、失业保险费和住房公积金，缴纳给当地社会保险经办机构和住房公积金管理机构。根据20×3年实际发生的职工福利费情况，公司预计20×4年应承担的职工福利费义务金额为职工工资总额的3%，职工福利的受益对象为上述所有人员。公司分别按照职工工资总额的2%和2.5%计提工会经费和职工教育经费。本题不考虑所得税影响。

分析：

应计入生产成本的职工薪酬金额 ＝ 1 000＋1 000×(10%＋8%＋5%＋12%＋3%＋2%＋2.5%)＝1 425(万元)

应计入制造费用的职工薪酬金额 ＝ 200＋200×(10%＋8%＋5%＋12%＋3%＋2%＋2.5%)＝285(万元)

应计入管理费用的职工薪酬金额 ＝ 360＋360×(10%＋8%＋5%＋12%＋3%＋2%＋2.5%)＝513(万元)

应计入销售费用的职工薪酬金额 ＝ 100＋100×(10%＋8%＋5%＋12%＋3%＋

2%＋2.5%）＝142.5（万元）

应计入在建工程成本的职工薪酬金额＝340＋340×（10%＋8%＋5%＋12%＋3%＋2%＋2.5%）＝484.5（万元）

公司在分配工资、职工福利费、各种社会保险费、住房公积金、工会经费和职工教育经费等职工薪酬时，应做如下账务处理：

借：生产成本　　14 250 000
　　制造费用　　2 850 000
　　管理费用　　5 130 000
　　销售费用　　1 425 000
　　在建工程　　4 845 000
　贷：应付职工薪酬——工资　　20 000 000
　　　　　　　　——职工福利　　600 000
　　　　　　　　——社会保险费　　4 600 000
　　　　　　　　——住房公积金　　2 400 000
　　　　　　　　——工会经费　　400 000
　　　　　　　　——职工教育经费　　500 000

（二）非货币性职工薪酬

企业向职工提供非货币性福利的，应当按照公允价值计量。公允价值不能可靠取得的，可以采用历史成本法计量。

1. 以自产产品或外购商品发放给职工作为福利

企业以其生产的产品作为非货币性福利提供给职工的，应当按照该产品的公允价值和相关税费，计量应计入成本费用的职工薪酬金额，相关收入的确认、销售成本的结转和相关税费的处理，与正常商品销售相同。以外购商品作为非货币性福利提供给职工的，应当按照该商品的公允价值和相关税费计入成本费用。

需要注意的是，在以自产产品或外购商品发放给职工作为福利的情况下，企业在进行账务处理时，应当先通过"应付职工薪酬"科目归集当期应计入成本费用的非货币性薪酬金额，以确定完整准确的企业人工成本金额。

【例 2-2】 ABC 公司为一家电脑生产企业，共有职工 100 名，20×4 年 3 月，公司以其生产的成本为 10 000 元的台式电脑和外购的每台不含税价格为 1 000 元的电暖气作为福利发放给公司每名职工。该型号台式电脑的售价为每台 14 000 元，ABC 公司适用的增值税率为 17%，已开具了增值税专用发票；ABC 公司以银行存款支付了购买电暖气的价款和增值税进项税额，已取得增值税专用发票，适用的增值税率为 17%。假定 100 名职工中 70 名为直接参加生产的职工，30 名为总部管理人员。

分析：企业以自己生产的产品作为福利发放给职工，应计入成本费用的职工薪酬金额以公允价值计量，计入主营业务收入，产品按照成本结转，但要根据相关税收规定，视同销售计算增值税销项税额。外购商品发放给职工作为福利，应当将缴纳的增值税进项税额计入成本费用。

电脑的售价总额 = 14 000 × 70 + 14 000 × 30 = 980 000 + 420 000
= 1 400 000(元)

电脑的增值税销项税额 = 70 × 14 000 × 17% + 30 × 14 000 × 17%
= 166 600 + 71 400 = 238 000(元)

公司决定发放非货币性福利时，应做如下账务处理：

借：生产成本　　1 146 600
　　管理费用　　491 400
　贷：应付职工薪酬——非货币性福利　　1 638 000

实际发放电脑时，应做如下账务处理：

借：应付职工薪酬——非货币性福利　　1 638 000
　贷：主营业务收入　　1 400 000
　　　应交税费——应交增值税(销项税额)　　238 000

借：主营业务成本　　1 000 000
　贷：库存商品　　1 000 000

电暖气的售价总额 =70 × 1 000 + 30 × 1 000 = 70 000 + 30 000
=100 000(元)

电暖气的进项税额 =70 × 1 000 × 17% + 30 × 1 000 × 17%
=11 900 + 5 100 = 17 000(元)

公司决定发放非货币性福利时，应做如下账务处理：

借：生产成本　　81 900
　　管理费用　　35 100
　贷：应付职工薪酬——非货币性福利　　117 000

购买电暖气时，公司应做如下账务处理：

借：应付职工薪酬——非货币性福利　　117 000
　贷：银行存款　　117 000

2. 将拥有的房屋等资产无偿提供给职工使用或租赁住房等资产供职工无偿使用

企业将拥有的房屋等资产无偿提供给职工使用的，应当根据受益对象，将住房每期应计提的折旧计入相关资产成本或当期损益，同时确认应付职工薪酬。租赁住房等资产供职工无偿使用的，应当根据受益对象，将每期应付的租金计入相关资产成本或当期损益，并确认应付职工薪酬。难以认定受益对象的，直接计入当期损益，并确认应付职工薪酬。

【例 2-3】 ABC 公司为了吸引人才，为各部门经理级别以上职工配备了汽车(免费使用)，同时为副总裁以上的高级管理人员每人租赁一套住房。该公司共有部门经理以上职工 30 名，每人提供一辆桑塔纳汽车免费使用，假定每辆桑塔纳汽车每月计提折旧 2 000 元；该公司共有副总裁以上高级管理人员 8 名，公司为其每人租赁一套月租金为 7 000 元的公寓。

该公司每月应做如下账务处理：

借：管理费用　　116 000

　贷：应付职工薪酬——非货币性福利　　116 000

借：应付职工薪酬——非货币性福利　　116 000

　贷：累计折旧　　60 000

　　其他应付款　　56 000

3. 向职工提供企业支付了补贴的商品或服务

企业有时以低于取得成本的价格向职工提供资产或服务，比如以低于成本的价格向职工出售住房、提供医疗保健服务。以提供包含补贴的住房为例，企业在以低价向职工出售住房等资产时，应当将出售价款与成本的差额（即相当于企业补贴的金额）分不同情况处理：

(1) 如果出售住房的合同或协议中规定了职工在购得住房后至少应当提供服务的年限，企业应当将该项差额作为长期待摊费用处理，并在合同或协议规定的服务年限内平均摊销，根据受益对象分别计入相关资产成本或当期损益。

(2) 如果出售住房的合同或协议中未规定职工在购得住房后必须服务的年限，企业应当将该项差额直接计入出售住房当期损益，因为在这种情况下，该项差额相当于是对职工过去提供服务成本的一种补偿，不以职工的未来服务为前提，因此，应当立即确认为当期损益。

企业应当注意将以补贴后价格向职工提供商品或服务的非货币性福利，与企业直接向职工提供购房补贴、购车补贴等区分开来，后者属于货币性补贴，与其他货币性薪酬如工资一样，应当在职工提供服务的会计期间，按照企业各期预计补贴金额，确认企业应承担的薪酬义务，并根据受益对象计入相关资产的成本或当期损益。

【例 2-4】 20×4 年 6 月，ABC 公司购买了 200 套全新的公寓拟以优惠价格向职工出售，该公司共有 200 名职工，其中 160 名为直接生产人员，40 名为公司总部管理人员。ABC 公司拟向直接生产人员出售的住房平均每套购买价为 100 万元，向职工出售的价格为每套 80 万元；拟向管理人员出售的住房平均每套购买价为 180 万元，向职工出售的价格为每套 150 万元。假定该 200 名职工均在当年陆续购买了公司出售的住房，售房协议规定，职工在取得住房后必须在公司服务 10 年。不考虑相关税费。

公司出售住房时应做如下账务处理：

借：银行存款　　188 000 000

　　长期待摊费用　　44 000 000

　贷：固定资产　　232 000 000

出售住房后的每年，公司应当按照直线法在 10 年内摊销长期待摊费用，并做如下账务处理：

借：生产成本　　3 200 000

管理费用　　1 200 000
　贷：应付职工薪酬——非货币性福利　　4 400 000
借：应付职工薪酬——非货币性福利　　4 400 000
　贷：长期待摊费用　　4 400 000

（三）带薪缺勤

企业可能对各种原因产生的缺勤进行补偿，比如年休假、生病、短期伤残、婚假、产假、丧假、探亲假等。根据带薪权利能否结转下期使用，带薪缺勤可以分为以下两类：

（1）非累积带薪缺勤，是指带薪权利不能结转下期的带薪缺勤，即如果当期权利没有行使完，就予以取消，并且职工在离开企业时对未使用的权利无权获得现金支付。

根据我国《劳动法》规定，国家实行带薪年休假制度，劳动者在法定休假日和婚丧假期间以及依法参加社会活动期间，用人单位应当依法支付工资。病假工资（如果过去未行使的权利不能增加未来的权利）、产假（做母亲或做父亲）和参加陪审团或服兵役的带薪缺勤通常属于这种情况，主体只有在雇员缺勤时才能确认负债或费用。因此，我国企业职工休婚假、产假、丧假、探亲假、病假期间的工资通常属于非累积带薪缺勤。

由于职工提供服务本身不能增加其能够享受的福利金额，因此企业应当在职工缺勤时确认负债和相关资产成本或当期损益。实务中，我国企业一般是在缺勤期间计提应付工资时一并处理。

【例 2-5】 ABC 公司有 100 名员工，每人每年有 6 天带薪病假的权利。根据规定，如果该权利未在本年使用，第二年就自动失效；此外，员工在离开该公司的时候并不能因为未使用带薪病假的权利而得到任何现金支付。

对 ABC 公司来说，应当在病假缺勤期间才确认由于该非累积带薪缺勤而产生的义务，在其余时间不必确认相关的费用。

（2）累积带薪缺勤，是指带薪权利可以结转下期的带薪缺勤，如果本期的权利没有用完，可以在未来期间使用。当职工提供了服务从而增加了其享有的未来带薪缺勤的权利时，企业就产生了一项义务，应当予以确认和计量，并按照带薪缺勤计划予以支付。有些累积带薪缺勤在职工离开企业时，对未行使的权利有权获得现金支付。如果职工在离开企业时能够获得现金支付，企业就应当确认企业必须支付的、职工全部累积未使用权利的金额。如果职工在离开企业时不能获得现金支付，则企业应当根据资产负债表日因累积未使用权利而导致的预期支付的追加金额，作为累积带薪缺勤费用进行预计。

【例 2-6】 某主体有 100 名雇员，每人每年可享受 5 个工作日带薪病假，未使用病假可以向后结转 1 个公历年度。病假首先从当年的权利中扣除，其次从上年结转的余额中扣除（以后进先出为基础）。在 20×4 年 12 月 30 日，每个雇员平均未使用权利是 2 天。在依据过去的经验并预期该经验继续适用的基础上，主体预期，有 90 名雇员在 20×4 年会享受不超过 5 天的带薪病假，其余 10 名雇员每人将平均享受 6 天半病假。

主体预期由于 20×3 年 12 月 31 日的累积未行使权利，将支付另外 15 天的病假工资

(10 名雇员每人 1 天半)。因此,主体确认一项等于 15 天病假工资的负债。

【例 2-7】 ABC 公司从 20×4 年 1 月 1 日起实行累积带薪缺勤制度,制度规定,该公司每名职工每年有权享受 12 个工作日的带薪休假,休假权利可以向后结转 2 个日历年度。在第 2 年年末,公司将对职工未使用的带薪休假权利支付现金。假定该公司每名职工平均每月工资 2 000 元,每名职工每月工作日为 20 个,每个工作日平均工资为 100 元。以公司一名直接参与生产的职工为例。

① 假定 20×4 年 1 月,该名职工没有休假。公司应当在职工为其提供服务的当月,累积相当于 1 个工作日工资的带薪休假义务,并做如下账务处理:

借:生产成本　　2 100
　贷:应付职工薪酬——工资　　2 000
　　　　　　　——累积带薪缺勤　　100

② 假定 20×4 年 2 月,该名职工休了 1 天假。公司应当在职工为其提供服务的当月,累积相当于 1 个工作日工资的带薪休假义务,反映职工使用累积权利的情况,并做如下账务处理:

借:生产成本　　2 100
　贷:应付职工薪酬——工资　　2 000
　　　　　　　——累积带薪缺勤　　100
借:应付职工薪酬——累积带薪缺勤　　100
　贷:生产成本　　100

上述第 1 笔会计分录反映的是公司因职工提供服务而应付的工资和累积的带薪休假权利,第 2 笔分录反映的是该名职工使用上期累积的带薪休假权利。

③ 假定第 2 年年末(20×5 年 12 月 31 日),该名职工有 5 个工作日未使用的带薪休假,公司以现金支付了未使用的带薪休假。

借:应付职工薪酬——累积带薪缺勤　　500
　贷:现金　　500

(四) 利润分享计划

为了鼓励职工长期留在企业提供服务,有的企业可能制定利润分享计划,规定当职工在企业工作了特定期间后,能够享有按照企业净利润的一定比例计算的奖金,如果职工在企业工作到特定期末,其提供的服务就会增加企业应付职工薪酬金额,尽管企业没有支付这类奖金的法定义务,但是如果有支付此类奖金的惯例,或者说企业除了支付奖金外没有其他现实的选择,这样的计划就使企业产生了一项推定义务。同时符合下列两个条件时,企业才应确认由利润分享计划所产生的应付职工薪酬义务:

(1) 企业因过去事项导致现在具有支付的法定义务或推定义务;

(2) 因利润分享计划所产生的应付职工薪酬义务能够可靠估计。

属于以下三种情形之一的,视为义务金额能够可靠估计:

① 在财务报告批准报出之前企业已确定应支付的薪酬金额；

② 该利润分享计划的正式条款中包括确定薪酬金额的方式；

③ 过去的惯例为企业确定推定义务金额提供了明显证据。

企业根据企业经济效益增长的实际情况提取的奖金，属于利润分享计划。这类计划是按照企业实现净利润的一定比例确定享受的奖金，与企业经营业绩挂钩，是由于职工提供服务而产生的，而不是由企业与其所有者之间的交易而产生。因此，企业应当将利润分享计划作为费用处理或根据相关准则规定计入资产价值，而不能作为净利润的分配。

职工只有在企业工作一段特定期间才能分享利润，企业在计量利润分享计划产生的应付职工薪酬时，应当反映职工因离职而没有得到利润分享计划支付的可能性。

如果企业在职工提供相关服务的年度报告期间结束后12个月内，不需要全部支付利润分享计划产生的应付职工薪酬，该利润分享计划应当适用本准则其他长期职工福利的有关规定。

【例2-8】 ABC公司于20×4年年初制定和实施了一项短期利润分享计划，以对公司管理层进行激励。按计划规定，公司全年利润指标为2 000万元，如果在公司管理层的努力下完成的利润超过2 000万元，则管理层将可以分享超过2 000万元利润部分的10%作为额外报酬。假定截至2×14年12月31日，该公司全年实际完成利润2 400万元。假定不考虑离职等其他因素，则该公司管理层按照利润分享计划可以分利润40万元作为其额外的薪酬。该公司2×14年12月31日的相关账务处理如下：

借：管理费用　　400 000

　贷：应付职工薪酬——利润分享计划　　400 000

第四节　离职后福利及其分类

离职后福利计划是指企业与职工就离职后福利达成的协议，或者企业为向职工提供离职后福利制定的规章或办法等。按照离职后福利计划的主要条款和所包含的经济实质，可以将其划分为设定提存计划和设定受益计划。其中，设定提存计划是指向独立的基金缴存固定费用后，企业不再承担进一步支付义务的离职后福利计划；设定受益计划是指除设定提存计划以外的离职后福利计划。

一、设定提存计划

（一）设定提存计划的特征

设定提存计划是指企业向一个独立主体（通常是基金）支付固定提存金，如果该基金不能拥有足够资产以支付与当期和以前期间职工服务相关的所有职工福利，企业不再负有进一步支付提存金的法定义务和推定义务。在这种计划下，企业的法定或推定义务仅限于企业同意或必须向基金提存的金额，职工所收到的离职后福利金额取决于企业（和职工本人)向离职后福利计划(基金)或保险公司支付的提存金金额,以及提存金所产生的投资回报。

从我国企业基本养老保险制度下企业缴费和职工养老保险待遇的计算和发放方法来看,职工基本养老保险费中企业缴费的金额,与职工退休时能够享受的养老保险待遇是两种计算方法,职工养老保险待遇即受益水平与企业在职工提供服务各期的缴费水平不直接挂钩,企业承担的义务仅限于按照规定标准提存的金额,属于设定提存计划。企业为离职后职工建立的除基本养老保险以外的其他社会保险,如失业保险,也是根据国家相关规定,由社会保险经办机构负责收缴、发放和保值增值,企业承担的义务亦仅限于按照企业所在地政府等规定的标准,与基本养老保险一样,同样属于设定提存计划。

为建立多层次的养老保险制度,更好地保障企业职工退休后的生活,依法参加基本养老保险并履行缴费义务、具有相应的经济负担能力并已建立集体协商机制的企业,经有关部门批准,可申请建立企业年金。企业年金是企业及其职工在依法参加基本养老保险的基础上,自愿建立的补充养老保险制度。根据国家有关规定,企业建立年金所需资金由企业和职工个人共同缴纳。从我国已建立企业年金计划的部分地区年金计划的条款规定来看,我国以年金形式建立的补充养老保险制度属于企业“缴费确定型”,不是职工养老“待遇承诺型”。所谓缴费确定型,就是以缴费的情况确定企业年金待遇的养老金模式,企业缴费亦是根据参加计划职工的工资、级别、工龄等因素,在计划中明确规定;待遇确定型则是指在参保时就承诺将来的退休待遇水平的养老金模式,即承诺职工退休后享有固定金额的福利,以此为基础确定每一期间企业缴费,由于物价变动、职工流动等原因,每期企业缴费可能会有所调整。因此,我国企业为职工缴纳的补充养老保险费,也属于设定提存计划。

考虑到物价变动、职工生活所需费用等因素,按照企业所在地政府的规定,社会保险经办机构在年度开始时有时也会调整企业缴费的比例,调整后的缴费水平影响该期或以后期间企业应确认为负债的社会保险费金额,但不需要调整前期已确认薪酬义务金额和已计入成本费用的社会保险费金额。

(二)设定提存计划的会计处理

在设定提存计划下,企业的法定或推定义务仅限于其同意向基金提存的金额。因此,职工所收到的离职后福利金额取决于企业向离职后福利计划或保险公司支付的提存金金额,连同提存金所产生的投资回报。相应地,精算风险(福利将比预期的少)和投资风险(投资的资产将不足以支付预期的福利)实质上要由职工承担。因此,对于设定提存计划,企业应当根据在资产负债表日为换取职工在会计期间提供的服务而应向单独主体缴存的提存金,确认为职工薪酬负债,并计入当期损益,其他会计准则要求或允许计入资产成本的除外。

此外,按照设定提存计划,预期不会在职工提供服务的年度报告期结束 12 个月之内支付全部应缴存金额的,企业应当按照一定的折现率将全部应缴存金额以折现后的金额计量应付职工薪酬。折现率应当以与缴存义务期限相匹配的国债或高质量公司债券的市场收益率确定。

二、设定受益计划

职工薪酬准则将不符合设定提存计划特征的其他离职后福利计划都归类为设定受益计划，也就是说，除非雇主的法定义务只局限于其同意向基金提存的金额，不然就应当划分为设定受益计划。当公司通过以下方式负有法定或推定义务时，公司的义务就不仅限于其同意向基金提存的金额，比如：①计划的福利公式不仅仅与提存的金额相关，且要求企业在资产不足以满足该公式的福利时存在进一步缴存资金的义务；②通过计划间接或直接地对提存金的特定回报作出担保。例如公司过去曾增加提供给以前雇员的福利以与通货膨胀保持同步，即使没有法定义务要求这样做，推定义务也可能产生。

设定受益计划可能是不注入资金的，或者可能全部或部分地由主体（有时由其雇员）向法律上独立于报告主体的主体或基金，以缴纳提存金形式注入资金，并由其向雇员支付福利。到期时注资福利的支付不仅取决于基金的财务状况和投资业绩，而且取决于主体补偿基金资产短缺的能力和意愿。因此，企业在实质上承担着与计划相关的精算风险和投资风险，也就是设定受益计划所确认的费用并不一定是本期应付的提存金金额。企业存在一项或多项设定受益计划的，对于每一项计划应当分别进行会计处理。

【例 2-9】 ABC 公司每年都会代表其所有员工以缴纳提存金的形式向独立的基金注入固定资金作为离职后福利。目前 ABC 公司决定对一些特定的员工优化该福利计划：

① ABC 公司每年向独立的基金支付相当于每位员工工资 5%的资金，当员工退休后可以从该基金中获得收入作为离职后的福利。除了每年支付这部分固定资金外，ABC 公司不再有其他任何支付义务。

这种情况下，职工所收到的离职后福利金额取决于企业向离职后福利计划或保险公司支付的提存金金额，连同提存金所产生的投资回报。相应地，精算风险（福利将比预期的少）和投资风险（投资的资产将不足以支付预期的福利）实质上要由职工承担。这就属于设定提存计划。

② ABC 公司向员工保证离职后每年能获得的收入不少于其在职时年终工资的 1%。如果未来独立基金所能支付的金额少于保证的金额，那么 ABC 公司就有义务补上不足的部分。

这种情况下，ABC 公司在实质上承担着与计划相关的精算风险和投资风险，因此属于设定受益计划。

第五节　设定受益计划的会计处理

一、设定受益计划会计处理的基本原则

设定受益计划导致的义务可能受到许多变量的影响，如最终薪金、职工流动率和死亡率、医疗费用水平以及职工提存义务等。设定受益计划产生的最终义务是不确定的，并且这种不确定性可能在较长的一段时间内存在。计量设定受益计划产生的义务和费用，需要运用精算假设和估值模型，每一会计期间确认的费用并不一定等于企业因提存资金产生的支付，并因精算假设的变化可能产生精算利得和损失，因此其会计核算是比较复杂的。另外，因为设定受益计划产生的义务，可能是在职工提供相关服务的许多年后才予以履行或支付，该义务应在折现的基础上计量。一般来说，设定受益计划的会计核算包括以下几方面的内容：

（1）确认与计量设定福利计划产生的义务。根据预期累计福利单位法，采用无偏且相互一致的精算假设对有关人口统计变量和财务变量等做出估计，计量设定受益计划产生的义务，并确定相关义务的归属期间。同时采用规定的折现率将设定受益计划产生的义务予以折现，以确定设定受益计划义务的现值和当期服务成本。

（2）确认与计量设定受益计划资产。企业提存资金作为未来偿付设定受益义务的，将形成设定受益计划资产。企业应当以设定受益计划义务现值减去设定受益计划资产公允价值形成的赤字或盈余为基础确认一项设定受益计划净负债或净资产。设定受益计划存在盈余的，企业应当以设定受益计划的盈余和资产上限的孰低者计量设定受益计划净资产。其中，资产上限是指企业可以从设定受益计划退款减少未来对设定受益计划缴存资金而获得的经济利益现值。

（3）当引入或变更一项计划时，确认与计量由此导致的过去服务成本。

（4）当缩减或结算一项计划时，确认与计量由此导致的结算利得或损失。

二、设定受益计划义务的确认与计量

设定受益计划义务是因职工在本期和以前期间提供服务导致企业承担的一项现时义务，该义务可能是正式合约确定，也可能源于推定义务，即企业过去的惯例给职工形成的预期而产生的义务，并且企业将不可避免地履行该项义务。

设定受益计划义务的计量应当反映该义务使得企业预期需要在未来期间支付金额的现值。设定受益计划义务的计量包括以下三方面的内容：

（1）预期累计福利单位法和设定受益计划义务的归属期间。

（2）采用无偏且相互一致的精算假设对有关人口统计变量和财务变量等做出估计，计量设定受益计划金额。

(3) 采用规定的折现率将设定受益计划产生的义务予以折现，以确定设定受益计划义务的现值和当期服务成本。

(一) 预期累计福利单位法和设定受益计划义务的归属期间

1. 预期累计福利单位法

预期累计福利单位法是目前通用并公认有效的关于计量设定受益计划义务的方法。该方法认为，每一服务期间会增加一个单位的福利权利，并且对每一单位单独计量，以形成最终义务。

【例 2-10】 ABC 公司对离职员工的福利政策是一次性支付离职补偿金，具体规定是，职工每服务一年可获得离职时最终薪金 1%的离职补偿金。某员工第 1 年的薪金是 100 万元，每年增长率为 7%(复利)。假定该员工将在 5 年后离职。年折现率为 10%。表 2-1 列示了采用预期累计福利单位法计量该员工离职补偿金的过程。为简单说明预期累计福利单位法的原理，本例假定精算假设和员工离职的时间不会发生变化。

表 2-1 采用预期累计单位法计量离职补偿金过程 单位：万元

年　度	第 1 年	第 2 年	第 3 年	第 4 年	第 5 年
福利归属于：					
——以前年度	0	131	262	393	524
——当年(最终薪金的 1%)	131	131	131	131	131
——当年和以前年度	131	262	393	524	655
期初义务		89	196	324	476
利率为 10%的利息		9	20	33	48
当期服务成本	89	98	108	119	131
期末义务	89	196	324	476	655

注：① 该员工第 5 年的薪酬为 131 万元。

② 期初义务是归属于以前年度的福利的现值。

③ 当期服务成本是归属于当年的福利的现值。

④ 期末义务是归属于当年和以前年度的福利的现值。

2. 设定受益计划义务的归属期间

企业应当根据设定受益计划确定的公式将产生的福利义务归属于职工提供服务的期间，并计入当期损益，或按其他会计准则的要求计入资产成本。在设定受益计划下，即使福利是以职工未来提供的服务为条件，员工在达到设立受益计划条件前提供的服务仍会导致公司产生义务。因为在每一个连续的报告期末，在有权享有福利前，员工必须提供的未来服务值会减少。但在计量其设定受益义务时，公司应考虑一些员工可能不会满足设立受益计划条件的可能性。类似地，虽然一些离职后福利，如离职后医疗福利，当且仅当雇员不再受雇时发生了特定事项才予以支付，但是职工提供服务使其在特定事项发生时有权获得该福利就产生了一项义务。发生特定事项的可能性会影响该义务的计量，但并不能决定该义务是否存在。

当职工后续年度的服务将导致其享有的离职后福利水平显著高于以前年度时，企业应当按照直线法将累计设定受益义务，归属于职工提供服务而导致企业第一次产生福利义务至职工提供服务不再导致设定受益义务显著增加的期间（由于未来工资水平提高导致设定受益义务显著增加的除外）。

例如一项离职后医疗计划对离职时已服务 10 年以上、20 年以下的职工，报销其离职后医疗费用的 40%，对于离职时服务期间超过 20 年或更长年限之后离职的雇员，报销其离职后医疗费用的 50%。

根据计划的福利公式，企业将预计医疗费用现值的 4%（40%除以 10）归属于最初 10 年的每一年，1%（10%除以 10）归属于第二个 10 年的每一年。估计每一年的当期服务成本时应反映职员可能达不到设定的服务年限而不能享受离职后报销医疗费的可能性，对于预期在 10 年内离职的职员，企业不会承担其离职后的医疗费用报销的义务。

例如一项离职后医疗计划对服务超过 10 年但不到 20 年离职的雇员的离职后医疗费用报销 10%，而对服务 20 年或更长年限之后离职的雇员报销 50%。

以后年度的服务将导致比以前年度获得高得多的福利。因此，对于预期在 20 年或更长年限之后离职的雇员，企业应根据准则的规定采用直线法将累计福利义务归属于职工服务导致义务发生的期间。本例中，在职工服务的第一个 10 年中，每年产生的离职后医疗费用报销比例可平均分配为 1%，但对于第二个 10 年继续提供服务的职工，其享有的离职后医疗费用报销比例显著升高，并且超过 20 年的服务不会导致福利的增加。因此，对于服务期限超过 20 年期的职工，其产生的离职后医疗费用报销义务应采用直线法在 20 年期间上分摊，即每年产生的离职后医疗费用报销比例可平均分配为 2.5%（50%/20），而不是前 10 年每年分配 1%，后十年每年分配 4%。对于服务 10 年以上、20 年以下的职工，前 10 年每年产生的离职后医疗费用报销比例可平均分配为 1%。对于预期在 10 年内离职的职工，不会产生离职后医疗报销义务。

但需要说明的是，对于与职工的最终薪酬挂钩的设立受益计划义务，如果职工的最终薪酬显著提高，也会导致企业承担的离职后福利义务上升，但其并没有增加额外的福利义务，只是计量福利义务之后的精算变量发生了变化。例如，企业向工作期限满 20 年的职工支付一次性的退休金，具体计算公式是：离职年度时工资的 1/30 乘以实际的服务年限，即对于工作期限满 20 年的职工，每提供一年的服务将在退休时获得金额为离职时年度工资 1/30 的退休金。尽管职工离职时年度工资可能发生大幅上涨，但其并没有导致福利义务水平的提高。职工离职时工资水平的变化仅反映为精算假设变动导致的设定受益计划义务的变化。

（二）精算假设

精算假设是公司对影响离职后福利的最终费用的各种变量的最佳估计。精算假设应当是“无偏”且“相互一致”的。“无偏”是指精算假设是中性的，是对各种变量可能结果的客观描述，既不过于谨慎，也不过于激进。“相互一致”是指各项精算假设具有内在的经济一致性，能够反映通货膨胀、薪金增长率和折现率等因素之间的经济关系，不会导致各项假设产生逻辑矛盾。如利率、工资或福利增长率等，取决于特定期间通货膨胀水平的精算假设，都假定在那一期间具有相同的通货膨胀水平。总体而言，精算假设可分为两类：一是人口统计假设，指关于有权获得福利的现有和以前职工（包括符合条件的被赡养人）未来特征的假设，包括：职工的死亡率、流动比率、伤残比率和提前退休比率，计划范围内其被赡养人有权享受福利的职工比例，将选择计划条款下各种可能形式的支付的职工比率，医疗计划下的索付比率等。二是财务假设，包括折现率、福利水平和未来薪金、未来医疗费用水平、与福利计划相关的应付税款等。财务假设的确定应基于报告期末对履行义务期间的市场预期。

1. 职工死亡率、流动比率、伤残比率和提前退休率

对人口统计相关假设的估计是对相关比率的预期值进行估计，通常能够获得相关比率的当前标准值，但需要根据其未来预期变动情况进行调整。例如，关于死亡率的估计，是对计划成员的预期死亡率的当前估计，需要基于当期标准死亡率对未来预期变动进行调整。

2. 折现率

企业应当对所有设定受益义务予以折现，包括预期在职工提供服务的年度报告期间结束后的 12 个月内支付的义务。折现率是具有重要影响的精算假设，它反映货币的时间价值而不是精算或投资风险，也不反映未来实际情况可能与精算假设不同的风险。

折现率应当根据资产负债表日与设定受益计划义务期限和币种相匹配的国债或活跃市场的高质量公司债券的市场收益率确定。在某些情况下，可能没有与所有的福利支付预计期限相配比、其期限足够长的国债或高质量公司债。在此情况下，公司应运用适当期限的当期市场利率来折现短期付款，并且通过外推当期市场利率的收益率曲线估计长期折现率。

3. 关于薪金、福利水平和医疗费用的精算假设

关于薪金、福利水平和医疗费用的精算假设应当反映报告期末计划的正式条款规定的未来福利变动。精算假设不反映报告期末在计划正式条款中未设定的未来福利的变化。计划条款的变化属于设定受益计划修改，它将导致过去服务成本（计划变化前所得导致的福利义务）和变化以后期间的服务成本（改变了变化后的服务所导致的福利）。

有些情况下，为满足业绩目标或其他标准，计划的福利水平可能发生变化。例如，计划条款可能规定如果计划资产不足，则降低福利水平或要求职工或第三方增加对计划的提存金额，该提存金额的预期变动也属于精算假设的变动。

对未来薪金增长的估计要考虑通货膨胀、资历、晋升和其他相关因素，如劳动力市场的供需情况。

关于医疗费用的假设应考虑由于通货膨胀和医疗费用的具体变化所引起的医疗服务

费用的预期未来变化。离职后医疗福利的计量，需要就未来索付的水平、频率及满足这些索付的费用作出假定。公司基于有关其自身实际的历史数据对未来医疗费用进行估计，并在必要时辅以其他主体、保险公司、医疗机构或其他来源的历史数据。对未来医疗费用的估计要考虑技术进步的影响、健康保障设施或提供方式的变化的影响，以及计划参与者健康状况变化的影响。索付的水平和频率对雇员（及其被赡养人）的年龄、健康状况、性别特别敏感，并且可能对其他因素，如地理位置敏感。因此，要对历史数据进行调整，以反映人口的人口统计学组合与作为数据基数的人口统计学组合的不同之处。如有可靠证据证明历史趋势将不再继续时也应对历史数据进行调整。

（三）确定设定受益计划义务现值和当期服务成本

预期累计福利单位法要求企业将福利归属于当期（以确定当期服务成本）和当期及以前期间（以确定设定受益义务现值）。这一义务随着职工提供服务以获取企业在未来报告期间预计支付的离职后福利而产生。例如，企业向职工提供一项设定受益计划，职工每服务一年，企业将按其离职时最终月工资的2%支付月养老金，自职工满70岁时开始支付。企业应基于精算假设确定职工的预计最终薪金、预计退休时的工作年数和预计死亡时间，估计该计划导致的最终义务总额，并采用选定的折现率计算其现值。设定受益义务的现值是每月养老金支付额（最终月薪金的2%）的现值乘以到报告期末为止的服务年数。当期服务成本是当期该项福利现值的增加数。

【例 2-11】 ABC公司制定的一项设定受益计划规定，在雇员工作期间每年向其提供的离职后福利是其最终工资的1%。某个员工加入该公司时第1年的工资是50 000元，假设之后每年工资以7%的幅度增长，折现率为8%，预计该员工在工作满5年后退休。不考虑该员工在退休前就离开该公司的可能性。

工作满5年，该员工的最终工资为50 000×(P/F,7%,4)=65 540元，因此累计应计福利等于第5年工资的1%乘以工作年份5年，即65 540×1%×5=3 277元；当期服务成本是归属于当期福利的折现值，例如在退休后的第1年，其当期服务成本就是655/(P/F,8%,4)=482元，退休后的第2年就是655/(P/F,8%,3)=520元。表2-2显示了ABC公司在该员工工作满5年之后设定受益计划义务的计算过程（计算过程已经四舍五入）：

表 2-2 该员工受益计划计算过程 单位：元

项　目	第1年	第2年	第3年	第4年	第5年
预计工资（7%增长率）	50 000	53 500	57 245	61 252	65 540
归属于当期的福利	655	655	655	655	655
累计应计福利	655	1 311	1 966	2 622	3 277
期初义务	0	482	1041	1 686	2 428
利息（期初义务×8%）	0	39	83	135	194
当期服务成本（8%折现率）	482	520	562	607	655
期末义务	482	1 041	1 686	2 428	3 277

【例 2-12】 ABC公司在20×4年1月1日设立了一项设定受益计划，并于当日开始实施。该设定受益计划规定：ABC公司向所有在职员工提供统筹外补充退休金，这些职工在退休后每年可以额外获得12万元退休金，直至去世。

职工获得该额外退休金基于自该计划开始日起一直为公司服务至退休。

为便于计算，我们假设符合计划的职工为100人，当前平均年龄为40岁，退休年龄为60岁，还可以为公司服务20年。假定在退休前无人离职，退休后平均剩余寿命为15年。假设适用的折现率为10%，且不考虑通货膨胀等其他因素。

计算设定受益计划义务及其现值见表2-3：

表 2-3 计算设定受益计划及其现值 单位：万元

项　　目	退休后第1年	退休后第2年	退休后第3年	退休后第4年	…	退休后第15年
(1) 当年支付	1 200	1 200	1 200	1 200	…	1 200
(2) 折现率	10%	10%	10%	10%	…	10%
(3) 复利现值系数	0.909 1	0.826 4	0.751 3	0.683 0	…	0.239 4
(4) 退休时点现值＝(1)×(3)	1 091	992	902	820	…	287
(5) 退休时点现值合计	9 127					

三、设定受益计划资产

有些设定受益计划的正式条款要求企业按一定的标准提存资金，形成专项基金进行管理，作为到期支付设定受益义务的资金。设定受益计划资产应当以公允价值计量，当无法获取市场价格时，应估计计划资产的公允价值。例如，通过运用折现率对预计未来现金流量进行折现，该折现率应当反映与该计划资产相关的风险和资产的期限。一般来说，计划资产不包括企业应付但未付给基金的提存金，也不包括由企业发行并由专项基金持有的任何不可转换金融工具。专项基金的负债，包括与职工福利无关的负债都应减少计划资产的金额，如应付账款、其他应付款以及衍生金融工具产生的负债。

设定受益义务现值扣除计划资产公允价值的余额为设定受益计划赤字或盈余，并以此为基础确认一项设定受益计划净负债或净资产。设定受益计划存在盈余的，并不是所有盈余都可以直接确认为资产，因为在有些情况下，根据设定受益计划正式条款或惯例，企业不能因为设定收益计划存在盈余而可以从计划获得退款，或者减少未来向设定受益计划专项基金缴存资金的义务。也就是说，尽管设定受益计划存在盈余，但企业不能从中获得经济利益的流入，该盈余不符合资产的定义，不能确认为资产。根据准则规定，企业应以设定受益计划的盈余和资产上限两项的孰低者计量设定受益计划净资产。所谓资产上限，是指企业可从设定受益计划退款或减少未来对设定受益计划缴存资金而获得的经济利益的现值。

四、设定受益计划的修改或变更——过去服务成本

当企业增加或缩减现有设定受益计划下的应付福利时，计划发生了修改，如企业减少计划覆盖的职工数量，或者修改了福利条件使得满足条件的职工数量减少，就发生了计划缩减。企业应将设定受益计划修改或变更导致的与以前期间职工服务相关的设定受益义务现值的增加或减少，确认为过去服务成本。当企业减少现有设定受益计划下的应付福利，同时在该计划下提高对相同职工的其他应付福利时，则应将这些变动的净额作为过去服务成本处理。过去服务成本可能是正数（引入和改变福利时导致设定受益义务现值增加），也可能是负数（取消和改变福利时导致设定受益义务现值减少）。

企业应在下列日期孰早发生时，采用预期累计福利单位法和适当的精算假设，将过去服务成本确认为一项费用：

（1）修改设定受益计划时；

（2）企业确认相关重组费用或辞退福利时。

【例 2-13】 ABC 公司宣布了它修改养老金计划（缩减）的方案，在现行计划下，员工每工作一年就能得到其最终工资水平的 1%的养老金。修改后的计划要求从 20×4 年 1 月 1 日开始直到离开公司，员工离职后福利计算要建立在在职期间平均工资的 1%的基础上。ABC 公司于 20×3 年 12 月 20 日在官网上公布了这个修改计划，公司的人力资源部也在 20×4 年年初准备了修改过的雇佣合同并交给员工签字。预计所有合同都将在 20×4 年 1 月末完成签字，并且该修改计划只有在员工签字后才受当地法律约束。

在本例中，只有当该修改计划受到当地法律约束之后，ABC 公司才应该确认这部分过去服务成本。

五、设定受益计划义务的列报

在报告期末，企业应当将设定受益计划的职工福利负债区分服务成本、利息净额、重新计量三部分在财务报表中列示（如图 2-1 所示），这样更能反映设定受益计划的交易实质。

（1）服务成本，包括当期服务成本、过去服务成本和结算利得或损失。其中，当期服务成本是指职工当期提供服务所导致的设定受益义务现值的增加额；过去服务成本是指设定受益计划修改所导致的与以前期间职工服务相关的设定受益义务现值的增加或减少；结算的利得和损失是指企业在设定受益计划结算时根据在结算日确定的设定受益计划义务的现值和结算价格之间的差额确认的利得或损失。

（2）设定受益计划净负债或净资产的利息净额，是指设定受益净负债或者净资产在职工提供服务期间由于时间变化而产生的变动，包括计划资产的利息收益、设定受益义务的利息费用以及资产上限影响的利息。

计划资产的利息收益是计划资产回报的组成部分之一，通过将计划资产公允价值乘

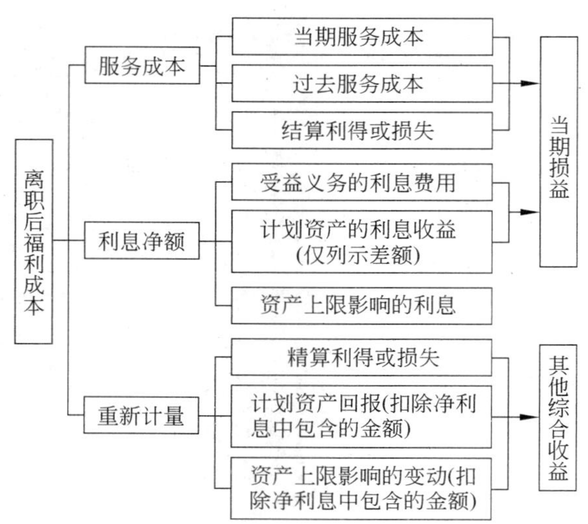

图 2-1 设定受益计划之职工福利负债列表

以相应的折现率来确定，计划资产的公允价值和折现率应在年度报告期间开始时确定，同时须考虑该期间由于提存和福利支付所导致的计划资产的变动。计划资产的利息收益和计划资产回报之间的差额包括在设定受益负债(资产)净额的重新计量中。

资产上限影响的利息是资产上限影响总变动的一部分，通过将资产上限影响乘以规定的折现率来确定。资产上限的影响和折现率应在年度报告期间开始时确定，该金额与资产上限影响总变动之间的差额包括在设定受益负债(资产)净额的重新计量中。

(3) 重新计量设定受益计划净负债或净资产导致的变动，主要包括三大类：

① 精算利得或损失，即由于精算假设和经验调整导致之前所计量的设定受益义务现值的增加或减少。产生精算利得和损失的原因包括：未预计的过高或过低的雇员流动率、提前退休率，或是过高或过低的薪金、福利和医疗费用的增长；关于福利支付选择权假设的变动或者折现率变动的影响等。

【例 2-14】 甲公司在实施某项设定受益计划开始后职工提供服务的第 3 年年末重新计量该设定受益计划的净负债。甲公司发现，由于预期寿命等精算假设和经验调整导致该设定受益计划义务的现值增加，形成精算损失 20 万元。那么甲公司应该做如下财务处理：

借：其他综合收益——重新计量——精算利得或损失　　200 000

　贷：应付职工薪酬——设定受益计划义务　　200 000

② 计划资产回报，是指计划资产产生的利息、股利和其他收入。在确定计划资产回报时，主体应扣减管理计划资产的成本和计划本身的应付税款(用来计量设定受益义务的精算假设中包含的税款除外)。

③ 资产上限影响的变动，扣除包括在设定受益计划净负债或净资产的利息净额中的金额。

除非其他会计准则要求或允许职工福利成本计入资产成本，上述第(1)项和第(2)项应计入当期损益并单独列报。第(3)项主要是受精算假设、计划资产投资回报等因素影响，与当期损益或者企业获取的职工服务以及货币的时间价值也不相关，所以将其计入其他综合收益是合适的；在后续会计期间内，企业可以在权益范围内转移这些在其他综合收益中确认的金额，但不允许将其转回至损益。

六、设定受益计划结算

设定受益计划结算，是指企业为了消除设定受益计划所产生的部分或所有未来义务进行的交易，而不是根据计划条款和所包含的精算假设向职工支付福利。例如，通过购买保险单而将计划下重大的雇员义务一次性转移给保险公司，是一项结算；在计划条款下，一整笔款项支付给计划参与者以换取他们收取特定离职后福利的权利，就不是结算。主体应当在结算发生时确认设定受益计划的结算利得或损失。

企业应当在设定受益计划结算时，确认一项结算利得或损失。设定受益计划结算利得和损失是下列两项的差额：

(1) 在结算日确定的设定受益义务现值；

(2) 结算价格，包括转移的计划资产和企业直接发生的与结算相关的支付。

通过上述的分析不难看出，新准则中设定受益计划下离职后福利会计处理的突出特点是互相抵消、净额列报。首先要将设定受益义务现值与设定受益计划资产公允价值进行抵消，如抵消后为赤字，则将抵消后的差额列示于资产负债表，体现为设定受益计划净负债；如抵消后为盈余，则将设定受益计划的盈余与资产上限两者中较低者列示为资产负债表中的设定受益计划净资产。其次，利息净额体现为期初设定受益义务现值与设定受益计划资产公允价值之差折现后的金额。最后，计入其他综合收益中归属于“重新计量”部分的各项目的金额，都要消除设定受益计划净负债或净资产在利息净额中影响的金额。

【例 2-15】 ABC 公司 20×3 年 1 月 1 日和 12 月 31 日设定受益计划的情况如表 2-4 所示，假设 20×3 年该企业未向该受益计划支付提存金，也没有支付福利，且前期无精算利得和损失(其他条件略)。

表 2-4 ABC 公司设定受益计划情况 单位：万元

项 目	20×3 年 1 月 1 日	20×3 年 12 月 31 日
设定受益义务现值	175	262.5
设定受益计划资产公允价值	100	112.5
当期服务成本	37.5	
折现率	3%	
计划资产预期回报率	6%	

按照新准则中职工离职后福利的会计处理的规定，企业期末损益及其他综合收益应

当如表2-5所示。

表2-5　企业期末损益及其他综合收益　　单位：万元

列报项目	金额	金额构成
设定受益计划净负债	150	设定受益义务现值：262.5
		设定受益计划资产公允价值：112.5
当期损益	－39.75	服务成本：37.5
		利息净额：2.25
其他综合收益	－35.25	设定受益义务精算损失：44.75
		计划资产回报：9.5

第六节　辞退福利

一、辞退福利的含义

职工薪酬会计准则规定的辞退福利包括两方面内容：一是在职工劳动合同尚未到期前，不论职工本人是否愿意，企业决定解除与职工的劳动关系而给予的补偿；二是在职工劳动合同尚未到期前，为鼓励职工自愿接受裁减而给予的补偿，职工有权利选择继续在职或接受补偿离职。辞退福利还包括当公司控制权发生变动时，对辞退的管理层人员进行补偿的情况。辞退福利通常采取解除劳动关系时一次性支付补偿的方式，也有通过提高退休后养老金或其他离职后福利的标准，或者在职工不再为企业带来经济利益后，将职工工资支付到辞退后未来某一期间的方式。

在确定企业提供的经济补偿是否为辞退福利时，应当注意以下问题：

(1) 辞退福利与正常退休养老金应当区分开来。辞退福利是在职工与企业签订的劳动合同到期前，企业根据法律与职工本人或职工代表(工会)签订的协议，或者基于商业惯例，承诺当其提前终止对职工的雇佣关系时支付的补偿，引发补偿的事项是辞退，因此，企业应当在辞退时进行确认和计量。

职工在正常退休时获得的养老金，是其与企业签订的劳动合同到期时，或者职工达到了国家规定的退休年龄时获得的退休后生活补偿金额，此种情况下给予补偿的事项是职工在职时提供的服务而不是退休本身，因此，企业应当在职工提供服务的会计期间确认和计量。

(2) 职工虽然没有与企业解除劳动合同，但未来不再为企业提供服务，不能为企业带来经济利益，企业承诺提供实质上具有辞退福利性质的经济补偿，比照辞退福利处理。

(3) 有些雇员福利，无论员工出于何种原因离开都予提供。这些福利的支付是确定的(取决于任何既定的或最低服务要求)，但其支付时间是不确定的。虽然这样的福利在一些国家被表述为辞退补偿或辞退费用，但它们是离职后福利而不是辞退福利，并且主体应将其作为离职后福利进行会计处理。

二、辞退福利的确认

企业在职工劳动合同到期之前解除与职工的劳动关系或者为鼓励职工自愿接受裁减而提出给予补偿的建议，同时满足下列条件的就应当确认因解除与职工的劳动关系给予补偿而产生的预计负债，并计入当期管理费用：

(1) 企业已经制定正式的解除劳动关系计划或提出自愿裁减建议，并即将实施。该计划或建议应当包括拟解除劳动关系或裁减的职工所在部门、职位及数量；根据有关规定按工作类别或职位确定的解除劳动关系或裁减补偿金额；拟解除劳动关系或裁减的时间。

这里所称"正式的辞退计划或建议"应当经过董事会或类似权力机构的批准；"即将实施"是指辞退工作一般应当在一年内实施完毕，但因付款程序等原因使部分付款推迟到一年后支付的，视为符合辞退福利预计负债确认条件。

(2) 企业不能单方面撤回解除劳动关系计划或裁减建议。如果企业能够单方面撤回解除劳动关系计划或裁减建议，则表明未来经济利益流出不是很可能，因而不符合负债的确认条件。

企业向职工提供辞退福利的，应当在以下两者孰早日确认辞退福利产生的职工薪酬负债，并计入当期损益：

(1) 企业不能单方面撤回解除劳动关系计划或裁减建议所提供的辞退福利。

(2) 企业确认涉及支付辞退福利的重组相关的成本或费用。

在确认辞退福利时，需要注意以下两个方面：

(1) 对于分期或分阶段实施的解除劳动关系计划或自愿裁减建议，企业应当将整个计划看作由各单项解除劳动关系计划或自愿裁减建议组成，在每期或每阶段计划符合预计负债确认条件时，将该期或该阶段计划中由提供辞退福利产生的预计负债予以确认，计入该部分计划满足预计负债确认条件的当期管理费用，不能等全部计划都符合确认条件时再予以确认。

(2) 对于企业实施的职工内部退休计划，由于这部分职工不再为企业带来经济利益，企业应当比照辞退福利处理。具体来说，在内退计划符合职工薪酬准则规定的确认条件时，按照内退计划规定，将自职工停止提供服务日至正常退休日期间、企业拟支付的内退人员工资和缴纳的社会保险费等，确认为预计负债，一次计入当期管理费用，不能在职工内退后各期分期确认因支付内退职工工资和为其缴纳社会保险费而产生的义务。

三、辞退福利的计量

企业应当按照辞退计划条款的规定，合理预计并确认辞退福利产生的应付职工薪酬。

辞退福利的计量因辞退计划中职工有无选择权而有所不同：

（1）对于职工没有选择权的辞退计划，应当根据计划条款规定拟解除劳动关系的职工数量、每一职位的辞退补偿等计提应付职工薪酬(预计负债)。

（2）对于自愿接受裁减的建议，因接受裁减的职工数量不确定，企业应当根据《企业会计准则第13号——或有事项》规定，预计将会接受裁减建议的职工数量，根据预计的职工数量和每一职位的辞退补偿等计提应付职工薪酬(预计负债)。

（3）辞退福利预期在其确认的年度报告期间期末后12个月内完全支付的，应当适用短期薪酬的相关规定；辞退福利预期在年度报告期间期末后12个月内不能完全支付的，应当适用本准则关于其他长期职工福利的有关规定，选择适当的折现率，以折现后的金额计量应计入当期损益的辞退福利金额。

【例2-16】 ABC公司为一家手机生产企业，20×3年9月，为了能够在下一年度顺利实施转产，公司管理层制订了一项辞退计划，计划规定，从20×4年1月1日起，企业将以职工自愿方式，辞退其非智能机系列生产车间的职工。辞退计划的详细内容，包括拟辞退的职工所在部门、数量、各级别职工能够获得的补偿以及计划大体实施的时间等均已与职工沟通，并达成一致意见。辞退计划已于当年12月18日经董事会正式批准，将于下一个年度内实施完毕。该项辞退计划的详细内容如表2-6所示。

表2-6 ABC公司辞退计划 单位：万元

所属部门	职位	辞退数量	工龄/年	每人补偿
非智能机生产车间	车间主管、副主管	10	1～10	10
			10～20	20
			20～30	30
	专业工人	50	1～10	8
			10～20	18
			20～30	28
	普通工人	100	1～10	5
			10～20	15
			20～30	25
合计		160		

20×3年12月31日，企业预计各级别职工拟接受辞退职工数量的最佳估计数(最可能发生数)及其应支付的补偿如表2-7所示。

按照《企业会计准则第13号——或有事项》有关计算最佳估计数的方法，预计接受辞退的职工数量可以根据最可能发生的数量确定，也可以按照各种发生数量及其发生概率计算确定。根据表2-7，愿意接受辞退职工的最可能数量为123名，预计补偿总额为1 400万元，则企业在20×3年(辞退计划是20×3年12月18日由董事会批准)应做如下账务处理：

表 2-7 企业预计的补偿及辞退最佳估计数 单位：万元

所属部门	职 位	辞退数量	工龄/年	接受数量	每人补偿额	补偿金额
非智能机生产车间	车间主管、副主管	10	1～10	5	10	50
			10～20	2	20	40
			20～30	1	30	30
	专业工人	50	1～10	20	8	160
			10～20	10	18	180
			20～30	5	28	140
	普通工人	100	1～10	50	5	250
			10～20	20	15	300
			20～30	10	25	250
合 计		160		123		1 400

借：管理费用 14 000 000

贷：应付职工薪酬——辞退福利 14 000 000

本例中以非智能机系列生产车间主管和副主管级别、工龄在 1～10 年的职工为例，假定接受辞退的职工数量及发生概率如表 2-8 所示。

表 2-8 接受辞退的职工数量及发生概率

接受辞退的职工人数/人	发生概率/%	最佳估计数
0	0	0
1	3	0.03
2	5	0.10
3	5	0.15
4	20	0.80
5	15	0.75
6	25	1.50
7	8	0.56
9	12	1.08
10	7	0.70
合计	100	5.67

由上述计算结果可知，非智能机系列生产车间主管和副主管级别、工龄在 1～10 年的职工接受辞退计划的最佳估计数为 5.67 名，则应确认该职级的辞退福利金额应为 56.7 万元(5.67×10)，由于所有的辞退福利预计负债均应计入当期费用，因此，20×3 年

企业应做如下账务处理：

借：管理费用　　567 000

　贷：应付职工薪酬——辞退福利　　567 000

【例 2-17】 ABC 公司的管理层决定在明年(20×4 年)年底之前解雇 250 名员工，但是因此导致的辞退福利需要在较长一段时间内才能完成支付。根据计划，在辞退后的第一年年末支付 8 000 000 元，在第二年年末支付 12 000 000 元。假设目前(20×3 年)市场上高质量的一年期和两年期的公司债券收益率都为 5.5%，问 ABC 公司管理层在 20×3 年年末应当确认多少辞退福利费用？

分析：对于 12 个月内不能完全支付的辞退福利，需要按照本准则其他长期福利的要求进行会计处理，也就是说，要按照适当的折现率将预计的辞退福利折现后计算当期费用。这里的折现率可以选择高质量的公司债券收益率。

表 2-9　辞退福利的折现现值计算过程　　单位：元

项　目	第一 年	第二 年	合　计
现金流	8 000 000	12 000 000	20 000 000
折现率	5.5%	5.5%	5.5%
折现因子	0.947 87	0.898 45	
现金流现值	7 582 960	10 781 400	18 364 360
利息费用			1 635 640

因此 ABC 公司管理层在 20×3 年年末要确认的辞退福利费用为 18 364 360 元，未折现的现金流和折现后的现金流之间的差异可以在 20×4 年和 20×5 年的利润表中确认为利息费用。

第七节　其他长期职工福利

一、其他长期职工福利的含义

其他形式的长期福利是指除短期职工薪酬、离职后福利、辞退福利之外所有的职工薪酬，包括长期带薪缺勤、长期残疾福利、长期利润分享计划、递延薪酬等。

长期残疾福利是其他长期雇员福利中很重要的形式之一。一般来说，如果福利水平取决于职工提供服务期限的，企业应在职工提供服务的期间确认应付长期残疾福利义务，计量时应当考虑长期残疾福利支付的可能性和预期支付的期限；如果与职工提供服务期间长短无关的，企业应当在导致职工长期残疾的事件发生的当期确认应付长期残疾福利义务。

【例 2-18】 ABC 公司根据公会协议，一次性支付给由于意外导致残疾的员工 10 000 元作为残疾补偿，不考虑该员工工作时间的长短。那么ABC公司应当在导致职工长期残疾的事件发生的当期确认应付长期残疾福利义务。

ABC公司的公会协议则规定，如果一个员工在该公司工作的前5年内发生意外导致残疾，那么ABC公司一次性支付给该员工10 000元作为残疾补偿；如果该员工在ABC公司工作5年以后才发生意外导致残疾，那么ABC公司就一次性支付给该员工20 000元作为残疾补偿。因此，对ABC公司来说，残疾补偿的金额取决于该员工在公司服务期限的长短，那么ABC公司应在职工提供服务的期间确认应付长期残疾福利义务，计量时应当考虑长期残疾福利支付的可能性和预期支付的期限。

二、其他长期职工福利的确认与计量

根据《职工薪酬会计准则》第二十一条的规定，企业向职工提供的其他长期职工福利，如果符合设定提存计划条件的，应当适用于设定提存计划的有关规定进行处理；如果不符合设定提存计划条件的，则应当适用本准则关于设定受益计划的有关规定，确认和计量其他长期职工福利净负债或净资产。

在报告期末，企业应当将其他长期职工福利导致的职工薪酬成本确认为下列组成部分并将其净额计入当期损益(除非其他会计准则要求或允许职工薪酬成本计入资产成本)：

(1) 服务成本；

(2) 其他长期职工福利净负债或净资产的利息净额；

(3) 重新计量其他长期职工福利净负债或净资产导致的变动。

此外，实务中有些企业在盈利较好的年度计提大额的应付职工薪酬，而这些职工福利负债并未在次年发放完毕，有时可能会延迟几个会计年度发放。此类职工薪酬应当比照其他长期职工福利的有关规定进行核算，这为内退等长期辞退福利的会计处理提供了更充分的指南。上述辞退福利比照其他长期职工福利进行核算，主要体现在以下几方面：①对超过一年支付的负债义务进行折现，相关的利息支出计入当期损益；②由于内退员工不再为企业提供服务，相关辞退福利负债的任何变化，应计入当期损益。

实质性辞退工作在一年内实施完毕但补偿款项超过一年支付的辞退计划，企业应当选择恰当的折现率，以折现后的金额计量应计入当期管理费用的辞退福利金额，该项金额与实际应支付的辞退福利款项之间的差额，作为未确认融资费用，在以后各期实际支付辞退福利款项时，计入财务费用。此处"恰当的折现率"是指同期限国债利率，不存在与辞退福利支付期限相匹配国债利率的，应当以短于辞退福利支付期限的国债利率为基础，并根据国债收益率曲线采用外推法估计超出期限部分的利率，合理确定折现率。账务处理上，确认因辞退福利产生的预计负债时，借记"管理费用"、"未确认融资费用"科目，贷记"应付职工薪酬——辞退福利"科目。各期支付辞退福利款项时，借记"应付职工薪酬——辞退福利"科目，贷记"银行存款"科目；同时，借记"财务费用"科目，贷记"未确认融资费用"科目。应付辞退福利款项与其折现后金额相差不大的，也可以不予折现。

第八节　列报与披露

在资产负债表中，企业应当根据应支付的职工薪酬负债流动性，对职工薪酬负债按照流动性和非流动性进行分类列报。短期薪酬、离职后福利中的设定提存计划负债、其他长期职工福利中的符合设定提存计划条件的负债、辞退福利中将于资产负债表日后12个月内支付的部分应当在资产负债表的流动负债项下“应付职工薪酬”项目中列示。辞退福利中将于资产负债表日起12个月之后支付的部分、离职后福利中设定受益计划净负债、其他长期职工福利中符合设定受益计划条件的净负债应当在资产负债表的非流动负债项下单独列示。

一、短期薪酬的披露

企业应当在附注中披露与短期职工薪酬有关的下列信息：

(1) 应当支付给职工的工资、奖金、津贴和补贴，及期末应付未付金额。

(2) 应当为职工缴纳的医疗保险费、工伤保险费和生育保险费等社会保险费，及其期末应付未付金额。

(3) 应当为职工缴存的住房公积金及其期末应付未付金额。

(4) 为职工提供的非货币性福利及其计算依据。

(5) 依据短期利润分享计划提供的职工薪酬金额及其计算依据。

(6) 其他短期薪酬。

例如，Barloworld Limited 在其2011年的年报中关于短期雇员福利有如下披露：短期雇员福利的成本需要在雇员提供服务的当期确认并且不需要折现。累积带薪缺勤被认为职工提供了服务从而增加了其享有的未来带薪缺勤的权利；非累积带薪缺勤的义务则在缺勤发生时才确认。利润分享计划需要在满足因过去事项导致现在具有支付的法定义务或推定义务且因此产生的应付职工薪酬义务能够可靠估计的时候才能确认。

财政部规范的披露格式如表2-10所示：

表2-10　财政部规范的披露格式

短期薪酬项目	本期应付金额	期末应付未付金额
一、工资、奖金、津贴和补贴		
二、职工福利费		
三、社会保险费		
其中：1. 医疗保险费		
2. 工伤保险费		
3. 生育保险费		

续表

短期薪酬项目	本期应付金额	期末应付未付金额
四、住房公积金		
五、工会经费和职工教育经费		
六、短期带薪缺勤		
七、短期利润分享计划		
八、其他短期薪酬		
合　计		

二、设定提存计划的披露

企业应当披露所设立或参与的设定提存计划的性质、计算缴费金额的公式或依据、当期缴费金额以及期末应付未付金额。此外，企业还应当披露为关键管理人员的设定提存计划支付的提存金信息。财政部规范的披露格式如表2-11所示：

表2-11　财政部规范的披露格式

设定提存计划项目	当期缴费金额	期末应付未付金额
一、基本养老保险费		
二、失业保险费		
三、企业年金缴费		
……		
合　计		

三、设定受益计划的披露

企业应当披露以下与设定受益计划相关的信息：

(1) 解释设定受益计划的特征及与之相关的风险；

(2) 解释设定受益计划在财务报表中确认的金额及其变动；

(3) 描述设定受益计划对企业未来现金流量金额、时间和不确定性的影响；

(4) 设定受益义务现值所依赖的重大精算假设，以及描述有关敏感性分析的结果。

为实现上述目标，主体应考虑下列各项：①满足披露要求所需要的详细程度；②对各要求的强调程度；③汇总和分解信息的程度；④是否财务报表使用者需要额外的信息来评价所披露的定量信息。

此外，主体还应披露下列事项：①关于其设定受益计划特征的信息，包括：计划所提供的福利的性质(比如最终薪金设定受益计划或基于提存且担保的计划)；描述计划运行的监管框架，如最低资本要求水平以及监管框架对计划的影响，如资产上限等，描述主体对计划管理的职责，例如计划的托管人或董事会成员的职责。②描述计划对主体的风险，重点是非正常、主体特有或计划特有的风险，以及风险的集中程度。例如，如果计划资产主要投资于某一类投资，则计划可能将主体置于集中的不动产市场风险中。③描述计划修改、缩减和结算。财政部规范的披露格式如表2-12所示：

表2-12 财政部规范的披露格式

项目	设定受益计划义务现值		计划资产的公允价值		设定受益计划净负债（净资产）	
	本期金额	上期金额	本期金额	上期金额	本期金额	上期金额
一、期初余额						
二、计入当期损益的设定受益成本						
1. 当期服务成本						
2. 过去服务成本						
3. 结算利得（损失以“—”表示）						
4. 利息净额						
三、计入其他综合收益的设定受益成本						
设定受益计划净负债（净资产）的重新计量						
1. 精算利得（损失以“—”表示）						
2. 计划资产回报（计入利息净额的除外）						
3. 资产上限影响的变动（计入利息净额的除外）						
四、其他变动						
1. 结算时消除的负债						
2. 已支付的福利						
……						
五、期末余额						

四、辞退福利的披露

企业应当披露支付的因解除劳动关系所提供辞退福利及其期末应付未付金额。例如，Peugeot S. A. 公司在其2005年的年报中关于辞退福利部分的披露主要包括：公司关于辞退福利的计划以及涉及的员工数量（包括其所归属的部门类别）、与相关员工签订辞退协议的时间、预计辞退福利的计算方法和计算过程、该义务后续的变动金额等。

五、其他长期福利的披露

企业应当披露提供的其他长期职工福利的性质、金额及其计算依据。

第九节 新旧准则衔接

新准则与原先的职工薪酬对于本准则施行日存在的离职后福利计划、辞退福利、其他长期职工福利,除本准则三十条规定外,应当按照《企业会计准则第 28 号——会计政策、会计估计变更和差错更正》的规定采用追溯调整法处理。

企业比较财务报表中披露的本准则施行之前的信息与本准则要求不一致的,不需要按照本准则的规定调整。

第三章

财务报表列报

第一节　财务报表列报准则概述

一、财务报表列报准则修订背景

2007 年 9 月，国际会计准则理事会（IASB）发布国际列报准则的修订，引入“综合收益”概念。为保持中国企业会计准则与国际财务报告准则的持续趋同，我国于 2009 年 6 月 11 日发布《企业会计准则解释第 3 号》，在利润表中增加了“其他综合收益”和“综合收益总额”项目，实现与国际准则的接轨，并取得良好的实施效果。

2011 年 6 月 16 日，国际会计准则理事会正式发布了《对〈国际会计准则第 1 号——财务报表列报〉的修改——其他综合收益项目的列报》，于 2012 年 7 月 1 日或以后日期开始的年度期间生效，允许提前采用。国际列报准则的此次修订主要包括：一是将其他综合收益项目划分为“满足特定条件时后续将重分类计入损益的项目”和“不能重分类计入损益的项目”两类区别列报；二是当企业选择以税前为基础列报其他综合收益项目时，要求将相关税收影响在上述两类项目之间分配。

2014 年 1 月 26 日财政部颁布修订后的《企业会计准则第 30 号——财务报表列报》，同时废止 2006 年 2 月 15 日发布的《财政部关于印发〈企业会计准则第 1 号——存货〉等 38 项具体准则的通知》（财会〔2006〕3 号）中的《企业会计准则第 30 号——财务报表列报》。

二、财务报表列报准则修订的主要内容

（一）修订“综合收益”的有关内容

明确在利润表中增加了“其他综合收益”和“综合收益总额”项目并进行了定义，同时将其他综合收益项目进一步划分为“以后会计期间不能重分类进损益的其他综合收益项目”和“以后会计期间在满足规定条件时将重分类进损益的其他综合收益项目”两类区别列报。此外，原有所有者权益变动表中反映的“综合收益”有关内容也作出相应调整，并在附注中增加有关披露内容。

（二）整合现行规范性条款，充实完善相关内容

借鉴国际列报准则的有关内容，并吸收我国列报准则应用指南和讲解中的有关内容，本列报还在以下方面进行了修订：

一是充实了持续经营的评价内容。准则指出，在编制财务报表的过程中，企业管理层应当利用所有可获得信息来评价企业自报告期末起至少12个月的持续经营能力。评价时需要考虑宏观政策风险、市场经营风险、企业目前或长期的盈利能力、偿债能力、财务弹性以及企业管理层改变经营政策的意向等因素。评价结果表明对持续经营能力产生重大怀疑的，企业应当在附注中披露导致对持续经营能力产生重大怀疑的影响因素以及企业拟采取的改善措施。

二是明确了以权责发生制会计编制报表的相关内容，与国际列报准则一致。除现金流量信息按照收付实现制原则编制外，企业应当按照权责发生制原则编制财务报表。

三是明确了利得和损失项目的金额列报在原则上不得相互抵消。

四是纳入了正常经营周期的定义。正常营业周期是指企业从购买用于加工的资产起至实现现金或现金等价物的期间。正常营业周期通常短于一年。但由于生产周期较长等原因导致正常营业周期长于一年的情况下，尽管相关资产往往超过一年才变现、出售或耗用，仍应当划分为流动资产。正常营业周期不能确定的，应当以一年（12个月）作为正常营业周期。

五是参考当前国际上对“重要性”概念的最新进展，进一步完善了“重要性”的定义和判断。重要性应当根据企业所处的具体环境，从项目的性质或金额两方面予以判断，且重要性的判断标准一经确定，不得随意变更。判断项目性质的重要性，应当考虑该项目在性质上是否属于企业日常活动是否显著影响企业的财务状况、经营成果和现金流量等因素加以确定；判断项目金额大小的重要性，应当通过该项目金额占资产总额、负债总额、所有者权益总额、营业收入总额、营业成本总额、净利润、综合收益总额等直接相关或所属报表单列项目金额的比重加以确定。

六是充实了附注披露内容，包括重要会计政策和会计估计的披露、报表重要项目的说明、终止经营的有关披露等。

三、财务报表的定义与类型

（一）财务报表的定义

财务报表是指在日常会计核算资料的基础上，按照规定的格式、内容和方法定期编制的，综合反映企业某一特定日期财务状况和某一特定时期经营成果、现金流量状况的书面文件。

（二）财务报表的分类

1. 按服务对象，可以分为对外报表和内部报表

对外报表是企业必须定期编制、定期向上级主管部门、投资者、财税部门、债权人等报送或按规定向社会公布的财务报表。这是一种主要的、定期的、规范化的财务报表。它要求有统一的报表格式、指标体系和编制时间等，资产负债表、利润表、现金流量表和所有者权益变动表等均属于对外报表。

内部报表是企业根据其内部经营管理的需要而编制的，供其内部管理人员使用的财务报表。它不要求统一格式，没有统一指标体系，如成本报表属于内部报表。

2. 按报表所提供会计信息的重要性，可以分为主表和附表

主表即主要财务报表，是指所提供的会计信息比较全面、完整，能基本满足各种信息需要者的不同要求的财务报表。现行的主表主要有三张，即资产负债表、利润表和现金流量表。

附表即从属报表，是指对主表中不能或难以详细反映的一些重要信息所做的补充说明的报表。现行的附表主要有：利润分配表和分部报表，是利润表的附表；应交增值税明细表和资产减值准备明细表，是资产负债表的附表。主表与有关附表之间存在着勾稽关系，主表反映企业的主要财务状况、经营成果和现金流量；附表则对主表进一步补充说明。

3. 按编制和报送的时间分类，可分为中期财务报表和年度财务报表

中期财务报表指半年期财务报表。年度财务报表是全面反映企业整个会计年度的经营成果、现金流量情况及年末财务状况的财务报表。企业每年年底必须编制并报送年度财务报表。

4. 按编报单位不同，分为基层财务报表和汇总财务报表

基层财务报表是指由独立核算的基层单位编制的财务报表，是用以反映本单位财务状况和经营成果的报表。汇总报表是指上级和主管部门将本身的财务报表与其所属单位报送的基层报表汇总编制而成的财务报表。

5. 按编报的会计主体不同，分为个别报表和合并报表

个别报表是指在以母公司和子公司组成的具有控股关系的企业集团中，由母公司和子公司各自为主体分别单独编制的报表，用以分别反映母公司和子公司本身各自的财务状况和经营成果和现金流量情况。合并报表是以母公司和子公司组成的企业集团为一会计主体，以母公司和子公司单独编制的个别财务报表为基础，由母公司编制的综合反映企业集团经营成果、财务状况及其资金变动情况的财务报表。

6. 按照企业资金运动形态的不同，可以分为静态报表和动态报表

静态报表是指反映企业资金运动处于某一相对静止状态情况的会计报表，如反映企业某一特定日期资产、负债和所有者权益的资产负债表。动态报表是指反映企业资金运

动状况的会计报表，如反映企业一定期间的经营成果情况的损益表、反映企业一定会计期间内营运资金来源和运用及其增减变化情况的现金流量表等。

四、财务报表列报准则的范围

财务报表至少应当包括资产负债表、利润表、现金流量表、所有者权益变动表和附注。准则适用于个别财务报表和合并财务报表，以及中期财务报表和年度财务报表。

其中，现金流量表的编制和列报，还应遵循《企业会计准则第 31 号——现金流量表》；合并财务报表的编制和列报，还应遵循《企业会计准则第 33 号——合并财务报表》；中期财务报表的编制和列报，还应遵循《企业会计准则第 32 号——中期财务报告》。

除不存在的项目外，企业应当按照具体准则及相关要求的报表格式进行列报。政策性银行、信托投资公司、租赁公司、财务公司、典当公司应当执行商业银行财务报表格式和附注规定，如有特别需要，可以结合本企业的实际情况，进行必要调整和补充。

担保公司应当执行保险公司财务报表格式和附注规定，如有特别需要，可以结合本企业的实际情况，进行必要调整和补充。

资产管理公司、基金公司、期货公司应当执行证券公司财务报表格式和附注规定，如有特别需要，可以结合本企业的实际情况，进行必要调整和补充。

第二节　财务报表列报的基本要求

一、依据各项会计准则确认和计量的结果编制财务报表

企业应当根据实际发生的交易和事项，遵循各项具体会计准则的规定进行确认和计量，并在此基础上编制财务报表。企业应当在附注中对这一情况做出声明，只有遵循了企业会计准则的所有规定时，财务报表才应当被称为“遵循了企业会计准则”。

企业不应以在附注中披露代替对交易和事项的确认和计量，不恰当的确认和计量也不能通过充分披露相关会计政策而纠正。也就是说，企业采用的不恰当的会计政策，不得通过在附注中披露等其他形式予以更正，企业应当对交易和事项进行正确的确认和计量。

本准则额外强调了如果按照各项会计准则规定披露的信息不足以让报表使用者了解特定交易或事项对企业财务状况和经济成果的影响时，企业还应当披露其他的必要信息。

二、列报基础

持续经营是会计的基本前提，是会计确认、计量及编制财务报表的基础。企业会计准则规范的是持续经营条件下企业对所发生交易和事项确认、计量及报表列报；相反，如果企业经营出现了非持续经营，应当采用其他基础编制财务报表。财务报表准则的规定是以持续经营为基础的。

在编制财务报表的过程中，企业管理层应当对企业持续经营的能力进行评价。评价涵盖的期间自资产负债表日起至少12个月，需要考虑的因素包括市场经营风险、企业目前或长期的盈利能力、偿债能力、财务弹性以及企业管理层改变经营政策的意向等。评价后对企业持续经营的能力产生严重怀疑的，应当在附注中披露导致对持续经营能力产生重大怀疑的重要的不确定因素以及企业拟采取的改善措施。

企业如有近期获利经营的历史且有财务资源支持，则通常表明以持续经营为基础编制财务报表是合理的。这一点为企业判断持续经营是否合理提供了依据。企业正式决定或被迫在当期或在下一个会计期间进行清算或停止营业的，则表明以持续经营为基础编制财务报表不再合理。

在这种情况下，企业应当采用其他基础编制财务报表，比如破产企业的资产采用可变现净值计量、负债按照其预计的结算金额计量等，并在附注中声明财务报表未以持续经营为基础编制的事实、披露未以持续经营为基础编制的原因和财务报表的编制基础。

三、权责发生制

本准则首次提出了明确的规定，除现金流量表按收付实现制编制外，企业应当按照权责发生制编制其他财务报表。在采用权责发生制会计的情况下，当项目符合基本准则中财务报表要素的定义和确认标准时，企业就应当确认相应的资产、负债、所有者权益、收入和费用，并在财务报表中加以反映。

四、重要性和项目列报

财务报表是通过对大量的交易或其他事项进行处理而生成的，这些交易或其他事项按其性质或功能汇总归类而形成财务报表中的项目。关于项目在财务报表中是单独列报还是合并列报，应当依据重要性原则来判断。总的原则是，如果某项目单个看不具有重要性，则可将其与其他项目合并列报；如具有重要性，则应当单独列报。具体而言，应当遵循以下几点：

(1) 性质或功能不同的项目，一般应当在财务报表中单独列报，但是不具有重要性的项目可以合并列报。比如存货和固定资产在性质上和功能上都有本质差别，必须分别在资产负债表上单独列报。

(2) 性质或功能类似的项目，一般可以合并列报，但是对其具有重要性的类别应该单独列报。比如原材料、低值易耗品等项目在性质上类似，均通过生产过程形成企业的产品存货，因此可以合并列报，合并之后的类别统称为“存货”在资产负债表上单独列报。

(3) 项目单独列报的原则不仅适用于报表，还适用于附注。某些项目的重要性程度不足以在资产负债表、利润表、现金流量表或所有者权益变动表中单独列示，但是可能对附注而言却具有重要性，在这种情况下应当在附注中单独披露。仍以上述存货为例，对某制造业企业而言，原材料、包装物及低值易耗品、在产品、库存商品等项目的重要性程度不足以在资产负债表上单独列示，因此在资产负债表上合并列示，但是鉴于其对该制造业企业的重要性，应当在附注中单独披露。

(4) 无论是财务报表列报准则规定的单独列报项目，还是其他具体会计准则规定单独列报的项目，企业都应当予以单独列报。

重要性是判断项目是否单独列报的重要标准。本准则规定，重要性是指在合理预期下，如果财务报表某项目的省略或错报会影响使用者据此作出经济决策的，则该项目就具有重要性。企业在进行重要性判断时，应当根据所处环境，从项目的性质和金额大小两方面予以判断：一方面，应当考虑该项目的性质是否属于企业日常活动，是否显著影响企业的财务状况、经营成果和现金流量等因素；另一方面，判断项目金额大小的重要性，应当考虑该项目金额占资产总额、负债总额、所有者权益总额、营业收入总额、营业成本总额、净利润、综合收益总额等直接相关项目金额的比重或所属报表单列项目金额的比重。各项目重要性的判断标准一经确定，不得随意变更。

五、列报的一致性

可比性是会计信息质量的一项重要质量要求，目的是使同一企业不同期间和同一期间不同企业的财务报表相互可比。为此，财务报表项目的列报应当在各个会计期间保持一致，不得随意变更。这一要求不仅只针对财务报表中的项目名称，还包括财务报表项目的分类、排列顺序等方面。

但是本准则同时提出，在下列情况下，企业可以变更财务报表项目的列报：①企业会计准则要求改变财务报表项目的列报；②企业经营业务的性质发生重大变化或对企业经营影响较大的交易或事项发生后，变更财务报表项目的列报能够提供更为可靠、更相关的会计信息。企业变更财务报表列报的，应当根据本准则的有关规定提供列报的比较信息。

六、财务报表项目金额间的相互抵消

财务报表项目应当以总额列报，资产和负债、收入和费用、直接计入当期利润的利得项目和损失项目的金额不能相互抵消，即不得以净额列报，但企业会计准则另有规定的除外。这是因为，如果相互抵消，所提供的信息就不完整，信息的可比性大为降低，难以在同一企业不同期间以及同一期间不同企业的财务报表之间实现相互可比，报表使用者难以据以做出判断。比如，企业欠客户的应付款不得与其他客户欠本企业的应收款相抵消，如果相互抵消就掩盖了交易的实质。

以下三种情况不属于抵消：①除具有重要性的一组类似交易形成的利得和损失，应当以净额列示。例如，汇兑损益或为交易目的而持有的金融工具形成的利得和损失，属于净额列示范围。②资产或负债项目按扣除备抵项目后的净额列示，不属于抵消。例如资产的价值确实发生了减损，资产项目应当按扣除减值准备后的净额列示，这样才反映了资产当时的真实价值。③非日常活动产生的利得和损失，以同一交易形成的收益扣减相关费用后的净额列示更能反映交易实质的，不属于抵消。例如一项非日常活动，产生的损益以收入和费用抵消后的净额列示，对公允反映企业财务状况和经营成果影响不大，抵消后反而更能有利于报表使用者的理解，则应当选择以净额列示。例如非流动资产处置形成的利得和损失，应按处置收入扣除该资产的账面金额和相关销售费用后的余额列示。

七、比较信息的列报

企业在列报当期财务报表时，至少应当提供所有列报项目上一可比会计期间的比较数据，以及与理解当期财务报表相关的说明，目的是向报表使用者提供对比数据，提高信息在会计期间的可比性，以反映企业财务状况、经营成果和现金流量的发展趋势，提高报表使用者的判断与决策能力。

在财务报表项目的列报确需发生变更的情况下，企业应当至少对可比期间的数据按照当期列报要求进行调整，并在附注中披露调整的原因和性质，以及调整的各项目金额。但是，在某些情况下，对上期比较数据进行调整是不切实可行的，则应当在附注中披露不能调整的原因。不切实可行，是指企业在作出合理努力后仍然无法采用某项会计准则规定。

八、财务报表表首的列报要求

财务报表一般分为表首、正表两部分，其中，在表首部分企业应当概括地说明下列基本信息：①编报企业的名称，如企业名称在所属当期发生了变更的，还应明确标明；②对资产负债表而言，须披露资产负债表日，而对利润表、现金流量表、所有者权益变动表而言，须披露报表涵盖的会计期间；③货币名称和单位，按照我国企业会计准则的规定，企业应当以人民币作为记账本位币列报，并标明金额单位，如人民币元、人民币万元等；④财务报表是合并财务报表的，应当予以标明。

九、 报告期间

企业至少应当编制年度财务报表。根据《中华人民共和国会计法》的规定，会计年度自公历 1 月 1 日起至 12 月 31 日止。因此，在编制年度财务报表时，可能存在年度财务报表涵盖的期间短于一年的情况，比如企业在年度中间开始设立等，在这种情况下，企业应当披露年度财务报表的实际涵盖期间及其短于一年的原因，并应当说明由此引起财务报表项目与比较数据不具可比性这一事实。

第三节 资产负债表

一、资产负债表概述

（一）资产负债表的内容

资产负债表是反映企业在某一特定日期的财务状况的会计报表。例如，公历每年12月31日的财务状况，它反映的就是该日的情况。

资产负债表主要提供有关企业财务状况方面的信息，即某一特定日期关于企业资产、负债、所有者权益及其相互关系。资产负债表的作用包括：第一，可以提供某一日期资产的总额及其结构，表明企业拥有或控制的资源及其分布情况，使用者可以一目了然地从资产负债表上了解企业在某一特定日期所拥有的资产总量及其结构；第二，可以提供某一日期的负债总额及其结构，表明企业未来需要用多少资产或劳务清偿债务以及清偿时间；第三，可以反映所有者所拥有的权益，据以判断资本保值、增值的情况以及对负债的保障程度。此外，资产负债表所有者还可以通过财务数据基本资料，计算出企业的盈利能力、偿债能力、成长能力等，有助于报表使用者作出经济决策。

（二）资产负债表列报总体要求

1. 分类别列报

资产负债表列报，最根本的目标就是应如实反映企业在资产负债表日所拥有的资源、所承担的负债以及所有者所拥有的权益。因此，资产负债表应当按照资产、负债和所有者权益三大类别分类列报。

2. 资产和负债按流动性列报

资产和负债应当按照流动性分别分为流动资产和非流动资产、流动负债和非流动负债列示。流动性，通常按资产的变现或耗用时间长短或者负债的偿还时间长短来确定。按照财务报表列报准则的规定，应先列报流动性强的资产或负债，再列报流动性弱的资产或负债。

银行、证券、保险等金融企业由于在经营内容上不同于一般的工商企业，导致其资产和负债的构成项目也与一般工商企业有所不同，具有特殊性，金融企业的有些资产或负债无法严格区分为流动资产和非流动资产。在这种情况下，往往按照流动性列示能够提供可靠且更相关的信息，因此金融企业可以大体按照流动性顺序列示资产和负债。

本准则规定，对于从事多种经营的企业，可以采用混合的列报基础进行列报，即对一部分资产和负债按照流动资产和非流动资产、流动负债和非流动负债列报，同时对其他资产和负债按照流动性列示能够提供可靠且更相关信息的，可以采用混合的列报方式。

3. 列报相关的合计、总计项目

资产负债表中的资产类至少应当列示流动资产和非流动资产的合计项目；负债类至少应当列示流动负债、非流动负债以及负债的合计项目；所有者权益类应当列示所有者权益的合计项目。但是，按照企业的经济性质列报"流动资产合计"、"非流动资产合计"、"流动负债合计"、"非流动负债合计"等项目不切实可行的，则无须列报这些项目。

资产负债表遵循了"资产＝负债＋所有者权益"这一会计恒等式，把企业在特定时日所拥有的经济资源和与之相对应的企业所承担的债务及偿债以后属于所有者的权益充分反映出来。因此，资产负债表应当分别列示资产总计项目和负债与所有者权益之和的总计项目，并且这二者的金额应当相等。

（三）资产的列报

资产负债表中的资产反映由过去的交易、事项形成并由企业在某一特定日期所拥有或控制的、预期会给企业带来经济利益的资源。资产应当按照流动资产和非流动资产两大类别在资产负债表中列示，在流动资产和非流动资产类别下进一步按性质分项列示。

1. 流动资产和非流动资产的划分

资产负债表中的资产应当分别按照流动资产和非流动资产列报，因此区分流动资产和非流动资产十分重要。被划分为持有待售的非流动资产应当归类为流动资产。此外，资产满足下列条件之一的，应当归类为流动资产：

(1) 预计在一个正常营业周期中变现、出售或耗用。这主要包括存货、应收账款等资产。变现一般针对应收账款等而言，指将资产变为现金；出售一般针对产品等存货而言；耗用一般指将存货（如原材料）转变成另一种形态（如产成品）。

(2) 主要为交易目的而持有。比如一些根据《企业会计准则第 22 号——金融工具确认和计量》划分的交易性金融资产。但是并非所有交易性金融资产均为流动资产，比如自报告期日起超过 12 个月到期且预期持有超过 12 个月的衍生工具应当划分为非流动资产或非流动负债。

(3) 预计在资产负债表日起一年内（含一年）变现。

(4) 自资产负债表日起一年内，交换其他资产或清偿负债的能力不受限制的现金或现金等价物。

本准则规定，流动资产以外的资产应当归类为非流动资产，并应按其性质分类列示。被划分为持有待售的非流动资产应当归类为流动资产。比如以成本模式或公允价值模式计量的投资性房地产即可归属于持有待售的非流动资产。持有至待售的非流动资产既包括单项资产也包括处置组，处置组是指在一项交易中作为整体通过出售或其他方式一并处置的一组资产以及在该交易中转让的与这些资产直接相关的负债。无论被划分为持有待售的单项非流动资产还是处置组中的资产，都应当在资产负债的流动资产部分单独列报。

此外，对于同时包含资产负债日一年内（含一年）和一年之后预期将收回或清偿金额的资产和负债单列项目，企业应当披露超过一年后预期收回或清偿的金额。

2. 正常营业周期

本次准则修改着重指明了正常经营周期的定义和判别。判断流动资产、流动负债时所称的一个正常营业周期，是指企业从购买用于加工的资产起至实现现金或现金等价物的期间。

正常营业周期通常短于一年，在一年内有几个营业周期。但是，也存在正常营业周期长于一年的情况，如房地产开发企业开发用于出售的房地产开发产品，造船企业制造的用于出售的大型船只等。从购买原材料进入生产，到制造出产品出售并收回现金或现金等价物的过程，往往超过一年，在这种情况下，与生产循环相关的产成品、应收账款、原材料尽管是超过一年才变现、出售或耗用，仍应作为流动资产列示。所以，正常营业周期通常短于一年。因生产周期较长等导致正常营业周期长于一年的，尽管相关资产往往超过一年才变现、出售或耗用，仍应当划分为流动资产。

当正常营业周期不能确定时，应当以一年（12 个月）作为正常营业周期。

（四）负债的列报

资产负债表中的负债反映在某一特定日期企业所承担的、预期会导致经济利益流出企业的现时义务。负债应当按照流动负债和非流动负债在资产负债表中进行列示，在流动负债和非流动负债类别下再进一步按性质分项列示。

1. 流动负债与非流动负债的划分

流动负债的判断标准与流动资产的判断标准相类似。被划分为持有待售的非流动负债应当归类为流动负债。此外，负债满足下列条件之一的，应当归类为流动负债：①预计在一个正常营业周期中清偿；②主要为交易目的而持有；③自资产负债表日起一年内到期应予以清偿；④企业无权自主地将清偿推迟至资产负债表日后一年以上。负债在其对手方选择的情况下可通过发行权益进行清偿的条款与负债的流动性划分无关。

【例 3-1】 2014 年，A 公司发行面值为 1 000 000 元的可转换债券，每张面值 1 000 元，期限 3 年，到期前债券持有人有权随时按每张面值 1 000 元的债券转换 20 股的转股价格，将持有的债券转换为 A 公司的普通股。本例中债券持有人为负债对手方，他是否将债券在 12 个月内要求清偿与本例负债的流动性划分无关，不应考虑清偿情况。因此，该可转债的负债部分在资产负债表上应分类为非流动负债。

值得注意的是，有些流动负债，如应付账款、应付职工薪酬等，属于企业正常营业周期中使用的营运资金的一部分。尽管这些经营性项目有时在资产负债表日后超过一年才到期清偿，但是它们仍应划分为流动负债。

2. 资产负债表日后事项对流动负债与非流动负债划分的影响

流动负债与非流动负债的划分是否正确，直接影响到对企业短期和长期偿债能力的判断。如果混淆了负债的类别，将歪曲企业的实际偿债能力，误导报表使用者的决策。对于资产负债表日后事项对流动负债与非流动负债划分的影响，需要特别加以考虑。

(1) 资产负债表日起一年内到期的负债

对于在资产负债表日起一年内到期的负债，企业有意图且有能力自主地将清偿义务展期至资产负债表日后一年以上的，应当归类为非流动负债；不能自主地将清偿义务展期的，即使在资产负债表日后、财务报告批准报出日前签订了重新安排清偿计划协议，从资产负债表日来看，此项负债仍应当归类为流动负债。

(2) 违约长期债务

企业在资产负债表日或之前违反了长期借款协议，导致贷款人可随时要求清偿的负债，应当归类为流动负债。这是因为，在这种情况下，债务清偿的主动权并不在企业，企业只能被动地无条件归还贷款，而且该事实在资产负债表日即已存在，所以该负债应当作为流动负债列报。但是，如果贷款人在资产负债表日或之前同意提供在资产负债表日后一年以上的宽限期，企业能够在此期限内改正违约行为，且贷款人不能要求随时清偿时，在资产负债表日的此项负债并不符合流动负债的判断标准，应当归类为非流动负债。

【例 3-2】 A 公司于 2014 年 12 月 31 日向 B 银行举借三年期的长期借款，在 2016 年 12 月 31 日的资产负债表编制时，据债务清偿时间不足一年，该长期借款应划分为流动负债。①假设 A 公司在 2016 年与 B 银行完成长期再融资或展期，则债务清偿时间超过一年，应划分为非流动负债。②假设 A 公司在 2017 年 3 月完成长期再融资或展期，该期限超出了 2016 年 12 月 31 日的资产负债表日，仍应将长期借款划分为流动负债。③假设 A 公司与 B 银行约定，A 公司在长期借款到期前可自行决定是否展期，无须征求债权人同意，并且 A 公司有意向展期，在此条件下 A 公司符合有意向且有能力展期的判定要求，应在 2016 年 12 月 31 日的资产负债表中将长期借款划分为非流动负债。

(五) 所有者权益的列报

资产负债表中的所有者权益是企业资产扣除负债后的剩余权益。资产负债表中的所有者权益类一般按照净资产的不同来源和特定用途进行分类，应当按照实收资本(或股本)、资本公积、其他综合收益、盈余公积、未分配利润等项目分项列示。

二、资产负债表的列报方法

1. 资产负债表“期末余额”栏的填列方法

本表“期末余额”栏一般应根据资产、负债和所有者权益类科目的期末余额填列。

(1) 根据总账科目的余额填列。“以公允价值计量且其变动计入当期损益的金融资产”、“工程物资”、“固定资产清理”、“递延所得税资产”、“短期借款”、“以公允价值计量且其变动计入当期损益的金融负债”、“应付票据”、“应付职工薪酬”、“应交税费”、“应付利息”、“应付股利”、“其他应付款”、“专项应付款”、“预计负债”、“递延收益”、“递延所得税负债”、“实收资本(或股本)”、“资本公积”、“库存股”、“其他综合收益”、“专项储备”、“盈余公积"等项目,应根据有关总账科目的余额填列。

有些项目则需根据几个总账科目的余额计算填列,如"货币资金"项目,需根据"库存现金"、"银行存款"、"其他货币资金"三个总账科目余额的合计数填列;"其他非流动资产"、"其他流动资产"项目,应根据有关科目的期末余额分析填列。

(2) 根据明细账科目的余额计算填列。"开发支出"项目,应根据"研发支出"科目中所属的"资本化支出"明细科目期末余额填列;"应付账款"项目,应根据"应付账款"和"预付账款"两个科目所属的相关明细科目的期末贷方余额合计数填列;"一年内到期的非流动资产"、"一年内到期的非流动负债"项目,应根据有关非流动资产或负债项目的明细科目余额分析填列;"长期借款"、"应付债券"项目,应分别根据"长期借款"、"应付债券"科目的明细科目余额分析填列;"未分配利润"项目应根据所属的"未分配利润"明细科目期末余额填列。

(3) 根据总账科目和明细账科目的余额分析计算填列。如"长期借款"项目,需根据"长期借款"总账科目余额扣除"长期借款"科目所属的明细科目中将在资产负债表日起一年内到期,且企业不能自主地将清偿义务展期的长期借款后的金额计算填列;"长期待摊费用"项目,应根据"长期待摊费用"科目的期末余额减去将于一年内(含一年)摊销的数额后的金额填列;"其他非流动负债"项目,应根据有关科目的期末余额减去将于一年内(含一年)到期偿还数后的金额填列。

(4) 根据有关科目余额减去其备抵科目余额后的净额填列。"可供出售金融资产"、"持有至到期投资"、"长期股权投资"、"在建工程"、"商誉"项目,应根据相关科目的期末余额填列,已计提减值准备的,还应扣减相应的减值准备;"固定资产"、"无形资产"、"投资性房地产"、"生产性生物资产"、"油气资产"项目,应根据相关科目的期末余额扣减相关的累计折旧(或摊销、折耗)填列,已计提减值准备的,还应扣减相应的减值准备,采用公允价值计量的上述资产,应根据相关科目的期末余额填列;"长期应收款"项目,应根据"长期应收款"科目的期末余额,减去相应的"未实现融资费用"科目和"坏账准备"科目所属相关明细科目期末余额后的金额填列;"长期应付款"项目,应根据"长期应付款"科目的期末余额,减去相应的"未确认融资费用"科目期末余额后的金额填列。

(5) 综合运用上述填列方法分析填列。主要包括:"应收票据"、"应收利息"、"应收股利"、"其他应收款"项目,应根据相关科目的期末余额,减去"坏账准备"科目中有关坏账准备期末余额后的金额填列;"应收账款"项目,应根据"应收账款"和"预收账款"科目所属各明细科目的期末借方余额合计数,减去"坏账准备"科目中有关应收账款计提的坏账准备期末余额后的金额填列;"预付款项"项目,应根据"预付账款"和"应付账款"科目所属各明细科目的期末借方余额合计数,减去"坏账准备"科目中有关预付款项计提的坏账准备期末余额后的金额填列;"存货"项目,应根据"材料采购"、"原材料"、"发出商品"、"库存商品"、"周转材料"、"委托加工物资"、"生产成本"、"受托代销商品"等科目的期末余额合计,减去"受托代销商品款"、"存货跌价准备"科目期末余额后的金额填列,材料采用计划成本核算,以及库存商品采用计划成本核算或售价核算的企业,还应按加或减材料成本差异、商品进销差价后的金额填列。

2. 资产负债表“年初余额”栏的填列方法

本表中的“年初余额”栏通常根据上年年末有关项目的期末余额填列，且与上年年末资产负债表“期末余额”栏相一致。企业在首次执行新准则当年的“年初余额”栏及相关项目进行调整；以后期间，如果企业发生了会计政策变更、前期差错更正，应当对“年初余额”栏中的有关项目进行相应调整。此外，如果企业上年度资产负债表规定的项目名称和内容与本年度不一致，应当对上年年末资产负债表相关项目的名称和数字按照本年度的规定进行调整，填入“年初余额”栏。

3. 资产负债表可以生成的经济指标

本表所反映的期初、期末数据，通过计算可以生成反映企业财务状况的重要指标，这些指标对于了解掌握企业的发展状况具有重要意义，有助于报表使用者作出相关决策。比如，利用流动资产合计和流动负债合计可以计算生成流动比率，利用速动资产与流动负债合计可以计算生成速动比率，利用资产总额和负债总额可以计算生成资产负债率，利用负债总额与所有者权益总额可以计算出产权比率等，反映企业短期和长期偿债能力。再如，资产负债表的期末、期初数据变动可以反映企业财务状况的变动趋势，利用期初、期末固定资产总额可以计算分析企业固定资产投资的扩张程度；利用期初、期末所有者权益总额可以计算分析资本保值增值率等。

4. 特殊情况列报

企业如有下列情况，应当在资产负债表中调整或增设相关项目：

(1) 高危行业企业如有国家规定提取的安全生产费的，应当在资产负债表所有者权益下“其他综合收益”项目和“盈余公积”项目之间增设“专项储备”项目，反映企业提取的安全生产费期末余额。

(2) 企业如有划分为持有待售的非流动资产及划分为持有待售的处置组中的资产，应当在资产负债表资产项下“存货”项目和“一年内到期的非流动资产”项目之间增设“划分为持有待售的资产”项目；如有划分为持有待售的处置组中的负债，应当在资产负债表负债项下“其他应付款”项目和“一年内到期的非流动负债”项目之间增设“划分为持有待售的负债”项目。

(3) 企业衍生金融工具业务具有重要性的，应当在资产负债表资产项下“以公允价值计量且其变动计入当期损益的金融资产”项目和“应收票据”项目之间增设“衍生金融资产”项目，在资产负债表负债项下“以公允价值计量且其变动计入当期损益的金融负债”项目和“应付票据”项目之间增设“衍生金融负债”项目，分别反映企业衍生工具形成的资产和负债的期末余额。

(4) 金融企业的资产负债表列报格式，应当遵循本准则的规定，并根据金融企业经营活动的性质和要求，比照上述一般企业资产负债表列报格式进行调整。

表 3-1　资产负债表

公司名称：　　　　　　　　年　月　日　　　　　　　　单位：元

资　　产	年初数	期末数	负债及所有者权益	年初数	期末数
流动资产：			流动负债：		
货币资金			短期借款		
以公允价值计量且其变动计入当期损益的金融资产			以公允价值计量且其变动计入当期损益的金融负债		
应收票据			应付票据		
应收账款			应付账款		
预付款项			预收账款		
应收利息			应付职工薪酬		
应收股利			应交税费		
其他应收款			应付利息		
存货			应付股利		
一年内到期的非流动资产			其他应付款		
其他流动资产			一年内到期的长期负债		
流动资产合计			其他流动负债		
非流动资产：			流动负债合计		
可供出售的金融资产			非流动流动负债：		
持有至到期投资			长期借款		
长期应收款			应付债券		
长期股权投资			长期应付款		
投资性房地产			专项应付款		
固定资产			预计负债		
在建工程			递延收益		
工程物资			递延所得税负债		
固定资产清理			其他非流动负债		
生物性生物资产			非流动负债合计		
油气资产			负债合计		
无形资产			所有者权益(或股东权益)：		
开发支出			实收资本(或股本)		
商誉			资本公积		
长期待摊费用			减：库存股		
递延所得税资产			其他综合收益		
其他非流动资产			盈余公积		
非流动资产合计			未分配利润		
			所有者权益合计		
资产总计			负债及所有者权益总计		

【例 3-3】 A 公司 20×3 年年末资产负债表(年初余额略)及 20×4 年发生的部分资产负债项目分别如表 3-2 和表 3-3 所示。假设 A 公司适用的所得税税率为 25%,不考虑其他因素,计算资产负债表部分报表项目金额并列示 20×4 年 12 月 31 日的资产负债表。

表 3-2 资产负债表

公司名称：A 公司　　20×3 年 12 月 31 日　　单位：元

资　　产	期末余额	期初余额	负债及所有者权益	期末余额	期初余额
流动资产：			流动负债：		
货币资金	27 840 000		短期借款		
以公允价值计量且其变动计入当期损益的金融资产	19 000		以公允价值计量且其变动计入当期损益的金融负债		
应收票据	2 594 000		应付票据		
应收账款	80 000		应付账款	730 000	
预付款项	258 000		预收账款	6 467 000	
应收利息	418 000		应付职工薪酬	1 971 000	
应收股利			应交税费	2 780 000	
其他应收款	25 000		应付利息		
存货	6 680 000		应付股利	322 500	
一年内到期的非流动资产			其他应付款	1 394 000	
其他流动资产			一年内到期的长期负债		
流动资产合计	37 914 000		其他流动负债		
非流动资产：			流动负债合计	13 664 500	
可供出售的金融资产			非流动流动负债：		
持有至到期投资			长期借款		
长期应收款			应付债券		
长期股权投资	120 000		长期应付款	100 000	
投资性房地产			专项应付款		
固定资产	5 500 000		预计负债		
在建工程	855 500		递延收益		
工程物资			递延所得税负债	1 700	
固定资产清理			其他非流动负债	56 800	
生物性生物资产			非流动负债合计	158 500	
油气资产			负债合计	13 823 000	
无形资产	289 000		所有者权益(或股东权益)：		

续表

资　　产	年初数	期末数	负债及所有者权益	年初数	期末数
开发支出			实收资本(或股本)	30 000 000	
商誉	16 210		资本公积		
长期待摊费用	74 220		减：库存股		
递延所得税资产	485 650		其他综合收益	31 580	
其他非流动资产			盈余公积	400 000	
非流动资产合计	7 340 580		未分配利润	1 000 000	
			所有者权益合计	31 431 580	
资产总计	45 254 580		负债及所有者权益总计	45 254 580	

表 3-3　2014 年部分资产负债表　　单位：元

资　　产	借或贷	期末余额	负债和所有者权益	借或贷	期末余额
货币资金	借	2 000	短期借款	贷	134 100
银行存款	借	900 000	应付账款	贷	70 000
其他货币资金	借	80 000	——丙企业	贷	93 000
应收账款	借	70 000	——丁企业	借	23 000
——甲公司	借	82 000	预收账款	贷	15 500
——乙公司	贷	12 000	——C 公司	贷	15 500
坏账准备	贷	3 000	应交税费	贷	48 000
预付账款	借	37 500	长期借款	贷	350 000
——A 公司	借	32 200	应付债券	贷	582 500
——B 公司	借	5 300	其中：一年到期的应付债券	贷	22 500
原材料	借	873 800	长期应付款	贷	175 000
生产成本	借	276 000	实收资本	贷	4 123 000
库存商品	借	93 000	资本公积	贷	117 000
存货跌价准备	贷	57 000	盈余公积	贷	49 500
固定资产	借	2 950 000	其他综合收益	贷	2 000
累计折旧	贷	8 300	利润分配(未分配利润)	贷	38 000
无形资产	借	490 600			

(1) 货币资金＝库存现金＋银行存款＋其他货币资金＝2 000＋900 000＋80 000＝982 000(元)

(2) 应收账款＝应收借＋预收借－坏账准备＝82 000－3 000＝79 000(元)

(3) 预付账款=预付借+应付借-坏账准备=32 200+23 000+5 300=60 500(元)

(4) 存货=原材料+生产成本+库存商品-跌价准备=873 800+276 000+93 000-57 000=1 185 800(元)

(5) 流动资产=(1)+(2)+(3)+(4)=2 307 300(元)

(6) 固定资产=固定资产-累计折旧=2 950 000-8 300=2 941 700(元)

(7) 非流动资产=固定资产合计+无形资产=2 941 700+490 600=3 432 300(元)

(8) 资产合计=流+非流=2 307 300+3 432 300=5 739 600(元)

(9) 应付账款=应付贷+预付贷=93 000+0=93 000(元)

(10) 预收账款=预收贷+应收贷=15 500+12 000=27 500(元)

(11) 流动资产合计=短期借款+应付账款+预收账款+应缴税费+一年内到起的债券=134 100+93 000+27 500+48 000+22 500=325 100(元)

(12) 应付债券=应付债券总额-一年内到期的债券=582 500-22 500=560 000(元)

(13) 负债合计=流负+非流负=325 100+(560 000+175 000+350 000)=1 410 100(元)

(14) 未分配利润=本年利润贷+上年末非分配利润贷方余额=38 000+2 000=40 000(元)

(15) 所有者权益=实收资本+资本公积+盈余公积+未分配利润+其他综合收益=4 123 000+117 000+49 500+38 000+2 000=4 329 500(元)

表 3-4 资产负债表

公司名称：A 公司　　20×4 年 12 月 31 日　　单位：元

资　　产	期末余额	期初余额	负债及所有者权益	期末余额	期初余额
流动资产：			流动负债：		
货币资金	28 822 000	27 840 000	短期借款	134 100	
以公允价值计量且其变动计入当期损益的金融资产	19 000	19 000	以公允价值计量且其变动计入当期损益的金融负债		
应收票据	2 594 000	2 594 000	应付票据		
应收账款	159 000	80 000	应付账款	823 000	730 000
预付款项	318 500	258 000	预收账款	6 494 500	6 467 000
应收利息	418 000	418 000	应付职工薪酬	1 971 000	1 971 000
应收股利			应交税费	2 828 000	2 780 000
其他应收款	25 000	25 000	应付利息		
存货	7 865 800	6 680 000	应付股利	322 500	322 500
一年内到期的非流动资产			其他应付款	1 394 000	1 394 000

续表

资　　产	期末余额	期初余额	负债及所有者权益	期末余额	期初余额
其他流动资产			一年内到期的长期负债	22 500	
流动资产合计	40 221 300	37 914 000	其他流动负债		
非流动资产：			流动负债合计	13 989 600	13 664 500
可供出售的金融资产			非流动流动负债：		
持有至到期投资			长期借款	350 000	
长期应收款			应付债券	560 000	
长期股权投资	120 000	120 000	长期应付款	275 000	100 000
投资性房地产			专项应付款		
固定资产	8 441 700	5 500 000	预计负债		
在建工程	855 500	855 500	递延收益		
工程物资			递延所得税负债	1 700	1 700
固定资产清理			其他非流动负债	56 800	56 800
生物性生物资产			非流动负债合计	1 243 500	158 500
油气资产			负债合计	15 233 100	13 823 000
无形资产	779 600	289 000	所有者权益（或股东权益）：		
开发支出			实收资本（或股本）	34 123 000	30 000 000
商誉	16 210	16 210	资本公积	117 000	
长期待摊费用	74 220	74 220	减：库存股		
递延所得税资产	485 650	485 650	其他综合收益	33 580	31 580
其他非流动资产			盈余公积	449 500	400 000
非流动资产合计	10 772 880	7 340 580	未分配利润	1 038 000	1 000 000
			所有者权益合计	35 761 080	31 431 580
资产总计	50 994 180	45 254 580	负债及所有者权益总计	50 994 180	45 254 580

第四节　利　润　表

一、利润表概述

利润表是反映企业在一定会计期间的经营成果的会计报表。利润表的列报必须充分反映企业经营业绩的主要来源和构成，有助于使用者判断净利润的质量及其风险，有助于使用者预测净利润的持续性，从而做出正确的决策。通过利润表，可以反映企业一定会计期间收入的实现情况，如实现的营业收入有多少、实现的投资收益有多少、实现的营业外收入有多少等；可以反映一定会计期间的费用耗费情况，如耗费的营业成本有多少，营业税金及附加有多少，及销售费用、管理费用、财务费用各有多少，营业外支出有多少等；可以反映企业生产经营活动的成果，即净利润的实现情况，据以判断资本保值、增值等情况。将利润表中的信息与资产负债表中的信息相结合，还可以提供进行财务分析的基本资料，如将赊销收入净额与应收账款平均余额进行比较，计算出应收账款周转率；将销货成本与存货平均余额进行比较，计算出存货周转率；将净利润与资产总额进行比较，计算出资产收益率等，可以反映企业资金周转情况及企业的盈利能力和水平，便于报表使用者判断企业未来的发展趋势，做出经济决策。

二、其他综合收益和综合收益

其他综合收益和综合收益概念的确定，是本次规定重点修改确认的重中之重。因此，在本章中，将重点讲解这一内容。

（一）其他综合收益

根据新修订的《企业会计准则第 30 号——财务报表列报》，其他综合收益，是指企业根据企业会计准则规定未在当期损益中确认的各项利得和损失。其他综合收益项目应当根据其他相关会计准则的规定分为下列两类列报：

1. 以后会计期间不能重分类进损益的其他综合收益项目

（1）重新计量设定受益计划净负债或净资产导致的变动。根据《企业会计准则第 9 号——职工薪酬》，有设定受益计划形式离职后福利的企业应当将重新计量设定受益计划净负债或净资产导致的变动计入其他综合收益，并且在后续会计期间不允许转回至损益。

（2）按照权益法核算的在被投资单位不能重分类进损益的其他综合收益变动中所享有的份额。根据《企业会计准则第 2 号——长期股权投资》，投资方取得长期股权投资后，应当按照应享有或应分担的被投资单位其他综合收益的份额，确认其他综合收益，同时调整长期股权投资的账面价值。投资单位在确定应享有或应分担的被投资单位其他综合收益的份额时，该份额的性质取决于被投资单位的其他综合收益的性质，即如果被投资单位的其他综合收益属于“以后会计期间不能重分类进损益”类别，则投资方确认的份额也属于“以后会计期间不能重分类进损益”类别。

2. 以后会计期间在满足规定条件时将重分类进损益的其他综合收益项目

（1）按照权益法核算的在被投资单位可重分类进损益的其他综合收益变动中所享有的份额。根据《企业会计准则第 2 号——长期股权投资》，投资方取得长期股权投资后，应当按照应享有或应分担的被投资单位其他综合收益的份额，确认其他综合收益，同时调整长期股权投资的账面价值。投资单位在确定应享有或应分担的被投资单位其他综合收益的份额时，该份额的性质取决于被投资单位的其他综合收益的性质，即如果被投资单位的其他综合收益属于“以后会计期间在满足规定条件时将重分类进损益”类别，则投资方确认的份额也属于“以后会计期间在满足规定条件时将重分类进损益”类别。

（2）可供出售金融资产公允价值变动形成的利得或损失、持有至到期投资重分类为可供出售金融资产形成的利得或损失。根据《企业会计准则第22号——金融工具确认和计量》，可供出售金融资产公允价值变动形成的利得或损失，除减值损失和外币货币性金融资产形成的汇兑差额外，应当直接计入所有者权益（其他综合收益），在该金融资产终止确认时转出，计入当期损益；根据金融工具确认和计量准则将持有至到期投资重分类为可供出售金融资产的，在重分类日，该投资的账面价值与其公允价值之间的差额计入所有者权益（其他综合收益），在该可供出售金融资产发生减值或终止确认时转出，计入当期损益。

（3）现金流量套期工具产生的利得或损失中属于有效套期的部分。根据《企业会计准则第24号——套期保值》，现金流量套期利得或损失中属于有效套期的部分，应当直接确认为所有者权益（其他综合收益）；属于无效套期的部分，应当计入当期损益。对于前者，套期保值准则规定在一定的条件下，将原直接计入所有者权益中的套期工具利得或损失转出，计入当期损益。

（4）外币财务报表折算差额。根据《企业会计准则第19号——外币折算》，企业对境外经营的财务报表进行折算时，应当将外币财务报表折算差额在资产负债表中所有者权益项目下单独列示（其他综合收益）；企业在处置境外经营时，应当将资产负债表中所有者权益项目下列示的、与该境外经营相关的外币报表折算差额，自所有者权益项目转入处置当期损益，部分处置境外经营的，应当按处置的比例计算处置部分的外币财务报表折算差额，转入处置当期损益。

（5）根据相关会计准则规定的其他项目。比如根据《企业会计准则第3号——投资性房地产》，自用房地产或作为存货的房地产转换为以公允价值模式计量的投资性房地产在转换日公允价值大于账面价值部分计入其他综合收益；待该投资性房地产处置时，将该部分转入当期损益等。

表3-5 以后会计期间在满足规定条件时将重分类进损益的其他综合收益项目

列报项目	准则名称	交易或事项	计量模式	损益科目
可供出售金融资产	金融工具确认和计量	可供出售金融资产公允价值变动	公允价值	投资收益
		可供出售金融资产发生减值	公允价值	资产减值损失
		可供出售金融资产重分类为其他类别金融资产	公允价值	投资收益
		持有至到期投资重分类为可供出售金融资产	公允价值	投资收益

续表

列报项目	准则名称	交易或事项	计量模式	损益科目
现金流量套期工具	套期工具	满足运用会计套期方法条件的境外经营净投资套期产生的利得或损失中有效套期的部分,以及后续转出	公允价值	投资收益
	套期工具	现金流量套期、境外投资净收益套期的套期工具利得或损失中属于有效套期的部分及转出	公允价值	投资收益
权益法下被投资单位其他所有者权益变动	长期股权投资	对合营、联营企业投资,采用权益法核算确认的被投资企业除净损益以外所有者权益的其他变动	由被投资单位其他综合收益决定	投资收益
		公司制改制企业控股股东对子公司资产评估增减值的处理	公允价值和历史成本	投资收益
境外经营外币折算差额	外币折算	合并报表过程中形成的外币折算差额	公允价值	投资收益
投资性房地产		自用房地产或存货转为采用公允价值模式计量的投资性房地产	公允价值	其他业务收入
企业合并		分步实现非同一控制企业合并原持股部分的价值变动差额		投资收益

（二）综合收益

综合收益是指企业在某一期间除与所有者以其所有者身份进行的交易之外的其他交易或事项所引起的所有者权益变动。综合收益总额项目反映净利润和其他综合收益相加后的合计金额。综合收益的组成部分如图 3-1 所示。

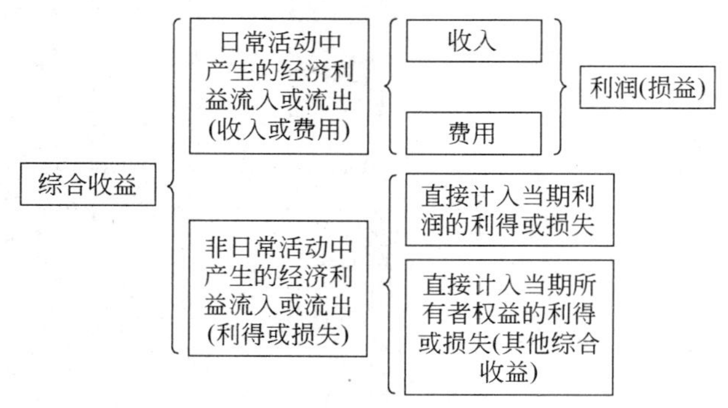

图 3-1　综合收益的组成部分

根据《企业会计准则——基本准则》,收入为企业日常活动中形成的、会导致所有者权益增加的、与所有者投入资本无关的经济利益的总流入。费用的定义与收入相对,为导致所有者权益减少的经济利益的总流出(同样与所有者进行的交易与事项无关)。利得为企业非日常活动中所形成的、会导致所有者权益增加的、与所有者投入资本无关的经济利益的流入。损失的定义与利得相对，为导致所有者权益减少的经济利益的总流出（同样与所有者进行的交易与事项无关）。收入费用与利得损失的最重要区分标志是是否为企业的日常经济活动。其他综合收益为利得或损失，即说明其他综合收益为非日常活动中产生的，与收入费用相对。

基本准则中，将利得和损失按其是否实现分为直接计入当期利润和直接计入所有者权益。直接计入当期利润的利得或损失为该经济利益流入或流出已经实现，有资金流入或流出。而直接计入所有者权益的利得或损失则没有资金流入或流出，主要体现在资产账面价值增加或减少和负债账面价值减少或增加，即为未实现但未来影响所有者权益。资产和负债账面价值的变动会造成所有者权益变动，但与所有者以所有者身份进行的交易或事项无关，且没有实际资金流入或流出，因此将其直接计入所有者权益当中。

根据以上叙述，其他综合收益可划入直接计入所有者权益的利得或损失，得到公式如下：

综合收益 = 收入 − 费用 + 直接计入当期利润的利得或损失 + 其他综合收益

综合收益 = 利润 + 其他综合收益

【例 3-4】 A 公司 2014 年发生以下经济业务，确定其综合收益：

(1) 接受无关联方关系的企业捐赠 30 万元；

(2) 持股比例为 30%的联营企业发生除净损益以外的其他所有者权益变动 200 万元；

(3) 因公司对职工进行权益结算的股份支付确认成本费用 50 万元；

(4) 处置无形资产净收益 5 万元；

(5) 持有的可供出售金融资产公允价值上升 40 万元；

(6) 当年发行可转换公司债券 500 万元，其中负债成分的公允价值为 350 万元；

(7) 向乙公司发行股票 100 万股，面值 1 元，发行价格 3 元/股；

(8) 自用房产转为公允价值模式计量的投资性房地产，公允价值高于账面价值 50 万元。

【答案】“其他综合收益”项目＝200×25%＋40＋50＝140(万元)

【例 3-5】 A 公司所得税税率为 25%，不考虑其他纳税调整事项。2014 年有关经济业务如下，确定其综合收益及其他综合收益：

(1) 2014 年 1 月 3 日，取得可供出售金融资产，初始投资成本为 800 万元，年末公允价值为 1 000 万元。

(2) 2014 年 1 月 6 日，经股东会批准，A 公司向其员工授予股票期权，年末经过计算确认相关费用 300 万元。

(3) A 公司对 B 公司的长期股权投资按照权益法核算，2014 年 12 月 31 日，A 公司因 B 公司可供出售金融资产公允价值变动增加资本公积 600 万元(已扣除所得税影响)。A 公司拟长期持有 B 公司股权。

(4) 2014 年 12 月 31 日 A 公司出售一项投资性房地产，出售时账面价值为 5 000 万元，其中成本 3 000 万元、公允价值变动 2 000 万元；原自用房地产转换为以公允价值模式计量的投资性房地产在转换日公允价值大于账面价值部分 500 万元。

(5) A 公司 2014 年营业利润为 20 000 万元。

(6) A 公司 2014 年营业外收入 400 万元。

(7) A 公司 2014 年营业外支出 200 万元。

【答案】“其他综合收益”项目＝200×75％＋600－500×(1－25％)＝375(万元)。

“综合收益总额”项目，反映企业净利润与其他综合收益的合计金额。所得税费用＝(20 000＋400－200)×25％＝5 050(万元)

净利润＝20 200－5 050＝15 150(万元)

“综合收益总额”项目＝15 150＋375＝15 525(万元)

(三) 其他综合收益的特征

1. 不确定性

按照传统标准计入利润表的损益，具有较强的可靠性、相关性和可验证性。由于“其他综合收益”与传统损益在相关性和可定义性方面具有很大的差别，大部分未实现损益主要是由于相关资产的公允价值波动导致的。这些未实现已确认的利得或损失主要为持有损益，多是资产等自身计价基础的变动或者是其他资产的价值变动对企业总体价值变动的影响额，一般不伴随货币资金或者实务资产的流进或流出，具有很强的不确定性。由于这些确认的未实现损益往往隐含着巨大的风险，不披露它们往往使财务报告不能充分地揭示企业的真实价值和潜在风险，从而不得不对它们进行披露，因此把这些确认的未实现损益列示在传统净利润的后面。

2. 遵循审慎原则

可供出售金融资产公允价值变动、投资性房地产由历史成本计量模式转为公允价值计量模式、资产和负债重估价或重述等事项按照公允价值对资产进行计量的同时，将价值变动数额直接计入所有者权益，就可在准确反映资产状况时，谨慎地确定有别于传统损益的持有损益，也可在向财务报表使用者提供有利于决策的会计信息时，不会夸大企业的盈利能力。如果直接计入当期损益，公允价值变动损益的范围就会不恰当地扩大，以至于使会计信息难以遵循可靠性质量要求。

3. 暂记待期后调整业务

“其他综合收益”账务处理后，相关资产、负债项目得到了调整，相对应的所有者权益的数额也将随之而变动，但这只是一种“暂记”或“调整”的作用。在存在价值变动的资产尚未处置、尚未实施期权、套期保值过程尚未结束等情况下，已确认的权益继续存在；一旦处置资产、实施期权、完成套期保值，由于不确定事项变成了已确定事项，持有损益变成了已实现损益，记录在所有者权益数额也随之结转入处置当期损益。因此，这样的事项可理解为一种暂记待期后调整业务。

（四）其他综合收益财务列报与披露

本次修订延续了《企业会计准则第 3 号解释》的调整，在利润表中新增其他综合收益项目，并补充综合收益位于其他综合收益列报之下。

“其他综合收益”项目，反映企业根据会计准则规定直接计入所有者权益的各项利得和损失扣除所得税影响后的净额。“综合收益”项目，反映企业净利润与其他综合收益的合计金额。企业合并利润表也应按照上述规定进行调整，并在“综合收益”项目下单独列示归属于母公司所有者的综合收益总额和归属于少数股东的综合收益总额。

根据《企业会计准则应用指南》，其他综合收益的披露格式如下（见表 3-6 和表 3-7）：

表 3-6　其他综合收益各项目及其所得税影响和转入损益的情况　　单位：元

项目	本期发生额			上期发生额		
	税前金额	所得税	税后净额	税前金额	所得税	税后净额
一、以后不能重分类进损益的其他综合收益						
1. 重新计量设定收益计划净负债或净资产的变动						
2. 权益法下在被投资单位不能重分类进损益的其他综合收益中享有的份额						
……						
二、以后将重分类进损益的其他综合收益						
1. 权益法下在被投资单位以后重分类进损益的其他综合收益中享有的份额						
减：前期计入其他综合收益当期转入利润金额						
小　计						
2. 可供出售金融资产公允价值变动损益						
减：前期计入其他综合收益当期转入损益						
小　计						
3. 持有至到期投资重分类为可供出售金融资产损益						
减：前期计入其他综合收益当期转入损益						
小　计						
4. 现金流量套值损益的有效部分						
减：前期计入其他综合收益当期转入损益						
转为被套期项目初始确认金额的调整额						
小　计						

续表

项　　目	本期发生额			上期发生额		
	税前金额	所得税	税后净额	税前金额	所得税	税后净额
5. 外币报表折算差额						
减：前期计入其他综合收益当期转入损益						
小　　计						
……						
三、其他综合收益合计						

表 3-7　其他综合收益各项目的调节情况　　单位：元

项　　目	重新计量设定受益计划净负债或净资产的变动	权益法下在被投资单位不能重分类进损益的其他综合收益中享有的份额	权益法下在被投资单位以后将重分类进损益的其他综合收益中享有的份额	可供出售金融资产公允价值变动损益	持有至到期投资重分类为可供出售金融资产损益	现金流量套期损益的有效部分	外币报表折算差额	……	其他综合收益合计
一、上年年初余额									
二、上年增减变动金额(减少以“－”号填列)									
三、本年年初余额									
四、本年增减变动金额(减少以“－”号填列)									
五、本年年末余额									

【例 3-6】 C公司20×4年度其他综合收益相关业务如下：

(1) 20×4年5月1日，C公司将持有的甲公司股票售出一半，售价为每股10元。该股票共2万股，系C公司于20×3年8月1日购入，当时的市价为每股8元，初始确认时划分为可供出售金融资产，20×3年12月31日的市价为每股9元。20×4年12月31日仍持有另一半甲公司的股票，当时的市价为11元。

(2) 20×3至20×4年期间，C公司始终持有乙公司30%的股份，能够对乙公司施加重大影响。乙公司因持有的可供出售金融资产公允价值变动计入其他综合收益的金额分别为5万元和9万元。假定C公司与乙公司适用的会计政策、会计期间相同，投资时乙公司有关资产、负债的公允价值与其账面价值相同，双方在当期及以前期间未发生任何内部交易。

(3) 20×4年6月1日，C公司因资金流动性压力，将持有的丙公司债券的20%出售；

该批债券为C公司于2013年6月1日从二级市场平价购入，面值为100 000元，剩余期限为5年，划分为持有至可到期投资。20×4年6月1日C公司出售该债券时，债券的整体公允价值和摊余成本分别为80 000元和100 000元。

(4) C公司拥有丁公司80%的股份，具有控股权。丁公司所有客户位于欧洲，以欧元为主要结算货币，其记账本位币为欧元。20×4年12月31日，丁公司利润表在折算为母公司记账本位币时，按照平均汇率计算。20×4年12月31日，1欧元=8.5元人民币，20×4年平均汇率，1欧元=8元人民币。丁公司期初可辨认净资产公允价值为12万欧元，欧元与人民币间即期汇率为1欧元=8.2元人民币。20×4年丁公司净亏损为3万欧元。

表3-8 其他综合收益各项目及其所得税影响和转入损益的情况 单位：元

项目	本期发生额			上期发生额		
	税前金额	所得税	税后净额	税前金额	所得税	税后净额
一、以后不能重分类进损益的其他综合收益						
二、以后将重分类进损益的其他综合收益	50 800	5 200	45 600	35 000	5 000	30 000
1. 权益法下在被投资单位以后重分类进损益的其他综合收益中享有的份额	30 000			15 000		
减：前期计入其他综合收益当期转入利润金额	0			0		
小　计	30 000	0	30 000	15 000	0	15 000
2. 可供出售金融资产公允价值变动损益	30 000			20 000		
减：前期计入其他综合收益当期转入损益	−10 000			0		
小　计	20 000	5 000	15 000	20 000	5 000	15 000
3. 持有至到期投资重分类为可供出售金融资产损益	−16 000					
减：前期计入其他综合收益当期转入损益	0					
小　计	−16 000	−4 000	−12 000			
4. 现金流量套值损益的有效部分	0					
减：前期计入其他综合收益当期转入损益	0					
转为被套期项目初始确认金额的调整额	0					
小　计	0					

续表

项　　目	本期发生额			上期发生额		
	税前金额	所得税	税后净额	税前金额	所得税	税后净额
5. 外币报表折算差额	16 800					
减：前期计入其他综合收益当期转入损益	0					
小　　计	16 800	4 200	12 600			
……						
三、其他综合收益合计	50 800	5 200	45 600	35 000	5 000	30 000

三、利润表的列报格式和列报方法

（一）利润表的列报格式

1. 多步式的利润表列报格式

利润表正表的格式一般有两种：单步式利润表和多步式利润表。单步式利润表是将当期所有的收入列在一起，然后将所有的费用列在一起，两者相减得出当期净损益。多步式利润表是通过对当期的收入、费用、支出项目按性质加以归类，按利润形成的主要环节列示一些中间性利润指标，分步计算当期净损益。

财务报表列报准则规定，企业应当采用多步式列报利润表，将不同性质的收入和费用类进行对比，从而可以得出一些中间性的利润数据，便于使用者理解企业经营成果的不同来源。

2. 列示利润表的比较信息

根据财务报表列报准则的规定，企业需要提供比较利润表，以使报表使用者通过比较不同期间利润的实现情况，判断企业经营成果的未来发展趋势。所以，利润表还就各项目再分为“本期金额”和“上期金额”两栏分别填列。

（二）利润表的列报方法

1. 利润表“本期金额”栏和“上期金额”栏的填列方法

本表中的栏目分为“本期金额”栏和“上期金额”栏。“本期金额”栏根据“营业收入”、“营业成本”、“营业税金及附加”、“销售费用”、“管理费用”、“财务费用”、“资产减值损失”、“公允价值变动收益”、“营业外收入”、“营业外支出”、“所得税费用”等损益类科目的发生额和“资本公积”科目的明细发生额分析填列。

“其中：对联营企业和合营企业的投资收益”、“其中：非流动资产处置利得”、“其中：非流动资产处置损失”等项目，应根据“投资收益”、“营业外收入”、“营业外支出”等科目所属的相关明细科目的发生额分析填列。

"其他综合收益的税后净额"项目及其各组成部分，应根据"其他综合收益"科目及其所属明细科目的本期发生额分析填列。

"营业利润"、"利润总额"、"净利润"、"综合收益总额"项目根据本表中相关项目计算填列。

本表中的"上期金额"栏应根据上年该期利润表"本期金额"栏内所列数字填列。如果上年该期利润表规定的各个项目的名称和内容同本期不相一致，应对上年该期利润表各项目的名称和数字按本期的规定进行调整，填入"上期金额"栏。

表 3-9　利　润　表

编制单位：　　　　年　月　日　　　　单位：元

项　目	本期金额	上期金额
一、主营业务收入		
减：营业成本		
营业税金及附加		
销售费用		
管理费用		
财务费用		
资产减值损失		
加：公允价值变动收益（损失以"－"号填列）		
投资收益（损失以"－"号填列）		
其中：对联营企业和合营企业的投资收益		
二、营业利润（亏损以"－"号填列）		
加：营业外收入		
其中：非流动资产处置利得		
减：营业外支出		
其中：非流动资产处置损失		
三、利润总额（亏损以"－"号填列）		
减：所得税费用		
四、净利润（亏损总额以"－"号填列）		
五、其他综合收益的税后净额		
（一）以后不能重分类进损益的其他综合收益		
1. 重新计算设定受益计划净负债或净资产的变动		
2. 权益法下在被投资单位不能重分类进损益的其他综合收益中享有的份额		
……		

续表

项目	本期金额	上期金额
（二）以后将重分类进损益的其他综合收益		
1. 权益法下在被投资单位以后将重分类进损益的其他综合收益中享有的份额		
2. 可供出售金融资产公允价值变动损益		
3. 持有至到期投资重分类为可供出售金融资产		
4. 现金流量套期损益的有效部分		
5. 外币财务报表折算差额		
……		
六、综合收益总额		
七、每股收益		
（一）基本每股收益		
（二）稀释每股收益		

2. 利润表可以生成的经济指标

利用本表本期和上期净利润可以计算生成净利润增长率，反映企业获利能力的增长情况和长期的盈利能力趋势；利用净利润和营业收入可以计算生成销售利润率，反映企业经营的获利能力；利润净利润、营业成本、销售费用、管理费用和财务费用可以计算生成成本费用利润率，反映企业投入产出情况。

利用本表数据与其他报表或有关资料，可以生成反映企业投资回报等有关情况的指标。比如，利用净利润和净资产可以计算净资产收益率，利用普通股每股市价与每股收益可以计算出市盈率等。

3. 关于“基本每股收益”和“稀释每股收益”指标

上述两个指标是向资本市场广大投资者反映上市公司（公众公司）每一股普通股所创造的收益水平。对资本市场广大投资者（股民）而言，是反映投资价值的重要指标，是投资决策最直观、最重要的参考依据，是广大投资者关注的重点。鉴于此，将这两项指标作为利润表的表内项目列示，同时要求在附注中详细披露计算过程，以供投资者投资决策参考。这两项指标应当按照《企业会计准则第34号——每股收益》的规定计算填列。

4. 费用的划分

本次修订明确强调了企业在利润表中应当对费用按照功能分类，分为从事经营业务发生的成本、管理费用、销售费用和财务费用等，该方法可简称为费用功能法。费用功能法与费用性质法均为当前国际通用的费用划分标准。

费用性质法是以一定时期内企业销售所实现的价值为基础，经营利润不仅反映已实现的销售收入，还反映生产领域中产成品和在产品的增减变动情况。费用性质法的构成项目中没有销售成本项目，而销售成本的具体内容分散到经营费用总额之中，生产费用和期间费用混在一起，然后再按费用的性质分解。因此采用费用性质法计算企业的损益，产量增加但没有销售出去，不会影响企业的总利润。

费用功能分类法的计算是依据一定时期内企业已实现的产品销售，没有涉及生产过程中在产品或产成品的增减变动，至于生产过程创造的价值与后期所实现的利润之间的差额，在销售实现的会计期间内确认，明确了经营业务发生的成本与期间费用，成本核算比较清晰。

按照费用功能法，费用应当分为从事经营业务发生的成本和期间费用。

(1) 营业成本

上文所提的从事经营业务发生的成本即为营业成本。营业成本是与营业收入直接相关的，已经确定了归属期和归属对象的各种直接费用。营业成本主要包括主营业务成本和其他业务成本。

① 主营业务成本

主营业务成本是企业销售商品、提供劳务等经常性活动所发生的成本。企业一般在确认销售商品、提供劳务等主营业务收入时，或在月末，将已销售商品、已提供劳务的成本转入主营业务成本。主营业务成本按主营业务的种类进行明细核算，期末，将主营业务成本的余额转入“本年利润”科目，结转后本科目无余额。

企业应通过“主营业务成本”科目，核算主营业务成本的确认和结转情况。

企业结转主营业务成本时，借记“主营业务成本”科目，贷记“库存商品”、“劳务成本”科目。期末，应将“主营业务成本”科目余额转入“本年利润”科目，借记“本年利润”科目，贷记“主营业务成本”科目。

② 其他业务成本

其他业务成本是企业确认的除主营业务活动以外的其他经营活动所发生的支出。其他业务成本包括销售材料的成本、出租固定资产的折旧额、出租无形资产的摊销额、出租包装物的成本或摊销额等。

企业应通过“其他业务成本”科目，核算其他业务成本的确认和结转情况。

企业发生或结转的其他业务成本，借记“其他业务成本”科目，贷记“原材料”、“周转材料”、“累计折旧”、“累计摊销”、“银行存款”等科目。期末，应将“其他业务成本”科目余额转入“本年利润”科目，借记“本年利润”科目，贷记“其他业务成本”科目。

销售产品、商品和提供劳务的营业成本，是由生产经营成本形成的。工业企业产品生产成本(也称制造成本)的构成主要包括直接材料、直接工资、其他直接支出和制造费用。

(2) 期间费用

期间费用指的是不能直接归属于某个特定产品成本的费用。它是随着时间推移而发生的与当期产品的管理和产品销售直接相关，而与产品的产量、产品的制造过程无直接关系，即容易确定其发生的期间，而难以判别其所应归属的产品，因而是不能列入产品制造成本，而在发生的当期从损益中扣除。期间费用包括直接从企业的当期产品销售收入中扣除的销售费用、管理费用和财务费用。

① 管理费用

管理费用是指企业行政管理部门为组织和管理生产经营活动而发生的各项费用。包括公司经费、职工教育经费、业务招待费、税金、技术转让费、无形资产摊销、咨询费、诉讼费、开办费摊销、上缴上级管理费、劳动保险费、待业保险费、董事会会费以及其他管理费用。

② 销售费用

销售费用是指企业在销售产品、自制半成品和提供劳务等过程中发生的各项费用。包括由企业负担的包装费、运输费、广告费、装卸费、保险费、委托代销手续费、展览费、租赁费(不含融资租赁费)和销售服务费、销售部门人员工资、职工福利费、差旅费、折旧费、修理费、物料消耗、低值易耗品摊销以及其他经费等。与销售有关的差旅费也应计入销售费用。

③ 财务费用

财务费用指企业在生产经营过程中为筹集资金而发生的筹资费用。包括企业生产经营期间发生的利息支出(减利息收入)、汇兑损益(有的企业如商品流通企业、保险企业进行单独核算,不包括财务费用)、金融机构手续费,企业发生的现金折扣或收到的现金折扣等。但在企业筹建期间发生的利息支出,应计入开办费;为购建或生产满足资本化条件的资产发生的应予以资本化的借款费用,在“在建工程”、“制造费用”等账户核算。

5. 特殊情况列报

(1) 企业应当根据自身相关的其他综合收益业务,按照其他综合收益项目以后是否能重分类进损益区分为两类,相应在利润表“(一)以后不能重分类进损益的其他综合收益”项下设或在“(二)以后将重分类进损益的其他综合收益”项下调整或增设有关其他综合收益项目。

(2) 金融企业的利润表列报格式,应当遵循本准则的规定,并根据金融企业经营活动的性质和要求,比照上述一般企业的利润表列报格式进行调整。

【例 3-7】 A 公司 20×4 年“其他综合收益”项目发生额如例 3-6 所示,此外,损益类账户发生额资料如下(见表 3-10)。要求:根据上述资料分别计算该公司在该会计期间内下列有关项目金额,并编制 20×4 年度利润表。

表 3-10 损益账户发生额资料 单位:元

科目名称	借 方	贷 方		
主营业务收入		800 000		
主营业务成本	600 000			
营业税金及附加	10 000			
管理费用	40 000			

续表

科目名称	借 方	贷 方		
销售费用	3 500			
财务费用	3 000			
营业外收入		20 000		
营业外支出	10 000			
其他业务收入		20 000		
其他业务成本	15 000		营业成本	(600 000)
资产减值损失	1 000		营业利润	(185 500)
公允价变动损益	2 000		利润总额	(195 500)
投资收益		40 000	净利润	(146 625)

注：该公司所得税率为25%，假设无其他纳税调整事项。

营业利润＝主营业务收入－主营业务成本－营业税金及附加－管理费用－销售费用－财务费用＋其他业务收入－其他业务成本－资产减值损失－公允价变动损益＋投资收益

＝800 000－600 000－10 000－40 000－3 500－3 000＋20 000－15 000－1 000－2 000＋40 000＝185 500(元)

利润总额＝营业利润＋营业外收入－营业外支出＝185 500＋20 000－10 000＝195 500(元)

净利润＝利润总额－所得税费用＝195 500－195 500×25%＝146 625(元)

表3-11 利 润 表

编制单位：A公司　　20×4年12月31日　　单位：元

项　　目	本期金额	上期金额
一、主营业务收入	820 000	
减：营业成本	615 000	
营业税金及附加	10 000	
销售费用	3 500	
管理费用	40 000	
财务费用	3 000	
资产减值损失	1 000	
加：公允价值变动收益(损失以"－"号填列)	－2 000	
投资收益(损失以"－"号填列)	40 000	
其中：对联营企业和合营企业的投资收益	(略)	

续表

项　　目	本期金额	上期金额
二、营业利润(亏损以"－"号填列)	185 500	
加：营业外收入	20 000	
其中：非流动资产处置利得	(略)	
减：营业外支出	10 000	
其中：非流动资产处置损失	(略)	
三、利润总额(亏损以"－"号填列)	195 500	
减：所得税费用	48 875	
四、净利润(亏损总额以"－"号填列)	146 625	
五、其他综合收益的税后净额	45 600	
(一) 以后不能重分类进损益的其他综合收益	0	
1. 重新计算设定受益计划净负债或净资产的变动	0	
2. 权益法下在被投资单位不能重分类进损益的其他综合收益中享有的份额	0	
……		
(二) 以后将重分类进损益的其他综合收益	45 600	
1. 权益法下在被投资单位以后将重分类进损益的其他综合收益中享有的份额	30 000	
2. 可供出售金融资产公允价值变动损益	15 000	
3. 持有至到期投资重分类为可供出售金融资产	－12 000	
4. 现金流量套期损益的有效部分	0	
5. 外币财务报表折算差额	12 600	
……		
六、综合收益总额	192 225	
七、每股收益	(略)	
(一) 基本每股收益	(略)	
(二) 稀释每股收益	(略)	

第五节　所有者权益变动表

一、所有者权益变动表概述

所有者权益变动表是反映构成所有者权益的各组成部分当期的增减变动情况的报

表。所有者权益变动表应当全面反映一定时期所有者权益变动的情况，不仅包括所有者权益总量的增减变动，还包括所有者权益增减变动的重要结构性信息，特别是要反映直接计入所有者权益的利得和损失，让报表使用者准确理解所有者权益增减变动的根源。

二、所有者权益变动表的列报格式和列报方法

（一）所有者权益变动表的列报格式

1. 以矩阵的形式列报

为了清楚地表明构成所有者权益的各组成部分当期的增减变动情况，所有者权益变动表应以矩阵的形式列示。一方面，列示导致所有者权益变动的交易或事项，改变了以往仅仅按照所有者权益的各组成部分反映所有者权益变动情况，而是按所有者权益变动的来源对一定时期所有者权益变动情况进行全面反映；另一方面，按照所有者权益各组成部分及其总额列示交易或事项对所有者权益的影响。特别强调的是，综合收益和与所有者（或股东，下同）的资本交易导致的所有者权益的变动，应当分别列示。与所有者的资本交易，是指企业与所有者以其所有者身份进行的、导致企业所有者权益变动的交易。

2. 列示所有者权益变动的比较信息

根据财务报表列报准则的规定，企业需要提供比较所有者权益变动表，因此，所有者权益变动表还就各项目再分为“本年金额”和“上年金额”两栏分别填列，如表 3-12 所示。

（二）所有者权益变动表的列报方法

1. 所有者权益变动表各项目的列报说明

（1）“上年年末余额”项目，反映企业上年资产负债表中“实收资本（或股本）”、“资本公积”、“其他综合收益”、“盈余公积”、“未分配利润”的年末余额。

（2）“会计政策变更”和“前期差错更正”项目，分别反映企业采用追溯调整法处理的会计政策变更的累积影响金额和采用追溯重述法处理的会计差错更正的累积影响金额。为了体现会计政策变更和前期差错更正的影响，企业应当在上期期末所有者权益余额的基础上进行调整得出本期期初所有者权益，根据“盈余公积”、“利润分配”、“以前年度损益调整”等科目的发生额分析填列。

（3）“本年增减变动额”项目分别反映如下内容：

① “综合收益”项目，反映企业当年的综合收益总额，并根据当年利润表中“其他综合收益的税后净额”和“净利润”项目填列，并对应列在“其他综合收益”和“未分配利润”栏。

② “所有者投入和减少资本”项目，反映企业当年所有者投入的资本和减少的资本，其中：“所有者投入资本”项目，反映企业接受投资者投入形成的实收资本（或股本）和资本溢价或股本溢价，并对应列在“实收资本”和“资本公积”栏。“股份支付计入所有者权益的金额”项目，反映企业处于等待期中的权益结算的股份支付当年计入资本公积的金额，并对应列在“资本公积”栏。

表 3-12　所有者权益变动表

编制单位：　　　　年　月　日　　　　单位：元

项　目	本年金额							上年金额						
	实收资本（或股本）	资本公积	减：库存股	其他综合收益	盈余公积	未分配利润	所有者权益合计	实收资本（或股本）	资本公积	减：库存股	其他综合收益	盈余公积	未分配利润	所有者权益合计
一、上年年末余额														
加：会计政策变更														
前期差错更正														
二、本年年初余额														
三、本年增减变动金额（减少以“－”号填列）														
（一）综合收益总额														
（二）所有者投入和减少资本														
1. 所有者投入资本														
2. 股份支付计入所有者权益的金额														
3. 其他														
（三）利润分配														
1. 提取盈余公积														
2. 对所有者（或股东）的分配														
3. 其他														
（四）所有者权益内部结转														
1. 资本公积转增资本（或股本）														
2. 盈余公积转增资本（或股本）														
3. 盈余公积弥补亏损														
4. 其他														
四、本年年末余额														

③“利润分配”下各项目，反映当年对所有者（或股东）分配的利润（或股利）金额和按照规定提取的盈余公积金额，并对应列在“未分配利润”和“盈余公积”栏。其中：“提取盈余公积”项目，反映企业按照规定提取的盈余公积。“对所有者（或股东）的分配”项目，反映对所有者（或股东）分配的利润（或股利）金额。

④“所有者权益内部结转”下各项目，反映不影响当年所有者权益总额的所有者权益各组成部分之间当年的增减变动，包括资本公积转增资本（或股本）、盈余公积转增资本（或股本）、盈余公积弥补亏损等项金额。为了全面反映所有者权益各组成部分的增减变动情况，所有者权益内部结转也是所有者权益变动表的重要组成部分，主要指不影响所有者权益总额、所有者权益的各组成部分当期的增减变动。其中：

“资本公积转增资本（或股本）”项目，反映企业以资本公积转增资本或股本的金额。

“盈余公积转增资本（或股本）”项目，反映企业以盈余公积转增资本或股本的金额。

“盈余公积弥补亏损”项目，反映企业以盈余公积弥补亏损的金额。

2. 上年金额栏的列报方法

所有者权益变动表“上年金额”栏内各项数字，应根据上年度所有者权益变动表“本年金额”栏内所列数字填列。如果上年度所有者权益变动表规定的各个项目的名称和内容同本年度不相一致，应对上年度所有者权益变动表各项目的名称和数字按本年度的规定进行调整，填入所有者权益变动表“上年金额”栏内。

3. 本年金额栏的列报方法

所有者权益变动表“本年金额”栏内各项数字一般应根据“实收资本（或股本）”、“资本公积”、“盈余公积”、“利润分配”、“库存股”、“以前年度损益调整”等科目的发生额分析填列。

企业的净利润及其分配情况作为所有者权益变动的组成部分，不需要单独设置利润分配表列示。

4. 特殊情况列示

企业如有下列情况，应当在所有者权益变动表中调整或新设相关项目：

(1) 高危行业企业如有按国家规定提取的安全生产费的，应当在“未分配利润”栏和“所有者权益合计”栏之间增设“专项储备”栏。

(2) 金融企业的所有者权益变动表列报格式，应遵循本列报的规定，并根据金融企业经营活动的性质和要求，比照上述一般企业的所有者权益变动表列报格式进行相应调整。

（三）所有者权益变动表填列的关联关系

表 3-13 为所有者权益变动表各组成部分的填列对应关系。

表 3-13　所有者权益变动表各项目的对应关系　　单位：元

项　　目	本年金额						
	实收资本（或股本）	资本公积	减：库存股	其他综合收益	盈余公积	未分配利润	所有者权益合计
一、上年年末余额							
加：会计政策变更							
前期差错更正							
二、本年年初余额							
三、本年增减变动金额（减少以“－”号填列）							
（一）综合收益总额							
（二）所有者投入和减少资本							
1. 所有者投入资本							
2. 股份支付计入所有者权益的金额							
3. 其他							
（三）利润分配							
1. 提取盈余公积							
2. 对所有者（或股东）的分配							
3. 其他							
（四）所有者权益内部结转							
1. 资本公积转增资本（或股本）							
2. 盈余公积转增资本（或股本）							
3. 盈余公积弥补亏损							
4. 其他							
四、本年年末余额							

第六节　附　　注

一、附注概述

（一）附注的概念

附注是财务报表不可或缺的组成部分，是对在资产负债表、利润表、现金流量表和所有者权益变动表等报表中列示项目的文字描述或明细资料，以及对未能在这些报表中列示项目的说明等。

财务报表中的数字是经过分类与汇总后的结果，是对企业发生的经济业务的高度简化和浓缩的数字，如有没有形成这些数字所使用的会计政策、理解这些数字所必需的披露，财务报表就不可能充分发挥效用。因此，附注与资产负债表、利润表、现金流量表、所有者权益变动表等报表具有同等的重要性，是财务报表的重要组成部分。报表使用者了解企业的财务状况、经营成果和现金流量，应当全面阅读附注。

（二）附注披露的基本要求

(1) 附注披露的信息应是定量、定性信息的结合，从而能从量和质两个角度对企业经济事项完整地进行反映，也才能满足信息使用者的决策需求。

(2) 附注应当按照一定的结构进行系统合理的排列和分类，有顺序地披露信息。由于附注的内容繁多，因此更应按逻辑顺序排列，分类披露，条理清晰，具有一定的组织结构，以便于使用者理解和掌握，也更好地实现财务报表的可比性。

(3) 附注相关信息应当与资产负债表、利润表、现金流量表和所有者权益变动表等报表中列示的项目相互参照，以有助于使用者联系相关联的信息，并由此从整体上更好地理解财务报表。

二、附注披露的内容

附注应当按照如下顺序披露有关内容。

（一）企业的基本情况

(1) 企业注册地、组织形式和总部地址。

(2) 企业的业务性质和主要经营活动，如企业所处的行业、所提供的主要产品或服务、客户的性质、销售策略、监管环境的性质等。

(3) 母公司以及集团最终母公司的名称。

(4) 财务报告的批准报出者和财务报告批准报出日。

(5) 营业期限有限的企业，还应当披露有关其营业期限的信息。

【例 3-8】 中国银行 2013 年年度报表会计报表附注公司基本情况信息披露

中国银行股份有限公司(以下简称本行或中国银行)系国有控股股份制商业银行，其前身中国银行成立于 1912 年 2 月 5 日。自成立之日至 1949 年，本行曾履行中央银行、国际汇兑银行和国际贸易专业银行等职能。1949 年中华人民共和国成立后，本行成为外汇专业银行。1994 年，本行开始向国有商业银行转轨。根据国务院批准的中国银行股份制改革实施总体方案，本行于 2004 年 8 月 26 日整体改制为股份制商业银行，成立中国银行股份有限公司。2006 年，本行在香港联合交易所有限公司和上海证券交易所上市。

本行经中国银行业监督管理委员会(以下简称银监会)批准持有 B0003H111000001

号金融许可证，并经国家工商行政管理总局核准领取注册证100000000001349号企业法人营业执照。注册地址为中国北京市复兴门内大街1号。

本行及本行所属子公司(以下简称"本集团"或"中国银行集团")在中国内地、中国香港、中国澳门、中国台湾以及国际主要金融中心地区从事全面的公司金融业务、个人金融业务、资金业务、投资银行业务、保险业务和其他业务。

本行的主要监管者为银监会。本集团中国香港、中国澳门、中国台湾及其他国家和地区机构亦需遵循经营所在地监管机构的监管要求。

本行的母公司——中央汇金投资有限责任公司(以下简称汇金公司)为中国投资有限责任公司(以下简称中投公司)的全资子公司，于2013年12月31日持有本行67.72%的普通股股权(2012年12月31日：67.72%)。

本会计报表已于2014年3月26日由本行董事会审核通过。

(二) 财务报表的编制基础

企业应当根据列报的规定判断企业是否持续经营，并披露财务报表是否以持续经营为基础编制。

【例3-9】 中国银行2013年年度报表会计报表附注公司财务报表编制基础披露。

本会计报表按照中华人民共和国财政部(以下简称财政部)2006年2月颁布的《企业会计准则——基本准则》以及其后颁布及修订的具体会计准则、企业会计准则应用指南、企业会计准则解释及其他相关规定(以下合称企业会计准则)以及中国证券监督管理委员会(以下简称证监会)《公开发行证券的公司信息披露编报规则第15号——财务报告的一般规定》(2010年修订)的披露规定编制。

2014年1月至2月，财政部制定了《企业会计准则第39号——公允价值计量》、《企业会计准则第40号——合营安排》；修订印发了《企业会计准则第9号——职工薪酬》、《企业会计准则第30号——财务报表列报》、《企业会计准则第33号——合并财务报表》。上述5项会计准则均自2014年7月1日起施行，但鼓励在境外上市的企业提前执行。本集团在编制2013年度会计报表时，执行了上述5项会计准则，并按照相关的衔接规定进行了处理。

于2013年，本集团采用了修订后的《企业会计准则第9号——职工薪酬》。本集团在财务报告中对以前年度确认的精算利得和损失进行了追溯调整。追溯调整的影响参见其他注释。

于2013年，本集团采用了修订后的《企业会计准则第30号——财务报表列报》，该修订要求将其他综合收益中的项目按照是否可在未来转入损益而分成两大类分别列示。采用该准则修订对集团的经营成果、财务状况未产生影响。

其他准则和修订的采用对集团的经营成果、财务状况及综合收益不产生重大影响。

本会计报表中，除可供出售金融资产、交易性金融资产及金融负债(包括衍生金融工具)和投资性房地产按公允价值计量外，其他会计项目均按历史成本计量。

（三）遵循企业会计准则的声明

企业应当声明编制的财务报表符合企业会计准则的要求，真实、完整地反映了企业的财务状况、经营成果和现金流量等有关信息。以此明确企业编制财务报表所依据的制度基础。如果企业编制的财务报表只是部分地遵循了企业会计准则，附注中不得做出这种表述。

（四）重要会计政策和会计估计

根据财务报表列报准则的规定，企业应当披露采用的重要会计政策和会计估计，不重要的会计政策和会计估计可以不披露。

1. 重要会计政策的说明

重要会计政策的说明，包括财务报表项目的计量基础和运用会计政策过程中所做的重要判断等。企业在发生某项交易或事项允许选用不同的会计处理方法时，应当根据准则的规定从允许的会计处理方法中选择适合本企业特点的会计政策。比如，存货的计价可以选择先进先出法、加权平均法和个别计价法等。为了有助于报表使用者理解，有必要对这些会计政策加以披露，包括：

（1）财务报表项目的计量基础。会计计量属性包括历史成本、重置成本、可变现净值、现值和公允价值，这直接显著影响报表使用者的分析，这项披露要求便于使用者了解企业财务报表中的项目是按何种计量基础予以计量的，如存货是按成本还是可变现净值计量等。

（2）会计政策的确定依据，主要是指企业在运用会计政策过程中所作的对报表中确认的项目金额最具影响的判断。例如，企业应当根据本企业业务的实际情况说明确定金融资产分类的判断标准等。这些判断对在报表中确认的项目金额具有重要影响。因此，这项披露要求有助于使用者理解企业选择和运用会计政策的背景，增加财务报表的可理解性。

2. 重要会计估计的说明

财务报表列报准则强调了对会计估计不确定因素的披露要求，企业应当披露会计估计中所采用的关键假设和不确定因素的确定依据，这些关键假设和不确定因素在下一会计期间内很可能导致对资产、负债账面价值进行重大调整。

在确定报表中确认的资产和负债的账面金额过程中，企业有时需要对不确定的未来事项在资产负债表日对这些资产和负债的影响加以估计。例如，固定资产可收回金额的计算需要根据其公允价值减去处置费用后的净额与预计未来现金流量的现值两者之间的较高者确定，在计算资产预计未来现金流量的现值时需要对未来现金流量进行预测，并选择适当的折现率，应当在附注中披露未来现金流量预测所采用的假设及其依据、所选择的折现率为什么是合理的等。又如，为正在进行中的诉讼确认预计负债时最佳估计数的确定依据等。这些假设的变动对这些资产和负债项目金额的确定影响很大，有可能会在下一个会计年度内做出重大调整。因此，强调这一披露要求，有助于提高财务报表的可理解性。

（五）会计政策和会计估计变更以及差错更正的说明

企业应当按照《企业会计准则第28号——会计政策、会计估计变更和差错更正》的规定，披露会计政策和会计估计变更以及差错更正的有关情况。

（六）报表重要项目的说明

企业应当以文字和数字描述相结合，尽可能以列表形式披露报表重要项目的构成或当期增减变动情况，并且报表重要项目的明细金额合计，应当与报表项目金额相衔接。在披露顺序上，一般应当按照资产负债表、利润表、现金流量表、所有者权益变动表的顺序及其项目列示的顺序。

本准则还规定，企业应当在附注中披露如下信息：

（1）费用按照性质分类的利润表补充资料，可将费用分为耗用的原材料、职工薪酬费用、折旧费用、摊销费用等。具体的披露格式按照指南相关要求如表3-14所示：

表3-14　费用按照性质分类的利润表补充资料　　单位：元

项　目	本期金额	上期金额
耗用的原材料		
产成品及在产品存货变动		
职工薪酬费用		
折旧费和摊销费用		
非流动资产减值损失		
支付的租金		
财务费用		
其他费用		
……		
合　计		

【例3-10】 中国工商银行（H股）2013年年报财务报表附注中关于营业费用的披露内容（见表3-15）：

（2）关于其他综合收益各项目的信息，包括：①其他综合收益各项目及其所得税的影响；②其他综合收益各项目原计入其他综合收益、当期转出计入当期损益的金额；③其他综合收益各项目的期初和期末余额及其调节情况。具体披露的格式及案例可参见本章第四节利润表中“其他综合收益与综合收益”部分内容。

表 3-15　中国工商银行按性质分类的费用披露表　　　　单位：元

项　　目	2013 年	2012 年
职工费用：		
工资及奖金	68 216	63 256
职工福利	24 185	22 762
设定提存计划	11 054	10 222
	103 455	96 240
房屋及设备费用：		
折旧	14 420	13 215
土地及建筑物经营性租赁租金	5 799	4 910
维修费	3 206	2 839
水电费	2 669	2 523
	26 094	23 487
资产摊销	2 018	1 781
其他管理费用	24 721	24 802
营业税金及附加	37 441	35 066
其他	10 411	8 564
	204 140	189 940

(3) 在资产负债表日后、财务报告批准报出日前提议或宣布发放的股利总额和每股股利金额(或向投资者分配的股利总额)。

(4) 终止经营的收入、费用、利润总额、所得税费用和净利润，以及归属于母公司所有者的终止经营利润。企业披露的上述数据应当是针对经营在整个报告期间的经营成果。

本准则规定，终止经营是满足下列条件之一的已被企业处置或被企业划归为持有待售的、在经营和编制财务报表时能够单独区分的组成部分：①该组成部分代表一项独立的主要业务或一个主要经营地区；②该组成部分是拟对一项独立的主要业务或一个主要经营地区进行处置计划的一部分；③该组成部分是仅仅为了再出售而取得的子公司。

同时满足下列条件的企业组成部分(或非流动资产)应当确认为持有待售：①该组成部分必须在其当前状况下根据出售此类组成部分的惯常条款即可立即出售；②企业已经就处置该组成部分作出决议，如按规定需得到股东批准的，应当已经取得股东大会或相应权力机构的批准；③企业已经与受让方签订了不可撤销的转让协议；④该项转让将在一年内完成。

(七) 其他需要说明的重要事项

或有和承诺事项、资产负债表日后非调整事项、关联方关系及其交易等需要说明的事项,以及有助于财务报表使用者评价企业管理资本的目标、政策及程序的信息。

(八) 有助于财务报表使用者评价企业管理资本的目标、政策及程序的信息

根据规定,企业应当基于可获得的信息充分披露如下内容:

(1) 企业管理资本的目标、政策及程序的定性信息,包括:①对企业资本管理的说明;②受制于外部强制性资本要求的企业,应当披露这些要求的性质以及企业如何将这些要求纳入其资本管理之中;③企业如何实现其资本管理的目标。

(2) 资本结构的定量数据摘要,包括资本与所有者权益之间的调节关系等。比如,有的企业将某些金融负债(如次级债)作为资本的一部分,有的企业将资本视作扣除某些权益项目(如现金流量套期产生的利得或损失)后的部分。

(3) 自前一会计期间上述(1)和(2)中的所有变动。

(4) 企业当期是否遵循了其受制的外部强制性资本要求,以及当企业未遵循外部强制性资本要求时,其未遵循的后果。

第七节 衔接规定

在本准则施行日之前已经执行企业会计准则的企业,应当按照本准则调整财务报表的列报项目;涉及有关报表和附注比较数据的,也应当做相应调整,调整不切实可行的除外。

第四章

合并财务报表

第一节　合并财务报表准则修订概述

合并财务报表是指反映母公司和其全部子公司形成的企业集团整体财务状况、经营成果和现金流量的财务报表。与个别财务报表相比，合并财务报表反映的对象是由母公司和其全部子公司组成的会计主体。合并财务报表的编制者或编制主体是母公司。合并财务报表是以纳入合并范围的企业个别财务报表为基础，根据其他有关资料，抵消母公司与子公司、子公司相互之间发生的内部交易（以下简称内部交易）对合并财务报表的影响编制的。合并财务报表包括合并资产负债表、合并利润表、合并现金流量表以及合并所有者权益变动表。2006 年财政部发布了《企业会计准则第 33 号——合并财务报表》以规范合并财务报表的编制和列报。针对国内相关会计实务和国际财务报告准则的变化，2014 年财政部对合并财务报表准则进行了修订。

一、修订的主要背景

财政部 2006 年发布的《企业会计准则第 33 号——合并财务报表》及相关应用指南实施八年多来，规范了企业合并的会计处理，取得了良好成效。但是，随着我国经济市场化和国际化的深入，国际竞争力的进一步增强，跨国经营不断增多，企业的收购兼并日趋复杂，客观上需要拓宽生产经营的不断发展及并购业务的日益复杂，实务中一些与企业合并问题相关的会计问题缺乏明确、一致的会计处理要求，如合并财务报表准则的适用范围的进一步明确、关于不丧失控制权情况下处置部分子公司投资的会计处理等。同时，在企业合并会计政策方面不断推出新的问题，需要加以统一规范，以指导企业并购实务。此次合并财务报表准则修订的主要目的如下：

一是吸收解释公告、年报通知等相关内容，完善我国准则体系。原合并财务报表准则发布后，财政部陆续通过企业会计准则解释公告 1～4 号、《关于执行会计准则的上市公司和非上市企业做好 2009 年年报工作的通知》（财会〔2009〕16 号）、《关于不丧失控制权情况下处置部分对子公司投资会计处理的复函》（财会〔2009〕14 号）等文件形式对准则中的部分内容进行了修订和完善。但由于上述规定散见在不同文件中，同时有的文件法律层次较低，不便于企业贯彻实施，有必要将散见于解释公告、年报通知、公司便函等文件中的有关规定进行全面梳理和整合，修订并完善合并财务报表准则。

二是保持与国际会计准则理事会2011年新发布的IFRS10持续趋同。IASB于2011年5月发布《国际财务报告准则第10号——合并财务报表》(IFRS10)，以取代《国际会计准则第27号——合并财务报表和单独财务报表》有关合并的部分以及《解释公告第12号——合并：特殊目的主体》。IFRS10以控制作为合并的单一基础，并明确规定控制构成的3个要素，即主导被投资者的权力、面临被投资者可变回报的风险或取得可变回报的权利、利用对被投资者的权力影响投资者回报的能力。此外，IFRS10就一系列情况下如何应用控制原则提供了详细指引，包括实质性控制的判断、委托与代理关系的判断、潜在表决权的考虑等。针对国际财务报告准则的新变化，为实现与国际财务报告准则的持续趋同，有必要及时修订我国合并财务报表准则。

二、修订的主要内容

现行准则规定，控制是指一个企业能够决定另一个企业的财务和经营政策，并能据以从另一个企业的经营活动中获取利益的权力。本次企业合并准则修订在充分借鉴IFRB10的基础上，同时考虑了对我国实务可能带来的影响，就控制的定义和具体判断原则进行了修订，主要包括以下几个方面：

(1) 改进控制的定义，强调控制构成的三要素为对被投资者的权力、可变回报以及能够行使权力影响可变回报。

(2) 引入实质性控制概念，即投资方虽持有小于50%的表决权，但综合考虑投资方拥有的表决权相对于其他各方拥有的表决权份额的大小、其他各方表决权的分散程度、潜在表决权、其他合约性安排、被投资方以往的表决权行使情况等所有因素和条件后仍可具有控制。

(3) 引入关于拥有决策制定权利的投资者是委托人还是代理人的判断指引。其中，代理人作为代表其他方行使权力的第三方，并不控制被投资方。

(4) 引入对被投资方可分割部分的控制。投资方通常是在被投资方整体层面对是否控制进行评估，但极个别情况下，可以将被投资方的一部分视为被投资方可分割的部分，进而判断是否控制该部分。

本次修订吸收已发布的解释公告、年报通知等文件关于合并财务报表的规定：

(1) 明确规定购买少数股权、不丧失控制权情况下处置部分对子公司投资交易在合并财务报表层面应作为权益性交易进行会计处理。

(2) 明确规定因抵消未实现内部销售损益导致合并资产负债表中资产、负债的账面价值与其在所属纳税主体的计税基础之间产生暂时性差异的，在合并财务报表层面应确认相应的所得税影响。

(3) 明确规定因处置部分股权投资或其他原因丧失对原有子公司控制权的，在合并财务报表层面应视为处置子公司同时取得一项新的投资性资产，对剩余股权应按照其丧失控制权日的公允价值进行重新计量。

(4) 明确规定子公司当期综合收益中属于少数股东权益的份额，应当合并利润表中综合收益总额项目下以"归属于少数股东的综合收益总额"项目列示。

(5) 明确规定子公司少数股东分担的当期亏损超过了少数股东在该子公司期初所有者权益中所享有的份额的，其余额仍应当冲减少数股东权益。

第二节　合并范围的确定

明确界定企业合并的范围是编制合并财务报表的前提。合并财务报表的合并范围应当以控制为基础予以确定。修订后的合并财务报表准则明确了控制的定义并对如何判断是否存在控制提出了具体的要求。

一、确定合并范围的原则——控制

(一) 控制的定义

控制是指投资方拥有对被投资方的权力，通过参与被投资方的相关活动而享有可变回报，并且有能力运用对被投资方的权力影响其回报金额。

该控制定义包括三个要素，即权力要素、可变回报要素，以及权力与可变回报之间关系的要素：

(1) 拥有对被投资方的权力；

(2) 享有被投资方可变回报；

(3) 有能力运用其权力影响可变回报。

此定义既包括控制(权力)要素，又包括风险与报酬要素。主体具有权力，但不享有收益或承担风险，或者享有收益或承担风险，但不拥有权力，都不符合"控制"的定义或原则。

(二) 母公司与子公司

企业集团由母公司和其全部子公司构成。如图 4-1 所示，假定 A 公司能够控制 B 公司，A 公司和 B 公司构成了企业集团。如图 4-2 所示，假定 A 公司能够同时控制 B1、B2、B3 和 B4 公司，A 公司和 B1、B2、B3、B4 构成了企业集团。母公司和子公司是相互依存的，有母公司必然存在子公司，同样，有子公司必然存在母公司。

1. 母公司

母公司是指有一个或一个以上子公司的企业(或主体，下同)。从母公司的定义可以看出，母公司要求同时具备两个条件：

一是必须有一个或一个以上的子公司，即必须满足控制的要求，能够决定另一个或多个企业的财务和经营政策，并有据以从另一个或多个企业的经营活动中获取利益的权力。

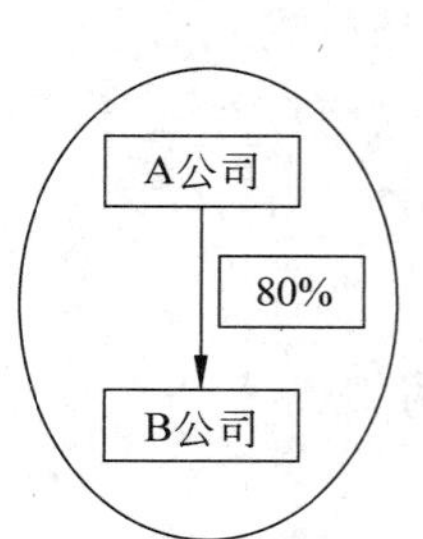

图 4-1　控制单一子公司的母公司

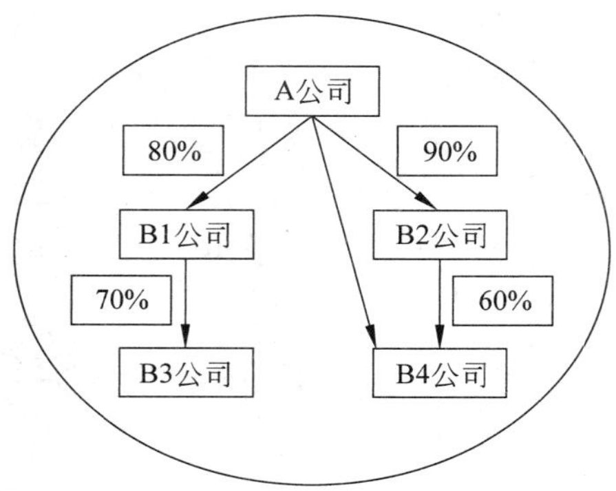

图 4-2　控制多个子公司的母公司

母公司可以只控制一个子公司，也可以同时控制多个子公司。

如图 4-1 所示，假定 A 公司能够控制 B 公司，A 公司是 B 公司的母公司。

如图 4-2 所示，假定 A 公司能够同时控制 B1、B2、B3 和 B4 公司，A 公司为 B1、B2、B3 和 B4 公司的母公司。

二是母公司可以是企业，如《公司法》所规范的股份有限公司、有限责任公司等；也可以是主体，如非企业形式的，但形成会计主体的其他组织，如基金等。

2. 子公司

子公司是指被母公司控制的企业。从子公司的定义可以看出，子公司也要求同时具备两个条件：

一是作为子公司必须被母公司控制，并且只能由一个母公司控制，不可能也不允许被两个或多个母公司同时控制。被两个或多个公司共同控制的被投资单位是合营企业，而不是子公司。

如图 4-1 所示，假定 A 公司能够控制 B 公司，B 公司是 A 公司的子公司。如图 4-2 所示，假定 A 公司能够同时控制 B1、B2、B3 和 B4 公司，B1、B2、B3 和 B4 公司均为 A 公司的子公司。

二是子公司可以是企业，如《公司法》所规范的股份有限公司、有限责任公司等；也可以是主体，如非企业形式的，但形成会计主体的其他组织，如基金以及信托项目等特殊目的主体等。

（三）关于合并财务报表的豁免规定

本准则第四条规定，母公司应当编制合并财务报表。如果母公司是投资性主体，且不存在为其投资活动提供相关服务的子公司，则不应该编制合并财务报表，该母公司按照本准则第二十一条规定以公允价值计量其对所有子公司的投资，且公允价值变动计入当其损益。除上述情况外，本准则不允许有其他情况的豁免。

母公司应当将其全部子公司（包括母公司所控制的单独主体）纳入合并范围。如果母公司是投资性主体，则只应将那些为其投资活动提供相关服务的子公司(如有)纳入合并范围并编制合并财务报表，其他子公司不应予以合并，母公司对其他子公司的投资应当按照公允价值计量且其变动计入当期损益。

投资性主体的母公司本身不是投资性主体，则应当将其控制的全部主体，包括那些通过投资性主体间接控制的主体，纳入合并报表范围。母公司的合并范围如图4-3所示：

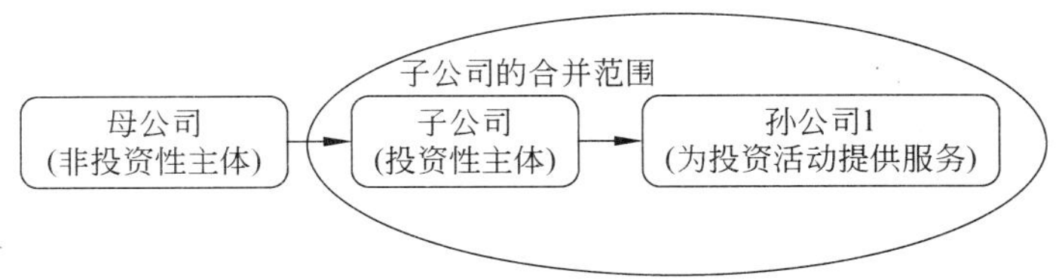

图4-3　母公司的合并范围

本准则主要规范合并财务报表合并范围的确定及合并财务报表的编制和列报，以及特殊交易在合并财务报表中的处理，不涉及外币财务报表的折算和在子公司权益的披露。外币报表的折算由《企业会计准则第19号——外币折算》和《企业会计准则第31号——现金流量表》规范；在子公司权益的披露由《企业会计准则第41号——在其他主体中权益的披露》规范。

二、判断是否存在控制需考虑的因素

控制的第一要素为投资方拥有对被投资方的权力。投资方享有现时权利使其目前有能力主导被投资方的相关活动，而不论其是否实际行使该权利，视为投资方拥有对被投资方的权力。

两个或两个以上投资方分别享有能够单方面主导被投资方不同相关活动的现时权利，能够主导对被投资方回报产生最重大影响的活动的一方拥有对被投资方的权力。

(一) 评估被投资方的设立目的和设计

被投资方可能是一个有限责任公司、股份有限公司、尚未进行公司制改建的国有公司，也有可能是一个合伙企业、信托、专项资产管理计划等。在少数情况下，也可能包括被投资方的一个可分割部分。

在确定投资方对被投资方是否拥有权力时，需要确定被投资方的设立目的，此时投资者需要考虑以下几个因素：

(1) 被投资者的相关活动是什么？

(2) 关于这些相关活动的决定是如何做出的？

(3) 谁拥有主导这些活动的现时权利？

(4) 谁能从这些活动中获得回报？

【例4-1】　甲企业为有限责任公司，经营期限为5年。甲公司将全部资金用于对非关联方乙公司的全资子公司丙公司增资，增资完成后，甲公司持有丙公司 70%有表决权的股份，乙公司持有丙公司 30%有表决权的股份。根据协议，乙公司将在 5 年后以固定价格回购甲公司持有的丙公司股份。丙公司是专门建造某居住房屋项目的建筑公司，建设期 5 年，在甲公司增资时，该项目已经建造两年。

本例中，被投资方丙公司的相关活动是 5 年的时间建造某大型地产项目。甲公司增资时，丙公司的建造已经开始，大多与建造事项相关的决策可能已经完成，当甲公司的经营期限结束并将持有的丙公司股份以固定价格出售给乙公司时，丙公司刚刚完成建造活动，尚未开始产生回报。因此，甲公司并不能主导丙公司的相关活动，而且甲公司也无法通过参与丙公司的相关活动取得可变回报，甲公司是通过乙公司回购股份的方式收回其投资成本而取得收益的。因此，即使甲公司拥有半数以上的表决权，也不能控制丙公司。

（二）识别被投资方的相关活动及其决策机制

1. 被投资方的相关活动

被投资方的相关活动是指能够对被投资主体收益产生重要影响的活动。

相关活动的参与程度具有多样性：比如，参与管理被投资者每日的相关活动，这很可能表明投资者拥有显著的参与度。另外，相关活动的参与程度可能不如每日管理如此明显；相反它很可能通过结构性安排来决定被投资者的投资政策。结构性安排可能反过来显著影响被投资者的回报。相关活动可能包括但不限于下列活动：①商品或劳务的销售和购买；②金融资产的管理；③资产的购买和处置；④研究与开发；⑤融资活动。

【例 4-2】 乙投资公司由甲资产管理公司设立，甲公司持有乙公司 35%有表决权的股份，剩余 65%的股份由与甲公司无关联关系的公众投资者持有，这些投资者的持股比例十分分散。此外，乙公司还向其他公众投资者发行债务工具。乙公司使用发行债务工具和权益工具所募集的资金进行金融资产组合投资，并均投资于债务工具。这样，乙公司将可能面临资本金和利息不能收回的信用风险。为此，双方在协议中明确，当所持金融资产组合投资出现违约事项时，乙公司的权益工具持有人首先承担由违约事项带来的损失，在违约事项带来的损失超过权益工具金额之后，剩余损失由债务工具持有人承担；在违约事项带来的损失超过权益工具金额之前，甲公司管理乙公司的投资组合；在违约事项带来的损失超过权益工具金额之后，由债务工具持有人指定的其他方管理乙公司存在违约事项的资产及剩余金融资产的投资。

在本例中，在未发生违约事项或违约事项带来的损失小于权益工具金额的情况下，乙公司的相关活动是金融资产投资组合的管理，而在违约事项带来的损失超过权益工具的金额后，乙公司的相关活动转变为对存在违约事项的资产及剩余金融资产投资的管理。同一公司不同时间的相关活动不同，需要进一步判断哪一相关活动最显著影响其可变回报的相关活动。

2. 被投资方相关活动的决策机制

投资方是否拥有权力，不仅取决于被投资方的相关活动，还取决于对相关活动进行决策的方式。例如，对被投资方的经营、融资等活动进行决策（包括编制预算）的方式，任命被投资方的关键管理人员、给付薪酬及终止劳动合同关系的决策方式等。

相关活动一般由企业章程、协议中约定的权力机构（如股东会、董事会）来决策，特殊情况下，相关活动也可能根据合同协议约定等由其他主体决策，如专门设置的管理委员会等。有限合伙企业的相关活动可能由合伙人大会决策，也可能由普通合伙人或者投资管理公司等决策。

当两个或两个以上投资方能够分别单方面主导被投资方的不同相关活动时，能够主导对被投资方回报产生最重大影响的活动的一方拥有对被投资方的权力。此时，需要考虑的因素包括：①被投资方的设立目的和设计；②影响被投资方利润率、收入和企业价值的决定因素；③每一投资方有关上述因素的决策职权范围及其对被投资方回报的影响程度；④投资方承担可变回报风险的大小。

（三）确定投资方拥有的与被投资方相关活动的权力

在判断投资方是否拥有主导被投资方相关活动的权力时，应当仅考虑与被投资方相关的实质性权利，包括自身所享有的实质性权利以及其他方所享有的实质性权利。通常情况下，当被投资方从事一系列对其回报产生显著影响的经营及财务活动，且需要就这些活动连续地进行实质性决策时，表决权或类似权利本身或者结合其他安排，将赋予投资方拥有权力。但在一些情况下，表决权不能对被投资方产生重大影响（例如，表决权可能仅与日常行政活动有关），被投资方的相关活动由一项或多项合同安排决定。

1. 对被投资方的权力——拥有绝大多数表决权

表决权是指对被投资单位经营计划、投资方案、年度财务预算方案和决算方案、利润分配方案和弥补亏损方案、内部管理机构的设置、聘任或解聘公司经理及其报酬、公司的基本管理制度等事项持有的表决权，不包括应由股东大会（或股东会，下同）行使的修改公司章程、增加或减少注册资本、发行公司债券及公司合并、分立、解散或变更公司形式等事项持有的表决权。表决权比例通常与其出资比例或持股比例是一致的，但公司章程另有规定的除外。

当投资方直接或通过子公司间接拥有被投资单位半数以上的表决权，表明投资方能够控制被投资单位，应当将该被投资单位认定为子公司，纳入合并财务报表的合并范围。但是，有证据表明投资方不能控制被投资单位的除外。

投资方拥有被投资单位半数以上表决权，通常包括如下三种情况：

(1) 母公司直接拥有被投资单位半数以上表决权。比如，图 4-1 所示，A 公司直接拥有 B 公司表决权的 80%，这种情况下，B 公司就成为 A 公司的子公司，A 公司编制合并财务报表时，必须将 B 公司纳入其合并范围。

(2) 母公司间接拥有被投资单位半数以上表决权。间接拥有半数以上表决权，是指母公司通过子公司而对子公司的子公司拥有半数以上表决权。如图 4-2 所示，假定 A 公司拥有 B1 公司 80%的表决权，而 B1 公司又拥有 B3 公司 70%的表决权。在这种情况下，A公司作为母公司通过其子公司B1公司，间接拥有B3公司70%的表决权，从而B3公司也是A公司的子公司，A公司编制合并财务报表时，也应当将B3公司纳入其合并范围。需要注意的是，A公司间接拥有B3公司的表决权是以B1公司为A公司的子公司为前提的。

(3) 母公司以直接和间接方式合计拥有被投资单位半数以上表决权。直接和间接方式合计拥有半数以上表决权，是指母公司以直接方式拥有某一被投资单位半数以下的表决权，同时又通过其他方式如通过子公司拥有该被投资单位一部分的表决权，两者合计拥有该被投资单位半数以上的表决权。例如，如图4-2所示，A公司拥有B2公司90%的表决权，拥有B4公司30%的表决权；B2公司拥有B4公司60%的表决权。在这种情况下，B2公司为A公司的子公司，A公司通过子公司B2公司间接拥有B4公司60%的表决权，与直接拥有30%的表决权合计，A公司共拥有B4公司90%的表决权，从而B4公司属于A公司的子公司，A公司编制合并财务报表时，也应当将B4公司纳入其合并范围。

拥有被投资单位半数以上表决权是投资方对被投资方拥有控制权的最明显的标志，但是如果有证据表明投资方不能控制被投资单位的以下两种情况除外：

一是存在其他安排赋予被投资方的其他投资方拥有对被投资方的权力。例如，存在赋予其他方拥有表决权或实质性潜在表决权的合同安排，且该其他方不是投资方的代理人时，投资方不拥有对被投资方的权力。

二是投资方拥有的表决权不是实质性权利。例如，有确凿证据表明，由于客观原因无法获得必要的信息或存在法律法规的障碍，投资方虽持有半数以上表决权但无法行使该表决权时，该投资方不拥有对被投资方的权力。

如图4-1所示，尽管A公司拥有B公司80%的表决权，但是如果B公司被政府或有关部门接管，在这种情况下，对B公司的控制权已经转移至政府或有关部门，A公司已经对B公司没有了控制权，B公司不是A公司的子公司，A公司也不是B公司的母公司，A公司不应当将B公司纳入其合并财务报表的合并范围。

投资方在判断是否拥有对被投资方的权力时，应当仅考虑与被投资方相关的实质性权利，包括自身所享有的实质性权利以及其他方所享有的实质性权利。

(1) 实质性权利

实质性权利是指持有人有实际能力行使的可执行的权利。实质性权利应是在对相关活动进行决策时可执行的权利。判断一项权利是否为实质性权利，应当综合考虑所有相关因素，包括权利持有人行使该项权利是否存在财务、价格、条款、机制、信息、运营、法律法规等方面的障碍；当权利由多方持有或者行权需要多方同意时，是否存在实际可行的机制使得这些权利持有人在其愿意的情况下能够一致行权；权利持有人能否从行权中获利等。

判断实质性权利时需要考虑以下因素：

① 指定和撤去被投资者中拥有指导活动和影响回报的关键管理层人员的能力；

② 主导被投资者进入能影响一个投资者的回报的重大交易或表决此类交易的权利的能力；

③ 主导被投资者管理层成员的提名或获得其他拥有表决权人的同意的能力；

④ 如果被投资者的关键管理层或管理层的大多数是投资者的相关主体；

⑤ 指定或撤去另一个主导被投资者相关活动的主体的能力；

⑥ 其他权利(比如在管理层合同内的决策制定权)给予主体主导被投资者相关活动的能力。

【例 4-3】 投资方持有一份将于 30 日后结算的远期股权购买合同，该合同赋予投资方行权后能够持有被投资方的多数表决权股份。另外，能够对被投资方相关活动进行决策的最早时间是 35 天后才能召开的特别股东大会。其他投资方不能对被投资方相关活动现行的政策作出任何改变。

本例中，虽然投资方持有的远期股权购买合同 30 日后才能结算，不是当前可执行的权利，但是由于股东大会最早召开的时间在 35 日后，晚于远期合同的可行权日(30 日后)，在投资方执行远期合同之前，没有其他任何一方可以改变与被投资方的相关活动的决策。因此，虽然该权利当前不可执行，但仍然为一项实质性权利。某些情况下，其他方享有的实质性权利有可能会阻止投资方对被投资方的控制。这种实质性权利既包括提出议案以供决策的主动性权利，也包括对已提出议案做出决策的被动性权利。然而，本准则规定仅享有保护性权利的投资方不拥有对被投资方的权力。

(2) 保护性权利

当投资者评估其是否拥有被投资方的权力时，需要考虑这些权利是否是保护性的，其他投资者的权利是否是保护性的，或者其他主体是否拥有实质性权利。

保护性权利是指仅为了保护权利持有人利益却没有赋予持有人对相关活动决策权的一项权利。通常包括应由股东大行使的修改公司章程，增加或减少注册资本，发行公司债券，公司合并、分立、解散或变更公司形式等事项持有的表决权。例如，少数股东批准超过正常经营范围的资本性支出或发行权益工具、债务工具的权利。

保护性权利通常只能在被投资方发生根本性改变或某些例外情况发生时才能够行使，它既没有赋予其持有人对被投资方拥有权力，也不能阻止其他方对被投资方拥有权力。鉴于权力要求控制被投资方，投资者仅仅拥有保护性权利的不能控制被投资方。

保护性权利包括但不限于以下：

① 一个领导者限制债务人从事能够显著影响债务人信用风险的活动的权利；

② 非控股股东同意额外资本支出或者债务或权益的担保的权利；

③ 当债务人无法支付还款时，一个领导者抓住债务人资产的权利；

④ 同意修订权益结构；

⑤ 被投资者的流动性或者引起被投资破产的决定；

⑥ 主要活动和非常规资产处置的限制；

⑦ 同意非常规分红。

2．对被投资方的权力——未拥有过半数表决权

投资方持有被投资方半数或以下的表决权，但综合考虑下列事实和情况后，判断投资方持有的表决权足以使其目前有能力主导被投资方相关活动的，视为投资方拥有对被投资方的权力。

(1) 投资方持有的表决权相对于其他投资方持有的表决权份额的大小，以及其他投资方持有表决权的分散程度。

投资方持有的绝对表决权比例或相对于其他投资方持有的表决权比例越高，其现时能够主导被投资方相关活动的可能性越大；为否决投资方意见而需要联合的其他投资方越多，投资方现时能够主导被投资方相关活动的可能性越大。

【例 4-4】 甲公司持有乙公司 45%有表决权股份，剩余股份由分散的小股东持有，所有小股东单独持有的有表决权股份未超过 1%，且他们之间或其中一部分股东均未达成进行集体决策的协议。

本例中，在判断甲公司是否拥有对乙公司的权力时，由于甲公司虽然持有的乙公司有表决权的股份(45%)不足 50%，但是根据其他股东持有股份的相对规模及其分散程度，且其他股东之间未达成集体决策协议等情况，可以判断甲公司拥有对乙公司的权力。

(2) 投资方和其他投资方持有的被投资方的潜在表决权，如可转换公司债券、可执行认股权证等。

所称潜在表决权，是指当期可转换的可转换公司债券、当期可执行的认股权证等，不包括在将来某一日期或将来发生某一事项才能转换的可转换公司债券或才能执行的认股权证等，也不包括诸如行权价格的设定使得在任何情况下都不可能转换为实际表决权的其他债务工具或权益工具。确定潜在表决权是否赋予其持有者权力时需要考虑下列三方面：

① 潜在表决权工具的设立目的和设计，以及投资方涉入被投资方其他方式的目的和设计。

② 潜在表决权是否为实质性权利，判断控制仅考虑满足实质性权利要求的潜在表决权。

③ 投资方是否持有其他表决权或其他与被投资方相关的表决权，这些权利与投资方持有的潜在表决权结合后是否赋予投资方拥有对被投资方的权力。

企业应当考虑影响潜在表决权的所有事项和情况，包括潜在表决权的执行条款、需要单独考虑或综合考虑的其他合约安排等。不仅要考虑本企业在被投资单位的潜在表决权，还要同时考虑其他企业或个人在被投资单位的潜在表决权。不仅要考虑可能会提高本企业在被投资单位持股比例的潜在表决权，还要考虑可能会降低本企业在被投资单位持股比例的潜在表决权。但是，本企业和其他企业或个人执行潜在表决权的意图和财务能力对潜在表决权的影响除外。

潜在表决权仅作为判断是否存在控制的考虑因素，不影响当期母公司股东和少数股东之间的分配比例。

在考虑了现时和潜在的表决权后，投资者可能决定其拥有被投资方的权力。然而，如果一个第三方主体同样拥有可行的或当涉及相关活动的决定时能够转换的潜在表决权时，这就会影响投资者的权利。因此，当施展控制评估时，考虑其他主体拥有的可行或可转换的所有潜在表决权是非常重要的。

【例 4-5】 甲公司与其他两个投资方各自持有被投资方三分之一的表决权。除了权益工具外，甲公司同时持有被投资方发行的可转换债券，这些可转换债券可以在当前及未来两年内任何时间以固定价格转换为被投资方的普通股。按照该价格，当前该期权为价外期权，但非深度价外期权。被投资方的经营活动与甲公司密切相关(例如，降低甲公司的运营成本、确保稀缺产品的供应等)。如可转换债券全部转换为普通股，甲公司将持有被投资方 70%的表决权。

本例中，可转换债券到期可转换为普通股且全部转换为普通股后，甲公司将持有被投资方 70%的表决权，而其他两个投资方各持有被投资方 20%的表决权，据此可以判断甲公司能够主导被投资方的相关活动并从中获益。因此甲公司持有的潜在表决权为实质性权利。甲公司持有的表决权与实质性潜在表决权相结合，使得甲公司拥有被投资方的权力。

(3) 其他合同安排产生的权利。

投资方可能通过持有的表决权和其他决策权相结合的方式使其当前能够主导被投资方的相关活动。例如，合同安排赋予投资方能够聘任被投资方董事会或类似权力机构多数成员，这些成员能够主导董事会或类似权力机构对相关活动的决策。但是，在不存在其他权利时，仅仅是被投资方对投资方的经济依赖(如供货商和其主要客户的关系)不会导致投资方对被投资方拥有权力。

(4) 被投资方以往的表决权行使情况等其他相关事实和情况。

如果根据上述第(1)至第(3)项所列因素尚不足以判断投资方是否控制被投资方，根据本准则第十六条，应综合考虑投资方享有的权利、被投资方以往表决权行使情况及下列事实或情况进行判断：

① 投资方是否能够任命被投资方的关键管理人员，这些关键管理人员能够主导被投资方的相关活动。

② 投资方是否能够出于自身利益决定或者否决被投资方的重大交易。

③ 投资方是否能够控制被投资方董事会或类似权力机构成员的任命程序，或者从其他表决权持有人手中获得代理投票权。

④ 投资方与被投资方的关键管理人员或董事会等类似权力机构中多数成员是否存在关联关系。例如，被投资方首席执行官与投资方首席执行官为同一人。

⑤ 投资方与被投资方之间是否存在特殊关系。在评价投资方是否拥有对被投资方的权力时，应当适当考虑这种特殊关系的影响。特殊关系通常包括：被投资方的关键管

理人员是投资方的现任或前任职工、被投资方的经营依赖于投资方(例如,被投资方依赖于投资方提供经营活动所需的大部分资金,投资方为被投资方的大部分债务提供担保,被投资方在关键服务、技术、供应或原材料方面依赖于投资方等)、被投资方活动的重大部分有投资方参与其中或者是以投资方的名义进行、投资方自被投资方承担可变回报的风险(或享有可变回报的收益)远超过其持有的表决权或其他类似权利的比例(例如,投资方承担或有权获得被投资方回报的比例为65%,但仅持有不到半数的表决权)等。

3. 投资方持有被投资方半数或以下的表决权,但通过与其他表决权持有人之间的协议能够控制半数以上表决权的

在投资方拥有被投资单位半数以下表决权的情况下,如果投资方通过其他方式对被投资单位的财务和经营政策能够实施控制时,这些被投资单位也应作为子公司纳入投资方合并范围。

(1) 通过与被投资单位其他投资者之间的协议,拥有被投资单位半数以上表决权。这种情况是指投资方与其他投资者共同投资某企业,投资方与其中的某些投资者签订书面协议,受托管理和控制该被投资单位,从而在被投资单位的董事会上拥有该被投资单位半数以上表决权。在这种情况下,投资方对这一被投资单位的财务和经营政策拥有控制权,该被投资单位成为事实上的子公司,应当被纳入合并财务报表的合并范围。

(2) 根据公司章程或协议,有权决定被投资单位的财务和经营政策。这种情况是指在被投资单位的公司章程等文件中明确投资方对其财务和经营政策能够实施控制。企业的财务和经营政策直接决定着企业的生产经营活动,决定着企业的未来发展。投资方能够控制企业财务和经营政策也就相当于能控制企业生产经营活动。这样,该被投资单位也就成为事实上的子公司,从而应当纳入投资方的合并财务报表的合并范围。

(3) 有权任免被投资单位的董事会或类似机构的多数成员。这种情况是指投资方能够通过任免被投资单位董事会的多数成员控制该被投资单位的生产经营活动,被投资单位成为事实上的子公司,从而应当纳入母公司的合并财务报表的合并范围。这里的"多数"是指超过半数以上(不包括半数)。需要注意的是,在这种情况下,董事会或类似机构必须能够控制被投资单位,否则,该条件不适用。

(4) 在被投资单位董事会或类似机构占多数表决权。这种情况是指投资方能够控制董事会或类似机构的会议,从而主导公司董事会的经营决策,使该公司的生产经营活动在投资方的控制下进行,使被投资单位成为事实上的子公司。因此,也应当将其纳入合并财务报表的合并范围。这里的"多数"是指超过半数以上(不包括半数)。在这种情况下,董事会或类似机构必须能够控制被投资单位,否则,该条件不适用。

实际工作中,在判断投资方对被投资方是否形成控制且将其纳入合并财务报表的合并范围时,不能仅仅根据投资比例而定,而应当贯彻实质重于形式的要求。即使投资方拥有被投资单位半数或以下的表决权,只要满足上述四个条件之一,就应被视为投资方能够控制被投资单位,应当将该被投资单位认定为子公司,纳入合并财务报表的合并范围。但是,如果有证据表明投资方不能控制被投资单位的除外。

（四）享有可变回报

判断投资方是否控制被投资方的第二项基本要素要求投资者必须拥有其参与被投资方获得可变回报的权利。本准则第十七条规定，可变回报定义为不固定的回报，并可能随着被投资方业绩而变动的回报。这些回报可能是正面的、负面的，或者两者皆有，并且并不一定是财务方面的。投资方在判断其享有被投资方的回报是否变动以及如何变动时，应当根据合同安排的实质，而不是法律形式。例如，投资方持有固定利率的交易性债券投资时，虽然利率是固定的，但是该利率取决于债券违约风险及债券发行方的信用风险，因此，固定利率也可能属于可变回报。

可变回报的形式多样，包括：

(1) 股利、被投资方经济利益的其他分配（例如被投资方发行的债券供给产生的利息）、投资方对被投资方投资的价值变动。

(2) 因向被投资方的资产或负债提供服务而得到的报酬、因提供信用支持或流动性支持收取的费用或承担的损失、被投资方清算时在其剩余净资产中所享有的权益税务利益，以及因涉入被投资方而获得的未来流动性。

(3) 其他利益持有方无法得到的回报。例如投资方将自身资产与被投资方的资产一并使用，以实现规模经济，达到节约成本、为稀缺产品提供资源、获得专有技术或限制某些运营或资产，从而提高投资方其他资产的价值。

即使只有一个投资方控制被投资方，也不表明只有该投资方才能获取可变回报。例如，少数股东可以享有被投资方的利润。

【例 4-6】 甲公司为一家小额贷款公司，发起设立主体乙，甲公司向主体乙转让一个资产池，其中包含躲避甲公司向不同的第三方发放的期限在 12 个月内的小额贷款。主体乙经批准以该资产池为基础资产公开发行一项资产管理计划，计划存续期为两年，存续期内分期发行，每期期限为 1 年。第三方投资者共认购该计划 70％的份额（每个单一投资者认购的比例都小于 0.5％），甲公司认购剩余 30％的份额。

由于甲公司认购了主体乙发行资产计划 30％的份额，由此承担了主体乙应收账款无法收回时本金和利息损失的重大风险。此外，甲公司认购的份额还属于劣后偿付级别，且甲公司将以固定价格收回全部应收账款（已收取的款项已经无法向除甲公司以外的投资方进行足额支付时），这些情况表明，与其他投资方相比，甲公司承担了更大的回报可变性。甲公司承担的可变回报与其对主体乙所拥有的权力密切相关。

本例中，甲公司通过行使其对主体乙所拥有的权力主导主体乙的相关活动（即对违约应收账款的管理），这一权力的实际行使情况将直接影响到甲公司从主体乙获得的可变回报。

因此，甲公司享有对主体乙的控制权，应将主体乙纳入合并范围。

（五）有能力运用对被投资方的权力影响其回报金额

判断控制的第三项基本要素是有能力运用对被投资方的权力影响其回报金额。只有当投资方不仅拥有对被投资方的权力、通过参与被投资方的相关活动而享有可变回报，并且有能力运用对被投资方的权力来影响其回报的金额时，投资方才控制被投资方。因此投资方在判断是否控制被投资方时，应当确定其自身是以主要责任人还是代理人的身份行使决策权，在其他方拥有决策权的情况下，还需要确定其他方是否以其代理人的身份代为行使决策权。

1. 投资方的代理人

代理人仅代表主要责任人行使决策权，不控制被投资方。投资方将被投资方相关活动的决策权委托给代理人的，应当将该决策权视为自身直接持有。在确定决策者是否为代理人时，应当综合考虑该决策者与被投资方以及其他投资方之间的关系。

（1）与权力相关的因素：

① 决策者对被投资方的决策权范围

在评估决策权范围时，应考虑相关协议或法规决策者决策的活动，以及决策者对这些活动决策时的自主程度。与该评估相关的因素包括但不限于：被投资方的设立目的与设计、被投资方面临的风险及转移给其他投资方的风险，以及决策者在设计被投资方过程中的参与程度。例如，如果决策者参与被投资方设计的程度较深（包括确定决策权范围），则可能表明决策者有机会，也有动机获得使其有能力主导相关活动的权利，但这一情况本身并不足以认定决策者必然能够主导相关活动。允许决策者主导被投资方相关活动的决策权范围越广，越能表明决策者拥有权力，但并不意味着该决策者一定是主要责任人。

② 其他方享有的实质性权利

其他方享有的实质性权利可能会影响决策者主导被投资者相关活动的能力。其他方持有实质性罢免权或其他权利并不一定表明决策者是代理人。存在单独一方拥有实质性罢免权并能够无理由罢免决策者的事实，足以表明决策者是代理人。当拥有此权利者超过一方，且不存在未经其他方同意即可罢免决策者的一方时，这些权利本身不足以表明决策者为其他方的代理人。在罢免决策者时需要联合起来行使罢免权的数量越多，决策者的其他经济利益（即薪酬和其他利益）的比重和可变动性越强，则其他方所持有的权利在判断决策者是否是代理人时的权重就越轻。

（2）与可变回报有关的因素：

① 决策者的薪酬水平

相对于被投资方活动的预期回报，决策者薪酬的比重和可变动性越大，决策者越有可能不是代理人。当同时满足下列两项时，决策者有可能是代理人：一是决策者的薪酬与其所提供的服务相称；二是薪酬协议仅包括在公平交易基础上有关类似服务和技能水平商定的安排中常见的条款、条件或金额。决策者不能同时满足上述两个条件的，不可能是代理人。

② 决策者因持有被投资方的其他利益而承担可变回报的风险

持有被投资方其他利益表明该决策者可能是主要责任人。对于在被投资方持有其他利益(如对被投资方进行投资或提供被投资方业绩担保)的决策者,在判断其是否为代理人时,应评估决策者因该利益所面临的可变回报的风险。

通常可以应用委托人与代理人准则的情况如下:

(1) 基金经理建立、运作、管理和投资同样拥有第三个投资者的基金;

(2) 公司代理人拥有管理另一个主体某一特定业务活动的权力,比如这个主体该进入哪个市场;

(3) 服务人员收集和分配现金流,执行其他管理任务和在保险架构内解决有缺陷的资产。

【例 4-7】 某主体甲作为资产管理人发起设立一项投资计划,为多个投资者提供投资机会。主体甲在投资授权设立的范围内,以全体投资者的利益最大化为前提作出决策,并拥有较大主导投资计划相关活动的决策权,包括具体资产的配置、买入卖出时点以及投资资产出现风险时(如信用违约等)的后续管理等。主体甲按照计划资产净值的 2%加上达到特定盈利水平后投资计划利润的 25%收取管理费,该管理费符合市场和行业惯例,与主体甲提供的服务相称。

本例假定:参与该计划的投资者人数较多,单个投资者的投资比例均小于 0.5%且投资者之间不存在关联关系;该投资计划设有年度投资者大会,经出席会议的投资者所持份额三分之二以上一致通过,可以罢免主体甲的资产管理人资格,不存在可以无理由罢免主体甲的资产管理人资格的单独一方的投资者;主体甲自身持有该投资计划 3%的份额,主体甲没有为改计划的其他投资者提供保证其收回初始投资及最低收益率的承诺,主体甲对超过其 3%投资以外的损失不承担任何义务。

本例中,由于没有任何一方可以无条件罢免主体甲的资产管理人资格,因此,主体甲在确定其是投资计划的主要责任人还是代理人时需要结合其他因素进一步分析。

主体甲对于投资计划享有较大的决策权,可以主导投资计划的相关活动。虽然投资计划设立了年度投资者大会,但由于投资人数较多,且单个投资者之间不存在关联关系,不太可能出现较多非关联投资者集合在一起进行表决并否决主体甲的情况。因此,结合主体甲的决策权范围和其他方持有的权利,可以得出主体甲拥有对该投资计划的权力。

主体甲收取的管理费与其服务相称这一事实表明,主体甲可能作为代理人行使权力。为进一步判断主体甲是否为代理人,还需要考虑主体甲持有的份额,主体甲还持有该投资计划 3%的份额,该投资加大了主体甲面临的可变回报风险,但该风险尚未重大到表明主体甲是主要责任人的程度。

根据上述分析,主体甲为该项投资计划的代理人。

2. 实质代理人

在判断控制时,投资方应当考虑与所有其他方之间的关系、他们是否代表投资方行动(即识别投资方的"实质代理人"),以及其他方之间、其他方与投资方之间如何互动。上述关系不一定在合同安排中列明。当投资方(或有能力主导投资方活动的其他方)能够主导某一方代表的行动时,被主导方为投资方的实质代理人。在这种情况下,投资方的决策权以及通过实质代理人而间接承担(或享有)的可变回报风险(或权利)与其自身的权利一并考虑。

根据各方的关系,表明一方可能是投资方的实质代理人的情况包括但不限于:投资方的关联方;因投资方出资或提供贷款而取得在被投资方中权益的一方;未经投资方同意,不得出售、转让或抵押其持有的被投资方权益的一方(不包括此项限制系通过投资方和其他非关联方之间自愿协商同意的情形);没有投资方的财务支持难以获得资金支持其经营的一方;被投资方权力机构的多数成员或关键管理人员相同;与投资方具有紧密业务往来的一方,如专业服务的提供者与其中一家重要客户的关系。

三、对被投资方可分割部分的控制

投资方通常应当对是否控制被投资方整体进行判断。但极个别情况下,有确凿证据表明同时满足下列条件并且符合相关法律法规规定的,投资方应当将被投资方的一部分视为被投资方可分割的部分(单独主体),进而判断是否控制该部分(单独主体)。

(1) 被投资方的单独主体的资产是偿付单独主体负债或单独主体其他利益方的唯一来源,不能用于偿还单独主体以外的被投资方的其他负债;

(2) 除与单独主体相关的各方外,其他方不享有与该单独主体资产相关的权利,也不享有与此单独主体资产剩余现金流量相关的权利。

所以,实质上,可分割部分的所有资产、负债和权益与其他投资者相分离。来自被投资方特定资产上的回报不能够由其他剩余资产使用,可分割部分的债务也不能由其他资产来偿付。

可分割部分的投资者应该识别对可分割部分的回报具有重大影响的活动和为了评估投资者是否控制该部分,如何主导这些活动的。控制由权力、回报和改变该部分回报而决定。因此,在评估控制时,投资者要考虑仅仅是该可分割部分上的相关活动,而不是更广范围的。

【例 4-8】 A 公司和 B 公司在 20×4 年成立了一家合营 C 公司,生产和销售一种汽车 D,A 和 B 共同控制 C 公司。20×9 年,A 公司想继续投资 D 的高端产品 D1,由于种种原因,A 公司计划通过 C 公司进行 D1 产品的生产和销售。因此,A、B 和 C 公司达成如下协议安排:

在 C 公司内部设立 D1 项目部,专门负责 D1 产品的生产和销售。D1 项目部所需要的资金全部由 A 公司提供。D1 项目独立核算,产生的净利润全部归属于 A 公司,其净利润的计算公式为:

D1 产品净利润 = 销售 D1 产品的全部收入 − 能够直接归属于 D1 项目的全部成本税金及费用 − 按照约定的计算公式分配给 D1 项目的成本税金及费用

D1 项目的所有资产和负债均全部归属于 A 公司。D1 项目的财务和经营等相关活动的决策完全由 A 公司作出，B 公司不干涉。

本例中，根据相关法律的规定，C 公司是一个法人主体，如果 C 公司被其债务人起诉，要求以 C 公司的资产来偿还债务，则可能出现 D1 项目相关资产被用于偿还 D 项目负债的情况。因此，D1 项目并非可分割部分，不应该被认定为可分割部分。

【例 4-9】 甲、乙、丙分别租赁了被投资方（出租人）拥有的建筑物 A、B、C。甲拥有按照固定价格 120 万元购买建筑物 A 的认购期权，但对于建筑物 B 和 C 并不存在此期权。被投资方资产负债表如下（见表 4-1）（按照公允价值记录）：

表 4-1　被投资方资产负债表　　单位：万元

资　　产	余额	负债和所有者权益	余额
现金	20	负债（仅向建筑物 A 追索）	120
建筑物 A（出租给甲）	120	负债（仅向建筑物 B 追索）	50
建筑物 B（出租给乙）	100	负债（仅向建筑物 C 追索）	50
建筑物 C（出租给丙）	100	所有者权益	120
资产总计	340	负债和所有者权益	340

本例中，建筑物 A 被认定为“单独主体”。由于被投资方的其他资产不能用于偿还仅向建筑物 A 追索的负债，即建筑物 A 是偿还该部分负债的唯一来源；此外，由于存在固定价格的认购期权（即其他投资方不能获取建筑物 A 升值带来的收益），甲是承担建筑物 A 升值导致可变回报的风险的唯一投资方。

建筑物 B 和 C 不被认定为“单独主体”。尽管存在仅向建筑物 B 和 C 追索的负债，但负债仅相当于建筑物 B 和 C 公允价值的 50%，剩余的公允价值来源于被投资方的权益。此外，由于不存在建筑物 B 和 C 相关的固定价格的认购期权，其他投资方应当承担建筑物 B 和 C 升值带来的可变回报的风险。

四、判断对结构化主体是否存在控制的特殊考虑

结构化主体最早出现在 2011 年修订的国际财务报告准则 IFRS 12 中，被定义为“确定其控制方的时候没有将表决权或者类似权利作为决定性因素而设计的主体”，主导该主体活动相关活动的依据通常是合同或者相应安排。对于结构化主体，大家更为熟悉的是它的另一个名字 VIE（varible interest entities），即可变利益实体，这是美国会计准则委员会使用的术语。

本准则为我们重新定义了“控制”，不再局限以股权和表决权决定，而是将更多实质性的控制形式纳入进来。

通常结构化主体具有以下特征：

（1）受限制的活动。

（2）目标狭窄和受限，比如：为了影响一个特定的结构，比如税收有效减免；为了执行

发展活动；为了为某个主体提供资本或借款来源，或者为投资者过滤风险提供投资机会。

投资方在判断能否控制特殊目的主体时，应当综合考虑以下四个因素。如果投资方控制了特殊目的主体，该特殊目的主体视同子公司，应当将其纳入合并财务报表的合并范围。

（1）母公司为融资、销售商品或提供劳务等特定经营业务的需要直接或间接设立特殊目的主体。这是指从经营活动方面判断母公司能否控制特殊目的主体：一是设立特殊目的主体主要是为了向母公司提供长期资本，或者向母公司融资以支持母公司的主要经营活动或核心经营活动；二是设立特殊目的主体主要是为了向母公司提供与母公司主要经营活动或核心经营活动一致的商品或劳务。如果存在上述情况，表明母公司存在控制特殊目的主体的可能性。但是，仅仅由于特殊目的主体与母公司发生大量交易而存在的经济依存关系的，比如供应商与客户之间的关系，并不一定形成控制。

（2）母公司具有控制或获得控制特殊目的主体或其资产的决策权。这是从决策方面判断母公司能否控制特殊目的主体：一是母公司拥有单方面终止特殊目的主体的权力；二是母公司拥有变更特殊目的主体章程的权力；三是母公司对变更特殊目的主体章程拥有否决权。

（3）母公司通过章程、合同、协议等具有获取特殊目的主体大部分利益的权力。这是从经济利益方面判断母公司能否控制特殊目的主体：一是以未来净现金流量、收益、净资产或其他利益的方式，获取由特殊目的主体分配的大部分经济利益的权力；二是从特殊目的主体的预期剩余权益分配中或清算中获取大部分剩余权益的权力。

（4）母公司通过章程、合同、协议等承担了特殊目的主体的大部分风险。这是从风险方面判断母公司能否控制特殊目的主体：一是资本提供者对特殊目的主体的净资产不享有重大利益；二是资本提供者不具有获取特殊目的主体未来经济利益的权力；三是资本提供者在实质上没有承受特殊目的主体净资产或经营活动的固有风险；四是资本提供者获取的对价基本上类似于贷款人通过贷款或权益获取的回报。比如，母公司通过特殊目的主体直接或间接对向特殊目的主体提供大部分资本的其他投资者保证一定的回报率或信用保护。这种保证使母公司保留了特殊目的主体剩余权益风险或所有权风险，而其他投资者实质上只是贷款人，因为其他投资者获得的收益或遭受的损失是有限的。

五、母公司合并财务报表的合并范围

（一）所有子公司都应纳入母公司的合并财务报表的合并范围

母公司应当将其全部子公司纳入合并财务报表的合并范围。即只要是由母公司控制的子公司，不论子公司的规模大小、子公司向母公司转移资金能力是否受到严格限制，也不论子公司的业务性质与母公司或企业集团内其他子公司是否有显著差别，都应当纳入合并财务报表的合并范围。受所在国外汇管制及其他管制，资金调度受到限制的境外子公司，在这种情况下，如果该被投资单位的财务和经营政策仍然由本公司决定，资金调度受到限制并不妨碍本公司对其实施控制，应将其纳入合并财务报表的合并范围。

下列被投资单位不是母公司的子公司，不应当纳入母公司的合并财务报表的合并范围。

1. 已宣告被清理整顿的原子公司

已宣告被清理整顿的原子公司，是指在当期宣告被清理整顿的被投资单位，该被投资单位在上期是本公司的子公司。在这种情况下，根据2005年修订的《公司法》第一百八十四条的规定，被投资单位实际上在当期已经由股东、董事或股东大会指定的人员组成的清算组或人民法院指定的有关人员组成的清算组进行日常管理，在清算期间，被投资单位不得开展与清算无关的经营活动。因此，本公司不能再控制该被投资单位，不能将该被投资单位继续认定为本公司的子公司。

2. 已宣告破产的原子公司

已宣告破产的原子公司，是指在当期宣告破产的被投资单位，该被投资单位在上期是本公司的子公司。在这种情况下，根据《企业破产法》的规定，被投资单位的日常管理已转交到由人民法院指定的管理人，本公司不能控制该被投资单位，不能将该被投资单位认定为本公司的子公司。

3. 母公司不能控制的其他被投资单位

母公司不能控制的其他被投资单位，是指母公司不能控制的除上述情形以外的其他被投资单位，如联营企业、合营企业等。需要注意的是，按照合并财务报表准则的规定，投资企业对于与其他方一起实施共同控制的被投资单位，应当采用权益法核算，不应采用比例合并法。但是，如果根据有关章程、协议等，表明投资企业能够对被投资单位实施控制的，应当将被投资单位纳入合并财务报表的合并范围。

（二）关于投资公司的特殊规定

母公司应当将其全部子公司（包括母公司所控制的单独主体）纳入合并财务报表的合并范围。如果母公司是投资性主体，则母公司应仅将为其投资活动提供相关服务的子公司（如有）纳入合并范围并编制合并财务报表；其他子公司不应予以合并，应按照公允价值计量且其变动计入当期损益。

一个投资性主体的母公司如果其本身不是投资性主体，则应当将其控制的全部主体，包括投资性主体以及通过投资性主体间接控制的主体，纳入合并财务报表范围。

1. 投资性主体的定义

本准则第二十二条规定，投资性主体的定义包含以下三个条件：一是该公司以向投资方提供投资管理服务为目的，从一个或多个投资者获取资金；二是该公司的唯一经营目的是通过资本增值、投资收益或两者兼有而让投资者获得回报；三是该公司按照公允价值对几乎所有投资的业绩进行计量和评价。

(1) 以向投资方提供投资管理服务为目的

投资性主体的主要活动是向投资者募集资金,且其目的是为这些投资者提供投资管理服务,这是一个投资性主体与其他主体的明显区别。

(2) 唯一经营目的是通过资本增值、投资收益或两者兼有而让投资者获得回报

主体向投资者明确承诺,其投资的商业目的是赚取资本利得和分配(股利和利息),或两者兼得。

① 涉及提供服务的主体

在有些情况下,投资公司也可能从事某些非投资性的交易或活动,例如提供投资咨询服务或者投资于提供服务的主体。如果主体提供的服务,或者所投资的主体提供的服务仅与其投资活动相关,即使提供服务的交易或活动是重大的,也不会对将其认定为投资公司造成影响。如果投资公司控制了提供服务的主体,投资公司应对其予以合并。

② 暂时(被动)持有不同于投资目的的资产

在有些情况下,投资公司所投资的证券被与投资公司投资目的不相关的资产担保,如果与投资相关的违约导致投资公司控制了该担保,暂时持有这类资产(和相关的负债)并不影响将其认定为投资公司。在评价主体是否暂时持有担保时,应综合考虑包括以下因素的所有事实和情况:

a. 主体持有担保的总体政策和过去的商业实务,以及所承担的风险;

b. 关于销售特定担保的明确(书面)战略,包括出售担保的目标时间;

c. 在目前市场条件条件下,预期销售类似资产的合理时间;

d. 替换担保的资产管理经理权利的行使。

③ 赚取的收益

如果主体或其联属机构从其投资对象赚取或者有目的赚取,其他与被投资对象无关的投资者和非投资者无法取得的收益,则该主体不能认定为投资公司。在实务中,许多大型集团建立独立投资公司从事研发项目,一旦研发成功,该集团将优先获得相关的技术或专利权,这类投资公司通常被称为"内部投资公司"。以下情况表明,主体可能获得与投资对象无关的投资者和非投资者无法取得的收益:

a. 主体或其联属机构与被投资对象或其联属机构,购买、使用、交换或者开发无形资产、过程或者其他技术。

b. 主体或其联属机构与被投资对象或其联属机构的联(合)营协议。

c. 主体或其联属机构与被投资对象或其联属机构签订协议共同开发、生产销售或者提供产品或服务。

d. 主体或其联属机构与被投资对象或其联属机构之间的交易,其他与被投资对象无关的主体无法获得;其价格不同于计量日其他市场参与者之间的交易;是主体和被投资对象商业活动的重要部分。

e. 主体或其联属机构拥有不相称的或者可排斥的权利,以购买被投资对象或其联属机构的资产、技术、产品或者服务。

f. 被投资对象或其联属机构为主体或其联属机构的筹资安排提供融资担保或担保资产。

g. 主体的联属机构具有从主体购买其在被投资对象的所有者权益的选择权。

主体的投资计划也能为其商业目的提供证据，尤其是其退出投资的战略。例如，主体持有某私人公司的大部分股权，主体需要明确其退出该项投资的战略是通过赚取资本利得实现收益。然而，对公众公司进行的少数股权投资，本身可能表明获得收益的方式是在公开市场上出售股票。

④ 退出战略

投资性主体与非投资性主体的一个区别是投资性主体不打算无期限期待其投资。退出战略明确了其退出投资的时间表，没有退出战略，可能表明其计划无限期地持有相关投资。这是因为权益性投资和非金融资产投资通常是无限期持有。将有期限的债务工具持有至到期，可以视为存在退出战略，因为主体不可能无限期持有这类债务工具。没有退出战略的永续债投资，表明可能该主体计划无限期持有。仅针对违约事项的退出机制不被视为退出战略。

(3) 以公允价值为基础对其投资进行管理

主体应以公允价值为基础对其绝大部分投资进行管理，评价它们的业绩，与投资管理服务相关的资产和不重要的投资除外。因为相对于合并子公司财务报表或者按照权益法核算联营企业或合营企业的投资而言，公允价值所提供的信息更具有相关性。公允价值计量体现在：在会计准则允许的情况下，在向投资方报告其财务状况和经营成果时应当以公允价值计量其投资；向其关键管理人员提供公允价值信息，以供他们评估投资业绩或作出投资决策。但投资性主体没有必要以公允价值计量其固定资产等非投资性资产或负债。

2. 投资性主体的特征

本准则第二十三条规定，投资性主体通常具备以下四个特征。

(1) 拥有一个以上投资

一般而言，投资公司应持有多项投资，或者通过其他的投资公司持有多项投资。但是，多项投资要求并不意味着，在投资公司的整个存续期内都需要持有多项投资。例如，如果主体满足投资公司的其他条件，以下情况并不影响其被认定为投资公司：

① 主体还没有结束其首发期，或则还没有确定合适的投资和还没有执行其投资计划以获得多项投资；

② 主体正处于清算期。

(2) 拥有一个以上投资者

主体由投资者共同出资设立(以充分利用投资者专业投资管理)。主体必须具有与其母公司无关的投资者，并且这些投资者持有的主体权益总和具有重要影响。

在评价主体是否满足共同出资的条件时，与主体母公司相关的投资者视为单一投资者。如果母公司或其关联方具有明确或隐含的安排以获得其他投资者持有的权益，该部分权益应视为主体的母公司持有。例如，母公司或其关联方拥有购买其他投资者持有的权益的期权，或者，母公司为其他投资者持有主体的权益提供融资，并且其他投资自以其持有的主体权益作为负债的担保。

出于法律、管制、税收或者其他商业考虑，只有单一投资者的主体可能与其投资者主体同时成立。投资者主体由许多投资者共同出资成立，与投资者主体母公司不相关的其他投资者持有投资者主体的权益总和具有重要影响。如果主体满足投资公司的其他条件，其单一投资者主体本身也是投资者公司并且与主体同时成立。在这种情况下，主体只具有单一投资者本身不影响其认定为投资者公司。

上述条件主要是防止大型集团设立投资公司，并将某些资产放入该投资公司，以达到规避合并的目的。

(3) 投资者不是该主体的关联方

投资性主体通常拥有若干投资者，这些投资者既不是其关联方，也不是所在集团中的其他成员。这种情况使得投资性主体或其所在企业集团中的其他企业获取除资本增值、投资收益外的收益的可能性减小。但是关联投资者的存在并非表明该主体一定不是投资性主体。例如，某基金的投资方之一可能是该基金的关键管理人员出资设立的企业，其目的是更好地激励基金的关键管理人员，这一安排并不影响该基金符合投资性主体的定义。

(4) 该主体的所有者权益以股权或类似权益存在

主体有义务向其投资者报告其投资活动，但是主体并不一定是法律主体。

主体是否是投资公司应在其成立时予以评价，在每一报告期间，如果事实和情况表明主体性质发生了变化，应重新评价。

如果主体不再符合投资公司的条件，将在其性质发生变化之日起适用相关的准则(未来适用)，以各项投资当天的公允价值为其初始账面价值。如果需要合并被投资方的，应适用 IFRS3 的相关指南。

如果主体性质发生改变后符合投资公司的条件，应从其符合条件之日起适用投资公司的准则。主体性质发生变化符合投资公司条件日各项投资公允价值与其净资产账面价值的差额，以及之前计入其他综合收益的各项投资净资产累积变动额，调整当期期初留存收益。

【例 4-10】 甲技术公司设立乙高新技术基金，以投资于高新技术创业公司而获取资本增值。甲技术公司持有乙高新技术基金 60%的权益并且控制该基金，该基金其余 40%的权益由其他 15 个不相关投资者持有。

甲技术公司同时持有以公允价值购买乙基金持有投资的选择权，如果行使该选择权，甲技术公司将受益于乙基金被投资者开发的技术。乙基金没有明确的退出投资的计划，且乙基金由该基金投资者代理人作为投资顾问管理。

本例中，即使乙基金的经营目的是为资本增值而进行投资，并向其投资者提供投资管理服务，乙基金也不是投资性主体，主要原因如下：一是甲公司持有购买乙基金持有投资的选择权，乙基金被投资方开发的资产将使甲技术公司受益，这样，除资本增值外，乙基金还提供了其他利益；二是乙基金的投资计划不包括作为权益投资的投资退出战略，甲技术公司持有的选择权并非乙基金控制，也不构成退出战略。

3. 投资性主体的转换

(1) 当母公司由非投资性主体转变为投资性主体

除仅将为其投资活动提供相关服务的子公司纳入合并财务报表范围编制合并财务报表外,企业自转变日起对其他子公司不再予以合并,其会计处理参照部分处置子公司股权但不丧失控制权的处理原则。

(2) 当母公司由投资性主体转变为非投资性主体

应当将原未纳入合并财务报表范围的子公司于转变日纳入合并财务报表范围,原未纳入合并财务报表范围的子公司于转变日的公允价值视同为购买的交易对价,按照非同一控制下企业合并的会计处理方法进行会计处理。

4. 计量

投资公司应根据 IFRS9 的要求,对在其控制的主体中的投资以公允价值计量且将其变动计入损益。

如果投资公司控制了向其自身投资活动提供服务的主体,投资公司应对该主体予以合并。如果与投资相关的违约导致投资公司控制了某些担保,相关的资产和负债应按对应的准则处理。

投资主体的母公司应合并其所控制的所有主体,包括投资公司控制的主体,除非投资公司的母公司本身也是投资公司。

【例 4-11】

1. 对母公司权益的投资

示例 1:

示例 1 中(见图 4-4),母公司对投资公司有控股权,投资公司同时持有母公司的权益。在这种情况下,母公司应对投资公司进行合并报表的处理。投资公司的权益应被视作库存股票,并在母公司财报上单独列示并显示为所有者权益的损失项,这部分权益的公允价值在合并报表中被逆向调整。

示例 2:

示例 2 中(见图 4-5),母公司对投资公司拥有控股权,投资公司对投资对象拥有控股权,投资对象拥有母公司的权益。

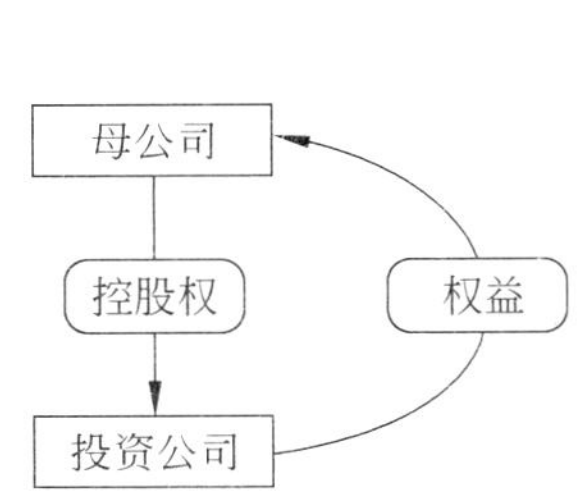

图 4-4 投资公司拥有母公司权益的情形图

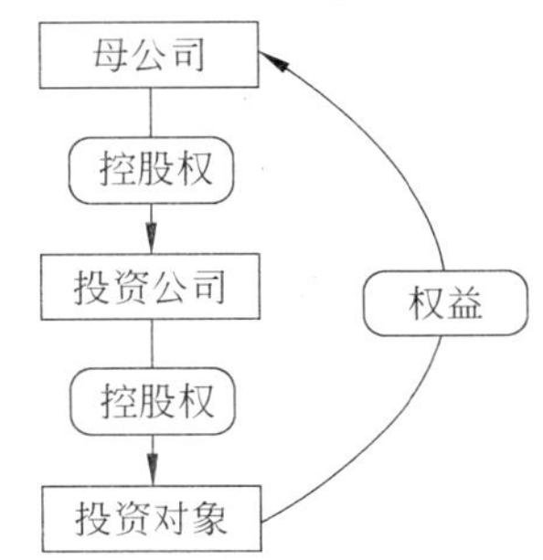

图 4-5 被投资对象拥有母公司权益的情形图

在这种情况下，母公司应对投资对象进行合并报表处理，投资对象持有的母公司权益应被视为库存股票予以抵消。但当投资对象以公允价值计量时，这部分权益如何在母公司财报中体现，相应处理目前尚无定论。建议的处理方法有以下几种：

（1）投资对象持有的母公司权益被视作库存股票。比如，投资对象的公允价值是100元，其中包括了母公司权益的公允价值。在母公司进行合并报表处理的时候，母公司首先应该计算不考虑这部分权益时投资对象的公允价值。假设除去母公司权益后投资对象的公允价值是70元，而母公司权益作为库存股票在账面抵消的金额是20元，即投资对象在合并报表阶段经过调整后的价值是90元。与公允价值之间相差的10元则分配给投资公司的股东们，但文件中没有明确说明差值部分是否包括母公司，按照一般意义上的理解，作为投资公司的投资者之一，母公司也应被分配到其中的一部分。

（2）使用公允价值计量投资对象，包括投资对象持有的母公司权益，并在附注中根据关联方披露的要求披露投资对象持有母公司权益的情况。比如，投资对象的公允价值为100元，母公司在合并报表的时候直接反映100元，并不处理投资对象中的母公司权益。

（3）在准则中标明，无论符合投资公司定义的任何报告主体，旗下所有的投资对象都不能持有投资公司所属集团公司内部任何公司的权益。

（4）在母公司进行合并报表时，禁止使用公允价值计量，即母公司将使用权益法对所有投资对象进行合并，包括投资公司持有的投资对象。

示例1与示例2提出了一个中心问题：在合并报表时，是否允许母公司使用公允价值进行会计核算。如果对于母公司对部分子公司使用公允价值法而对其他子公司使用权益法，那么以上两个示例就突出说明了一个问题，即交易发生的地方不同，适用的会计核算办法不同。因为母公司最终控股投资公司和投资公司的投资对象，事实上，母公司有能力决定交易在什么地方发生，即适用何种会计核算办法。

另一种顾虑是，母公司是否可以通过投资公司的形式来避免对结构化主体进行合并。比如，母公司希望持有某结构化主体50%的权益，可以首先设立一个投资公司A，持有结构化主体的所有权益，然后再在公司内部设立一个投资公司B，持有A公司50%的权益。如果避免这种情况产生，应规定母公司对所有投资对象都使用权益法进行合并。结构化主体未被合理合并使得公司财务信息失真是金融危机中产生的一大问题，但根据项目第一阶段中披露要求的讨论，加强相关投资的披露也许可以满足财务信息的充分性。

但如果考虑理事会目前决定的投资公司的定义，上文的顾虑就不存在了。目前国际会计准则理事会制定的投资公司的定义比美国公认会计原则还要严格。针对上文的问题，如果报告主体的投资对象和母公司或母公司旗下任何主体之间的交易符合下面三条中的任意一条，报告主体就不能被认定为投资公司。这三个条件是：①交易条款不对其他与投资对象无关联的各方存在；②交易价格不是计量时点公开市场有序交易的价格；③交易反映了投资对象，或投资对象的相关方（即母公司、报告主体或母公司旗下的其他主体）大多数的经营活动。

2. 母公司旗下的其他主体对投资对象的权益

本部分主要说明母公司旗下的非投资公司子公司持有投资公司的投资对象的权益时，如何进行会计核算的问题。

示例 3：

资本结构如图 4-6 所示。母公司通过间接持股 70%控制投资对象；单独看的话，投资公司控制投资对象，而经营性公司持股 25%，对投资对象有重大影响。

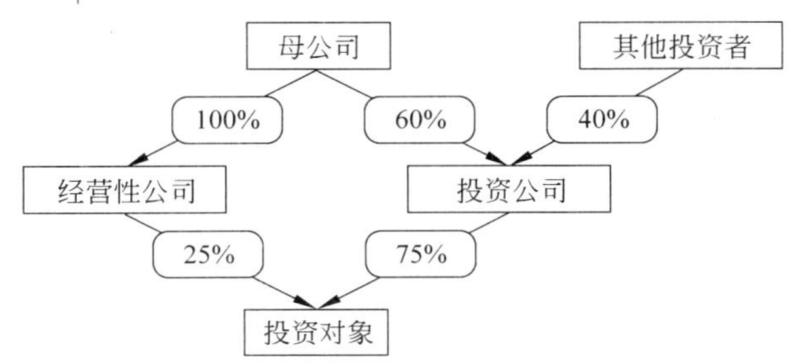

图 4-6　母公司控制下的非投资公司子公司持有投资公司的投资对象之权益情形

假设投资公司符合“投资公司”的定义，则以公允价值计量 75%的投资对象并将变动计入损益。另外，在母公司的合并后财报中，母公司须将投资对象的 75%以公允价值计量并计入损益。

现在的问题是：如何确认并计量投资对象剩下的那 25%。

方案一：权益法——非控股权益

首先，母公司应在集团角度评估自身与投资对象的关系。此例中，母公司通过子公司控股投资对象。因为控股关系，母公司应该合并报表，确认 100%的资产与负债，同时确认 75%的非控股权益(NCI)，因为投资公司不被视作集团公司内部企业，并且投资公司已经将这部分以公允价值计入损益了。

方案一反映了母公司与投资对象的总体关系——母公司有控股权，所以应合并报表。同时也与 IAS28 年度改进的意见相一致——投资者首先评估自己是否遵循 IAS28 的规定，对投资对象产生(直接或间接)的重大影响；如果投资对象一部分的权益是以公允价值计量并计入损益(因为被投资公司持有)，剩余部分应该用权益法核算。

但这种方法会带来重复计算的问题——母公司合并投资对象 100%的资产与负债(以及 75%的非控股权益)，同时也以公允价值确认投资对象 75%的权益。同时这种方法是对待母公司集团内部公司控制的投资对象的会计核算办法，鉴于示例假设其中的投资公司是完全符合定义的，即投资公司是不被母公司控制的，如此处理与母公司控制投资公司别无二致。

方案一同时可能造成如下结果：当母公司旗下的经营性子公司占有投资对象任何份额的权益，比如 1%，而投资公司占有 99%的权益时，母公司合并报表也应按照合并报表的处理确认 99%的非控股权益，而一旦经营性子公司出售了投资对象的权益，则母公司将不被要求对投资对象进行合并报表处理，即使经营性子公司的抛售不影响母公司对投资对象的控股权，因为示例的前提是母公司符合投资公司中的定义，并不对投资公司享有控制权。

有意见认为方案一的处理不仅符合IAS28的最新规定，也保证IFRS9中的规定得以实施。IFRS9中要求将权益工具的公允价值变动计入其他综合收益。可是如何解决在非控股权益和其他综合收益中重复计量同一笔投资的问题？

方案二：权益法+公允价值法

分别处理投资公司持有的投资对象权益与经营性子公司持有的投资对象权益。这样，母公司使用权益法确认经营性子公司持有的25%权益，使用公允价值法确认投资公司持有的75%权益并计入损益。

支持方案二的意见认为，分别处理是允许母公司使用公允价值法的基础。母公司不应被要求对旗下投资公司的任何投资对象进行合并报表处理，因为持有这些投资的目的是投资活动而不是经营活动，况且投资公司的特点决定了母公司所在集团公司无法得到控制权收益，因为这种收益对与无关联的其他投资者是不存在的。方案二也避免了重复计算和非控股权益这两个问题。

(1) 经营性子公司只持有10%权益的情况

经营性子公司持有投资对象10%的权益而不是25%，同时假设经营性子公司选择在其他综合收益中列示10%投资的公允价值变动。

按照方案一的处理方法，母公司控制投资对象，所以使用权益法进行合并报表处理，并确认90%的非控股权益。

按照方案二的处理方法，分别处理这两部分，以公允价值确认经营性子公司持有的10%权益并将变动计入其他综合收益，并将未来可能得到的分红计入损益，即使在理论上母公司可以影响投资对象的分红政策。虽然此类情况中将分红计入损益可能导致母公司操纵利润，但根据投资公司的定义，如果母公司可以通过影响分红政策来操纵利润的话，投资公司就不符合投资公司的定义，也就无法使用投资公司的会计核算了。

同时，方案二也有可能出现漏洞，因为美国会计准则理事会建议的金融工具模型，所有权益工具都以公允价值计量并计入损益，而不是其他综合收益。但是如果真的如此，那么经营性子公司在确认投资对象10%的权益时也应当将公允价值计入损益，保证金融工具模型在子公司和母公司两个层面的使用达到一致性。

(2) 经营性子公司控制投资对象而投资公司持有部分权益的情况

如图4-7所示，母公司将使用权益法对投资对象进行合并报表处理，并除去投资公司持有的25%的权益，原因可参照示例1。

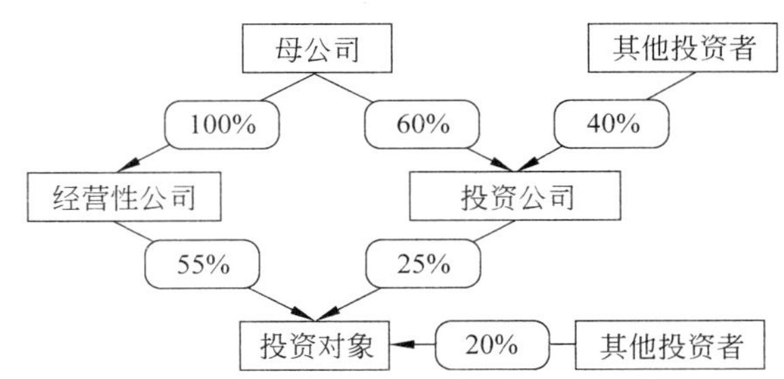

图 4-7　投资公司持有经营性子公司所控制的投资对象之部分权益的情况

第三节　合并财务报表的编制程序

合并财务报表编制有其特殊的程序，主要包括如下几个方面。

一、统一会计政策和会计期间

在编制合并财务报表前，母公司应当统一子公司所采用的会计政策，使子公司采用的会计政策与母公司保持一致。子公司所采用的会计政策与母公司不一致的，应当按照母公司的会计政策对子公司财务报表进行必要的调整；或者要求子公司按照母公司的会计政策另行编报财务报表。同时，母公司应当统一子公司的会计期间，使子公司的会计期间与母公司保持一致。子公司的会计期间与母公司不一致的，应当按照母公司的会计期间对子公司财务报表进行调整；或者要求子公司按照母公司的会计期间另行编报财务报表。

需要注意的是，中国境内企业设在境外的子公司在境外发生的交易或事项，境内不存在且受法律法规限制或交易不常见，企业会计准则未作出规范的，可以将境外子公司已经进行的会计处理结果，在符合基本准则的原则下，按照国际财务报告准则进行调整后，并入境内母公司合并财务报表的相关项目。

二、编制合并工作底稿

合并工作底稿的作用是为合并财务报表的编制提供基础。在合并工作底稿中，对母公司和子公司的个别财务报表各项目的金额进行汇总和抵消处理，最终计算得出合并财务报表各项目的合并金额。

三、编制调整分录和抵消分录

在合并工作底稿中编制调整分录和抵消分录，将内部交易对合并财务报表有关项目的影响进行抵消处理。编制抵消分录，进行抵消处理是合并财务报表编制的关键和主要内容，其目的在于将个别财务报表各项目的加总金额中重复的因素予以抵消。

在合并工作底稿中编制的调整分录和抵消分录，借记或贷记的均为财务报表项目(即资产负债表项目、利润表项目、现金流量表项目和所有者权益变动表项目)，而不是具体的会计科目。比如，在涉及调整或抵消固定资产折旧、固定资产减值准备等均通过资产负债表中的“固定资产”项目，而不是“累计折旧”、“固定资产减值准备”等科目来进行调整和抵消。

四、计算合并财务报表各项目的合并金额

在母公司和子公司个别财务报表各项目加总金额的基础上，分别计算出合并财务报表中各资产项目、负债项目、所有者权益项目、收入项目和费用项目等的合并金额。其计算方法如下：

(1) 资产类各项目，其合并金额根据该项目加总金额，加上该项目抵消分录有关的借方发生额，减去该项目抵消分录有关的贷方发生额计算确定。

(2) 负债类各项目和所有者权益类项目，其合并金额根据该项目加总金额，减去该项目抵消分录有关的借方发生额，加上该项目抵消分录有关的贷方发生额计算确定。

(3) 有关收入类各项目和有关所有者权益变动各项目，其合并金额根据该项目加总金额，减去该项目抵消分录的借方发生额，加上该项目抵消分录的贷方发生额计算确定。

(4) 有关费用类项目，其合并金额根据该项目加总金额，加上该项目抵消分录的借方发生额，减去该项目抵消分录的贷方发生额计算确定。

五、填列合并财务报表

根据合并工作底稿中计算出的资产、负债、所有者权益、收入、费用类以及现金流量表中各项目的合并金额，填列生成正式的合并财务报表。

第四节　合并资产负债表

合并资产负债表是反映企业集团在某一特定日期财务状况的财务报表，由合并资产、负债和所有者权益各项目组成。

一、对子公司的个别财务报表进行调整

在编制合并财务报表时，首先应对各子公司进行分类，分为同一控制下企业合并中取得的子公司和非同一控制下企业合并中取得的子公司两类。

(一) 属于同一控制下企业合并中取得的子公司

对于属于同一控制下企业合并中取得的子公司的个别财务报表，如果不存在与母公司会计政策和会计期间不一致的情况，则不需要对该子公司的个别财务报表进行调整，即不需要将该子公司的个别财务报表调整为公允价值反映的财务报表，只需要抵消内部交

易对合并财务报表的影响即可。

（二）属于非同一控制下企业合并中取得的子公司

对于属于非同一控制下企业合并中取得的子公司，除了存在与母公司会计政策和会计期间不一致的情况，需要对该子公司的个别财务报表进行调整外，还应当根据母公司为该子公司设置的备查簿的记录，以记录的该子公司的各项可辨认资产、负债及或有负债等在购买日的公允价值为基础，通过编制调整分录，对该子公司的个别财务报表进行调整，以使子公司的个别财务报表反映为在购买日公允价值基础上确定的可辨认资产、负债及或有负债在本期资产负债表日的金额。有关对属于非同一控制下企业合并中取得的子公司的可辨认资产、负债及或有负债的金额的调整，可参见《企业合并》的相关内容。

二、按权益法调整对子公司的长期股权投资

合并报表准则规定，合并财务报表应当以母公司和其子公司的财务报表为基础，根据其他有关资料，按照权益法调整对子公司的长期股权投资后，由母公司编制。

在合并工作底稿中，将对子公司的长期股权投资调整为权益法时，应按照《企业会计准则第 2 号——长期股权投资》所规定的权益法进行调整。在确认应享有子公司净损益的份额时，对于属于非同一控制下企业合并形成的长期股权投资，应当以在备查簿中记录的子公司各项可辨认资产、负债及或有负债等在购买日的公允价值为基础，对该子公司的净利润进行调整后确认；对于属于同一控制下的企业合并形成的长期股权投资，可以直接以该子公司的净利润进行确认，但是该子公司的会计政策或会计期间与母公司不一致的，仍需要对净利润进行调整。如果存在未实现内部交易损益，在采用权益法进行调整时还应对该未实现内部交易损益进行调整。

在合并工作底稿中编制的调整分录为：对于当期该子公司实现净利润，按母公司应享有的份额，借记“长期股权投资”项目，贷记“投资收益”项目；对于当期该子公司发生的净亏损，按母公司应分担的份额，借记“投资收益”项目，贷记“长期股权投资”、“长期应收款”等项目。对于当期收到的净利润或现金股利，借记“投资收益”项目，贷记“长期股权投资”项目。

对于子公司除净损益以外的所有者权益的其他变动，按母公司应享有的份额，借记“长期股权投资”项目，贷记“资本公积”项目。

合并财务报表准则也允许企业直接在对子公司的长期股权投资采用成本法核算的基础上编制合并财务报表，但是所生成的合并财务报表应当符合合并财务报表准则的相关规定。

【例 4-12】 如图 4-1 所示，假设 A 公司能够控制 B 公司，B 公司为股份有限公司。2×11 年 12 月 31 日，A 公司个别资产负债表中对 B 公司的长期股权投资的金额为 3 000 万元，拥有 B 公司 80％的股份(假设未发生减值)。A 公司在个别资产负债表中采用成本法核算该项长期股权投资。

2×11 年 1 月 1 日，A 公司用银行存款 3 000 万元购得 B 公司 80％的股份(假定 A 公司与 B 公司的企业合并不属于非同一控制下的企业合并，也属于应税合并)。A 公司在 2×11 年 1 月 1 日建立的备查簿(参见表 4-2)中记录了 B 公司在购买日(2×11 年 1 月 1 日)可辨认资产、负债及或有负债的公允价值的信息。

表 4-2　A 公司备查簿

2×11 年 1 月 1 日　　　　单位：万元

项　　目	账面价值	公允价值	公允价值与账面价值的差额	合并报表调整	公允价值增加额计提折旧或摊销后余额	备　　注
B 公司：						
流动资产	3 900	3 900				
非流动资产	2 000	2 100	100			
其中：固定资产——A 办公楼	600	700	100	5	95	该办公楼的剩余折旧年限为 20 年，采用年限平均法计提折旧
资产总计	5 900	6 000	100			
流动负债	1 500	1 500				
非流动负债	900	900				
负债总计	2 400	2 400				
股本	2 000	2 000				
资本公积	1 500	1 600	100			
盈余公积	0	0				
未分配利润	0	0				
股东权益总计	3 500	3 600	100			
负债和股东权益总计	5 900	6 000	100			

2×11 年 1 月 1 日，B 公司股东权益总额为 3 500 万元，其中股本为 2 000 万元，资本公积为 1 500 万元，盈余公积为 0 元，未分配利润为 0 元。

2×11 年，B 公司实现净利润 1 000 万元，提取法定公积金 100 万元，向 A 公司分派现金股利 480 万元，向其他股东分派现金股利 120 万元，未分配利润为 300 万元。B 公司因持有的可供出售的金融资产的公允价值变动计入当期资本公积的金额为 75 万元。

2×11 年 12 月 31 日，B 公司股东权益总额为 3 975 万元，其中股本为 2 000 万元，资本公积为 1 575 万元，盈余公积为 100 万元，未分配利润为 300 万元。

A 公司与 B 公司 2×11 年 12 月 31 日个别资产负债表分别见表 4-3 和表 4-4。

表 4-3　资产负债表（简表）

编制单位：A 公司　　　　2×11 年 12 月 31 日　　　　单位：万元

资　　产	期末余额	年初余额	负债和股东权益	期末余额	年初余额
流动资产：			流动负债：		
货币资金	1 000	3 000	应付票据	1 000	1 000
应收票据	1 400	1 000	应付账款	3 000	2 000
其中：应收 B 公司票据	400		预收账款	200	300
应收账款	1 800	1 300	其中：预收 B 公司账款	100	
其中：应收 B 公司账款	475		应付职工薪酬	1 000	2 100
预付款项	770		应交税费	800	1 000
存货	1 000	3 800	流动负债合计	6 000	6 400
其中：向 B 公司购入存货	1 000		非流动负债：		
流动资产合计	5 970	9 100	长期借款	2 000	2 000
非流动资产：			应付债券	600	600
持有至到期投资	200	200	非流动负债合计	2 600	2 600
其中：持有 B 公司债券	200	200	负债合计	8 600	9 000
长期股权投资	4 700	1 700	股东权益：		
其中：对 B 公司投资	3 000		股本	4 000	4 000
固定资产	4 100	3 300	资本公积	800	800
其中：向 B 公司购入固定资产	200		盈余公积	1 034.5	732
无形资产	623.75	700	未分配利润	1 165.5	468
递延所得税资产	6.25				
非流动资产合计	9 630	5 900	股东权益合计	7 000	6 000
资产总计	15 600	15 000	负债和股东权益总计	15 600	15 000

表 4-4 资产负债表(简表)

编制单位：B公司　　2×11年12月31日　　单位：万元

资　　产	期末余额	年初余额	负债和股东权益	期末余额	年初余额
流动资产：			流动负债：		
货币资金	500	300	应付票据	400	300
应收票据	300	100	其中：应付A公司票据	400	
应收账款	760	600	应付账款	500	600
预付款项	400		其中：应付A公司账款	500	
其中：预付A公司账款	100		预收账款		50
存货	1 100	2 900	应付职工薪酬	100	350
流动资产合计	3 060	3 900	应交税费	60	200
非流动资产：			流动负债合计	1 060	1 500
可供出售金融资产	800	700	非流动负债：		
持有至到期投资			长期借款	700	700
长期股权投资			应付债券	200	200
固定资产	2 100	1 300	其中：应付A公司债券——A公司	200	200
			递延所得税负债	25	
其中：向A公司购入固定资产	108		非流动负债合计	925	900
无形资产			负债合计	1 985	2 400
非流动资产合计	2 900	2 000	股东权益：		
			股本	2 000	2 000
			资本公积	1 575	1 500
			其中：可供出售金融资产公允价值变动	75	
			盈余公积	100	
			未分配利润	300	
			股东权益合计	3 975	3 500
资产总计	5 960	5 900	负债和股东权益总计	5 960	5 900

假定B公司的会计政策和会计期间与A公司一致，A公司与B公司适用的所得税率均为25%；除B公司可供出售金融资产存在暂性差异外，A公司的资产和负债、B公司的其他资产和负债均不存在暂性差异，在合并财务报表层面出现暂性差异均符合递延所得税资产或递延所得税负债的确认条件。

《企业会计准则第2号——长期股权投资》规定，投资企业在确认应享有被投资单位净损益的份额时，应当以取得投资时被投资单位各项可辨认资产等的公允价值为基础，对被投资单位的净利润进行调整后确认。在本例中，A公司在编制2×11年合并财务报表时，应当首先根据A公司的备查簿中记录的B公司可辨认资产、负债在购买日（2×11年1月1日）的公允价值的资料（见表4-2），调整B公司的净利润。按照A公司备查簿中的记录，在购买日，B公司可辨认资产、负债及或有负债的公允价值与账面价值存在差异仅有一项，即A办公楼，公允价值高于账面价值的差额为100万元（700－600），按年限平均法每年应补计提的折旧额为5万元（100÷20）。假定A办公楼用于B公司的总部管理。在合并工作底稿（见表4-5）中应作的调整分录如下：

① 借：管理费用　　　　　　　　　　　　　　50 000

　　贷：固定资产——累计折旧　　　　　　　　　　50 000

注：《关于企业重组业务企业所得税处理若干问题的通知》（财税[2009]59号）规定，企业股权收购时，收购方取得的股权（即对子公司的长期股权投资）的计税基础应以公允价值为基础确定，即意味着对子公司的长期股权在初始确认时与其计税基础不存在差异。在合并财务报表层面，母公司对子公司的长期股权投资实际上代表了子公司的各项资产、负债，也即意味着子公司的各项资产、负债在合并财务报表层面在税收上实际上是按公允价值确定计税基础的，与会计上相同，不存在暂时性差异。因此，母公司在合并财务报表层面不需要对子公司该项固定资产及其折旧确认递延所得税影响或所得税影响。

据此，以B公司2×11年1月1日各项可辨认资产等的公允价值为基础，抵消未实现内部销售损益（参见例4-4～例4-6）后，重新确定的2×11年的净利润为：

$$1000-(1000-800)-(300-270)+10+(130-120)-1-5$$
$$=1000-200-30+10-1-5=784(\text{万元})$$

在本例中，2×11年12月31日，A公司对B公司的长期股权投资的账面余额为3 000万元（假定未发生减值）。根据合并财务报表准则的规定，在合并工作底稿中将对B公司的长期股权投资由成本法调整为权益法。有关调整分录如下：

② 借：长期股权投资——B公司　　　　　　6 272 000

　　贷：投资收益——B公司　　　　　　　　　　6 272 000

确认A公司在2×11年B公司实现净利润784万元中所享有的份额627.2万元（784×80%）。

③ 借：投资收益——B公司　　　　　　　　4 800 000

　　贷：长期股权投资——B公司　　　　　　　　4 800 000

确认A公司收到B公司2×11年分派的现金股利，同时抵消原按成本法确认的投资收益480万元。

④ 借：长期股权投资——B公司　　　　　　600 000

　　贷：资本公积——其他资本公积——B公司　　　600 000

确认A公司在2×11年B公司除净损益以外所有者权益的其他变动中所享有的份额60万元（资本公积的增加额75万元×80%）。

表 4-5 合并工作底稿

2×11年

单位：万元

项目	A公司			B公司			合计金额	抵销分录		少数股东权益	合并金额
	报表金额	借方	贷方	报表金额	借方	贷方		借方	贷方		
（利润表项目）											
营业收入	8 700			6 140			14 840	(12) 1 000 (15) 300 (21) 3 500			10 040
营业成本	4 425			4 570			8 995	(13) 200	(12) 1 000 (15) 270 (21) 3 500		4 425
营业税金及附加	300			125			425				425
销售费用	15			10			25				25
管理费用	100			62	(1) 5		167	(20) 1	(17) 10		158
财务费用	300			40			340		(22) 20		320
资产减值损失	25						25		(7) 25		0
投资收益	500	(3) 480	(2) 627.2				647.2	(22) 20 (23) 627.2			0
营业利润	4 035	480	627.2	1 333	5		5 540.2	5 648.2	4 825		4 687
营业外支出	10						10		(18) 10		0
利润总额	4 025	480	627.2	1 333	5		5 500.2	5 648.2	4 835		4 687
所得税费用	1 000			333			1 333	(8) 6.25 (19) 2.25	(14) 50 (16) 5		1 286.5
净利润	3 025	480	627.2	1 000	5		4 167.2	5 656.7	4 890		3 400.5
少数股东损益										(23)	156.8

续表

项目	A公司			B公司			合计金额	抵销分录		少数股东权益	合并金额
	报表金额	借方	贷方	报表金额	借方	贷方		借方	贷方		
归属于母公司所有者的净利润											3 243.7
其他综合收益											
			75			75					
综合收益总额	3 025	480	627.2	1 075	5		4 242.2	5 656.7	4 890		3 475.5
归属于母公司所有者的综合收益											3 303.7
归属于少数股东的综合收益总额											171.8
(所有者权益变动表项目)											
未分配利润——年初	468			0			468	(23) 0			468
归属于母公司所有者的净利润											3 243.7
利润分配	2 327.5			700			3 027.5		(23) 100		2 327.5
未分配利润——年末	1 165.5	480	627.2	300	5		1 607.7	(5) 84	(19) 295	156.8	1 384.2
归属于少数股东的未分配利润——年初										0	0
少数股东损益										156.8	
对少数股东的利润分配										120	
归属于少数股东的未分配利润										36.8	
资本公积——年初	800			1 500		100	2 400	(5) 1 600			800
可供出售金融资产公允价值变动净额				100			100	(5) 75	(29) 60		60
权益法下被投资单位其他所有者权益变动的影响			(4) 60				80				80

续表

项目	A公司			B公司			合计金额	抵销分录		少数股东权益	合并金额
	报表金额	借方	贷方	报表金额	借方	贷方		借方	贷方		
资本公积——年末	800		60	1 575		100	2 535	1 735	60		860
盈余公积——年初	732			0			732	(5) 0			732
提取盈余公积	302.5			100			402.5		(23) 100		302.5
盈余公积——年末	1 034.5			100			1 134.5	0	100		1 034.5

项目	A公司			B公司			合计金额	抵销分录		少数股东权益合并金额	合并金额
	报表金额	借方	贷方	报表金额	借方	贷方		借方	贷方		
(资产负债表项目)											
流动资产：											
货币资金	1 000			500			1 500				1 500
应收票据	1 400			300			1 700		(10) 400		1 300
其中：应收B公司票据	400						400		(10) 400		0
应收账款	1 800			760			2 560	(7) 25	(6) 500		2 085
其中：应收B公司账款	475						475	(7) 25	(6) 500		0
预付款项	770			400			1 170		(9) 100		1 070
其中：预付A公司账款				100			100		(9) 100		0
存货	1 000			1 100			2 100		(13) 200		1 900
其中：向B公司购入存货	1 000						1 000		(13) 200		800
流动资产合计	5 970			3 060			9 030	25	1 200		7 855
非流动资产：											

续表

项　目	A公司			B公司			合计金额	抵销分录		少数股东权益合并金额	合并金额
	报表金额	借　方	贷　方	报表金额	借　方	贷　方		借　方	贷　方		
可供出售金融资产				800			800				800
持有至到期投资	200						200		(11) 200		0
其中：持有B公司债券	200						200		(11) 200		0
长期股权投资	4700	(2) 627.2 (4) 60	(3) 480				4 907.2		(5) 3 207.6		1 700
其中：对B公司投资	3 000	(2) 627.2 (4) 60	(3) 480				3 207.2		(5) 3 207.6		0
固定资产	4 100			2 100	100	(1) 5	6 295	(17) 10 (18) 10	(15) 30 (20) 1		6 284
其中：B公司——A办公楼				570	100	(1) 5	665				665
向B公司购入固定资产	200						200	(14) 10	(13) 30		180
向A公司购入固定资产				108			108	(15) 10	(16) 1		117
无形资产	623.75						623.75				623.75
商誉								(5) 120			120
递延所得税资产	6.25						6.25	(14) 50	(8) 6.25		55
非流动资产合计	9 630	687.2	480	2 900	100	5	12 832.2	195	3 444.45		9 582.75
资产总计	15 600	627.2	480	5 960	100	5	21 862.2	220	4 644.45		17 437.75
流动负债：											
应付票据	1 000			400			1 400	(10) 400			1 000
其中：应付A公司票据				400			400	(10) 400			0

续表

项目	A公司			B公司			合计金额	抵销分录		少数股东权益合并金额	合并金额
	报表金额	借方	贷方	报表金额	借方	贷方		借方	贷方		
应付账款	3 000			500			3 500	(6) 500			3 000
其中：应付A公司账款				500			500	(6) 500			0
预收账款	200						200	(8) 100			100
其中：预收B公司账款	100						100	(8) 100			0
应付职工薪酬	1 000			100			1 100				1 100
应交税费	800			60			860				860
流动负债合计	6 000			1 060			7 060	1 000			6 060
非流动负债：											
长期借款	2 000			700			2 700				2 700
应付债券	600			200			800	(11) 200			600
其中：应付债券——A公司				200			200	(11) 200			0
递延所得税负债				25			25		(19) 2.25		27.25
非流动负债合计	2 600			925			3 525	200	2.25		3 327.25
负债合计	8 600			1 985			10 585	1 200	2.25		9 387.25
股东权益：											
股本	4 000			2 000			6 000	(5) 2 000			4 000
资本公积	800		(4) 60	1 575		3 100	2 535	(5) 1 675			860
其中：可供出售金融资产公允价值变动			(4) 60	75			135	(5) 75			60
盈余公积	1 034.5			100			1 134.5	(5) 100			1 034.5

续表

项目	A公司			B公司			合计金额	抵销分录		少数股东权益合并金额	合并金额
	报表金额	借方	贷方	报表金额	借方	贷方		借方	贷方		
未分配利润	1 165.5	(3) 480	(2) 627.2	300	(1) 5		1 607.7	(5) 84	(12) 1 000	(23) 156.8	1 384.2
少数股东权益										(5) 771.8	771.8
所有者权益合计	7 000	480	687.2	3 975	5	100	11 277.2	9 515.7	5 674	615	8 050.5
负债和股东权益总计	15 600	480	687.2	5 960	5	100	21 862.2	10 715.7	5 676.25	615	17 437.75

项目	A公司			B公司			合计金额	抵销分录		少数股东权益	合并金额
	报表金额	借方	贷方	报表金额	借方	贷方		借方	贷方		
（现金流量表项目）											
经营活动产生的现金流量：											
销售商品、提供劳务收到的现金	7 795			5 990			13 785		(25) 3 600 (26) 300		9 885
收到其他与经营活动有关的现金											
经营活动现金流入小计	7 795			5 990			13 785		3 900		9 885
购买商品、接受劳务支付的现金	1 420			3 270			4 690	(25) 3 600			1 090
支付给职工以及为职工支付现金	1 100			250			1 350				1 350
支付的各项税费	1 820			758			2 578				2 578
支付其他与经营活动有关的现金	45			22			67				67
经营活动现金流出小计	4 385			4 300			8 685	3 600			5 085
经营活动产生的现金流量净额	3 410			1 690			5 100	3 600	3 900		4 800
投资活动产生的现金流量：											

续表

项　　目	A公司			B公司			合计金额	抵销分录		少数股东权益	合并金额
	报表金额	借　方	贷　方	报表金额	借　方	贷　方		借　方	贷　方		
收回投资收到的现金											
取得投资收益收到的现金	500						500		(24) 500		0
处置固定资产、无形资产和其他长期资产收回的现金净额	120						120		(27) 120		0
处置子公司及其他营业单位收到的现金净额											
收到其他与投资活动有关的现金											
投资活动现金流入小计	620						620		620		0
购建固定资产、无形资产和其他长期资产所支付的现金	930			800			1 730	(22) 300 (23) 120			1 310
投资支付的现金											
取得子公司及其他营业单位支付的现金净额	3 000						3 000	(28) 300			2 700
支付其他与投资活动有关的现金											
投资活动现金流出小计	3 930			800			4 730	720			4 010
投资活动产生的现金流量净额	−3 310			−800			−4 110	200			−4 010
筹资活动产生的现金流量：											
吸收投资收到的现金											
取得借款收到的现金											
收到其他与筹资活动有关的现金											
筹资活动现金流入小计											

续表

项　　目	A公司			B公司			合计金额	抵销分录		少数股东权益	合并金额
	报表金额	借　方	贷　方	报表金额	借　方	贷　方		借　方	贷　方		
偿还债务支付的现金											
分配股利、利润或偿付利息支付的现金	2 100			690			2 790	(24) 500			2 290
其中：子公司支付给少数股东的股利、利润				120							120
支付其他与筹资活动有关的现金											
筹资活动现金流出小计	2 100			690			2 790	500			2 290
筹资活动产生的现金流量净额	−2 100			−690			−2 790	500			−2 290
现金及现金等价物净增加额	−2 000			200			−1 800	4 820	4 520		−1 500
年初现金及现金等价物余额	3 000			300			3 300		(28) 300		3 300
年末现金及现金等价物余额	1 000			500			1 500	4 820	4 820		1 500

在连续编制合并财务报表的情况下，应编制如下调整分录：

借：长期股权投资——B公司　　2 072 000（6 272 000－4 800 000＋600 000）

　贷：未分配利润——年初　　1 324 800

　　盈余公积——年初　　147 200

　　资本公积——其他资本公积——B公司　　600 000

三、编制合并资产负债表时应进行抵消处理的项目

合并资产负债表是以母公司和子公司的个别资产负债表为基础编制的。个别资产负债表则是以单个企业为会计主体进行会计核算的结果，它从母公司本身或从子公司本身的角度对自身的财务状况进行反映。这样，对于内部交易，从发生内部交易的企业来看，发生交易的各方都在其个别资产负债表中进行了反映。例如，企业集团母公司与子公司之间发生的赊购赊销业务，对于赊销企业来说，一方面确认营业收入、结转营业成本、计算营业利润，并在其个别资产负债表中反映为应收账款；而对于赊购企业来说，在内部购入的存货未实现对外销售的情况下，在其个别资产负债表中反映为存货和应付账款。在这种情况下，作为反映企业集团整体财务状况的合并资产负债表，必须将这些重复计算的因素予以扣除，对这些重复的因素进行抵消处理。这些需要扣除的重复因素，就是合并财务报表编制时需要进行抵消处理的项目。

编制合并资产负债表时需要进行抵消处理的，主要有如下几个项目。

（一）长期股权投资与子公司所有者权益的抵消处理

母公司对子公司进行的长期股权投资，一方面反映为长期股权投资以外的其他资产的减少，另一方面反映为长期股权投资的增加，在母公司个别资产负债表中作为资产类项目中的长期股权投资列示。子公司接受这一投资时，一方面增加资产，另一方面作为实收资本(或股本，下同)处理，在其个别资产负债表中一方面反映为实收资本等的增加，另一方面反映为相对应的资产的增加。从企业集团整体来看，母公司对子公司进行的长期股权投资实际上相当于母公司将资本拨付下属核算单位，并不引起整个企业集团的资产、负债和所有者权益的增减变动。因此，编制合并财务报表时，应当在母公司与子公司财务报表数据简单相加的基础上，将母公司对于公司长期股权投资项目与子公司所有者权益项目予以抵消。

子公司所有者权益中不属于母公司的份额，即子公司所有者权益中抵消母公司所享有的份额后的余额，在合并财务报表中作为“少数股东权益”处理。在合并资产负债表中，“少数股东权益”项目应当在“所有者权益”项目下单独列示。

【例4-13】 沿用例4-1，经过上述调整，A公司对B公司长期股权投资经调整后的2×11年12月31日金额为3 207.2万元(投资成本3 000万元＋权益法调整增加的长期股权投资207.2万元)，B公司经调整的2×11年12月31日股东权益总额为3 859万元，具体调整如下：

股东权益账面余额 3 975 万元－调整前未分配利润 300 万元＋(调整后净利润 784 万元－分配的现金股利 600 万元－按调整前净利润计提的盈余公积 100 万元)＋A 办公楼购买日公允价值高于账面价值的差额 100 万元

＝3 675＋84＋100

＝3 859(万元)

B 公司股东权益中 20％的部分，即 771.8 万元(股东权益调整后余额 3 859 万元×20％)属于少数股东权益，在抵消处理时应作为少数股东权益处理。在合并工作底稿中抵消分录如下：

⑤ 借：股本	20 000 000	
资本公积——年初	16 000 000	
——本年	750 000	
盈余公积——年初	0	
——本年	1 000 000	
未分配利润——年末	840 000	
商誉	1 200 000	
贷：长期股权投资		32 072 000
少数股东权益		7 718 000

需要说明的是：

一是商誉金额应根据《企业会计准则第 20 号——企业合并》的规定确定，本例中商誉 120 万元＝A 公司购买日(2×11 年 1 月 1 日)支付的合并成本 3 000 万元－(购买日 B 公司的所有者权益总额 3 500 万元＋B 公司固定资产公允价值增加额 100 万元)×80％。

二是《中华人民共和国企业所得税法实施条例》第六十七条规定，外购商誉的支出，在企业整体转让或清算时，准予扣除。同时，《关于企业重组业务企业所得税处理若干问题的通知》(财税[2009]59 号)规定，企业股权收购时，收购方取得的股权(即对子公司的长期股权投资)的计税基础应以公允价值为基础确定，即意味着对子公司的长期股权投资在初始确认时与其计税基础不存在差异，而商誉作为长期股权投资成本的组成部分，也不存在暂时性差异，因此，在商誉不发生减值的期间，企业不需要对其确认递延所得税影响。

其合并工作底稿如表 4-8 所示。

合并报表准则规定，子公司持有母公司的长期股权投资、子公司相互之间持有的长期股权投资，也应当比照上述母公司对子公司的股权投资的抵消方法采用通常所说的交互分配法进行抵消处理。

(二) 内部债权与债务的抵消处理

母公司与子公司、子公司相互之间的债权和债务项目，是指母公司与子公司、子公司相互之间因销售商品、提供劳务以及发生结算业务等原因产生的应收账款与应付账款、应收票据与应付票据、预付账款与预收账款、其他应收款与其他应付款、持有至到期投资与应付债券等项目。发生在母公司与子公司、子公司相互之间的这些项目，企业集团内部企业的一方在其个别资产负债表中反映为资产，而另一方则在其个别资产负债表中反映为负债。但从企业集团整体角度来看，它只是内部资金运动，既不能增加企业集团的资产，也不能增加负债。为此，为了消除个别资产负债表直接加总中的重复计算因素，在编制合并财务报表时应当将内部债权债务项目予以抵消。

1. 应收账款与应付账款的抵消处理

(1) 初次编制合并财务报表时应收账款与应付账款的抵消处理

在应收账款计提坏账准备的情况下，某一会计期间坏账准备的金额是以当期应收账款为基础计提的。在编制合并财务报表时，随着内部应收账款的抵消，也须将内部应收账款计提的坏账准备予以抵消。内部应收账款抵消时，其抵消分录为：借记“应付账款”项目，贷记“应收账款”项目；内部应收账款计提的坏账准备抵消时，其抵消分录为：借记“应收账款——坏账准备”项目，贷记“资产减值损失”项目。

【例 4-14】 A 公司 2×11 年个别资产负债表(表 4-3)中应收账款 475 万元(假定不含增值税，下同)为 2×11 年向 B 公司销售商品发生的应收销货款的账面价值，A 公司对该笔应收账款计提的坏账准备为 25 万元。B 公司 2×11 年个别资产负债表(表 4-4)中应付账款 500 万元(假定不含增值税，下同)系 2×11 年向 A 购进商品存货发生的应付购货款。

在编制合并财务报表时，应将内部应收账款与应付账款相互抵消；同时还应将内部应收账款计提的坏账准备予以抵消，其抵消分录为：

⑥ 借：应付账款　　5 000 000
　　贷：应收账款　　5 000 000
⑦ 借：应收账款——坏账准备　　250 000
　　贷：资产减值损失　　250 000
⑧ 借：所得税费用　　62 500
　　贷：递延所得税资产　　62 500

其合并工作底稿见表 4-5。

(2) 连续编制合并财务报表时内部应收账款坏账准备的抵消处理

从合并财务报表来讲，内部应收账款计提的坏账准备的抵消是与抵消当期资产减值损失相对应的，上期抵消的坏账准备的金额，即上期资产减值损失抵减的金额，最终将影响到本期合并所有者权益变动表中的期初未分配利润金额的增加。由于利润表和所有者权益变动表是反映企业一定会计期间经济成果及其分配情况的财务报表，其上期期末未分配利润就是本期所有者权益变动表期初未分配利润(假定不存在会计政策变更和前期差错更正的情况)。本期编制合并财务报表是以本期母公司和子公司当期的个别财务报表为基础编制的，随着上期编制合并财务报表时内部应收账款计提的坏账准备的抵消，以此个别财务报表为基础加总得出的期初未分配利润与上一会计期间合并所有者权益变动表中的未分配利润金额之间将产生差额。为此，编制合并财务报表时，必须将上期因内部应收账款计提的坏账准备抵消而抵消的资产减值损失对本期期初未分配利润的影响予以抵消，调整本期期初未分配利润的金额。

在连续编制合并财务报表进行抵消处理时，首先，将内部应收账款与应付账款予以抵消，即按内部应收账款的金额，借记“应付账款”项目，贷记“应收账款”项目。其次，应将上期资产减值损失中抵消的内部应收账款计提的坏账准备对本期期初未分配利润的影响予以抵消，即按上期资产减值损失项目中抵消的内部应收账款计提的坏账准备的金额，借记“应收账款——坏账准备”项目，贷记“未分配利润——年初”项目。最后，对于本期个别财务报表中内部应收账款相对应的坏账准备增减变动的金额也应予以抵消，即按照本期个别资产负债表中期末内部应收账款相对应的坏账准备的增加额，借记“应收账款——坏账准备”项目，贷记“资产减值损失”项目，或按照本期个别资产负债表中期末内部应收账款相对应的坏账准备的减少额，借记“资产减值损失”项目，贷记“应收账款——坏账准备”项目。

在第三期编制合并财务报表的情况下，必须将第二期内部应收账款期末余额相应的坏账准备予以抵消，以调整期初未分配利润的金额。然后，计算确定本期内部应收账款相对应的坏账准备增减变动的金额，并将其增减变动的金额予以抵消。其抵消分录与第二期编制的抵消分录相同。

2. 其他债权与债务项目的抵消处理

【例 4-15】 A公司2×11年个别资产负债表(表4-3)中预收账款100万元(假定不含增值税，下同)为B公司预付账款；应收票据400万元(假定不含增值税，下同)为B公司2×11年向A公司购买商品3 500万元开具的票面金额为400万元的商业承兑汇票；B公司应付债券200万元为A公司所持有(A公司划归为持有至到期投资)。对此，在编制合并资产负债表时，应编制如下抵消分录：

将内部预收账款与内部预付账款抵消时，应编制如下抵消分录：

⑨ 借：预收款项　　1 000 000
　　贷：预付款项　　1 000 000

将内部应收票据与内部应付票据抵消时，应编制如下抵消分录：

⑩ 借：应付票据　　4 000 000
　　贷：应收票据　　4 000 000

将持有至到期投资中债券投资与应付债券抵消时，应编制如下抵消分录：

⑪ 借：应付债券　　2 000 000
　　贷：持有至到期投资　　2 000 000

其合并工作底稿见表4-5。

在某些情况下，债券投资企业持有的企业集团内部成员企业的债券并不是从发行债券的企业直接购进，而是在证券市场上从第三方手中购进的。在这种情况下，持有至到期投资中的债券投资与发行债券企业的应付债券抵消时，可能会出现差额，应当计入合并利润表的投资收益或财务费用项目。

（三）存货价值中包含的未实现内部销售损益的抵消处理

存货价值中包含的未实现内部销售损益是由于企业集团内部商品购销、劳务提供活动所引起的。在内部购销活动中，销售企业将集团内部销售作为收入确认并计算销售利润。而购买企业则是以支付购货的价款作为其成本入账；在本期内未实现对外销售而形成期末存货时，其存货价值中也相应地包括两部分内容：一部分为真正的存货成本（即销售企业销售该商品的成本）；另一部分为销售企业的销售毛利（即其销售收入减去销售成本的差额）。对于期末存货价值中包括的这部分销售毛利，从企业集团整体来看，并不是真正实现的利润。因为从整个企业集团来看，集团内部企业之间的商品购销活动实际上相当于企业内部物资调拨活动，既不会实现利润，也不会增加商品的价值。

正是从这一意义上来说，将期末存货价值中包括的这部分销售企业作为利润确认的部分，称之为未实现内部销售损益。因此，在编制合并资产负债表时，应当将存货价值中包含的未实现内部销售损益予以抵消。编制抵消分录时，按照集团内部销售企业销售该商品的销售收入，借记“营业收入”项目；按照销售企业销售该商品的销售成本，贷记“营业成本”项目；按照当期期末存货价值中包含的未实现内部销售损益的金额，贷记“存货”项目。

1. 当期内部购进商品并形成存货情况下的抵消处理

在企业集团内部购进并且在会计期末形成存货的情况下，如前所述，一方面将销售企业实现的内部销售收入及其相对应的销售成本予以抵消，另一方面将内部购进形成的存货价值中包含的未实现内部销售损益予以抵消。

【例 4-16】 B公司2×11年利润表的营业收入中有1 000万元系向A公司销售商品实现的销售收入，其销售成本为800万元，该商品的销售毛利率为20%。A公司购进的该商品2×11年全部未实现对外销售而形成期末存货。

在编制2×11年合并财务报表时，应进行如下抵消处理：

⑫ 借：营业收入　　10 000 000

　　贷：营业成本　　10 000 000

⑬ 借：营业成本　　2 000 000

　　贷：存货　　2 000 000

⑭ 同时，确认该存货可抵扣暂时性差异的递延所得税影响200×25%=50(万元)

借：递延所得税费用　　500 000

　贷：所得税费用　　500 000

其合并工作底稿见表4-5。

2. 连续编制合并财务报表时内部购进商品的抵消处理

对于上期内部购进商品全部实现对外销售的情况下，由于不涉及内部存货价值中包含的未实现内部销售损益的抵消处理，在本期连续编制合并财务报表时不涉及对其进行处理的问题。但在上期内部购进并形成期末存货的情况下，在编制合并财务报表进行抵消处理时，存货价值中包含的未实现内部销售损益的抵消，直接影响上期合并财务报表中合并净利润金额的减少，最终影响合并所有者权益变动表中期末未分配利润的金额的减少。由于本期编制合并财务报表时是以母公司和子公司本期个别财务报表为基础，而母公司和子公司个别财务报表中未实现内部销售损益是作为其实现利润的部分包括在其期初未分配利润之中，以母子公司个别财务报表中期初未分配利润为基础计算得出的合并期初未分配利润的金额就可能与上期合并财务报表中的期末未分配利润的金额不一致。因此，上期编制合并财务报表时抵消的内部购进存货中包含的未实现内部销售损益，也对本期的期初未分配利润产生影响，本期编制合并财务报表时必须在合并母子公司期初未分配利润的基础上，将上期抵消的未实现内部销售损益对本期期初未分配利润的影响予以抵消，调整本期期初未分配利润的金额。

在连续编制合并财务报表的情况下，首先必须将上期抵消的存货价值中包含的未实现内部销售损益对本期期初未分配利润的影响予以抵消，调整本期期初未分配利润的金额；然后再对本期内部购进存货进行抵消处理，其具体抵消处理程序和方法如下：

(1) 将上期抵消的存货价值中包含的未实现内部销售损益对本期期初未分配利润的影响进行抵消。即按照上期内部购进存货价值中包含的未实现内部销售损益的金额，借记“未分配利润——年初”项目，贷记“营业成本”项目。

(2) 对于本期发生内部购销活动的，将内部销售收入、内部销售成本及内部购进存货中未实现内部销售损益予以抵消。即按照销售企业内部销售收入的金额，借记“营业收入”项目，贷记“营业成本”项目。

(3) 将期末内部购进存货价值中包含的未实现内部销售损益予以抵消。对于期末内部购买形成的存货(包括上期结转形成的本期存货)，应按照购买企业期末内部购入存货价值中包含的未实现内部销售损益的金额，借记“营业成本”项目，贷记“存货”项目。

(四) 内部固定资产交易的抵消处理

内部固定资产交易是指企业集团内部发生交易的一方与固定资产有关的购销业务。对于企业集团内部固定资产交易，根据销售企业销售的是产品还是固定资产，可以将其划分为两种类型：第一种是企业集团内部企业将自身生产的产品销售给企业集团内的其他企业作为固定资产使用；第二种是企业集团内部企业将自身的固定资产出售给企业集团内的其他企业作为固定资产使用。

此外，还有另一类型的内部固定资产交易，即企业集团内部企业将自身使用的固定资产出售给企业集团内的其他企业作为普通商品销售。这种类型的固定资产交易，在企业集团内部发生得极少，一般情况下发生的金额也不大。

第一种类型的内部固定资产交易，即企业集团内部的母公司或子公司将自身生产的产品销售给企业集团内部的其他企业作为固定资产使用，发生得比较多，也比较普遍。以下重点介绍这种类型的内部固定资产交易的抵消处理。

与存货的情况不同，固定资产的使用寿命较长，往往要跨越几个会计年度。对于内部交易形成的固定资产，不仅在该内部固定资产交易发生的当期需要进行抵消处理，而且在以后使用该固定资产的期间也需要进行抵消处理。固定资产在使用过程中是通过折旧的方式将其价值转移到产品价值之中的。由于固定资产按原价计提折旧，在固定资产原价中包含未实现内部销售损益的情况下，每期计提的折旧费中也必然包含着未实现内部销售损益的金额，由此也需要对该内部交易形成的固定资产每期计提的折旧费进行相应的抵消处理。同样，如果购买企业对该项固定资产计提了固定资产减值准备，由于固定资产减值准备是按原价为基础进行计算确定的，在固定资产原价中包含未实现内部销售损益的情况下，对该项固定资产计提的减值准备中也必然包含着未实现内部销售损益的金额，由此也需要对该内部交易形成的固定资产计提的减值准备进行相应的抵消处理。

1. 内部交易形成的固定资产在购入当期的抵消处理

在这种情况下，购买企业购进的固定资产，在其个别资产负债表中以支付的价款作为该固定资产的原价列示，因此首先就必须将该固定资产原价中包含的未实现内部销售损益予以抵消。其次，购买企业对该固定资产计提了折旧，折旧费计入相关资产的成本或当期损益。由于购买企业是以该固定资产的取得成本作为原价计提折旧，取得成本中包含未实现内部销售损益，在相同的使用寿命下，各期计提的折旧费要大于不包含未实现内部销售损益时计提的折旧费，因此还必须将当期多计提的折旧额从该固定资产当期计提的折旧费中予以抵消。其抵消处理程序如下：

（1）将与内部交易形成的固定资产相关的销售收入、销售成本以及原价中包含的未实现内部销售损益予以抵消。

（2）将内部交易形成的固定资产当期多计提的折旧费和累计折旧（或少计提的折旧费和累计折旧）予以抵消。从单个企业来说，对计提折旧进行会计处理时，一方面增加当期的费用或计入相关资产的成本，另一方面形成累计折旧。因此，对内部交易形成的固定资产当期多计提的折旧费抵消时，应按当期多计提的折旧额，借记“固定资产——累计折旧”项目，贷记“管理费用”等项目（为便于理解，本节有关内部交易形成的固定资产多计提的折旧费的抵消，均假定该固定资产为购买企业的管理用固定资产，通过“管理费用”项目进行抵消）。

【例 4-17】 B公司 2×11 年以 300 万元的价格将其生产的产品销售给 A 公司，其销售成本为 270 万元，因此该内部固定资产交易实现的销售利润为 30 万元。A 公司购买该产品作为管理用固定资产使用，按 300 万元入账。假设 A 公司对该固定资产按 3 年的使用寿命采用年限平均法计提折旧，预计净残值为 0。该固定资产交易时间为 2×11 年 1 月 1 日，本章为简化抵消处理，假定 A 公司该内部交易形成的固定资产按 12 个月计提折旧。

本例有关抵消处理如下：

与该固定资产相关的销售收入、销售成本以及原价中包含的未实现内部销售损益的抵消：

⑮ 借：营业收入　　3 000 000

　　贷：营业成本　　2 700 000

　　　　固定资产——原价　　300 000

⑯ 同时确认该固定资产可抵扣暂时性差异的递延所得税影响(30－10)×25%＝5(万元),其中,100万元为当年已在A公司所得税前扣除的金额。

借：递延所得税资产　　50 000

　贷：所得税费用　　50 000

该固定资产当期多计提折旧额的抵消：

该固定资产折旧年限为3年,原价为300万元,预计净残值为0,当年计提的折旧额为100万元,而按抵消其原价中包含的未实现内部销售损益后的原价计提的折旧额为90万元,当期多计提的折旧额为10万元。本例中应当按10万元分别抵消管理费用和累计折旧。

⑰ 借：固定资产——累计折旧　　100 000

　　贷：管理费用　　100 000

通过上述抵消分录,在合并工作底稿中固定资产累计折旧额减少10万元,管理费用减少10万元,在合并财务报表中该固定资产的累计折旧为90万元,该固定资产当期计提的折旧费为90万元。

其合并工作底稿见表4-5。

2. 内部交易形成的固定资产在以后会计期间的抵消处理

在以后会计期间,该内部交易形成的固定资产仍然以原价在购买企业的个别资产负债表中列示,因此首先必须将原价中包含的未实现内部销售损益的金额予以抵消;相应地销售企业以前会计期间由于该内部交易所实现的销售利润,形成销售当期的净利润的一部分并结转到以后会计期间,在其个别所有者权益变动表中列示,因此必须将期初未分配利润中包含的该未实现内部销售损益予以抵消,以调整期初未分配利润的金额。将内部交易形成的固定资产原价中包含的未实现内部销售损益抵消,并调整期初未分配利润。即按照原价中包含的未实现内部销售损益的金额,借记"未分配利润——年初"项目,贷记"固定资产——原价"项目。

其次,对于该固定资产在以前会计期间计提折旧而形成的期初累计折旧,由于将以前会计期间按包含未实现内部销售损益的原价为依据而多计提折旧的抵消,一方面必须按照以前会计期间累计多计提的折旧额抵消期初累计折旧;另一方面由于以前会计期间累计折旧抵消而影响到期初未分配利润,因此还必须调整期初未分配利润的金额。将以前会计期间内部交易形成的固定资产多计提的累计折旧抵消,并调整期初未分配利润。即按以前会计期间抵消该内部交易形成的固定资产多计提的累计折旧额,借记"固定资产——累计折旧"项目,贷记"未分配利润——年初"项目。

最后,该内部交易形成的固定资产在本期仍然计提了折旧,由于多计提折旧导致本期有关资产或费用项目增加并形成累计折旧,为此,一方面必须将本期多计提折旧而计入相关资产的成本或当期损益的金额予以抵消;另一方面将本期多计提折旧而形成的累计折旧额予以抵消。即按本期该内部交易形成的固定资产多计提的折旧额,借记"固定资产——累计折旧"项目,贷记"管理费用"等项目。

3. 内部交易形成的固定资产在清理期间的抵消处理

对于销售企业来说,因该内部交易实现的利润,作为期初未分配利润的一部分结转到以后的会计期间,直到购买企业对该内部交易形成的固定资产进行清理的会计期间为止。从购买企业来说,对内部交易形成的固定资产进行清理的期间,在其个别财务报表中表现为固定资产价值的减少;该固定资产清理收入减去该固定资产账面价值以及有关清理费用后的余额,则在其个别利润表中以营业外收入(或营业外支出)项目列示。在这种情况下,购买企业内部交易形成的固定资产实体已不复存在,包含未实现内部销售损益在内的该内部交易形成的固定资产的价值已全部转移到用其加工的产品价值或各期损益中去了,因此不存在未实现内部销售损益的抵消问题。从整个企业集团来说,随着该内部交易形成的固定资产的使用寿命届满,其包含的未实现内部销售损益也转化为已实现利润。但是,由于销售企业因该内部交易所实现的利润,作为期初未分配利润的一部分结转到购买企业对该内部交易形成的固定资产进行清理的会计期间为止。为此,必须调整期初未分配利润。在固定资产进行清理的会计期间,如果仍计提了折旧,本期计提的折旧费中仍然包含多计提的折旧额,因此需要将多计提的折旧额予以抵消。

第二种类型的内部固定资产交易,即企业集团内部企业将其自用的固定资产出售给集团内部的其他企业。对于销售企业来说,在其个别资产负债表中表现为固定资产的减少,同时在其个别利润表中表现为固定资产处置损益,当处置收入大于该固定资产账面价值时,表现为本期营业外收入;当处置收入小于固定资产账面价值时,则表现为本期营业外支出。对于购买企业来说,在其个别资产负债表中则表现为固定资产的增加,其固定资产原价中既包含该固定资产在原销售企业中的账面价值,也包含销售企业因该固定资产出售所实现的损益。但从整个企业集团来看,这一交易属于集团内部固定资产调拨性质,它既不能产生收益,也不会发生损失,固定资产既不能增值也不会减值。因此,必须将销售企业因该内部交易所实现的固定资产处置损益予以抵消,同时将购买企业固定资产原价中包含的未实现内部销售损益的金额予以抵消。通过抵消后,使其在合并财务报表中该固定资产原价仍然以销售企业的原账面价值反映。

【例 4-18】 假设 A 公司将其账面价值为 130 万元某项固定资产以 120 万元的价格出售给 B 公司仍作为管理用固定资产使用。A 公司因该内部固定资产交易发生处置损失 10 万元。假设 B 公司以 120 万元作为该项固定资产的成本入账,B 公司对该固定资产按 5 年的使用寿命采用年限平均法计提折旧,预计净残值为 0。该固定资产交易时间为 2×11 年 6 月 29 日,B 公司该内部交易固定资产在 2×11 年按 6 个月计提折旧。

本例有关抵消处理如下:

该固定资产的处置损失与固定资产原价中包含的未实现内部销售损益的抵消。

⑱ 借：固定资产——原价　　　　　　　　　　　100 000

　　贷：营业外支出　　　　　　　　　　　　　　100 000

⑲ 同时，确认该固定资产的应纳税暂时性差异的递延所得税影响(10－1)×25％＝2.25(万元)，其中，1 万元为当年已在 B 公司所得税前扣除的金额。

借：所得税费用　　　　　　　　　　　　　　22 500

　贷：递延所得税负债　　　　　　　　　　　　　22 500

该固定资产当期少计提折旧额的抵消。

该固定资产折旧年限为 5 年，原价为 120 万元，预计净残值为 0，2×11 年计提的折旧额为 12 万元，而按抵消其原价中包含的未实现内部销售损益后的原价计提的折旧额为 13 万元，当期少计提的折旧额为 1 万元。本例中应当按 1 万元分别抵消管理费用和累计折旧。

⑳ 借：管理费用　　　　　　　　　　　　　　10 000

　　贷：固定资产——累计折旧　　　　　　　　　　10 000

通过上述抵消分录，在合并工作底稿中固定资产累计折旧额增加 1 万元，管理费用增加 1 万元，在合并财务报表中该固定资产的累计折旧为 13 万元，该固定资产当期计提的折旧费为 13 万元。

其合并工作底稿见表 4-5。

四、报告期内增减子公司

(一) 增加子公司

母公司因追加投资等原因控制了另一个企业即实现了企业合并。根据《企业会计准则第 20 号——企业合并》的规定，企业合并形成母子公司关系的，母公司应当编制合并日或购买日的合并资产负债表。有关合并日或购买日合并资产负债表的编制，可参见企业合并准则的相关内容。但是，在企业合并发生当期的期末和以后会计期间，母公司应当根据合并财务报表准则的规定编制合并资产负债表，并分别以下两种情况进行处理：

(1) 同一控制下企业合并增加的子公司，视同该子公司从设立起就被母公司控制，编制合并资产负债表时，应当调整合并资产负债表所有相关项目的期初数，相应地，合并资产负债表的留存收益项目应当反映母公司如果一直作为一个整体运行至合并日应实现的盈余公积和未分配利润的情况。

(2) 非同一控制下企业合并增加的子公司，应当从购买日开始编制合并财务报表，不调整合并资产负债表的期初数。

需要说明的是，母公司在取得对子公司的控制权形成企业合并后，购买少数股东全部或部分权益的，实质上是股东之间的权益性交易，也应当分别个别财务报表和合并财务报表进行相关会计处理。在个别财务报表中的会计处理，参见“长期股权投资”的相关内容。在合并财务报表中，子公司的资产、负债应以购买日(或合并日)开始持续计算的金额反映。母公司新取得的长期股权投资与按照新增持股比例计算应享有子公司自购买日(或合并日)开始持续计算的可辨认净资产份额之间的差额,应当调整资本公积(资本溢价),资本溢价不足冲减的,应当冲减留存收益。

企业以非货币资产出资设立子公司或对子公司增资,在编制合并财务报表时,需要将该非货币资产调整恢复至原账面价值,并在此基础上持续编制合并财务报表。

(二) 处置子公司

在报告期内,如果母公司失去了决定被投资单位的财务和经营政策的能力,不再能够从其经营活动中获取利益,表明母公司不再控制被投资单位,被投资单位从处置日开始不再是母公司的子公司,不应继续将其纳入合并财务报表的合并范围,不调整合并资产负债表的期初数。

母公司因处置部分股权投资或其他原因丧失了对原有子公司控制权的,应当区分个别财务报表和合并财务报表进行相关会计处理:

在个别财务报表中的会计处理,参见“长期股权投资”的相关内容。

在合并财务报表中,对于剩余股权,应当按照其在处置日(即丧失控制权日)的公允价值进行重新计量。处置股权取得的对价与剩余股权公允价值之和,减去按原持股比例计算应享有原有子公司自购买日开始持续计算的净资产的份额之间的差额,计入丧失控制权当期的投资收益。如果存在相关的商誉,还应当扣除商誉。与原有子公司股权投资相关的其他综合收益,应当在丧失控制权时转为当期投资收益。母公司应当在合并财务报表附注中披露处置后的剩余股权在丧失控制权日的公允价值、按照公允价值重新计量产生的相关利得或损失的金额。

【例 4-19】 丙公司 2×13 年 6 月 30 日取得了丁公司 60%的股权,支付的现金为 9 000 万元;当日,丁公司可辨认净资产账面价值为 9 500 万元,公允价值为 10 000 万元,2×12 年 6 月 30 日,丙公司处置了对丁公司的一部分股权(占丁公司股份的 40%),取得处置价款 8 000 万元,处置后对丁公司的持股比例降为 20%(剩余 20%股权的公允价值为 4 000 万元),丧失了对丁公司的控制权;当日,丁公司可辨认净资产账面价值为 10 200 万元,公允价值为 10 700 万元。丁公司在 2×12 年 6 月 30 日至 2×13 年 7 月 1 日之间实现的净利润为 600 万元,其他综合收益为 100 万元。

丙公司在丧失对丁公司控制权当期的个别财务报表中,会计处理如下:

(1) 确认股权投资处置损益。

将处置价款(8 000 万元)与其账面价值(9 000×40%/60%=6 000 万元)之间的差额(2 000 万元)计入当期投资收益。

(2) 对于处置后剩余股权(即持有的丁公司 20%股权投资)的处理,可能存在以下三种情形:

一是对丁公司不具有控制、共同控制和重大影响,并且在活跃市场中没有报价、公允价值不能可靠计量,应当按其账面价值确认长期股权投资,并以成本法核算。

二是对丁公司不具有控制、共同控制和重大影响，并且在活跃市场中有报价、公允价值能够可靠计量的，应当按其账面价值确认为可供出售金融资产或交易性金融资产，并按照《企业会计准则第22号——金融工具确认和计量》的规定进行后续计量。

三是能够对丁公司实施共同控制或重大影响，属于因处置投资导致对被投资单位的影响能力从控制转为具有重大影响或者共同控制的情形应当先按成本法转为权益法的相关规定调整长期股权投资账面价值，再采用权益法核算。

如果属于第一种情形，丙公司应当按照账面价值3 000万元(9 000－6 000)作为长期股权投资，并采用成本法核算；

如果属于第二种情形，丙公司应当按照账面价值3 000万元转为可供出售金融资产或交易性金融资产，并按照《企业会计准则第22号——金融工具确认和计量》的规定进行后续计量。

如果属于第三种情形，丙公司应当按照以下三个步骤进行会计处理：

第一步，将剩余股权投资账面价值3 000万元与原投资时应享有丁公司可辨认净资产公允价值份额之间的差额(3 000－10 000×20%＝1 000万元)作为商誉，该部分商誉的价值不需要对长期股权投资的成本进行调整；

第二步，按照处置投资后持股比例计算享有丁公司2×12年6月30日至2×13年7月1日之间实现的净利润和其他综合收益为140万元[(600＋100)×20%]，应当调整增加长期股权投资的账面价值；

第三步，在以后期间采用权益法核算。

丙公司在丧失对丁公司控制权当期的合并财务报表(假定丙公司还存在其他子公司)中，应当按照以下四个步骤进行会计处理：

第一步，应当对剩余的对丁公司20%股权投资按照丧失控制权之日的公允价值进行重新计量(4 000万元)。

第二步，处置股权取得的对价(8 000万元)与剩余股权公允价值(4 000万元)之和(12 000万元)，减去按原持股比例(60%)计算应享有丁公司自购买日开始持续计算的净资产份额(10 700万元×60%＝6 420万元)之间的差额5 580万元(12 000－6 420)，计入丧失控制权当期的投资收益。由于本例中，丙公司在丧失控制权日存在对丁公司的商誉3 000万元(9 000－10 000×60%)，在计算处置丁公司的投资收益时，还应扣除3 000万元的商誉，计入丧失控制权当期投资收益的净额为2 580万元(5 580－3 000)。

第三步，丁公司其他综合收益中与丙公司持有股权(60%)相关的部分(100万元×60%＝60万元)，也应当转为当期投资收益。

第四步，在丧失对丁公司控制权当期的合并财务报表附注中，丙公司还应当披露其处置后剩余的丁公司20%股权在丧失控制权日的公允价值(4 000万元)、按照公允价值重新计量产生的相关利得金额(4 000－10 700×20%＝1 860万元)。

母公司处置对子公司的投资，如果没有丧失对子公司的控制权(即没有导致处置子公司)，也应当区分个别财务报表和合并财务报表进行相关会计处理。在个别财务报表中的会计处理，参见“长期股权投资”相关内容。在合并财务报表中，应当将处置价款与处置投资对应的享有该子公司净资产份额的差额调整资本公积(资本溢价)，资本溢价不足冲减的，应当冲减留存收益。

此外，母公司在合并财务报表的附注中还应当对以下事项作出披露：

(1) 母公司承诺准备按照已签订的不可撤销的转让协议处置子公司，不管是否对该子公司保留股权，在合并财务报表附注中，应当单独披露符合划分为持有待售条件的子公司相关资产、负债的情况。

(2) 母公司承诺准备按照已签订的不可撤销的转让协议处置子公司，该子公司如符合终止经营的确定条件，在合并财务报表附注中，应当披露与该终止经营相关的信息。

(3) 母公司取得子公司时，该子公司即符合划分为持有待售条件的，在合并财务报表附注中，只需披露该子公司净利润的金额，而不必对净利润的构成进行分析披露。

五、子公司发生超额亏损在合并资产负债表中的反映

子公司少数股东分担的当期亏损超过了少数股东在该子公司期初所有者权益中所享有份额的，其余额仍应当冲减少数股东权益，即少数股东权益可以出现负数。

六、合并资产负债表编制

为了便于理解和掌握合并资产负债表编制方法，了解合并资产负债表编制的过程，现就本节中合并资产负债表的编制举例综合说明如下：

【例 4-20】 沿用例 4-12～例 4-19，A 公司和 B 公司 2×11 年 12 月 31 日的个别资产负债表分别参见表 4-3 和表 4-4。

根据上述资料，A 公司首先应当设计合并工作底稿(见表 4-5)，将 A 公司、B 公司个别资产负债表的数据过入合并工作底稿，并计算资产负债表各项目的合计金额。其次应编制调整分录，按照 A 公司备查簿中所记录的 B 公司各项可辨认资产、负债及或有负债在购买日的公允价值的资料(见表 4-2)调整 B 公司的财务报表，将 B 公司的财务报表调整成以购买日可辨认资产、负债及或有负债的公允价值为基础编制的财务报表，再按照权益法调整 A 公司对 B 公司的长期股权投资。最后，编制抵消分录，将 A 公司与 B 公司之间的内部交易对合并资产负债表的影响予以抵消，编制完成合并资产负债表，参见表 4-6。

表 4-6 合并资产负债表

编制单位：A 公司　　　2×11 年 12 月 31 日　　　单位：万元

资　产	期末余额	年初余额	负债和股东权益	期末余额	年初余额
流动资产：			流动负债：		
货币资金	1 500		短期借款		
结算备付金			向中央银行借款		

续表

资　　产	期末余额	年初余额	负债和股东权益	期末余额	年初余额
拆出资金			吸收存款及同业存放		
交易性金融资产			拆入资金		
应收票据	1 300		交易性金融负债		
应收账款	2 085		应付票据	1 000	
预付款项	1 070		应付账款	3 000	
应收保费			预收账款	100	
应收分保账款			卖出回购金融资产款		
应收分保合同准备金			应付手续费及佣金		
应收利息			应付职工薪酬	1 100	
其他应收款			应交税费	860	
买入返售金融资产			应付利息		
存货	1 900		其他应付款		
一年内到期的非流动资产			应付分保账款		
其他流动资产			保险合同准备金		
流动资产合计	7 855		代理买卖证券款		
非流动资产：			代理承销证券款		
发放贷款及垫款			一年内到期的非流动负债		
可供出售金融资产	800		其他流动负债		
持有至到期投资	0		流动负债合计	6 060	
长期应收款			非流动负债：		
长期股权投资	1 700		长期借款	2 700	
投资性房地产			应付债券	600	
固定资产	6 284		长期应付款		
在建工程			专项应付款		
工程物资			预计负债		
固定资产清理			递延所得税负债	27.25	
生产性生物资产			其他非流动负债		
油气资产			非流动负债合计	3 327.25	
无形资产	623.75		负债合计	9 387.25	
开发支出			股东权益：		
商誉	120		股本	4 000	
长期待摊费用			资本公积	860	
递延所得税资产	55		减：库存股		
其他非流动资产			盈余公积	1 034.5	
非流动资产合计	9 582.75		一般风险准备		

续表

资　　产	期末余额	年初余额	负债和股东权益	期末余额	年初余额
			未分配利润	1 384.2	
			外币报表折算差额		
			归属于母公司所有者权益合计	7 278.7	
			少数股东权益	771.8	
			股东权益合计	8 050.5	
资产总计	17 437.75		负债和股东权益总计	17 437.75	

七、合并资产负债表的格式

合并资产负债表格式综合考虑了企业集团中一般工商企业和金融企业（包括商业银行、保险公司和证券公司等）的财务状况列报的要求，与个别资产负债表的格式基本相同，主要增加了四个项目：一是在“无形资产”项目下增加了“商誉”项目，用于反映非同一控制下企业合并中取得的商誉，即在控股合并下母公司对子公司的长期股权投资（合并成本）大于其在购买日子公司可辨认净资产公允价值份额的差额。二是在所有者权益项目下增加了“归属于母公司所有者权益合计”项目，用于反映企业集团的所有者权益中归属于母公司所有者权益的部分，包括实收资本（或股本）、资本公积、库存股、盈余公积、未分配利润和外币报表折算差额等项目的金额。三是在所有者权益项目下，增加了“少数股东权益”项目，用于反映非全资子公司的所有者权益中不属于母公司的份额。四是在“未分配利润”项目之后，“少数股东权益”项目之前，增加了“外币报表折算差额”项目，用于反映境外经营的资产负债表折算为人民币表示的资产负债表时所发生的折算差额中归属于母公司所有者权益的部分。合并资产负债表的一般格式如表4-6所示。

第五节　合并损益表

一、编制合并利润表时应进行抵消处理的项目

合并利润表应当以母公司和子公司的利润表为基础，在抵消母公司与子公司、子公司相互之间发生的内部交易对合并利润表的影响后，由母公司合并编制。

利润表作为以单个企业为会计主体进行会计核算的结果，分别从母公司本身和子公司本身反映其在一定会计期间的经营成果。在以其个别利润表为基础计算的收入和费用等项目的加总金额中，也必然包含有重复计算的因素。因此，编制合并利润表时，也需要将这些重复的因素予以剔除。编制合并利润表时需要进行抵消处理的，主要有如下项目。

（一）内部营业收入和内部营业成本的抵消处理

内部营业收入是指企业集团内部母公司与子公司、子公司相互之间发生的商品销售（或劳务提供，下同）活动所产生的营业收入。内部营业成本是指企业集团内部母公司与子公司、子公司相互之间发生的销售商品的营业成本。

在企业集团内部母公司与子公司、子公司之间发生内部购销交易的情况下，母公司和子公司都从自身的角度，以自身独立的会计主体进行核算反映其损益情况。从销售企业来说，以其内部销售确认当期销售收入并结转相应的销售成本，计算当期内部销售商品损益。从购买企业来说，其购进的商品可能用于对外销售，也可能是作为固定资产、工程物资、在建工程、无形资产等资产使用。

在购买企业将内部购进的商品用于对外销售时，可能出现以下三种情况：第一，内部购进商品全部实现对外销售；第二，内部购进的商品全部未实现销售，形成期末存货；第三，内部购进的商品部分实现对外销售，部分形成期末存货。在购买企业将内部购进的商品作为固定资产、工程物资、在建工程、无形资产等资产使用时，则形成其固定资产、工程物资、在建工程、无形资产等资产。因此，对内部销售收入和内部销售成本进行抵消时，应分别不同的情况进行处理。

(1) 母公司与子公司、子公司相互之间销售商品，期末全部实现对外销售。在这种情况下，从销售企业来说，销售给企业集团内其他企业的商品与销售给企业集团外部企业的情况下的会计处理相同，即在本期确认销售收入、结转销售成本、计算销售商品损益，并在其个别利润表中反映；对于购买企业来说，一方面要确认向企业集团外部企业的销售收入，另一方面要结转销售内部购进商品的成本，在其个别利润表中分别作为营业收入和营业成本反映，并确认销售损益。这也就是说，对于同一购销业务，在销售企业和购买企业的个别利润表中都作了反映。但从整个企业集团来看，这一购销业务只实现了一次对外销售，其销售收入只是购买企业向企业集团外部企业销售该产品的销售收入，其销售成本只是销售企业向购买企业销售该商品的成本。销售企业向购买企业销售该商品实现的收入属于内部销售收入，相应地，购买企业向企业集团外部企业销售该商品的销售成本则属于内部销售成本。因此在编制合并利润表时，必须将重复反映的内部营业收入与内部营业成本予以抵消。

【例 4-21】 假设 A 公司 2×11 年利润表的营业收入中有 3 500 万元，系向 B 公司销售产品取得的销售收入，该产品销售成本为 3 000 万元。B 公司在本期将该产品全部售出，其销售收入为 5 000 万元，销售成本为 3 500 万元，在 B 公司 2×11 年利润表中列示。

对此，编制合并利润表将内部销售收入和内部销售成本予以抵消时，应编制如下抵消分录：

㉑ 借：营业收入　　35 000 000

　　贷：营业成本　　35 000 000

其合并工作底稿见表 4-5。

(2) 母公司与子公司、子公司之间销售商品，期末未实现对外销售而形成存货的抵消处理。在内部购进的商品未实现对外销售的情况下，其抵消处理参见本章第二节有关“存货价值中包含的未实现内部销售损益的抵消”的内容。

(3) 母公司与子公司、子公司之间销售商品，期末部分实现对外销售、部分形成期末存货的抵消处理，即内部购进的商品部分实现对外销售、部分形成期末存货的情况。可以将内部购买的商品分解为两部分来理解：一部分为当期购进并全部实现对外销售；另一部分为当期购进但未实现对外销售而形成期末存货。

将例 4-21 和例 4-18 的抵消处理合在一起，就是第三种情况下的抵消处理。其抵消处理如下：

借：营业收入　　45 000 000(35 000 000＋10 000 000)

　贷：营业成本　　45 000 000(35 000 000＋10 000 000)

借：营业成本　　2 000 000(0＋2 000 000)

　贷：存货　　2 000 000(0＋2 000 000)

(二) 购买企业内部购进商品作为固定资产、无形资产等资产使用时的抵消处理

企业集团内母公司与子公司、子公司相互之间将自身的产品销售给其他企业作为固定资产(作为无形资产等的处理原则类似)使用的抵消处理，参见本章第二节有关“内部交易形成的固定资产在购入当期的抵消处理”的内容。

(三) 内部应收款项计提的坏账准备等减值准备的抵消处理

编制合并资产负债表时，需要将内部应收账款与应付账款相互抵消，与此相适应需要将内部应收账款计提的坏账准备予以抵消。相关抵消处理参见本章第二节有关“应收账款与应付账款的抵消处理”的内容。

(四) 内部投资收益(利息收入)和利息费用的抵消处理

企业集团内部母公司与子公司、子公司相互之间可能发生相互持有对方债券的内部交易。在持有母公司或子公司发行的企业债券(或公司债券，下同)的情况下，发行债券的企业计付的利息费用作为财务费用处理，并在其个别利润表“财务费用”项目中列示；而持有债券的企业，将购买的债券在其个别资产负债表“持有至到期投资”(本章为简化合并处理，假定购买债券的企业将该债券投资归类为持有至到期投资)项目中列示，当期获得的利息收入则作为投资收益处理，并在其个别利润表“投资收益”项目中列示。在编制合并财务报表时，应当在抵消内部发行的应付债券和持有至到期投资等内部债权债务的同时，将内部应付债券和持有至到期投资相关的利息费用与投资收益(利息收入)相互抵消，即将内部债券投资收益与内部发行债券的利息费用相互抵消。

【例 4-22】 沿用例 4-17，假设 B 公司 2×11 年确认的应向 A 公司支付的债券利息费用总额为 20 万元(假定该债券的票面利率与实际利率相差较小，发生的债券利息费用不

符合资本化条件)。

在编制合并利润表时,应将内部债券投资收益与应付债券利息费用相互抵消,其抵消分录为:

㉒ 借:投资收益　　　　　　　　　　　　　200 000

　　贷:财务费用　　　　　　　　　　　　　　　200 000

其合并工作底稿参见表 4-5。

(五)内部持有对方长期股权投资的投资收益的抵消处理

内部投资收益是指母公司对子公司或子公司对母公司、子公司相互之间的长期股权投资的收益,即母公司对子公司的长期股权投资在合并工作底稿中按权益法调整的投资收益,实际上就是子公司当期营业收入减去营业成本和期间费用、所得税费用等后的余额与其持股比例相乘的结果。

在子公司为全资子公司的情况下,母公司对某一子公司在合并工作底稿中按权益法调整的投资收益,实际上就是该子公司当期实现的净利润。编制合并利润表时,需要将子公司的营业收入、营业成本和期间费用视为母公司本身的营业收入、营业成本和期间费用同等看待,与母公司相应的项目进行合并,因此,编制合并利润表时,母公司必须将对子公司长期股权投资收益予以抵消,同时,相应地应当将子公司的个别所有者权益变动表中本年利润分配各项目的金额,包括提取盈余公积、对所有者(或股东)的分配和期末未分配利润的金额都必须予以抵消。在子公司为全资子公司的情况下,子公司本期净利润就是母公司本期对子公司长期股权投资按权益法调整的投资收益。假定子公司期初未分配利润为零,子公司本期净利润就是子公司本期可供分配的利润,是本期子公司利润分配的来源,而子公司本期利润分配(包括提取盈余公积、对所有者(或股东)的分配等)的金额与期末未分配利润的金额则是本期利润分配的结果。母公司对子公司的长期股权投资按权益法调整的投资收益正好与子公司的本年利润分配项目相抵消。在子公司为非全资子公司的情况下,母公司本期对子公司长期股权投资按权益法调整的投资收益与本期少数股东损益之和就是子公司本期净利润,同样假定子公司期初未分配利润为零,母公司本期对子公司长期股权投资按权益法调整的投资收益与本期少数股东损益之和,正好与子公司本年利润分配项目相抵消。

至于子公司个别所有者权益变动表中本年利润分配项目中的"未分配利润——年初"项目,作为子公司以前会计期间净利润的一部分,在全资子公司的情况下已全额包括在母公司以前会计期间按权益法调整的投资收益之中,从而包括在母公司按权益法调整的本期期初未分配利润之中。因此,也应将其予以抵消。从子公司个别所有者权益变动表来看,其期初未分配利润加上本期净利润就是其本期利润分配的来源;而本期利润分配和期末未分配利润则是利润分配的结果。母公司本期对子公司长期股权投资按权益法调整的投资收益和子公司期初未分配利润正好与子公司本年利润分配项目相抵消。在子公司为非全资子公司的情况下,母公司本期对子公司长期股权投资按权益法调整的投资收益、本期少数股东损益和期初未分配利润与子公司本年利润分配项目也正好相抵消。

【例 4-23】 沿用例 4-14 假设 A 公司和 B 公司 2×11 年度所有者权益变动表如表 4-11 所示。

A 公司拥有 B 公司 80%的股份。在合并工作底稿中 A 公司按权益法调整的 B 公司本期投资收益为 627.2 万元(784×80%),B 公司本期少数股东损益为 156.8 万元(784×20%)。B 公司年初未分配利润为 0 元,B 公司本期计提的盈余公积 100 万元、分派现金股利 600 万元、未分配利润 84 万元(784 万元－分派的现金股利 600 万元－按调整前净利润计提盈余公积 100 万元)。为此,对 B 公司 2×11 年利润分配进行抵消处理时,在合并工作底稿中应编制如下抵消分录:

㉓ 借:投资收益　　6 272 000
　　少数股东损益　　1 568 000
　　未分配利润——年初　　0
　贷:提取盈余公积　　1 000 000
　　对所有者(或股东)的分配　　6 000 000
　　未分配利润——年末　　840 000

其合并工作底稿见表 4-5。

二、报告期内增减子公司

(一) 增加子公司

母公司因追加投资等原因控制了另一个企业即实现了企业合并。根据《企业会计准则第 20 号——企业合并》的规定,企业合并形成母子公司关系的,母公司应当编制合并日的合并利润表。有关合并日合并利润表的编制,可参见“企业合并”的相关内容。但是,在企业合并发生当期的期末和以后会计期间,母公司应当根据合并财务报表准则的规定编制合并利润表,并分别以下两种情况进行处理:

(1) 同一控制下企业合并增加的子公司,应视同合并后形成的报告主体自最终控制开始实施控制时一直是一体化存续下来的,经营成果应持续计算,因此,在编制合并利润表时,应当将该子公司合并当期期初至报告期末的收入、费用、利润纳入合并利润表,而不是从合并日开始纳入合并利润表。由于这部分净利润是因企业合并准则所规定的同一控制下企业合并的编表原则所致,而非母公司管理层通过生产经营活动实现的净利润,因此应当在合并利润表中单列“其中:被合并方在合并前实现的净利润”项目反映。

(2) 非同一控制下企业合并增加的子公司,在编制合并利润表时,应当将该子公司购买日至报告期末的收入、费用、利润纳入合并利润表。

(二) 处置子公司

母公司在报告期内处置子公司,应当将该子公司期初至处置日的收入、费用、利润纳入合并利润表。

三、合并利润表的编制

为了便于理解和掌握合并利润表的编制方法，了解合并利润表编制的全过程，现就本节中合并利润表的编制举例综合说明如下：

【例 4-24】 沿用例 4-12～例 4-17 和例 4-21～例 4-23，A 公司与 B 公司 2×11 年度个别利润表的资料参见表 4-7。

表 4-7 利润表(简表)

2×11 年度　　　　单位：万元

项　　目	A 公司	B 公司
一、营业收入	8 700	6 140
减：营业成本	4 425	4 570
营业税金及附加	300	125
销售费用	15	10
管理费用	100	62
财务费用	300	40
资产减值损失	25	
加：公允价值变动收益(损失以"—"号填列)		
投资收益(损失以"—"号填列)	500	
二、营业利润(亏损以"—"号填列)	4 035	1 333
加：营业外收入		
减：营业外支出	10	
三、利润总额(亏损以"—"号填列)	4 025	1 333
减：所得税费用	1 000	333
四、净利润(亏损以"—"号填列)	3 025	1 000
五、其他综合收益		75
六、综合收益总额	3 025	1 075

根据上述资料，A 公司首先应当设计合并工作底稿(见表 4-5)，将 A 公司、B 公司个别利润表的数据过入合并工作底稿，并计算利润表各项目的合计金额。其次，编制调整分录，按照 A 公司备查簿中所记录的 B 公司可辨认资产、负债及或有负债在购买日的公允价值的资料(见表 4-1)调整 B 公司的财务报表，将 B 公司的财务报表调整成以购买日可辨认资产、负债及或有负债的公允价值为基础编制的财务报表，按照权益法调整 A 公司对 B 公司的长期股权投资。最后，编制抵消分录，将 A 公司与 B 公司之间的内部交易对

合并利润表的影响予以抵消。

四、合并利润表的基本格式

合并利润表的格式综合考虑了企业集团中一般工商企业和金融企业(包括商业银行、保险公司和证券公司)的经营成果列报的要求。

合并利润表主要反映以下几方面的内容：①营业总收入，反映企业集团营业收入总额，其中，营业收入反映企业集团中一般工商企业实现的营业收入，包括主营业务收入和其他业务收入；利息收入反映企业集团中金融企业(商业银行)实现的利息收入；已赚保费反映企业集团中保险公司保费收入扣除提取未到期责任准备金后的净收入；手续费及佣金收入反映企业集团中金融企业实现的手续费及佣金收入。②营业利润，营业总收入减去营业总成本(营业成本、利息支出、手续费及佣金支出、退保金、赔付支出净额、提取保险责任准备金净额、保单红利支出、分保费用、营业税金及附加、销售费用、管理费用、财务费用、资产减值损失)，加上公允价值变动收益、投资收益、汇兑收益，即为营业利润。③利润总额，营业利润加上营业外收入，减去营业外支出，即为利润总额。④净利润，利润总额减去所得税费用，即为净利润。净利润也等于归属于母公司所有者的净利润加上少数股东损益。

与个别利润表相比，合并利润表主要增加了两个项目，即在“净利润”项目下增加“归属于母公司所有者的净利润”和“少数股东损益”两个项目，分别反映净利润中由母公司所有者所享有的份额和非全资子公司当期实现的净利润中属于少数股东权益的份额，即不属于母公司享有的份额。归属于母公司所有者的净利润与少数股东损益之和等于合并净利润。在属于同一控制下企业合并增加的子公司当期的合并利润表中还应在“净利润”项目之下增加“其中：被合并方在合并前实现的净利润”项目，用于反映同一控制下企业合并中取得的被合并方在合并日以前实现的净利润。但是，“被合并方在合并前实现的净利润”应当在母公司所有者和少数股东之间分配，如果全部不属于母公司所有者，则应同时列示在“少数股东损益”项目之中，仍然保持合并净利润＝归属于母公司所有者的净利润＋少数股东损益的平衡关系。在“综合收益总额”项目下增加了“归属于母公司所有者的综合收益总额”和“归属于少数股东的综合收益总额”两个项目，分别反映综合收益总额中母公司所有者所享有的份额和非全资子公司当期综合收益总额中归属于少数股东权益的份额，即不属于母公司享有的份额，仍然保持“综合收益总额＝归属于母公司所有者的综合收益总额＋归属于少数股东的综合收益总额”的平衡关系。合并利润表的一般格式见表4-8。

根据上述合并工作底稿(表4-5)的合并金额，可编制该企业集团2×11年合并利润表(见表4-8)。

表 4-8　合并利润表

编制公司：A 公司　　　　2×11 年度　　　　单位：万元

项　　目	本年金额	上年金额
一、营业总收入	10 040	
其中：营业收入	10 040	
利息收入		
已赚保费		
手续费及佣金收入		
二、营业总成本	5 353	
其中：营业成本	4 425	
利息支出		
手续费及佣金支出		
退保金		
赔付支出净额		
提取保险责任准备金净额		
保单红利支出		
分保费用		
营业税金及附加	425	
销售费用	25	
管理费用	158	
财务费用	320	
资产减值损失	0	
加：公允价值变动收益(损失以"－"号填列)		
投资收益(损失以"－"号填列)	0	
其中：对联营企业和合营企业的投资收益		
汇兑收益(损失以"－"号填列)		
三、营业利润(亏损以"－"号填列)	468	
加：营业外收入		
减：营业外支出	0	
其中：非流动资产处置损失		
四、利润总额(亏损以"－"号填列)	468	
减：所得税费用	128	
五、净利润(亏损以"－"号填列)	340	

续表

项　目	本年金额	上年金额
归属于母公司所有者的净利润	324	
少数股东损益	156	
六、每股收益		
（一）基本每股收益		
（二）稀释每股收益		
七、其他综合收益	75	
八、综合收益总额	347	
归属于母公司所有者权益的综合收益总额	330	
归属于少数股东的综合收益总额	171	

第六节　合并现金流量表

合并现金流量表是综合反映母公司及其所有子公司组成的企业集团在一定会计期间现金流入、现金流出和现金净变化情况的会计报表，合并现金流量表的编制也成为各国会计实务的重要内容。

现金流量表要求按照收付实现制反映企业经济业务所引起的现金流入和流出，其有关经营活动产生的现金流量的编制方法有直接法和间接法两种。《企业会计准则第31号——现金流量表》明确规定企业应当采用直接法列示经营活动产生的现金流量。在采用直接法的情况下，以合并利润表有关项目的数据为基础，调整得出本期的现金流入和现金流出：分别经营活动产生的现金流量、投资活动产生的现金流量、筹资活动产生的现金流量三大类，反映企业集团在一定会计期间的现金流量情况。

需要说明的是，某些现金流量在进行抵消处理后，需站在企业集团的角度，重新对其进行分类。比如，母公司持有子公司向其购买商品所开具的商业承兑汇票向商业银行申请贴现，母公司所取得现金在其个别现金流量表反映为经营活动的现金流入，在将该内部商品购销活动所产生的债权与债务抵消后，母公司向商业银行申请贴现取得的现金在合并现金流量表中应重新归类为筹资活动的现金流量列示。

合并现金流量表的编制原理、编制方法和编制程序与合并资产负债表、合并利润表的相同。即首先编制合并工作底稿，将母公司和所有子公司的个别现金流量表各项目的数据全部过入同一合并工作底稿；然后根据当期母公司与子公司以及子公司相互之间发生的影响其现金流量增减变动的内部交易，编制相应的抵消分录，通过抵消分录将个别现金流量表中重复反映的现金流入量和现金流出量予以抵消；最后，在此基础上计算出合并现金流量表的各项目的合并金额，并填制合并现金流量表。

合并现金流量表补充资料，既可以以母公司和所有子公司的个别现金流量表为基础，在抵消母公司与子公司、子公司相互之间发生的内部交易对合并现金流量表的影响后进行编制，也可以直接根据合并资产负债表和合并利润表进行编制。

一、编制合并现金流量表时应进行抵消处理的项目

现金流量表作为以单个企业为会计主体进行会计核算的结果，分别从母公司本身和子公司本身反映其在一定会计期间现金流入和现金流出。在以其个别现金流量表为基础计算的现金流入和现金流出项目的加总金额中，也必然包含有重复计算的因素，因此，编制合并现金流量表时，也需要将这些重复的因素予以剔除。下面为编制合并现金流量表时需要进行抵消处理的项目。

（一）企业集团内部当期以现金投资或收购股权增加的投资所产生的现金流量的抵消处理

母公司直接以现金对子公司进行的长期股权投资或以现金从子公司的其他所有者（即企业集团内的其他子公司）处收购股权，表现为母公司现金流出，在母公司个别现金流量表中作为投资活动现金流出列示。子公司接受这一投资（或处置投资）时，表现为现金流入，在其个别现金流量表中反映为筹资活动的现金流入（或投资活动的现金流入）。

从企业集团整体来看，母公司以现金对子公司进行的长期股权投资实际上相当于母公司将资本拨付下属核算单位，并不引起整个企业集团的现金流量的增减变动。因此，编制合并现金流量表时，应当在母公司与子公司现金流量表数据简单相加的基础上，将母公司当期以现金对子公司长期股权投资所产生的现金流量予以抵消。

（二）企业集团内部当期取得投资收益收到的现金与分配股利、利润或偿付利息支付的现金的抵消处理

母公司对子公司进行的长期股权投资和债权投资，在持有期间收到子公司分派的现金股利（利润）或债券利息，表现为现金流入，在母公司个别现金流量表中作为取得投资收益收到的现金列示。子公司向母公司分派现金股利（利润）或支付债券利息，表现为现金流出，在其个别现金流量表中反映为分配股利、利润或偿付利息支付的现金。从整个企业集团来看，这种投资收益的现金收支，并不引起整个企业集团的现金流量的增减变动。因此，编制合并现金流量表时，应当在母公司与子公司现金流量表数据简单相加的基础上，将母公司当期取得投资收益收到的现金与子公司分配股利、利润或偿付利息支付的现金予以抵消。

【例 4-25】 沿用例 4-12～例 4-15，A 公司应编制如下抵消分录：

㉔ 借：分配股利、利润或偿付利息支付的现金　　5 000 000

　　贷：取得投资收益收到的现金　　　　　　　5 000 000

其合并工作底稿见表 4-5。

（三）企业集团内部以现金结算债权与债务所产生的现金流量的抵消处理

母公司与子公司、子公司相互之间当期以现金结算应收账款或应付账款等债权与债务，表现为现金流入或现金流出，在母公司个别现金流量表中作为收到其他与经营活动有关的现金或支付其他与经营活动有关的现金列示，在子公司个别现金流量表中作为支付其他与经营活动有关的现金或收到其他与经营活动有关的现金列示。从整个企业集团来看，这种现金结算债权与债务，并不引起整个企业集团的现金流量的增减变动。因此，编制合并现金流量表时，应当在母公司与子公司现金流量表数据简单相加的基础上，将母公司当期以现金结算债权与债务所产生的现金流量予以抵消。

（四）企业集团内部当期销售商品所产生的现金流量的抵消处理

母公司向子公司当期销售商品（或子公司向母公司销售商品或子公司相互之间销售商品，下同）所收到的现金，表现为现金流入，在母公司个别现金流量表中作为销售商品、提供劳务收到的现金列示。子公司向母公司支付购货款，表现为现金流出，在其个别现金流量表中反映为购买商品、接受劳务支付的现金。从整个企业集团来看，这种内部商品购销现金收支，并不会引起整个企业集团的现金流量的增减变动。因此，编制合并现金流量表时，应当在母公司与子公司现金流量表数据简单相加的基础上，将母公司与子公司、子公司相互之间当期销售商品所产生的现金流量予以抵消。

【例 4-26】 沿用例 4-17、例 4-18 和例 4-21，假设 A 公司 2×11 年向 B 公司销售商品的价款 3 500 万元中实际收到 B 公司支付的银行存款为 2 600 万元，同时 B 公司还向 A 公司开具了票面金额为 400 万元的商业承兑汇票。B 公司 2×11 年向 A 公司销售商品 1 000 万元的价款全部收到。应编制如下抵消分录：

㉕ 借：购买商品、接受劳务支付的现金　　36 000 000
　　贷：销售商品、提供劳务收到的现金　　36 000 000

其合并工作底稿见表 4-5。

【例 4-27】 沿用例 4-19，假设 B 公司 2×11 年 1 月 1 日向 A 公司销售商品 300 万元的价款全部收到。应编制如下抵消分录：

㉖ 借：购建固定资产、无形资产和其他长期资产支付的现金　　3 000 000
　　贷：销售商品、提供劳务收到的现金　　3 000 000

其合并工作底稿见表 4-5。

（五）企业集团内部处置固定资产等收回的现金净额与购建固定资产等支付的现金的抵消处理

母公司向子公司处置固定资产等长期资产，表现为现金流入，在母公司个别现金流量表中作为处置固定资产、无形资产和其他长期资产收回的现金净额列示。子公司表现为现金流出，在其个别现金流量表中反映为购建固定资产、无形资产和其他长期资产支付的现金。从整个企业集团来看,这种固定资产处置与购置的现金收支,并不会引起整个企业集团的现金流量的增减变动。因此,编制合并现金流量表时,应当在母公司与子公司现金流量表数据简单相加的基础上,将母公司与子公司、子公司相互之间处置固定资产、无形资产和其他长期资产收回的现金净额与购建固定资产、无形资产和其他长期资产支付的现金相互抵消。

【例 4-28】 沿用例 4-19,假设 A 公司向 B 公司出售固定资产的价款 120 万元全部收到。

应编制如下抵消分录:

㉗ 借:购建固定资产、无形资产和其他长期资产收到的现金　　1 200 000

　　贷:处置固定资产、无形资产和其他长期资产支付的现金　　1 200 000

其合并工作底稿见表 4-5。

二、报告期内增减子公司的处理

(一) 增加子公司

母公司因追加投资等原因控制了另一个企业即实现了企业合并。根据《企业会计准则第 20 号——企业合并》的规定,企业合并形成母子公司关系的,母公司应当编制合并日的合并现金流量表。有关合并日合并现金流量表的编制,可参见“企业合并准则”的相关内容。但是,在企业合并发生当期的期末和以后会计期间,母公司应当根据合并报表准则的规定编制合并现金流量表。合并报表准则规定,在编制合并现金流量表时,应当区分同一控制下的企业合并增加的子公司和非同一控制下的企业合并增加的子公司两种情况。

(1) 同一控制下企业合并增加的子公司,在编制合并现金流量表时,应当将该子公司合并当期期初至报告期末的现金流量纳入合并现金流量表。

(2) 非同一控制下企业合并增加的子公司,在编制合并现金流量表时,应当将该子公司购买日至报告期末的现金流量纳入合并现金流量表。

(二) 处置子公司

母公司在报告期内处置子公司,应将该子公司期初至处置日的现金流量纳入合并现金流量表。

三、合并现金流量表中有关少数股东权益项目的反映

合并现金流量表编制与个别现金流量表相比,一个特殊的问题就是在子公司为非全资子公司的情况下,涉及子公司与其少数股东之间的现金流入和现金流出的处理问题。

对于子公司与少数股东之间发生的现金流入和现金流出,从整个企业集团来看,也影响到其整体的现金流入和流出数量的增减变动,必须在合并现金流量表中予以反映。子公司与少数股东之间发生的影响现金流入和现金流出的经济业务包括:少数股东对子公

司增加权益性投资、少数股东依法从子公司中抽回权益性投资、子公司向其少数股东支付现金股利或利润等。为了便于企业集团合并财务报表使用者了解掌握企业集团现金流量的情况，有必要将子公司与少数股东之间的现金流入和现金流出的情况单独予以反映。

对于子公司的少数股东增加在子公司中的权益性投资，在合并现金流量表中应当在“筹资活动产生的现金流量”之下的“吸收投资收到的现金”项目下“其中：子公司吸收、少数股东投资收到的现金”项目中反映。

对于子公司向少数股东支付现金股利或利润，在合并现金流量表中应当在“筹资活动产生的现金流量”之下的“分配股利、利润或偿付利息支付的现金”项目下“其中：子公司支付给少数股东的股利、利润”项目中反映。

对于子公司的少数股东依法抽回在子公司中的权益性投资，在合并现金流量表中应当在“筹资活动产生的现金流量”之下的“支付其他与筹资活动有关的现金”项目中反映。

需要说明的是，在企业合并当期，母公司购买子公司及其他营业单位支付对价中以现金支付的部分与子公司及其他营业单位在购买日持有的现金和现金等价物应当相互抵消，区别两种情况分别处理：

（1）子公司及其他营业单位在购买日持有的现金和现金等价物小于母公司支付对价中以现金支付的部分，按减去子公司及其他营业单位在购买日持有的现金和现金等价物后的净额在“取得子公司及其他营业单位支付的现金净额”项目中反映，应编制的抵消分录为：借记“取得子公司及其他营业单位支付的现金净额”项目，贷记“年初现金及现金等价物余额”项目。

（2）子公司及其他营业单位在购买日持有的现金和现金等价物大于母公司支付对价中以现金支付的部分，按减去子公司及其他营业单位在购买日持有的现金和现金等价物后的净额在“收到其他与投资活动有关的现金”项目中反映，应编制的抵消分录为：借记“取得子公司及其他营业单位支付的现金净额”项目和“收到其他与投资活动有关的现金”项目，贷记“年初现金及现金等价物余额”项目。

四、合并现金流量表的编制

为了便于理解和掌握合并现金流量表编制方法，了解合并现金流量表编制的全过程，现就本节中合并现金流量表的编制举例综合说明如下：

【例 4-29】 沿用例 4-14 及例 4-25～例 4-28，A 公司与 B 公司 2×11 年度个别现金流量表的资料参见表 4-9。

表 4-9 现金流量表

2×11 年度　　　　单位：万元

项　　目	A 公司	B 公司
一、经营活动产生的现金流量：		
销售商品、提供劳务收到的现金	7 795	5 990

续表

项　　目	A公司	B公司
收到的税费返还		
收到其他与经营活动有关的现金		
经营活动现金流入小计	7 795	5 990
购买商品、接受劳务支付的现金	1 420	3 270
支付给职工以及为职工支付现金	1 100	250
支付的各项税费	1 820	758
支付其他与经营活动有关的现金	45	22
经营活动现金流出小计	4 385	4 300
经营活动产生的现金流量净额	3 410	1 690
二、投资活动产生的现金流量：		
收回投资收到的现金		
取得投资收益收到的现金	500	
处置固定资产、无形资产和其他长期资产收回的现金净额	120	
处置子公司及其他营业单位收到的现金净额		
收到其他与投资活动有关的现金		
投资活动现金流入小计	620	
购建固定资产、无形资产和其他长期资产所支付的现金	930	800
投资支付的现金		
取得子公司及其他营业单位支付的现金净额	3 000	
支付其他与投资活动有关的现金		
投资活动现金流出小计	3 930	800
投资活动产生的现金流量净额	－331	－80
三、筹资活动产生的现金流量：		
吸收投资收到的现金		
取得借款收到的现金		
收到其他与筹资活动有关的现金		
筹资活动现金流入小计		
偿还债务支付的现金		
分配股利、利润或偿付利息支付的现金	2 100	690
支付其他与筹资活动有关的现金		
筹资活动现金流出小计	2 100	690

续表

项　　目	A公司	B公司
筹资活动产生的现金流量净额	-210	-69
四、汇率变动对现金的影响额		
五、现金及现金等价物净增加额	-200	200
加：年初现金及现金等价物余额	3 000	300
六、年末现金及现金等价物余额	1 000	500

A公司在购买日(2×11年1月1日)支付银行存款3 000万元购得B公司80%的股份，从而取得对B公司的控制权，使B公司成为其子公司。在该日，B公司实际持有货币资金300万元，在编制合并现金流量表时，应在合并工作底稿中编制如下抵消分录：

㉘ 借：取得子公司及其他营业单位支付的现金净额　　3 000 000

　　贷：年初现金及现金等价物　　3 000 000

根据上述资料，A公司首先应当设计合并工作底稿(见表4-5)，将A公司、B公司个别现金流量表的数据过入合并工作底稿，并计算现金流量表各项目的合计金额。其次，编制抵消分录，将A公司与B公司之间的内部交易对合并现金流量表的影响予以抵消。

五、合并现金流量表格式

合并现金流量表的格式综合考虑了企业集团中一般工商企业和金融企业(包括商业银行、保险公司和证券公司)的现金流入和现金流出列报的要求，与个别现金流量表的格式基本相同，主要增加了反映金融企业行业特点和经营活动现金流量项目。合并现金流量表的一般格式见表4-10。

根据上述合并工作底稿(表4-5)的合并金额，可编制该企业集团20×7年度合并现金流量表(见表4-10)。

表4-10　合并现金流量表

编制公司：A公司　　20×7年度　　单位：万元

项　　目	本年金额	上年金额
一、经营活动产生的现金流量：		
销售商品、提供劳务收到的现金	9 885	
客户存款和同业存放款项净增加额		
向中央银行借款净增加额		
向其他金融机构拆入资金净增加额		
收到原保险合同保费取得的现金		
收到再保险业务现金净额		

续表

项　　目	本年金额	上年金额
保户储金及投资款净增加额		
处置交易性金融资产净增加额		
收取利息、手续费及佣金净增加额		
拆入资金净增加额		
回购业务资金净增加额		
收到的税费返还		
收到其他与经营活动有关的现金		
经营活动现金流入小计	9 885	
购买商品、接受劳务支付的现金	1 090	
客户贷款及垫款净增加额		
存放中央银行和同业款项净增加额		
支付原保险合同赔付款项的现金		
支付利息、手续费及佣金的现金		
支付保单红利的现金		
支付给职工以及为职工支付的现金	1 350	
支付的各项税费	2 578	
支付其他与经营活动有关的现金	67	
经营活动现金流出小计	5 085	
经营活动产生的现金流量净额	4 800	
二、投资活动产生的现金流量：		
收回投资收到的现金		
取得投资收益收到的现金		
处置固定资产、无形资产和其他长期资产收回的现金净额		
处置子公司及其他营业单位收到的现金净额		
收到其他与投资活动有关的现金		
投资活动现金流入小计	0	
购建固定资产、无形资产和其他长期资产所支付的现金	1 310	
投资支付的现金		
质押贷款净增加额		
取得子公司及其他营业单位支付的现金净额	2 700	
支付其他与投资活动有关的现金		
投资活动现金流出小计	4 010	

续表

项　　目	本年金额	上年金额
投资活动产生的现金流量净额	－4 010	
三、筹资活动产生的现金流量：		
吸收投资收到的现金		
其中：子公司吸收少数股东投资收到的现金		
取得借款收到的现金		
发行债券收到的现金		
收到其他与筹资活动有关的现金		
筹资活动现金流入小计		
偿还债务支付的现金		
分配股利、利润或偿付利息支付的现金	2 290	
其中：子公司支付给少数股东的股利、利润	120	
支付其他与筹资活动有关的现金		
筹资活动现金流出小计	2 290	
筹资活动产生的现金流量净额	－2 290	
四、汇率变动对现金的影响额		
五、现金及现金等价物净增加额	－1 500	
加：年初现金及现金等价物余额	3 000	
六、年末现金及现金等价物余额	1 500	

第七节　合并所有者权益变动表

合并所有者权益变动表是反映构成企业集团所有者权益的各组成部分当期的增减变动情况的财务报表。

合并财务报表准则规定，合并所有者权益变动表应当以母公司和子公司的所有者权益变动表为基础，在抵消母公司与子公司、子公司相互之间发生的内部交易对合并所有者权益变动表的影响后，由母公司合并编制。合并所有者权益变动表也可以根据合并资产负债表和合并利润表进行编制。

所有者权益变动表是作为以单个企业为会计主体进行会计核算的结果，分别从母公司本身和子公司本身反映其在一定会计期间所有者权益构成及其变动情况。在以其个别所有者权益变动表为基础计算的各所有者权益构成项目的加总金额中，也必然包含重复计算的因素。因此，编制合并所有者权益变动表时，也需要将这些重复的因素予以剔除。

编制合并所有者权益变动表时需要进行抵消处理的项目：①母公司对子公司的长期股权投资与母公司在子公司所有者权益中所享有的份额相互抵消，其抵消处理参见本章第二节有关“长期股权投资与子公司所有者权益的抵消处理”的内容。②母公司对子公司、子公司相互之间持有对方长期股权投资的投资收益应当抵消等，其抵消处理参见本章第三节有关“母公司与子公司、子公司相互之间持有对方长期股权投资的投资收益的抵消处理”的内容。需要说明的是，从合并财务报表前后一致的理念、原则出发，将母公司及其全部子公司构成的企业集团作为一个会计主体，反映集团外部交易的情况，企业集团内部母子公司之间的投资收益和利润分配与其他内部交易一样应当相互抵消。同时，应当关注合并所有者权益变动表“未分配利润”的年末余额，将其中子公司当年提取的盈余公积归属于母公司的金额进行单项附注披露。

还需要说明的是，子公司在“专项储备”项目中反映的按照国家相关规定提取的安全生产费等，专项储备不属于其他综合收益，也与留存收益不同，在长期股权投资与子公司所有者权益相互抵消后，应当按归属于母公司所有者的份额予以恢复，借记“未分配利润”项目，贷记“专项储备”项目。子公司其他所有者权益变动的影响中可供出售金融资产公允价值变动净额归属于母公司的份额等，在编制合并所有者权益变动表时，也应在合并工作底稿中进行重分类，将其由“权益法下被投资单位其他所有者权益变动的影响”项目反映调整至“可供出售金融资产公允价值变动净额”等项目反映。

一、合并所有者权益变动表的编制

为了便于理解和掌握合并所有者权益变动表编制方法，了解合并所有者权益变动表编制的全过程，现就本节中合并所有者权益变动表的编制举例综合说明如下：

【例 4-30】 沿用例 4-14 和例 4-23，A 公司与 B 公司 2×11 年度个别所有者权益变动表如表 4-11 所示。

A 公司采用权益法核算 B 公司其他所有者权益变动的影响中 B 公司可供出售金融资产公允价值变动净额归属于 A 公司的份额，在编制合并所有者权益变动表时，应在合并工作底稿中编制如下抵消分录：

㉙ 借：权益法下被投资单位其他所有者权益变动的影响　　600 000

　　贷：可供出售金融资产公允价值变动净额　　600 000

根据上述资料，A 公司首先应当设计合并工作底稿（见表 4-5），将 A 公司、B 公司个别所有者权益变动表的数据过入合并工作底稿，并计算所有者权益变动表各项目的合计金额。其次，编制抵消分录，将 A 公司与 B 公司之间的内部交易对所有者权益变动表的影响予以抵消。

表 4-11 所有者权益变动表(简表)

2×11 年度

单位：万元

项　目	A公司					B公司				
	实收资本（或股本）	资本公积	盈余公积	未分配利润	所有者权益合计	实收资本（或股本）	资本公积	盈余公积	未分配利润	所有者权益合计
一、上年年末余额	4 000	800	732	468	6 000	2 000	1 500			3 500
加：会计政策变更										
前期差错更正										
二、本年年初余额	4 000	800	732	468	6 000	2 000	1 500			3 500
三、本年增减变动数(减少以“—”填列)										
（一）净利润				302	3 025				1 000	1 000
（二）直接计入所有者权益的利得和损失										
（三）可供出售金融资产公允价值变动净额							75			100
（四）利润分配			30	−23	−2 025			100	−700	−600
1. 提取盈余公积			30	−30	0			100	−100	
2. 对所有者(或股东)的分配				−20	−2 025				−600	−600
四、本年年末余额	4 000	800	10	116	7 000	2 000	1 600	100	−300	4 000

表 4-12　合并所有者权益变动表

2×11 年度

单位：万元

项　　目	本年金额									上年金额							
	归属于母公司所有者权益								所有者权益合计	归属于母公司所有者权益							所有者权益合计
	资本公积	减：库存股	盈余公积	一般风险准备	未分配利润	其他	少数股东权益		实收资本(或股本)	资本公积	减：库存股	盈余公积	一般风险准备	未分配利润	其他	少数股东权益	
一、上年年末余额	800		732		468			6 000									
加：会计政策变更								720									
前期差错更正																	
二、本年年初余额	800		732		468		720	6 720									
三、本年增减变动金额(减少以“－”填列)	60		302.5		916.2		51.8	1 330.5									
（一）净利润					3 243.7		156.8	3 400.5									
（二）其他综合收益	60						15	75									
上述(一)和(二)小计	60				3 243.7		171.8	3 475.5									
（三）所有者投入和减少资本																	

二、合并所有者权益变动表格式

合并所有者权益变动表的格式与个别所有者权益变动表的格式基本相同。所不同的只是在子公司存在少数股东的情况下,合并所有者权益变动表增加“少数股东权益”栏目,用于反映少数股东权益变动的情况。合并所有者权益变动表的一般格式如表 4-12 所示。

根据上述合并工作底稿(表 4-5)的合并金额,可编制该企业集团 2×11 年合并所有者权益变动表(见表 4-12)。

第八节　特殊交易的会计处理

一、多步骤取得股权实现控制的会计处理

(一) 各项交易不构成一揽子交易

1. 多步骤取得股权实现非同一控制下企业合并

在合并财务报表中,合并成本=购买日之前持有的被购买方的股权于购买日的公允价值+购买日新购入股权所支付对价的公允价值。在合并财务报表中的会计处理如下:

(1) 购买方对于购买日之前持有的被购买方的股权,按照该股权在购买日的公允价值进行重新计量,公允价值与账面价值的差额计入当期投资收益。

(2) 比较购买日合并成本与被购买方可辨认净资产公允价值的份额,确定购买日应予确认的商誉,或者应计入营业外收入的金额。

(3) 购买方对于购买日之前持有的被购买方的股权涉及其他综合收益的,与其相关的其他综合收益应当转为购买日所属当期投资收益。

以上会计处理主要基于合并财务报表的角度,因控制权发生改变,原投资要重新计量,相当于将原投资出售再按公允价值购入。

【例 4-31】 长城公司于 2×14 年 1 月 1 日以货币资金 3 100 万元取得辉煌公司 30%的有表决权股份,对辉煌公司能够实施重大影响,辉煌公司当日可辨认净资产的公允价值为 11 000 万元。

辉煌公司 2×14 年度实现净利润 1 000 万元,为支付现金股利,因可供出售金融资产公允价值变动资本公积 200 万元。

2×15 年 1 月 1 日,长城公司以货币资金 5 220 万元进一步取得辉煌公司 40%的有表决权股份,因此取得了控制权。辉煌公司在该日所有者权益的账面价值为 12 000 万元,其中:股本 5 000 万元,资本公积 2 200 万元,盈余公积 480 万元,未分配利润 4 320 万元;可辨认净资产的公允价值为 12 300 万元。已知:原 30%股权在该日的公允价值为 3 915 万元。长城公司和辉煌公司属于非同一控制下的公司。假定不考虑所得税和内部交易的影响。

在个别财务报表中的会计处理如下：

(1) 在2×14年1月1日取得投资时

借：长期股权投资——成本 31 000 000

贷：银行存款 31 000 000

借：长期股权投资——成本 2 000 000 (110 000 000×30%－31 000 000)

贷：营业外收入 2 000 000

(2) 2×14年12月31日按权益法确认投资收益

借：长期股权投资——损益调整 3 000 000 (10 000 000×30%)

贷：投资收益 3 000 000

借：长期股权投资——其他权益变动 600 000(2 000 000×30%)

贷：资本公积——其他资本公积 600 000

(3) 2×15年1月1日进一步投资取得控制权时

借：长期股权投资 52 200 000

贷：银行存款 52 200 000

借：长期股权投资 36 600 000

贷：长期股权投资——成本 33 000 000(31 000 000＋2 000 000)

——损益调整 3 000 000

——其他权益变动 600 000

合并财务报表中的会计处理：

(1) 将原30%持股比例长期股权投资账面价值调整到购买日公允价值，调整金额＝3 915－3 660＝255(万元)

借：长期股权投资 2 550 000

贷：投资收益 2 550 000

(2) 购买日长城公司对辉煌公司投资形成的商誉＝(5 220＋3 915)－12 300×70%＝525(万元)

(3) 将原30%持股比例长期股权投资权益法核算形成的资本公积转入投资收益

借：资本公积 600 000

贷：投资收益 600 000

(4) 在合并财务报表工作底稿中编制购买日与投资有关的抵消分录：

借：股本 50 000 000

资本公积 25 000 000 (22 000 000＋3 000 000)

盈余公积 4 800 000

商誉 5 250 000

贷：长期股权投资 91 350 000 (39 150 000＋52 200 000)

少数股东权益 36 900 000

2. 多步骤取得股权实现同一控制下企业合并

对于分步实现的同一控制下企业合并，根据《企业会计准则第20号——企业合并》的相关规定，同一控制下企业合并在编制合并报表时，应视同参与合并的各方在最终控制方开始控制时即以目前的状态存在进行调整。

以不早于合并方和被合并方同处于最终控制方的控制下的时点为限，将被合并方的有关资产、负债并入合并方合并报表的比较报表；

将因合并而增加的净资产在比较报表中调整所有者权益下的相关项目；

合并方在取得被合并方控制权之前持有的股权投资，在取得原股权之日与合并方和被合并方同处于最终控制方的控制之下孰晚之日起至合并日之间已确认有关损益、其他综合收益以及其他净资产变动的，予以冲回。

【例4-32】 2×10年1月1日，甲公司取得A公司25%的股份，实际支付款项6 000万元，能够对A公司施加重大影响，同日A公司可辨认净资产账面价值为22 000万元(与公允价值相等，下同)。2×10年度，A公司实现净利润1 000万元，无其他所有者权益变动。

2×11年1月1日，甲公司以定向增发股票的方式购买同一集团内另一企业持有的A公司40%股权。为取得该股权，甲公司增发2 000万股普通股，每股面值为1元，每股公允价值为4.5元；支付承销商佣金50万元。取得该股权时，A公司可辨认净资产账面价值为23 000万元。进一步取得投资后，甲公司能够对A公司实施控制。假定甲公司和A公司采用的会计政策和会计期间相同。

第一次投资时的处理是：

(1) 借：长期股权投资——成本　　60 000 000

　　贷：银行存款　　60 000 000

可辨认净资产的份额小于长期股权投资的初始投资成本，不需要进行调整。

(2) 2×10年度，A公司实现净利润1 000万元，会计处理如下：

借：长期股权投资——损益调整　　2 500 000

　贷：投资收益　　2 500 000

合并日，所有者权益的账面价值总份额＝23 000×65%＝14 950(万元)，第二次投资时的处理是：

借：长期股权投资　　149 500 000

　贷：股本　　20 000 000

　　资本公积——股本溢价　　66 500 000

　　长期股权投资——成本　　60 000 000

　　　　　　　——损益调整　　2 500 000

　　银行存款　　500 000

（二）各项交易属于一揽子交易

《企业会计准则解释第5号》中对“一揽子交易”的判断标准为：各项交易的条款、条件以及经济影响符合以下一种或多种情况：①这些交易是同时或者在考虑了彼此影响的情况下订立的；②这些交易整体才能达成一项完整的商业结果；③一项交易的发生取决于其他至少一项交易的发生；④一项交易单独看是不经济的，但是和其他交易一并考虑时是经济的。

会计处理中，将各项交易作为一项取得子公司控制权的交易进行会计处理。按照这一原则，各项交易中，投资企业（合并日的合并方）取得长期股权投资交易不再是按非合并方式取得的长期股权投资来核算，而是按同一控制下企业合并取得的长期股权投资来核算。即在每次交易中，投资企业应按照取得长期股权投资之日应享有的被投资企业所有者权益账面价值的份额作为长期股权投资的初始投资成本，初始投资成本与原长期股权投资账面价值加上支付的合并对价账面价值（或发行股份面值总额）之和的差额，调整资本公积，资本公积不足冲减的，调整留存收益。各次交易中发生的各项直接相关费用，应当于发生时计入当期损益。企业为合并发行的债券或承担其他债务支付的手续费、佣金等，应当计入所发行债券及其他债务的初始计量金额。企业合并中发行权益性证券发生的手续费、佣金等费用，应当抵减权益性证券溢价收入，溢价收入不足冲减的，冲减留存收益。

【例4-33】 A、B公司分别为P公司控制下的两家子公司。A公司于2×12年1月1日以现金600万元自母公司P处取得B公司10%的股份，同时支付审计费用、评估费用、法律服务费用等20万元，取得投资时B公司的所有者权益账面价值为5 600万元，A公司账面资本公积（资本溢价或股本溢价）为200万元。2×12年7月1日，A公司又以现金1 200万元自母公司P处取得B公司20%的股份，取得投资时B公司的所有者权益账面价值为5 900万元。2×12年12月1日，A公司再次以现金1 700万元自母公司P处取得B公司25%的股份，取得投资时B公司的所有者权益账面价值为6 300万元，A公司取得B公司的控制权。A、B公司采用的会计政策相同，A公司购买B公司的股权属于“一揽子交易”。

A公司个别报表会计处理如下：

(1) 2×12年1月1日，按同一控制下的企业合并取得的长期股权投资处理

借：长期股权投资　　5 600 000(56 000 000×10%)
　　资本公积　　400 000(6 000 000－5 600 000)
　贷：银行存款　　6 000 000
借：管理费用　　200 000
　贷：银行存款　　200 000

(2) 2×12年7月1日的会计处理

借：长期股权投资　　11 800 000(59 000 000×20%)

资本公积　　　　　　　　　200 000(12 000 000－11 800 000)

贷：银行存款　　　　　　　　12 000 000

借：长期股权投资　　　　　　300 000(59 000 000×10%－5 600 000)

贷：资本公积　　　　　　　　300 000

(3) 2×12 年 12 月 1 日，实现同一控制下的企业合并，会计处理如下：

借：长期股权投资　　　　　15 750 000(63 000 000×25%)

资本公积　　　　　　　　1 250 000(17 000 000－15 750 000)

贷：银行存款　　　　　　　　17 000 000

借：长期股权投资　1 200 000[63 000 000×30%－(5 600 000＋11 800 000＋300 000)]

贷：资本公积　　　1 200 000

(三) 购买子公司少数股东股权

少数股东权益，简称少数股权，从财务概念上看，指的是子公司股东权益中不属于母公司拥有的部分。在控股合并形式下，当母公司拥有子公司股份不足 100%，即只拥有子公司净资产的部分产权时，子公司股东权益的一部分属于母公司所有，即多数股权，其余部分仍属外界其他股东所有，由于后者占子公司全部股权不足半数，对子公司没有控制能力，故被称为少数股权。

购买子公司少数股东股权的，应作为股东之间的权益交易进行会计处理。因购买少数股权新取得的长期股权投资与按照新增持股比例计算应享有子公司自购买日或合并日开始持续计算的净资产份额之间的差额，应当调整母公司所有者的资本公积(资本溢价或股本溢价)，资本公积不足冲减的，调整留存收益。

【例 4-34】 20×7 年 1 月 1 日，甲公司以 30 500 万元从非关联方购入乙公司 60%的股权，购买日乙公司可辨认净资产的公允价值为 50 000 万元。甲公司取得乙公司 60%股权后，能够对乙公司的财务和经营政策实施控制。20×7 年甲公司实现净利润 9 500 万元，20×8 年实现净利润 1 200 万元。

20×9 年 1 月 10 日，甲公司与乙公司的其他股东签订协议，甲公司从乙公司其他股东处购买乙公司 40%股权；甲公司以向乙公司其他股东发行本公司普通股股票作为对价，发行的普通股数量以乙公司 20×9 年 3 月 31 日经评估确认的净资产公允价值为基础确定。甲公司股东大会、乙公司股东会于 20×9 年 1 月 20 日同时批准上述协议。

乙公司 20×9 年 3 月 31 日经评估确认的净资产公允价值为 62 000 万元。经与乙公司其他股东协商，甲公司确定发行 2 500 万股本公司普通股股票作为购买乙公司 40%股权的对价。

20×9 年 6 月 20 日，甲公司定向发行本公司普通股购买乙公司 40%股权的方案经相关监管部门批准。20×9 年 6 月 30 日，甲公司向乙公司其他股东定向发行本公司普通股 2 500 万股，并已办理完成定向发行股票的登记手续和乙公司股东的变更登记手续。同日，甲公司股票的市场价格为每股 10.5 元。

【分析 1】购买 40%股权的交易性质,属购买少数股东权益。理由:甲公司已经在 20×7 年 1 月 1 日从非关联方购入乙公司 60%的股权,能够对乙公司的财务和经营政策实施控制,成为乙公司的母公司。20×9 年 6 月 30 日,甲公司向乙公司其他股东定向发行本公司普通股作为购买乙公司 40%股权的对价属于购买少数股东权益交易。

【分析 2】甲公司购买乙公司 40%股权的成本=2 500×10.5=26 250(万元)。

购买少数股权交易日投资成本与按购买日持续计算子公司净资产公允价值之差调整合并报表的资本公积

按购买日公允价值持续计算子公司 40%的净资产=(50 000+9 500+1 200)×40%
=60 700×40%=24 280(万元)

合并报表中应该调减资本公积的金额=26 250-24 280=1 970(万元)

借:资本公积　　19 700 000

　贷:长期股权投资　　19 700 000

【分析 3】甲公司 20×9 年 12 月 31 日合并资产负债表应当列示的商誉=30 500-50 000×60%=500(万元)。

二、处置子公司部分股权的会计处理

(一)因处置子公司长期股权投资而丧失控制权

在丧失子公司控制权日,母公司应以账面价值终止确认子公司资产(包括商誉)、负债和非控制性权益;以公允价值确认取得的对价和分配(如果导致控制权丧失的交易或事项涉及对子公司股东的分配),以及在子公司中的留存权益。上述终止确认与确认的差异应计入当期损益。因控制权发生改变,由原控制转为不再控制,在合并财务报表中剩余投资要重新计量,即视为将投资全部出售,售价与账面价值之间的差额计入投资收益,再将剩余部分投资按出售日的公允价值回购。

虽然丧失控制权的被投资单位不纳入合并财务报表的合并范围,但投资企业有其他子公司的,仍需编制合并财务报表。在合并财务报表中,对丧失控制权的被投资单位的会计处理与其个别财务报表的会计处理不同,在合并财务报表中需做出以下调整:

1. 丧失控制权日合并财务报表中的投资收益

合并财务报表中确认的投资收益=处置股权取得的对价与剩余股权公允价值之和-按原持股比例计算应享有原有子公司自购买日开始持续计算的可辨认净资产的份额-按原持股比例计算的商誉+与原有子公司股权投资相关的其他综合收益

2. 丧失控制权日合并财务报表中的调整分录

将剩余股权投资由个别财务报表中的账面价值在合并财务报表中调整到丧失控制权日的公允价值,其调整分录为:借记“长期股权投资”科目,贷记“投资收益”科目,或做相反分录。

对个别财务报表中确认的投资收益的归属期间进行调整，其调整分录为：借记“投资收益”科目，贷记“盈余公积”、“未分配利润”、“实收资本”科目，或做相反分录。

将与原投资有关的其他综合收益转入投资收益，其调整分录为：借记“资本公积”科目，贷记“投资收益”科目，或做相反分录。

【例 4-35】 旭辉公司 2×13 年 7 月 1 日以 6 300 万元取得江南公司股权份额的 60%，当日江南公司可辨认净资产的账面价值和公允价值均为 10 000 万元。2×14 年 12 月 31 日旭辉公司以 2 300 万元出售江南公司 20%股权，剩余 40%股权当日的公允价值为 4 700 万元，出售股权后旭辉公司对江南公司不再具有控制权，但具有重大影响。江南公司 2×13 年 7 月 1 日至 2×14 年 12 月 31 日实现账面净利润 1 000 万元和其他综合收益 100 万元，分配现金股利 300 万元；假设旭辉公司拥有其他子公司仍需要编制合并财务报表。旭辉公司按净利润的 10%提取法定盈余公积。

① 丧失控制权日合并财务报表中的投资收益：

江南公司按购买日公允价值持续计算的 2×14 年 12 月 31 日的净资产
=10 000+700+100=10 800(万元)

合并财务报表中确认的投资收益=(2 300+4 700)-[10 800×60%+
(6 300-10 000×60%)]+100×60%
=280(万元)

② 丧失控制权日合并财务报表中的调整分录

将剩余投资调整到公允价值：

丧失控制权日剩余长期股权账面价值=6 300-2 100+280+40
=4 520(万元)

借：长期股权投资　　1 800 000(47 000 000-45 200 000)
　贷：投资收益　　1 800 000

调整出售的 20%投资收益影响的所有者权益：

借：投资收益　　1 600 000
　贷：盈余公积——年初　　140 000
未分配利润——年初　　1 260 000
资本公积——年初　　200 000

将旭辉公司享有的原投资有关的其他综合收益转入投资收益：

借：资本公积　　600 000
　贷：投资收益　　600 000

（二）不丧失控制权下部分处置子公司股权

企业在不丧失控制权的情况下部分处置子公司的长期股权投资，应作为股东之间的权益交易进行会计处理。处置调整价款与处置长期股权投资相对应享有子公司自购买日或合并日开始持续计算的净资产份额之间的差额，应当调整所有者的资本公积(资本溢价或股本溢价)，资本公积不足冲减的，调整留存收益。

【例 4-36】 2×11 年 1 月 1 日，甲公司支付现金 8 600 万元，取得乙公司 80%的股权，属于非同一控制下企业合并。当日，乙公司可辨认净资产公允价值总额 9 800 万元，其中，实收资本 8 000 万元，资本公积 1 800 万元。购买日的会计处理如下：

甲公司个别财务报表

借：长期股权投资——乙公司　　86 000 000
　贷：银行存款　　86 000 000

甲公司合并财务报表

① 计算确定商誉

合并成本=8 600 万元，合并中取得乙公司可辨认净资产公允价值的份额=9 800×80%=7 840(万元)，商誉=8 600－7 840=760(万元)。

② 编制抵消分录

借：实收资本　　80 000 000
　　资本公积　　18 000 000
　　商誉　　7 600 000
　贷：长期股权投资——乙公司　　86 000 000
　　　少数股东权益　　19 600 000

2×11 年 12 月 31 日，甲公司处置了持有的乙公司的部分股权(占乙公司股份的 20%)，取得处置价款 2 600 万元。处置后，甲公司对乙公司的持股比例为 60%，仍能对乙公司实施控制。处置日，乙公司可辨认净资产公允价值为 12 000 万元，其中：实收资本 8 000 万元，资本公积 1 800，盈余公积 220 万元，未分配利润 1 980 万元。

假定自 2×11 年 1 月 1 日至 2×11 年 12 月 31 日，乙公司实现净利润 2 200 万元，提取盈余公积 220 万元，未向股东分配利润。乙公司各项可辨认资产、负债的账面价值与公允价值相等。假定不考虑所得税费用。甲公司处置日的会计处理如下：

(1) 甲公司个别财务报表

借：银行存款　　26 000 000
　贷：长期股权投资——乙公司　　21 500 000(86 000 000÷0.8×0.2)
　　　投资收益　　4 500 000

(2) 甲公司合并财务报表

将处置价款与处置长期股权投资相对应享有子公司自购买日或合并日开始持续计算的净资产份额之间的差额，计入所有者的资本公积：

借：投资收益　　2 000 000
　贷：资本公积　　2 000 000

按权益法调整对乙公司持有 60%股权的长期股权投资：

借：长期股权投资——损益调整　　13 200 000
　贷：投资收益　　13 200 000

调整后，甲公司剩余股份60%，投资成本6 450万元，损益调整1 320万元(12 000－9 800)×60%。抵消分录如下：

借：实收资本　　80 000 000
　　资本公积　　18 000 000
　　盈余公积　　2 200 000
　　未分配利润　　19 800 000
　　商誉　　5 700 000
　贷：长期股权投资——乙公司(成本)　　64 500 000
　　　长期股权投资——乙公司(损益调整)　　13 200 000
　　　少数股东权益　　48 000 000

第九节　衔接规定

本准则第五十三条规定："首次采用本准则的企业应当根据本准则的规定对被投资方进行重新评估，确定其是否应纳入合并财务报表范围。因首次采用本准则导致合并范围发生变化的，应当进行追溯调整，追溯调整不切实可行的除外。比较期间已丧失控制权的原子公司，不再追溯调整。"

本准则第五十四条规定："本准则自2014年7月1日起施行。"

第五章

金融工具列报

第一节 金融工具列报准则概述

一、金融工具列报准则修订背景

2006年发布的《企业会计准则第37号——金融工具列报》(以下简称2006版准则或旧准则)对规范金融工具列示和披露起到了良好的作用。但随着国内金融市场的不断完善和发展，与国外金融市场的接触更加频繁，近几年来时常有投资者、债权人和其他报表使用者对企业金融工具相关信息的列报提出问题或有更高的要求。比如旧准则对金融负债和权益工具的划分不够清晰(一些符合一定条件的金融负债，根据其交易实质，可以划分为权益工具，而根据2006版37号准则仍然归类为金融负债，这对一些多地上市的公司和开放式共同基金、信托等类型主体的财务报告将产生较大影响)；又比如，有关金融资产和金融负债的抵消要求过于原则化，实务中缺乏明确指引；等等。因此，需要对金融工具列报准则的相关内容进行补充和完善。

为此，金融机构和监管部门对金融工具列报准则提出了修订要求，以此为投资者提供更多有效的企业或金融机构的决策信息，提升财务报告的透明度、有用性和可比性，充分发挥会计在防范金融风险中的作用。

现行金融工具列报准则对应《国际会计准则第32号——金融工具：列报》(以下简称IAS 32)和《国际财务报告准则第7号——金融工具：披露》(以下简称IFRS 7)。2006年第37号准则发布后，随着国际金融市场的发展，特别是国际金融危机爆发以来，国际会计准则理事会(IASB，下称理事会)对IAS 32和IFRS 7做过五次重大修订和两次小修订，并分别于2009年、2010年、2011年和2013年生效。而对于国际准则的这些新变化，只有公允价值披露的相关内容在我国财政部发布的2010年年报通知中有所体现，《国际财务报告准则第13号——公允价值计量》发布后，理事会又删除了该部分内容。

根据《我国企业会计准则与国际财务报告准则持续趋同路线图》，财政部借鉴国际准则的修订内容并结合我国实际情况于2012年11月27日发布了《企业会计准则第37号——金融工具列报(修订)(征求意见稿)》，直至2014年7月11日方才正式修订完成了新一版《企业会计准则第 37 号——金融工具列报》(以下简称新准则或本准则)。

二、金融工具列报修订的主要内容

金融工具列报准则是为了规范金融工具的列示和披露而制定的,它是金融工具确认和计量结果的综合性描述,是金融工具会计处理的重要组成部分,主要涉及金融负债与权益工具的分类、金融工具在财务报表附注中的披露要求等。修订后的金融工具列报准则有助于财务报表使用者了解发行方对发行的金融工具如何进行分类、计量和列示,并就金融工具对企业财务状况和经营成果影响的重要程度、金融工具使企业在报告期间和期末所面临的风险的性质和程度,以及企业如何管理这些风险作出合理评价。

与其他修订或新发布的准则不同,新的 37 号准则不是自 2014 年 7 月 1 日起施行,而是要求在 2014 年年度及以后期间的财务报告中使用。

具体来看,新的 37 号准则共十章八十二条,第一章总则,说明了准则制定目的和准则适用范围;第二章明确了金融负债与权益工具的分类;第三章对具有特别规定的权益工具分类进行了说明;第四章规范了金融工具收益及库存股的披露要求;第五章规范了金融资产与金融负债可以相互抵消的情形及披露要求;第六到八章详细规定了与金融工具相关的需要在财务报表及其附注中列报的内容,包括金融工具在财务报表中的一般披露、相关风险的披露以及金融资产转移时的披露等三方面内容;第九章对新旧准则的衔接做出规定;第十章为附则。

新的金融工具列报准则包含截至 2013 年 IAS 32 和 IFRS 7 生效的所有规定,主要补充了权益工具的分类细则(包括一些特殊金融工具)、金融资产与金融负债抵消的条件和披露要求、增加收益和库存股的相关列报与披露,并丰富了报表披露的具体内容(如增加了金融资产转移的披露要求、利润表相关信息披露、金融资产和金融负债到期期限分析的披露要求等),同时删除了有关金融工具公允价值的披露要求。具体体现在以下几个方面。

(一)权益工具的分类

将外币"固定换固定"的配股权等归类为权益工具。新准则允许以固定金额的任何货币换取固定数量的企业自身权益工具的配股权、期权或认股权证等均可确认为权益工具,即外币的"固定换固定"。而在旧准则的规定下,对于以外币结算的衍生工具,固定金额的外币折算为企业的记账本位币后,就成为可变金额,不满足衍生金融工具确认为权益的"固定换固定"的要求,只能确认为金融负债。将外币固定换固定的配股权等确认为权益工具,可以反映其交易实质,使得中国企业更好地适应全球化发展。

本准则允许符合一定条件的可回售工具和发行方仅在清算时才有义务向另一方按比例交付其净资产的金融工具归类为权益工具[该内容也可参考《金融负债与权益工具的区分及相关会计处理规定》(财会〔2014〕13 号)]。而旧准则将可回售工具和发行方仅在清算时才有义务向另一方按比例交付其净资产的金融工具确认为金融负债。对于可回售工具和发行方仅在清算时才有义务向另一方按比例交付其净资产的金融工具，在一些特定情况下，这两类工具代表企业对净资产的剩余索取权，若仍将这两类工具确认为金融负债，会导致财务信息缺乏相关性和可理解性。尤其是对一些开放式共同基金、信托等类型的主体，可能会导致其财务报表中仅有资产和负债而无权益。因此，本准则规定在符合一定条件的情况下，将这两类工具确认为权益工具，从而改进对代表企业净资产剩余权益的金融工具的列报。

（二）金融资产和金融负债抵消的规定和披露要求

旧准则对金融资产和金融负债的抵消作了原则性规定，但对抵消目标、抵消权的使用条件等都没有给出明确界定，因此给会计实务带来一定影响，增加了会计人员职业判断难度。

新准则对“已确认金额的法定权利”和“计划以净额结算”等规定做了进一步说明，明确了对金融资产和金融负债抵消的披露要求，要求企业披露相关数量信息并对抵消权利及其性质进行描述，同时反映金融工具的总额和净额，以及由抵消使企业面临的信用风险敞口和流动性风险敞口，提高财务报表的有用性和可比性。同时新准则列举出 5 种金融资产和金融负债不能相互抵消的情形，相信随着企业持有金融工具比重及复杂性的不断增加，可列举的情况会更多。

（三）金融资产转移的披露要求

新准则对已转移尚未全部终止确认的金融资产以及已全部终止确认但转出方继续涉入的被转移金融资产的披露这两种情况分别进行了规定和补充。对金融资产转移的披露做进一步要求可以提高财务信息的透明度和可比性。例如，要求披露已转移尚未全部终止确认的金融资产和相关负债的关系，有助于财务报告使用者评估企业需要的现金流和企业能从该资产获取的现金流；要求披露被转移资产和相关负债的公允价值以及净头寸，有助于理解企业转移资产却未能终止确认时面临的净敞口；要求披露金融资产最大规模转移活动的时间段和确认的金额，有助于财务报告使用者评估转移是否集中于报告期末，并更好地评估已全部终止确认但转出方继续涉入的被转移金融资产的相关风险。

（四）金融资产和金融负债到期期限分析的披露要求

旧准则要求企业披露金融资产和金融负债按剩余到期日做到期期限分析，以及管理这些金融负债流动性风险的方法。在此基础上，新准则进一步阐明了金融资产和金融负债纳入到期期限分析项目的范围，删除了要求披露金融资产到期期限分析的硬性规定，并对衍生和非衍生金融负债的到期期限分析分不同情况进行处理，以减轻衍生金融负债到期期限分析的披露要求。同时规定，只有当企业将所持有的金融资产作为流动性风险管理的一部分，且披露金融资产的到期期限分析使财务报告使用者能够恰当地评估企业流动性风险的性质和范围时，企业才应当披露金融资产的到期期限分析情况。删除企业披露金融资产到期期限分析的硬性要求，能够减轻许多并未将金融资产纳入流动性风险管理体系的企业（如非金融机构）数据收集、分析的成本和压力，为企业减负。

（五）删除了有关金融工具公允价值的部分披露要求

本准则删除了对金融资产和金融负债公允价值相关的披露要求。因为部分公允价值披露要求已在今年发布的《企业会计准则第 39 号——公允价值计量》中体现，删除该部分内容以保持整个准则体系的内在协调性，也与对应的国际准则保持一致。

三、金融工具列报准则的范围

金融工具列报准则是金融工具确认和计量准则、金融资产转移准则以及套期保值准则的延续，其披露范围应包括所有已确认或未确认的金融工具的有关信息，已确认的金融工具包括《企业会计准则第 22 号——金融工具确认和计量》确认的金融工具，未确认的金融工具，例如某些贷款承诺。

新准则与旧准则相比，适用范围更加明确。新准则没有排除租赁的权利和义务，还将企业合并中合并方的或有对价合同纳入新准则的规范，规定对子公司、合营和联营企业的投资披露适用于新颁布的《在其他主体中权益的披露》准则（除非是与在子公司、合营安排或联营企业中的权益相联系的衍生工具适用本准则）；规定将职工薪酬计划形成的企业权利和义务归类到《职工薪酬》准则。

除下列特殊情况外，本准则适用于所有企业各种类型的金融工具：

(1) 企业对子公司、合营及联营企业投资的披露适用于《企业会计准则第 41 号——在其他主体中权益的披露》，这是 2014 年新颁布的准则，相关披露内容不再体现在《企业会计准则第 2 号——长期股权投资》准则中。但仍有一些例外情况：

① 与在子公司、合营安排或联营企业中的权益相联系的衍生工具，适用本准则。

② 符合《企业会计准则第 33 号——合并财务报表》有关投资性主体定义的企业，其根据该准则规定对子公司以公允价值计量且其变动计入当期损益的投资，适用本准则。

③ 根据《企业会计准则第 2 号——长期股权投资》准则的规定，按照《企业会计准则第 22 号——金融工具确认和计量》核算的对联营企业或合营企业的投资，适用本准则。

(2)《企业会计准则第 11 号——股份支付》规范的股份支付安排中的金融工具以及其他合同和义务，适用《企业会计准则第 11 号——股份支付》。但若股份支付安排中涉及企业发行、回购、出售或注销库存股的，适用本准则。

(3) 债务重组，适用《企业会计准则第 12 号——债务重组》。但新准则同时规定，如果债务重组过程中涉及金融资产转移披露的，适用本准则。

(4) 符合原保险合同或再保险合同定义的保险合同，适用《企业会计准则第25 号——原保险合同》或《企业会计准则第 26 号——再保险合同》(以下简称相关保险合同准则)。

《企业会计准则第 22 号——金融工具确认和计量》要求从保险合同中分拆后单独核算的嵌入衍生工具，适用本准则。企业选择按照《企业会计准则第 22 号——金融工具确认和计量》核算的财务担保合同，适用本准则。

(5) 因具有相机分红特征而适用相关保险合同准则的金融工具，不适用本准则中关于金融负债和权益工具区分的规定。若嵌入此类金融工具的是一般衍生工具，适用本准则；若该衍生工具本身是一个保险合同，则仍适用保险合同准则。

(6) 职工薪酬计划形成的企业权利和义务，适用《企业会计准则第 9 号——职工薪酬》，这是新准则的新规定，应引起注意。

此外，若企业签订的合同能够以现金或其他金融工具净额结算，或属于通过交换金融工具结算的买入或卖出非金融项目的合同，则适用于本准则。但如果企业是按照预定的购买、销售或使用要求签订并持有，旨在收取或交付非金融项目的合同，则应适用于其他会计准则。

而且，涉及所得税的交易或事项，应当按照《企业会计准则第 18 号——所得税》进行处理，不适用于本准则。

第二节　金融负债和权益工具的区分

金融工具是指形成一个企业的金融资产，并形成其他单位的金融负债或权益工具的合同，可分为基本金融工具(如债券、股票等)和衍生金融工具(如期货、期权、互换等)。企业发行金融工具，应当根据其合同条款及其所反映的经济实质(而非仅以法律形式)，结合金融资产、金融负债和权益工具的定义，在初始确认时将该金融工具或其组成部分分类为金融资产、金融负债或权益工具。新准则首次强调了应根据金融工具的"合同条款"对其进行初始确认。

【例 5-1】 股票是一种金融工具，发行方形成权益工具，购买方形成金融资产；发行的债券也是一种金融工具，发行方形成金融负债，购买方形成金融资产。

一般情况下，对金融负债和权益工具的区分比较容易，但涉及一些特殊情况时企业就会比较难以区分两者。比如，企业发行的、需用自身权益工具进行结算的金融工具，可能会因为结算方式的不同而导致分类方式的不同。

一、金融负债的定义

本准则对金融负债进行了明确的定义，且该定义与《金融负债与权益工具的区分及相关会计处理规定》(财会〔2014〕13 号)相一致。金融负债是指企业的下列负债：

(1) 向其他方交付现金或其他金融资产的合同义务。

(2) 在潜在不利条件下，与其他方交换金融资产或金融负债的合同义务。

【例 5-2】 潜在不利条件下形成的金融资产和金融负债

A 公司于 20×2 年 1 月 1 日向 B 公司发行 5 000 张以 C 公司的普通股为标的证券的认购权证，每张权证的价格为 3 元，B 公司支付现金。根据合同，每张认购权证允许 B 公司在20×3年3月1日(权证到期日)以前,随时以每股30元的价格向A公司购买1股C公司的普通股。20×2年1月1日,C公司普通股的市场价格为每股25元。

一般而言,B公司只有在有利的情况下才会行使这种权利,如果C公司股票市场价格低于30元/股,认购权证对B公司不利,在不利情况下,B公司一般不行权。因此,对B公司来说,认购权证的最低价值为零,所以,认购权证是B公司的金融资产(在潜在有利条件下,与其他单位交换金融资产或金融负债的合同权利)。

对A公司而言,认购权证使A公司承担了在B公司行权时,以30元/股的价格向B公司出售5 000股C公司股票的合同义务。B公司只有在对自己有利、对A公司不利的情况下才会行权,所以认购权证对A公司来说是一项金融负债(在潜在不利条件下,与其他单位交换金融资产或金融负债的合同义务)。

(3) 将来须用或可用企业自身权益工具进行结算的非衍生工具的合同义务,且企业根据该合同将交付可变数量的自身权益工具。

(4) 将来须用或可用企业自身权益工具进行结算的衍生工具的合同义务,但企业以固定数量的自身权益工具交换固定金额的先进或其他金融资产的衍生工具合同义务除外。

企业对全部现有同类别非衍生自身权益工具的持有方同比例发行配股权、期权或认股权证,使之有权按比例以固定金额的任何货币换取固定数量的该企业自身权益工具的,该类配股权、期权或认股权证应当分类为权益工具。

其中,企业自身权益工具不包括符合条件的分类为权益工具的可回售工具以及发行方仅在清算时才有义务向另一方按比例交付其净资产的金融工具,也不包括本身就是在将来收取或支付企业自身权益工具的合同。

若企业承担以现金或其他金融资产回购自身权益工具义务的合同,不论该合同本身是否为一项权益工具,都会形成一项其金额等于回购所需支付的金额现值的金融负债。权益工具的远期回购协议属于此类金融负债。

二、权益工具的定义

权益工具的定义与旧准则基本一致,且与《金融负债与权益工具的区分及相关会计处理规定》(财会〔2014〕13号)相同,是指能证明拥有某个企业在扣除所有负债后的资产中剩余权益的合同。例如,企业发行的普通股,企业发行的、使持有者有权以固定价格购入固定数量本企业普通股的认股权证等都属于权益工具。具体来看,在同时满足下列条件的情况下,企业应当将发行的金融工具分类为权益工具:

(1) 该金融工具应当不包括交付现金或其他金融资产给其他方,或在潜在不利条件下与其他方交换金融资产或金融负债的合同义务。

(2) 该金融工具将来须用或可用自身权益工具进行结算的:

① 若为非衍生工具,该金融工具应当不包括交付可变数量的自身权益工具进行结算的合同义务;

② 若为衍生工具，该金融工具只能通过交付固定数量的自身权益工具换取固定金额的现金或其他金融资产进行结算。

【例 5-3】 关于“固定数量”与“固定金额”

① 若企业给每位高管 100 万股，高管按每股 1 元作为对价支付给企业，企业给予员工的股票数量是固定的，员工给予企业的现金也是固定的，这种情况下就应按权益工具来入账。

② 若如果企业给予高管三年内以 1 元价格购买公司 100 万股股票的股票期权，并以普通股净额结算，假设将来公司的股票为每股 15 元，公司不按差额 14 元来结算，而是用 14 元×100 万股/15 元计算出来的股数支付给高管人员，这个股数就是不固定的，因为计算出来的股数取决于 3 年后股票的价格，如果企业将来有义务支付这些股票，则就是一项金融负债。

根据定义，可以对金融负债和权益工具两者进行简单区分，以下举例详细说明对企业发行期权以及优先股的分类方法。

【例 5-4】 发行方发行看涨期权的分类及计量方式

A 公司于 20×3 年 4 月 1 日向 B 公司发行以自身普通股为标的的看涨期权。根据该期权合同，如果 B 公司行权（行权价为 105 元），B 公司有权以每股 105 元的价格从 A 公司购入普通股 1 000 股。其他有关资料如下：

① 合同签订日	20×3 年 4 月 1 日
② 行权日（欧式期权[①]，即到期日才能行权）	20×4 年 1 月 31 日
③ 20×3 年 6 月 1 日每股市价	100 元
④ 20×3 年 12 月 31 日每股市价	110 元
⑤ 20×4 年 1 月 31 日每股市价	110 元
⑥ 20×4 年 1 月 31 日应支付的固定行权价格	105 元
⑦ 期权合同中的普通股数量	1 000 股
⑧ 20×3 年 4 月 1 日期权的公允价值[②]（期权费）	8 000 元
⑨ 20×3 年 12 月 31 日期权的公允价值（当日市价）	6 000 元
	（内在价值 5 000＋时间价值 1 000）
⑩ 20×4 年 1 月 31 日期权的公允价值	5 000 元
	（内在价值 5 000＋时间价值 0）

注：20×4 年 1 月 31 日期权公允价值＝期权内在价值＋时间价值＝（股票市场价格 110－行权价格 105）×1 000 股＋到期日时间价值为 0＝5 000（元）。

假定不考虑其他因素，A 公司（卖出期权方）的账务处理如下：

---

① 欧式期权：在规定的合约到期日方可行使权利。期权买方在期权合约到期日之前不能行使权利，过了期限，合约就自动作废。

② 期权的公允价值可以简单理解为：为了得到期货合约中规定的权利，购买方必须付出的代价。

情形1：期权将以现金净额结算（金融负债[①]）

合同约定，期权合同到期，B公司行权时将以现金净额结算。对于A公司来说，这属于"向其他单位交付现金或其他金融资产"的合同义务。因此在这种情况下，A公司发行的此看涨期权属于金融负债，要调整其公允价值的变动，计入当期损益。

A公司：20×4年1月31日，向B公司支付相当于本公司普通股1 000股市值的金额。

B公司：20×4年1月31日，向A公司支付1 000股×105元＝105 000（元）。

① 20×3年4月1日，A公司确认发行的看涨期权：

借：银行存款　　　　　　　　　　　　8 000

　贷：衍生工具[②]——看涨期权　　　　　　8 000

注：B公司向A公司支付8 000元，购入看涨期权（即20×4年2月1日有权利以105元购入A公司股票1 000股）。因为合同签订是按照现金净额结算，A公司将收到的期权费作为负债，相当于其他应付款；月末编制资产负债表时，可以列示在"衍生金融负债"报表项目中。

② 20×3年12月31日，A公司确认期权公允价值减少：

借：衍生工具——看涨期权　　　　　　2 000

　贷：公允价值变动损益　　　　　　　　2 000

注：期权公允价值由8 000元减少到6 000元，该期权期末按公允价值计量，A公司把公允价值减少计入公允价值变动收益。借方衍生工具2 000元，表示其他应付款冲回2 000元。

③ 20×4年1月31日，确认期权公允价值减少：

借：衍生工具——看涨期权　　　　　　1 000

　贷：公允价值变动损益　　　　　　　　1 000

注：20×4年1月31日，因该期权到期，时间价值减少到0，该期权公允价值也因此减少了1 000元，A公司可以少支付1 000元，冲回其他应付款1 000元。

在同一天，B公司行使了该看涨期权，合同以现金净额方式进行结算。A公司有义务向B公司交付110 000（110×1 000）元，并从B公司收取105 000（105×1 000）元，A公司实际支付净额为5 000元。A公司反映看涨期权结算的账务处理如下：

借：衍生工具——看涨期权　　　　　　5 000

　贷：银行存款　　　　　　　　　　　　5 000

注：A公司卖出期权收到期权费8 000元，结算时，B公司有权利以105元价格购入当时市价是110元的A公司股票，A公司应付给B公司5 000元，A公司将收到的期权费

---

① 本题目中A公司要在潜在不利的情况下交付一项资产（现金净额进行结算），那么这就不属于权益工具，而是金融负债。

② "衍生工具"属于共同类科目，如果余额在借方就表示资产，期末余额在贷方就表示负债。因此衍生工具不可能是权益工具。应该按公允价值进行计量。

8 000 元减去损失 5 000 元后，A 公司实现收益 3 000 元，反映在公允价值变动收益中。

情形 2：以普通股净额结算(金融负债[①])

合同约定，期权合同到期，B 公司行权时将以普通股净额结算。此时由于 A 公司交付的普通股数量取决于期权到期时的股价，也就是说 A 公司交付的股票数量不固定。因此 A 公司发行的此看涨期权属于金融负债，要调整其公允价值的变动，计入当期损益。

除期权以普通股净额结算外，其他资料与情形 1 相同。因此，除以下账务处理外，其他账务处理与情形 1 相同。

20×4 年 1 月 31 日 A 公司账务处理：

借：衍生工具——看涨期权　　5 000

　贷：股本——B 公司　　45.45(＝5 000/110)

　　　资本公积——股本溢价　　4 954.55

注：A 公司应付给 B 公司 5 000 元，不是用现金支付，而是用 A 公司的普通股抵债。当日 A 公司股票市价为 110 元，故以新发行股票 45.45 股抵债(5 000/110)。这种情况在实务操作中很复杂，一般企业不会选择这种方式结算。

情形 3：以现金换普通股方式结算(权益工具[②])

期权合同约定，期权合同到期，B 公司如行使看涨期权，A 公司将交付固定数量的普通股，同时从 B 公司收取固定金额的现金。即 B 公司如果行权，B 公司将真正购入 A 公司 1 000 股新发行的普通股。这属于"衍生工具只能通过交付固定数量的发行方自身权益工具换取固定数额的现金进行结算"的条件，能够证明 B 公司拥有 A 公司在扣除所有负债后的资产中的剩余权益。因此 A 公司发行的此看涨期权属于权益工具，与该期权相关的款项收付均计入所有者权益。

① 20×3 年 4 月 1 日，A 公司发行看涨期权，确认该期权下，一旦 B 公司行权将导致 A 公司发行固定数量股份，并收到固定金额的现金。A 公司账务处理如下：

借：银行存款　　8 000

　贷：资本公积——股本溢价　　8 000

注：因为合同规定以现金换普通股方式结算，A 公司只能将收到的期权费计入资本公积，不作为负债。因为 A 公司卖出期权，属于衍生工具，且企业只有通过交付固定数量的自身权益工具，换取固定数额的现金进行结算，那么该期权应确认为权益工具。

② 20×3 年 12 月 31 日，不需进行账务处理。因为没有发生现金收付。

③ 20×4 年 1 月 31 日，B 公司行权。该合同以总额进行结算，A 公司有义务向 B 公司交付 1 000 股本公司普通股，同时收取 105 000 元现金。A 公司账务处理：

借：银行存款　　105 000(＝1 000×105)

　贷：股本——B 公司　　1 000(＝1 000×1)

---

① A 公司有义务向对方交付非固定数量的自身权益工具进行结算，所以属于金融负债。

② 期权属于衍生工具，且 A 公司将来要以固定数量的股票进行结算，因此属于权益工具。

资本公积——股本溢价　　　　104 000

【例 5-5】 看跌期权的分类及计量方式

A 公司于 20×3 年 4 月 1 日与 B 公司签订一项期权合同。根据该合同,A 公司有权要求 B 公司于 20×4 年 1 月 31 日购入 A 公司普通股 1 000 股,对价为 95 000 元,即每股 95 元(A 公司买入一个权利,即在 20×4 年 1 月 31 日将公司股票以每股 95 元价格出售给 B 公司的权利,如果当日市价低于 95 元,A 公司就行权)。因此,A 公司实际购入了以股份为标的的看跌期权。如 A 公司到时不行权,不需要做出任何支付。其他有关资料如下:

(1) 合同签订日　　20×3 年 4 月 1 日

(2) 行权日(欧式期权,仅能在到期时行权)　　20×4 年 1 月 31 日

(3) 20×3 年 4 月 1 日每股市价　　100 元

(4) 20×3 年 12 月 31 日每股市价　　93 元

(5) 20×4 年 1 月 31 日每股市价　　93 元

(6) 20×4 年 1 月 31 日应支付的固定行权价格　　95 元

(7) 期权合同中的普通股数量　　1 000 股

(8) 20×3 年 4 月 1 日期权的公允价值　　5 000 元

(9) 20×3 年 12 月 31 日期权的公允价值　　3 000 元

(内在价值 2 000+时间价值 1 000)

(10) 20×4 年 1 月 31 日期权的公允价值

2 000 元(内在价值 2 000=(95−93)×1 000)

假定不考虑其他因素,A 公司的账务处理如下。

情形 1:期权将以现金净额结算

(1) 20×3 年 4 月 1 日,A 公司确认购入看跌期权:

期权合同签订日,普通股的市场价格为 100 元,期权合同的初始公允价值为 5 000 元,A 公司于合同签订日支付给 B 公司 5 000 元期权费购入了以 95 元价格卖出股票的权利。合同签订日,期权的内在价值为零,仅有时间价值,因为其行权价格 95 元低于股票当时的市场价格 100 元。也就是说,对 A 公司而言,行权是“不经济”的,该期权属于价外期权。

借:衍生工具——看跌期权　　5 000

　贷:银行存款　　5 000

注:A 公司将支付的期权费 5 000 元计入“衍生工具”科目借方(相当于其他应收款),在期末应列示在“衍生金融资产”报表项目中。

(2) 20×3 年 12 月 31 日,确认期权的公允价值下降:

股票的公允价值下降为 93 元,看跌期权的公允价值下降为 3 000 元(市价),其中 2 000[(95−93)×1 000]元属于内在价值,1 000 元属于剩余的时间价值。即期权公允价值=内在价值 2 000+时间价值 1 000=3 000(元)。

借:公允价值变动损益　　2 000

贷：衍生工具——看跌期权 2 000

注：期权公允价值减少，对于买入权利的A公司来说，等于资产价值减少了1 000元。

(3) 20×4年1月31日，确认期权公允价值下降：

股票的公允价值为93元，期权合同的公允价值下降为2 000[(95－93)×1 000]元，均属于内在价值，因为不再剩下时间价值。

借：公允价值变动损益 1 000

贷：衍生工具——看跌期权 1 000

在同一天，A公司行使了该看跌期权，合同以现金净额方式进行结算。B公司有义务向A公司交付95 000(95×1 000)元，A公司有义务向B公司支付93 000(93×1 000)元，A公司实际收到净额为2 000元。A公司确认期权合同的结算：

借：银行存款 2 000

贷：衍生工具——看跌期权 2 000

注：A公司支付期权费5 000元，结算收回2 000元，该交易发生损失3 000元。

情形2：以普通股净额结算

除要求以普通股净额结算而不是以现金净额结算外，其他资料如情形1。因此，与情形1相比，只有20×4年1月31日的账务处理不同。

20×4年1月31日，A公司行权且以普通股净额结算。B公司有义务向A公司交付与95 000(95×1 000)元等值的A公司普通股，A公司有义务向B公司交付与93 000(93×1 000)元等值的A公司普通股。两者相抵，B公司有义务向A公司交付与2 000元等值的A公司普通股21.51(2 000/93)股：

借：股本 21.51

资本公积——股本溢价 1 978.49

贷：衍生工具——看跌期权 2 000

注：B公司应支付2 000元给A公司，以A公司的普通股抵债，相当于A公司回购本公司股票。

情形3：以现金换普通股方式结算

采用以现金换普通股方式结算，是指A公司如行权，B公司将交付固定数量A公司普通股，同时收到A公司支付的固定金额的现金。除此结算方式外，其他资料与情形1和情形2相同。因此，A公司的固定行权价为95元。如果A公司行权，将以每股95元的价格向B公司出售本公司普通股1 000股。

(1) 20×3年4月1日，确认支付期权费，获得期权：

借：资本公积——股本溢价 5 000

贷：银行存款 5 000

(2) 20×3年12月31日，不需进行账务处理。因为没有现金收付，且期权合同符合A公司权益工具的定义。

(3) 20×4年1月31日，反映A公司行权。该合同以总额进行结算，B公司有义务从

A 公司购入 1 000 股 A 公司普通股，同时支付给 A 公司 95 000 元现金。A 公司账务处理如下：

借：银行存款　　　　95 000(1 000 股×95)

　贷：股本——B 公司　　　　1 000(1 000 股×1)

　　　资本公积——股本溢价　　　　94 000

【例 5-6】 发行优先股的分类确认方法

中国证券监督管理委员会发行审核委员会审核了上海浦东发展银行股份有限公司非公开发行优先股申请，2014 年 11 月 3 日，该申请获得通过。对于浦发银行发行这一优先股的分类确认，应从以下几方面进行考虑。

(1) 没有强制付息义务

在有可分配税后利润的情况下，应对优先股股东分派股息，但根据国务院银行业监督管理机构规定，为满足其他一级资本工具合格标准的监管要求，公司有权全部或部分取消优先股股息的宣派和支付，且不构成违约事件。股东大会授权董事会，在股东大会审议通过的框架和原则下，依照发行文件的约定，宣派和支付全部优先股股息；但在取消优先股股息支付或部分支付股息的情形下，仍需提交公司股东大会审议。

(2) 发行方拥有本金赎回权而没有赎回义务

当公司核心一级资本充足率降至 5.125%(或以下)时，由公司董事会决定，本次发行的优先股应按照强制转股价格全额或部分转为公司 A 股普通股，并使公司的核心一级资本充足率恢复至 5.125%以上；

当公司发生二级资本工具触发事件时，本次发行的优先股应按照强制转股价格全额转为公司 A 股普通股。其中，二级资本工具触发事件是指以下两种情形的较早发生者：①中国银监会认定若不进行转股或减记，公司将无法生存；②相关部门认定若不进行公共部门注资或提供同等效力的支持，公司将无法生存。

(3) 转股权满足“固定换固定”标准

本次发行的优先股强制转股期为自优先股发行完成后的第一个交易日起至优先股全部赎回或转股之日止。

本次优先股强制转股价格为本次发行董事会决议公告日前最近一个会计年度末(即 2013 年 12 月 31 日)公司合并报表口径经审计的归属于母公司所有者的每股净资产，即 10.96 元/股。

当触发事件发生时，公司应当报中国银监会审查并决定，并由董事会根据中国银监会批准和股东大会授权，确认所需进行强制转股的优先股票面总金额，对届时已发行且存续的优先股实施全额或部分强制转股，其中转股数量的计算公式为：$Q=V_0/P$

其中：V_0 为届时经董事会确认的优先股股东持有的需转股的优先股票面金额；P 为已发行的优先股对应的转股价格。

由以上三点可以推断，浦发银行可用企业自身普通股进行结算，没有交付现金或其他金融资产或交换金融资产/金融负债结算的合同义务，公司优先股持有人享有优先的剩余权益，而且公司未来没有义务交付可变数量的自身权益工具结算义务。因此综合来看，浦发银行发行的该优先股应属于权益工具。

三、金融负债与权益工具的区分

投资方持有的金融工具从性质上是分类为金融负债还是权益工具对投资方的会计计量、价值变动的列示即如何计入损益或其他综合收益、业绩考核、资本要求、投资比例限制、投资组合的界定等方面都会产生重要影响。例如，对于以摊余成本计量的债务工具投资，其后续计量采用实际利率法形成的利息收入计入当期损益；而对于以公允价值计量的可供出售金融资产，进一步分类为可供出售债务工具投资和可供出售权益工具投资，两者在后续计量时，对于持有期间的孳息和减值评估以及减值损失转回的会计处理均有所不同，进而影响投资方的当期损益，对投资方的财务结果和业绩考核都会产生直接影响。

因此，选择恰当的方式发行金融工具，并对金融工具进行正确的分类，对企业财务报表的有效性和准确性均具有重要意义。新准则在这方面，首先明确了金融负债与权益工具的区分原则，其次补充了"结算时需要以金融工具的公允价值计算其权利义务金额的金融工具应分类为金融负债"这一规定。

权益工具与金融负债的基本区分方法可见图5-1流程表所列。

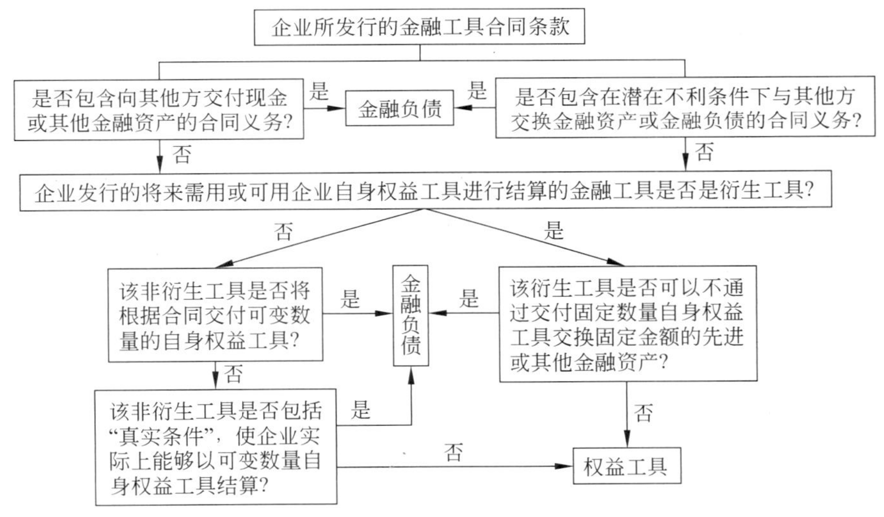

图5-1 金融负债与权益工具的基本区分流程

图5-1所示是区分金融负债和权益工具的基本方法，在实务操作中比较容易判断。但两者的区分有时会遇到一些特殊情况，企业应予以重视。现将一些情况列举如下。

（一）通过交付现金、其他金融资产或交换金融资产或金融负债结算的金融工具

如果企业不能无条件地避免以交付现金或其他金融资产来履行一项合同义务，则该合同义务符合金融负债的定义。有些金融工具虽然没有明确地包含交付现金或其他金融

资产义务的条款和条件,但有可能通过其他条款和条件间接地形成合同义务。

如果发行的金融工具将以现金或其他金融资产结算,那么该工具就导致企业承担了交付现金或其他金融资产的合同义务;如果该工具要求企业在潜在不利条件下通过交换金融资产或金融负债结算(例如,该工具包含发行方签出的以现金或其他金融资产结算的期权),该工具同样导致企业承担了合同义务。在这两种情况下,发行方对于其自身发行的金融工具均应当归类为金融负债。

(二) 通过自身权益工具结算的金融工具

如果发行的金融工具须用或可用企业自身权益工具结算,需要考虑用于结算该工具的企业自身权益工具,是作为现金或其他金融资产的替代品,还是为了使该工具持有人享有在发行方扣除所有负债后的资产中的剩余权益。如果是前者,该工具是发行方的金融负债;如果是后者,该工具是发行方的权益工具。

但有时候,一项企业须用或可用自身权益工具结算一项金融工具时,若其中合同权利或合同义务中的金额等于可获取或需交付的自身权益工具的数量乘以其结算时的公允价值,则无论该合同权利或合同义务的金额是固定的,还是完全或部分地基于除企业自身权益工具的市场价格以外变量(例如利率、某种商品的价格或某项金融工具的价格)的变动而变动,该合同应当分类为金融负债。

此外,对于须用或可用企业自身权益工具进行结算的非衍生工具,如果发行方未来没有义务交付可变数量的自身权益工具进行结算,则该非衍生工具是权益工具;否则,该非衍生工具是金融负债。

对于衍生工具,如果发行方只能通过以固定数量的自身权益工具交换固定金额的现金或其他金融资产进行结算,则该衍生工具是权益工具;如果发行方以固定数量自身权益工具交换可变金额现金或其他金融资产,或以可变数量自身权益工具交换固定金额现金或其他金融资产,或在转换价格不固定的情况下以可变数量自身权益工具交换可变金额现金或其他金融资产,则该衍生工具应当确认为金融负债或金融资产。

(三) 或有回购义务及或有结算条款的金融工具构成金融负债

"或有回购义务金融工具构成金融负债"是新准则中的一项新规定。如果一项合同使发行方应根据合同对手方是否行使回购权的情况来确定其是否承担了以现金或其他金融资产回购自身权益工具的义务,那么发行方就应在初始确认时将该义务确认为一项金融负债,金额等于回购所需支付金额的现值。如果最终发行方不用以现金或其他金融资产回购自身权益工具,则应在合同到期时将该项金融负债按照账面价值重分类为权益工具。

或有结算条款指是否通过交付现金或其他金融资产进行结算,或者是否以其他导致该金融工具成为金融负债的方式结算,需要由发行方和持有方均不能控制的未来不确定事项(如股价指数、消费价格指数变动,利率或税法变动,发行方未来收入、净收益或债务权益比率等)的发生或不发生(或发行方和持有方均不能控制的未来不确定事项的结果)

来确定的条款。

如果一项合同使发行方承担了不能无条件避免的以现金、其他金融资产或以其他导致该工具成为金融负债的方式进行结算的，发行方应当在初始确认时将该义务确认为一项金融负债。但当企业遇到以下例外情况之一时，发行方应将该金融工具分类为权益工具：

(1) 要求以现金、其他金融资产或以其他导致该工具成为金融负债的方式进行结算的或有结算条款几乎不具有可能性，即相关情形极端罕见、显著异常或几乎不可能发生。

(2) 只有在发行方清算时，才需以现金、其他金融资产或以其他导致该工具成为金融负债的方式进行结算。

(3) 按照本准则分类为权益工具的可回售工具。

如果对手方在回收期内没有行使回售权，发行方也就无须以现金或其他金融资产回购自身权益工具，那么发行企业应当在合同到期时将该项金融负债按照账面价值重分类为权益工具。

(四) 存在结算选择权的衍生金融工具应确认为金融资产或金融负债

对于存在结算选择权的衍生工具(例如，合同规定发行方或持有方能选择以现金净额或以发行股份交换现金等方式进行结算的衍生工具)，发行方应当将其确认为金融资产或金融负债。但如果合同条款中所有可能的结算方式均表明该衍生工具应当确认为权益工具的，则应当确认为权益工具。

由于发行的金融工具原合同条款约定的条件或事项随着时间的推移或经济环境的改变而发生变化，可能导致已发行金融工具重分类：

(1) 发行方原分类为权益工具的金融工具，自不再被分类为权益工具之日起，发行方应当将其重分类为金融负债，以重分类日该工具的公允价值计量，重分类日权益工具的账面价值和金融负债的公允价值之间的差额确认为权益。

(2) 发行方原分类为金融负债的金融工具，自不再被分类为金融负债之日起，发行方应当将其重分类为权益工具，以重分类日金融负债的账面价值计量。

金融工具投资方(持有人)考虑持有的金融工具或其组成部分是权益工具还是债务工具投资时，应当遵循金融工具确认和计量准则和本规定的相关要求，通常应当与发行方对金融工具的权益或负债属性的分类保持一致。例如，对于发行方归类为权益工具的非衍生金融工具，投资方通常应当将其归类为权益工具投资。

四、复合金融工具的分拆

金融工具列报准则从发行方角度，对既有负债成分又含有权益成分的复合金融工具的会计处理作了规定。例如，企业发行的可转换公司债券等既含有负债成分又含有权益成分的权益工具，应当在初始确认时将负债和权益成分进行分拆，分别进行处理。新旧准则对复合金融工具的处理方法一致，都是按照分割会计法进行分拆的。

企业(发行方)在进行分拆时，应当先确定负债成分的公允价值并以此作为其初始确认金额，再按照该金融工具整体的发行价格扣除负债成分初始确认金额后的金额确定权益成分的初始确认金额。

负债成分的公允价值是合同规定的未来现金流量按一定利率折现的现值。其中，利率根据市场上具有可比信用等级并在相同条件下提供几乎相同现金流量，但不具有转换权的工具适用利率确定。

发行该非衍生金融工具发生的交易费用，同样应当在负债成分和权益成分之间按照各自的相对公允价值进行分摊。

【例 5-7】 可转换债券

A 公司 20×4 年 1 月 1 日发行了 1 500 份可转换债券，每份债券面值为 100 元，因此取得总收入 150 000 元。该债券期限为 2 年，票面年利息为 6%，利息按年支付；每份债券均可在债券发行 1 年后的任何时间转换为 25 股普通股。A 公司发行该债券时，二级市场上与之类似但没有转股权的债券的市场利率为 8%。假定不考虑其他相关因素，A 公司将此发行的债券划分为以摊余成本计量的金融负债。

先对负债部分进行计量，债券发行收入与负债部分的公允价值之间的差额则分配到所有者权益部分。(负债部分的现值按 8%的折现率计算)：

表 5-1 可转换债券所有者权益部分计算过程 单位：元

项目	金额
本金的现值： 第 2 年年末应付本金 150 000(复利现值系数为 0.857 3)	128 600
利息的现值 2 年期内每年应付利息 9 000(年金现值系数为 1.783 2)	16 049
负债部分总额	144 649
所有者权益部分	5 351
债券发行总收入	150 000

【例 5-8】 永续债券

永续债券是一种没有到期日的债券，投资人购入永续债券之后，虽不可能于到期后收回本金，却可以每年按票面利息，永久取得利息。大部分永续债券发行人的评级较高，而且票面利率也较高，据统计其票面利率主要分布在 6%～9% 之间。此外，永续债券大多数附加赎回条款，并通常伴随利率调整条款(固定利率调整为浮动利率或者固定利率"递升")。

由于永续债券具备以上所提到的特殊的"债权性"和"股权性"相结合的特点，且永续债券发行时可以进行多种条款的设定，使得永续债券的会计处理变得复杂，需要根据具体债券的发行条款进行会计确认，判断的根据是金融负债和权益工具的确认标准，并非所有永续债券都能在财务报表中以权益形式列报。

(1) 初始确认

① 金融负债

在永续债券发行协议文件中，如果条款中出现下列情形之一的不可控的不利情形，导致发行人“没有能力去避免移交现金或其他金融资产”，则发行人可将该永续债券分类为金融负债。具体情况包括：在“潜在不利条件下”(如发行方偿债困难)发行人与其他单位交换金融资产或金融负债的强制性合同义务的条款(如发行人被迫赎回永续债券)；在报表日评估自身偿债能力，存在未来可以预见的潜在不利情形，导致发行人被迫强制与其他单位交换金融资产或金融负债的义务(如发行人被迫赎回永续债券)。

② 权益工具

一项金融工具没有包括在潜在不利条件下与其他单位交换金融资产或金融负债的合同义务的，应当在初始确认时确认为权益工具。因此永续债券是否首次确认为权益列报，应评估是否同时满足下列条件：在永续债券发行协议文件中，没有包括在“潜在不利条件下”(如出现偿债困难)，会导致发行人与其他单位交换金融资产或金融负债的强制性合同义务的条款(如发行人被迫赎回永续债券)；且在报表日评估自身偿债能力，不存在未来可以预见的潜在不利情形，导致发行人被迫强制与其他单位交换金融资产或金融负债的义务(如发行人被迫赎回永续债券)。

如果上述两个条件均满足，那么发行人可以将永续债券作为权益工具。

(2) 后续确认

在后续报表日，仍需要对金融负债与权益工具进行后续评估，以确定其是否继续满足相关条款，与此相对应的，发行人应视评估结果对金融工具进行重分类调整，将其重分类或者终止确认。由于以权益入账可以改善永续债券发行人的财务报表，为发行人的盈余管理提供了动机，因此根据会计谨慎性原则，在不影响合理选择的前提下，发行方应尽可能选用对所有者权益产生影响最小的方法和程序进行会计确认及处理方法，优先判断永续债发行设置的条款内容是否符合金融负债的确认标准，如果是，则应以金融负债入账。

第三节　特殊金融工具的区分

本节规定一些满足条件的非衍生可回售工具或满足条件的清算产生的义务，虽然符合金融负债的定义，但仍应分类为权益工具，这与旧准则有较大的区别。

一、可回售工具确认为权益工具的条件

如果发行方发行的金融工具合同条款中约定，持有方有权将该工具回售给发行方以获取现金或其他金融资产，或者在未来某一不确定事项发生(如持有方死亡或退休)时，自动回售给发行方的，该金融工具即为可回售工具。在这种情况下，符合金融负债定义但同时具有下列特征的可回售金融工具，应当分类为权益工具：

（1）赋予持有方在企业清算时按比例份额获得该企业净资产的权利。企业净资产是指扣除所有优先于该工具对企业资产要求权之后的剩余资产。按比例份额是指清算时将企业的净资产分拆为金额相等的单位，并且将单位金额乘以持有方所持有的单位数量。

（2）该工具所属的类别次于其他所有工具类别。该工具在归属于该类别前无须转换为另一种工具，且在清算时对企业资产没有优先于其他工具的要求权。

（3）该类别的所有工具具有相同的特征（如它们必须都具有可回售特征，并且用于计算回购或赎回价格的公式或其他方法都相同）。

（4）除了发行方应当以现金或其他金融资产回购或赎回该工具的合同义务外，该工具不满足金融负债定义中的任何其他特征。

（5）该工具在存续期内的预计现金流量总额，应当实质上基于该工具存续期内企业的损益、已确认净资产的变动、已确认和未确认净资产的公允价值变动（不包括该工具的任何影响）。

二、发行方仅在清算时才有义务向另一方按比例交付其净资产的金融工具确认为权益的条件

某些金融工具的发行合同约定，发行方仅在清算时才有义务向另一方按比例交付其净资产，在这类金融工具中，触发支付义务的清算事项确定将会发生并且不受发行方的控制（比如发行方本身是有限寿命主体），或者发生与否取决于该工具的持有方（如清算是否发生，取决于权益持有者的表决）。对于发行方仅在清算时才有义务向另一方按比例交付其净资产的金融工具（以下简称负清算义务的金融工具），符合金融负债定义但同时具有下列特征的，应当分类为权益工具：

（1）赋予持有方在企业清算时按比例份额获得该企业净资产的权利。

（2）该工具所属的类别次于其他所有工具类别。该工具在归属于该类别前无须转换为另一种工具，且在清算时对企业资产没有优先于其他工具的要求权。

（3）在次于其他所有类别的工具类别中，发行方对该类别中所有工具都应当在清算时承担按比例份额交付其净资产的同等合同义务。

三、可回售工具和负清算义务的金融工具确认为权益工具时的特殊要求

分类为权益工具的可回售工具，或发行方仅在清算时才有义务向另一方按比例交付其净资产的金融工具，除应具备上述特征外，还需满足不存在限制或固定其回报及现金流量总额的基于整体损益或净资产变化的其他金融工具。具体来说，确认为权益工具的可回售工具及负清算义务的金融工具或合同，其发行方不应同时具有以下特征：

（1）现金流量总额实质上基于企业的损益、已确认净资产的变动、已确认和未确认净资产的公允价值变动（不包括该工具或合同的任何影响）。

（2）实质上限制或固定了可回售工具或仅在清算时才有义务按比例交付净资产的工

具的持有方所获得的剩余回报。

在按上述条件判断该工具是否为权益工具时,不应当考虑发行方与该工具持有人签订的非金融合同,这些非金融合同的条款和条件应当与发行方和其他方之间签订的合同类似。但是,如果企业不能做出该项判断,则不应当将该工具分类为权益工具。

可回售工具或发行方仅在清算时才有义务向另一方按比例交付其净资产的金融工具自身及其发行方同时满足以上条件的,才可以划分为权益工具,但在其母公司合并财务报表中产生的少数股东权益对应的部分应分类为"金融负债"。一旦有某一条或几条不再满足,即日起应将该权益工具重分类为金融负债,以重分类日该工具的公允价值计量。同样的,原本分类为金融负债的该可回售类工具,满足以上所列条件的当日,就应重分类为权益工具,以重分类日金融负债的账面价值计量。企业在进行重分类的同时应在报表附注中披露该工具重分类的时间、原因以及重分类前后的公允价值或账面价值。重分类不会产生任何损益。

在信息披露方面,企业应将同时满足本章规定的可回售工具确认为权益工具时,披露下列信息:①分类为权益金额的汇总数量信息;②企业对其在金融工具持有人提出要求时回购或赎回该类别工具的义务进行管理的目标、政策和程序,以及与前期相比的任何变化;③该类别金融工具赎回或回购的预期现金流出金额及确定该金额的相关信息。

第四节 收益和库存股

本节主要是对企业金融负债及权益工具产生的相关利息、股利、利得及损失的处理方法进行规范,主要内容与旧准则一致。

一、金融负债的相关损益处理

金融工具或其组成部分属于金融负债的,相关利息、股利(或股息)、利得或损失以及赎回或再融资产生的利得或损失等,应当计入当期损益。特别的,新准则规定金融负债的利息需要合并列示并单独披露,也就是说,企业因其金融负债所应支付的股利,在利润表中应当确认为费用,与其他负债的利息费用合并列示,并在财务报表附注中单独披露。而作为权益扣减项的交易费用,也应在财务报表附注中单独披露。

二、权益工具的相关变动处理

金融工具或其组成部分属于权益工具的,其发行(含再融资)、回购、出售或注销时,发行方应当作为权益的变动处理,不应当确认权益工具的公允价值变动。发行方对权益工具持有方的分配应作利润分配处理,发放的股票股利不影响所有者权益总额。

此外,企业发行或取得自身权益工具(可直接归属于权益性交易)时发生的交易费用(如登记费,承销费,法律、会计、评估及其他专业服务费用,印刷成本和印花税等),或其他与权益性交易相关的交易费用，应当从权益中扣减，不计入当期损益。但是企业应注意到，终止的未完成权益性交易所发生的交易费用应当计入当期损益。

企业发行复合金融工具所发生的交易费用，应当在金融负债成分和权益工具成分之间按照各自占总发行价款的比例进行分摊。与多项交易相关的共同交易费用，应当在合理的基础上，采用与其他类似交易一致的方法，在各项交易间进行分摊。

应特别注意的是，新准则对"交易费用"进行了重新定义，它是指可直接归属于购买、发行或处置金融工具的增量费用(是指企业不购买、发行或处置金融工具就不会发生的费用)。

三、库存股的相关处理

库存股可由企业自身购回和持有，也可由集团合并范围内的其他成员购回和持有。当企业需要回购其库存股(自身权益工具)时，企业所支付的对价和交易费用的会计处理是减少其所有者权益，而不得再次确认金融资产。而且，企业应当按照《企业会计准则第30号——财务报表列报》在资产负债表中单独列示所持有的库存股金额。企业从关联方回购自身权益工具，还应当按照《企业会计准则第36号——关联方披露》的相关规定进行披露。

第五节 金融资产和金融负债的抵消

一、金融资产和金融负债抵消应满足的条件

(一) 抵消应满足的两个条件

旧准则只对金融资产和金融负债的抵消作了原则性规定，但没有对其披露做出具体要求，多数企业反映，其对抵消的规定过于原则化，在实务中不好运用。因此本准则对金融资产和金融负债抵消的条件进行了进一步说明，并且明确了对金融资产和金融负债抵消的披露要求，总的来说，就是要求同时反映金融工具的总额和净额，以及由抵消使企业面临的信用风险敞口和流动性风险敞口，提高财务报表的有用性和可比性。

一般情况下，金融资产和金融负债应当在资产负债表内分别列示，不得相互抵消。但是，同时满足以下两个条件的，应当以金融资产和金融负债相互抵消后的净额在资产负债表内列示：

(1) 企业具有抵消已确认金额的法定权利，且该种法定权利现在是可执行的。

(2) 企业计划以净额结算，或同时变现该金融资产和清偿该金融负债。

但如果不满足终止确认条件的金融资产转移，转出方不得将已转移的金融资产和相关负债进行抵消。

何为"企业具有抵消已确认金额的法定权利"？这其实是指企业拥有的"抵消权"，是

债务人、债权人及第三方之间签署的、不违反法律法规的合同或协议赋予债权人的一种当前可执行的法定权利。

拥有抵消权意味着债务人可以根据其所有的合同或协议，用应收债权金额全部或部分来抵消应付债权金额。而且，抵消权应当是现在可执行的、不取决于未来事项的一种权力，而且在企业和所有交易对手方的正常经营过程中，或在出现违约、无力偿债或破产等各种情形下，企业均可执行该法定权利。

在确定抵消权是否可执行时，企业应当充分考虑相关法律和法规要求以及合同约定等各方面因素。

但是，债权人只满足具有“抵消权”的条件仍不是金融资产和金融负债相互抵消的充分条件，因为如果企业并不打算行使抵消权（即净额结算），或没有计划同时结算金融资产和金融负债的，该金融资产和金融负债仍旧不得抵消，且该项抵消权对企业信用风险的影响应按有关规定予以披露。

可见，金融资产和金融负债相互抵消要满足的两个条件缺一不可：如果没有抵消权，那么一方或双方即使有意向以净额为基础进行结算或同时结算相关金融资产和金融负债，该金融资产和金融负债也不得抵消；如果企业根本没有以净额结算或同时变现金融资产与金融负债的计划，就不可将金融资产和金融负债进行抵消处理，否则会增加财务报表的信用风险和流动性风险。

【例 5-9】 可以将金融资产与金融负债相互抵消的情况

A 公司与 B 公司有长期合作关系，为简化结算，A 公司和 B 公司合同中明确约定，双方往来款项定期以净额结算。且 A 公司有打算以净额结算金融资产和金融负债。这种情况满足金融资产和金融负债相互抵消的条件，A 公司应当在资产负债表中以净额列示相关的应收款项或应付款项。

（二）“净额结算”的判断标准

上文提到，企业若要行使抵消权，需要满足抵消的金融资产和金融负债是以净额结算的，或同时变现与清偿的。

两项金融工具同时变现或清偿，可能通过有组织的金融市场中清算机构的结算或面对面交换等来实现。在这些情况下，现金流量实际上等于单一的净额，且没有信用风险或流动性风险敞口。相应地，金融资产的变现和金融负债的结算只有发生在同一时刻，才被认为是同时进行的。

同时变现和清偿这个条件比较好理解，但“净额结算”这一条件在实务操作中包含许多具体的规定，新准则对“净额结算”的判断标准进行了规定。

首先，净额结算的方式必须在同一结算过程或周期内处理了相关应收和应付款项，达到消除或几乎消除信用风险和流动性风险的目的。其次，净额结算应同时满足以下标准：

（1）符合抵消条件的金融资产和金融负债在同一时点提交处理；

（2）金融资产和金融负债一经提交处理，各方即承诺履行结算义务；

(3) 金融资产和金融负债一经提交处理,除非处理失败,这些资产和负债产生的现金流量不可能发生变动;

(4) 以证券作为担保物的金融资产和金融负债,通过证券结算系统或其他类似机制进行结算(如券款对付),如果证券交付失败,则以证券作为抵押的应收款项或应付款项的处理也将失败,反之亦然;

(5) 若发生上条所述的失败交易,将重新进入处理程序,直至结算完成;

(6) 由同一结算机构执行;

(7) 有足够的日间信用额度,并且能够确保该日间信用额度一经申请提取即可履行,以支持各方能够在结算日进行支付处理。

二、金融资产与金融负债抵消应注意的事项

(一) 不得抵消相关金融资产和负债的情况

企业遇到以下五种情况时,通常认为是不满足金融资产和金融负债抵消条件的情况,因此不得做出抵消处理:

(1) 使用多项不同金融工具来仿效单项金融工具的特征,即"合成工具"。例如,利用浮动利率长期债券与收取浮动利息且支付固定利息的利率互换,合成一项固定利率长期负债。

(2) 金融资产和金融负债虽然具有相同的主要风险敞口(例如远期合同或其他衍生工具组合中的资产和负债),但涉及不同的交易对手方。

(3) 无追索权金融负债与作为其担保品的金融资产或其他资产。

(4) 债务人为解除某项负债而将一定的金融资产进行托管(如偿债基金或类似安排),但债权人尚未接受以这些资产清偿负债。

(5) 因某些导致损失的事项而产生的义务预计可以通过保险合同向第三方索赔而得以补偿。

(二) 总互抵协议

新准则不再使用"总抵消协议"概念,而是使用"总互抵协议"对企业与同一交易对手方进行多项金融交易时所签订的协议进行定义。总互抵协议,是指企业针对与同一交易对手签订的多项同类或不同类的协议而签订的一个总协议,协议约定当交易对手对其中的一项协议违约或解约时,企业有权对所有协议进行净额结算。根据旧的"总抵消协议",一旦某单项金融工具交易发生违约或解约情况,企业就可以将所有金融工具交易以单一净额进行结算,以减少交易对手可能无法履约造成损失的风险(如果没有违约或解约情况就不满足相互抵消条件)。但在新准则下规定,如果企业与对方签订"总互抵协议",不仅要出现违约或解约情况,还必须同时满足抵消的两项标准,此时总互抵协议才构成抵消的依据。当与总互抵协议相关的金融资产和金融负债未被抵消时,协议对企业承担的信用

风险的影响应当按照本准则的有关规定予以披露。

此外,企业应当区分以抵消后净额列示以及终止确认的金融资产或金融负债两种情况,两者在会计上会有不同的处理方式:抵消行为不应当产生利得或损失而终止确认应当转销资产负债表列示项目,并可能产生利得或损失。

第六节　金融工具对财务状况和经营成果影响的列报

一、一般性规定

企业在对金融工具各个项目进行列报的时候,应该根据金融工具的特点以及相关信息性质对其归类,并需要充分披露与金融工具相关的、重要的信息。新准则第一次要求财务报表附注中披露的项目应与报表列示的各个项目相互对应,并要求企业在确定金融工具列报类型时,至少应将本准则范围内的金融工具区分为以摊余成本计量和以公允价值计量两种类型。

新准则对列报详细程度的判断原则进行了明确:企业可以根据自身实际情况,依照准则要求,自己确定合理的金融工具列报详细程度,不再有强制性规定。企业所列报的信息,量要适度,不应列报大量过于详细的信息从而淹没真正的信息;另一方面也不得列报过于汇总而难以区分各项交易或风险之间的重要差异。

一般情况下,有金融工具的企业均应披露编制财务报表时对金融工具所采用的重要会计政策、计量基础和与理解财务报表相关的其他会计政策等信息,如要求披露金融资产常规购买和出售的会计政策、核销减值准备的原则等,具体包括以下内容。

(1) 对于指定为以公允价值计量且其变动计入当期损益的金融资产或金融负债,应当披露下列信息:

① 指定的金融资产或金融负债的性质。

② 初始确认时对上述金融资产或金融负债做出指定的标准。

③ 如何满足运用指定的标准。对于以消除或显著减少会计错配为目的的指定,企业应当披露该指定所针对的确认或计量不一致的描述性说明。对于以更好地反映组合的管理实质为目的的指定,企业应当披露该指定符合企业正式书面文件载明的风险管理或投资策略的描述性说明。对于整体指定为以公允价值计量且其变动计入当期损益的混合工具,企业应当披露运用指定标准的描述性说明。

(2) 指定金融资产为可供出售金融资产的标准。

(3) 金融资产常规购买和出售的会计政策。

(4) 核销减值准备并减记金融资产账面价值的原则。

(5) 如何确定每类金融工具的利得或损失。

(6) 存在客观证据表明金融资产已发生减值的适用标准。

(7) 为避免金融资产逾期或减值而重新议定条款的金融资产所适用的会计政策。

【例 5-10】 A 公司为 H 股上市的一家矿业公司，其 20×3 年年报附注中对该公司所持有的主要金融工具披露如下：

本公司的主要金融工具，除衍生工具外，包括货币资金、贷款和应收款项、以公允价值计量且其变动计入当期损益的金融资产/负债、可供出售金融工具、借款、应付款项、应付债权等。这些金融工具的主要目的在于保证本公司的运营需要。

本公司亦开展衍生金融工具交易，目的在于管理本公司运营的市场风险。公司根据金属市场价格与管理层预计的金属目标价格的差异情况，设置最大持仓量，以控制衍生金融工具的市场风险。该金融工具导致的风险主要是信用风险、流动性风险及市场风险。

本公司使用衍生金融工具，例如利用远期商品合约对商品价格风险进行套期保值。衍生金融工具初始以衍生交易合同签订当日的公允价值进行计量，并以其公允价值进行后续计量。公允价值为正数的衍生金融工具确认为一项资产，公允价值为负数的确认为一项负债。但对于那些与在活跃市场中没有报价且其公允价值不能可靠计量的权益工具挂钩，并须通过交付该权益工具结算的衍生金融工具来说，应按成本计量。

除现金流量套期中属于有效套期的部分变动计入其他综合收益之外，衍生工具公允价值变动而产生的利得或损失，直接计入当期损益。

二、资产负债表中的列示及相关披露

本准则要求，企业列示金融工具的内容，应能够有助于财务报表使用者更好地了解金融工具对企业财务状况影响的重要性程度。因此，企业应在其资产负债表或相关附注中列报下列金融资产或金融负债的账面价值：

（1）以公允价值计量且其变动计入当期损益的金融资产，需要分别列示交易性金融资产和指定为以公允价值计量且其变动计入当期损益的金融资产两类；

（2）持有至到期投资；

（3）贷款和应收款项；

（4）可供出售金融资产；

（5）以公允价值计量且其变动计入当期损益的金融负债，需要分别列示交易性金融负债和指定为以公允价值计量且其变动计入当期损益的金融负债两类；

（6）其他金融负债。

新准则在这条规定中特别强调了以公允价值计量且其变动计入当期损益的金融资产或金融负债应包括交易性和直接指定的两种类型。

除了金融资产和金融负债的账面价值外，企业仍需披露有关金融工具信用风险、公允价值变动等情况，以更加完整地体现金融工具对企业财务现状的影响程度。而且，企业应当设置专门的备抵账户，记录每类金融资产因信用损失发生的减值，并披露减值准备的期初余额，本期计提、转回、转销、核销及其他变动的金额和期末余额等信息。

【例 5-11】 A 公司 20×3 年 H 股年报附注中要求披露的金融工具账面价值（见表 5-2）：

表 5-2　A 公司金融工具列报示例

	20×3 年	20×2 年
衍生金融资产(注 1)		
交易性权益工具投资(注 2)		
交易性债券投资		
公允价值套期保值一临时定价安排		
其他(注 3)		
合　计		

(注 1：本公司为规避黄金租赁业务所产生的黄金价格波动风险，按照未来需偿还的黄金数量、规格和偿还期，签订黄金远期买入期货合约，20×3 年 12 月 31 日，该远期期货合约的公允价值变动损失计入以公允价值计量且其变动计入当期损益的金融负债中。

注 2：本公司以短期获利为目的进行股票投资。

注 3：本公司通过 B 公司在海外市场买入货币型基金，20×3 年 12 月 31 日，该货币型基金公允价值变动收益为人民币×××元。本公司通过国内二级市场和证券公司买入基金，于 20×3 年 12 月 31 日，该基金公允价值变动损失为人民币×××元。)

管理层认为于 20×3 年 12 月 31 日及于 20×2 年 12 月 31 日以公允价值计量且其变动计入当期损益的金融资产变现不存在重大限制。

【例 5-12】 A 公司 H 股 20×3 年年报披露的金融资产减值情况如下：

本公司于资产负债表日对金融资产的账面价值进行检查，有客观证据表明该金融资产发生减值的，计提减值准备。表明金融资产发生减值的客观证据，是指金融资产初始确认后实际发生的、对该金融资产的预计未来现金流量有影响，且企业能够对该影响进行可靠计量的事项。

以摊余成本计量的金融资产：

发生减值时，将该金融资产的账面价值减记至预计未来现金流量(不包括尚未发生的未来信用损失)现值，减记金额计入当期损益。预计未来现金流量现值，按照该金融资产原实际利率(即初始确认时计算确定的实际利率)折现确定，并考虑相关担保物的价值。

对单项金额重大的金融资产单独进行减值测试，如有客观证据表明其已发生减值，确认减值损益，计入当期损益。对单项金额不重大的金融资产，在具有类似信用风险特征的金融资产组合中进行减值测试或单独进行减值测试。单独测试未发生减值的金融资产(包括单项金额重大和不重大的金融资产)，放入具有类似信用风险特征的金融资产组合中再进行减值测试。已单项确认减值损失的金融资产，不用在具有类似信用风险特征的金融资产组合中再次进行减值测试。

本公司对以摊余成本计量的金融资产确认减值损失后，如有客观证据表明该金融资产价值已恢复，且客观上与确认该损失后发生的事项有关，原确认的减值损失予以转回，计入当期损益。但是，该转回后的账面价值不超过假定不计提减值准备情况下该金融资产在转回日的摊余成本。

下文将对须进一步在财务报表附注中列示的情况进行介绍。

（一）指定为以公允价值计量且其变动计入当期损益的金融资产或金融负债

若企业将某单项或一组贷款或应收款项指定为以公允价值计量且其变动计入当期损益的金融资产的，应在附注中披露资产负债表日该贷款或应收款项使企业面临的最大信用风险[①]敞口，相关信用衍生工具或类似工具使得该最大信用风险敞口降低的金额，该贷款或应收款项因信用风险变动引起的公允价值本期变动额和累计变动额，以及相关信用衍生工具或类似工具的公允价值本期变动额和自该贷款或应收款项被指定以来的公允价值累计变动额。

【例 5-13】 某商业银行对指定为以公允价值计量且其变动计入当期损益的贷款和垫款有关的信息披露如下（金额单位：万元）：

对于指定为以公允价值计量且其变动计入当期损益的贷款和垫款：

——截至 20×3 年 12 月 31 日使企业面临的最大信用风险敞口　5 732 400

——信用风险引起的公允价值累计变动额　54 345

若企业将一项金融负债指定为以公允价值计量且其变动计入当期损益的金融负债的，应当在附注中披露该金融负债因信用风险变动引起的公允价值本期变动额和累计变动额，以及该金融负债的账面价值与按合同约定到期应支付债权人金额之间的差额。

其中，以上提到的“公允价值变动额”是指，该贷款/应收款项或金融负债公允价值变动扣除由于市场风险因素的变化导致公允价值变动后的部分；或是企业以能够更真实地反映信用风险变动导致该贷款/应收款项或金融负债公允价值变动的其他方法确定的金额。但如果企业认为披露的信息未能真实反映相关金融工具公允价值变动中由信用风险引起的部分，则应当披露企业做出此结论的原因及其他需要考虑的因素。

市场风险因素的变化包括，可观察的利率、商品价格、汇率以及价格指数、利率指数、汇率指数等指数的变动。对于包含投资连结特征的合同，市场风险因素的变化包括相关内部或外部投资组合业绩的变动。

（二）可执行总互抵协议确定的或符合抵消条件的金融工具

对于所有可执行的总互抵协议或类似协议下的已确认金融工具，新准则增加了抵消的披露要求。由于总互抵协议下的金融资产和金融负债可以净额结算，结算金额与账面价值之间存在差异，因此这类金融工具需要在报告期末以表格的形式分别按照金融资产和金融负债披露以下定量信息：

（1）已确认金融资产和金融负债的总额。

（2）按本准则规定抵消的金额。

（3）在资产负债表中列示的净额。

---

① 信用风险是指金融工具的一方不履行义务，造成另一方发生财务损失的风险。

(4) 可执行的总互抵协议或类似协议确定的，未包含在准则规定可抵消范围中的金额，包括不满足本准则抵消条件的已确认金融工具的金额，以及与财务担保物(包括现金担保)相关的金额。

(5) 资产负债表中列示的净额扣除上一条金额后的余额。

企业应当披露抵消权的条款及其性质等信息，以及不同计量基础的金融工具适用本条时产生的计量差异。

对于企业发行的包含金融负债和权益工具成分的复合金融工具，嵌入了价值相互关联的多项衍生工具(如可赎回的可转换债务工具)的，应当披露相关特征。

(三) 分类为权益工具的可回售金融工具

按照本准则规定，企业对于分类为权益工具的可回售工具，应当在财务报表附注中披露这一可回售工具的汇总定量信息。同时，若企业按合同或协议规定，对持有方的回售要求承担的回购或赎回义务的，企业应披露其管理目标、政策、程序及其他变化。此外，还应披露回购或赎回可回售工具的预期现金流出金额及其确定方法。

如果企业按照本准则将分类为权益工具的可回售工具或负清算义务的金融工具两者之间进行重分类，应当分别披露重分类前后的公允价值或账面价值，以及重分类的时间和原因。

【例 5-14】 某上市 A 公司，其 20×3 年 H 股年报中披露的回购本公司 H 股的情况如下：

本公司于 20×3 年 5 月召开的 20×2 年股东大会、20×3 年第一次 A 股类别股东大会和 20×3 年第一次 H 股类别股东大会审议通过了《关于给予公司董事会回购 H 股股份一般性授权的议案》，根据该授权，本公司于 20×3 年 8 月 21 日起开始实施 H 股回购。截至 20×3 年 12 月 31 日，合计回购 H 股数量×××股，支付总金额为×××港元(不含佣金等费用)。回购的 H 股已在香港中央证券登记有限公司注销，但国内工商变更登记手续尚未完成。

(四) 作为负债担保物的金融资产及企业取得的担保物

企业应当披露作为负债或有负债担保物的金融资产的账面价值，以及与该项担保有关的条款和条件。其中，对于已转移金融资产的担保物，转入方有权出售或再抵押的，转出方应当在资产负债表中单独列示该金融资产。

而企业所取得的担保物，在担保物所有人未违约时可出售或再抵押的，应当披露其公允价值、已出售或再抵押担保物的公允价值，以及承担的返还义务和使用担保物的条款和条件。

(五) 除短期应付款之外的金融负债

除短期应付款项之外的金融负债，企业应当披露还拖欠或违约情况，具体包括下列信息：

（1）本期发生拖欠的金融负债的本金、利息、偿债基金、赎回条款的详细情况。

（2）发生拖欠的金融负债的期末账面价值。

（3）在财务报告批准对外报出前，就拖欠事项已采取的补救措施、对债务条款的重新议定等情况。

企业本期发生了拖欠以外的其他违约情况，且债权人有权在发生违约时要求企业提前偿还的，企业应当按上述要求披露。如果在期末前相关违约情况已得到补救或已重新议定债务条款，则无须披露。

三、利润表中的列示及相关披露

金融工具在利润表中的列示表现了金融工具导致的相对应的收入、费用、利得或损失等，对企业利润表，也就是企业经营成果所造成的影响，新旧准则就金融工具在利润表中的披露要求基本保持一致。具体来说，企业应披露的信息包括以下几方面：

（1）当期各类金融资产和金融负债所产生的利得或损失。其中，指定为以公允价值计量且其变动计入当期损益的金融资产和金融负债以及交易性金融资产和金融负债的利得或损失应当分别披露。对于可供出售金融资产，应当分别披露当期在其他综合收益中确认的以及当期从权益转入损益的利得或损失。

（2）除以公允价值计量且其变动计入当期损益的金融资产或金融负债外，按实际利率法计算的金融资产或金融负债产生的利息收入或利息费用总额，以及直接计入当期损益但在确定实际利率时未包括的手续费收入或支出。

（3）企业通过信托和其他托管活动代他人持有资产或进行投资而形成的，直接计入当期损益的手续费收入或支出。

（4）已发生减值的金融资产产生的利息收入。

（5）每类金融资产本期发生的减值损失。

【例 5-15】 某上市A公司，其20×3年H股年报中，与投资收益相关情况列示如下（数字虚构）：

报告期内，本公司投资收益为人民币10 000万元，与上年相比减少人民币60 000万元，主要是由于：①联营合营公司投资收益同比减少人民币10 000万元；②衍生金融工具期货平仓收益同比减少人民币30 000万元；③20×3年按交易性金融资产核算的股票债券及基金投资平仓收益同比减少人民币5 000万元；④处置可供出售金融资产产生的收益同比减少人民币15 000万元。

截至20×3年12月31日，A集团持有远期期货合约的浮动亏损为人民币5 000万元，黄金租赁及为规避其价格波动风险而签订的黄金远期买入期货合约的合计持仓公允价值变动净收益为人民币13 000万元。

四、套期保值相关披露

新准则对套期保值的相关会计处理与旧准则基本保持一致。若企业采取套期保值的方法来控制经营风险，在会计实务中，应当在财报附注中对每类套期工具的性质和期末公允价值进行描述，并阐述被套其风险的性质。

其中，与现金流量套期有关的金融工具，还应补充下列信息：

(1) 现金流量预期发生期间及其预期影响损益的期间。

(2) 对于前期运用套期会计方法但预期不再发生的交易的描述。

(3) 本期在其他综合收益中确认的金额。

(4) 本期从所有者权益中转出至利润表各项目的金额。

(5) 本期预期交易形成的非金融资产或非金融负债在初始确认时从所有者权益转入的金额。

企业应当单独披露下列关于套期会计的信息：

(1) 在公允价值套期中，套期工具本期形成的利得或损失，以及被套期项目因被套期风险形成的利得或损失。

(2) 在现金流量套期中，本期套期无效部分形成的利得或损失。

(3) 在境外经营净投资套期中，本期套期无效部分形成的利得或损失。

五、公允价值披露

除一些特殊情况外，企业应当披露每一类金融资产和金融负债的公允价值，并与账面价值进行比较。但对于符合抵消条件的金融负债和金融工具，其公允价值就应该按照抵消后的金额披露。其中，估值技术的披露要求由 CAS 39 规范。

金融资产或金融负债初始确认的公允价值与交易价格存在差异时，如果该金融工具的公允价值不是基于其在活跃市场中的报价，也不是基于使用可观察市场数据的估值技术，那么企业在初始确认金融资产或金融负债时就不应确认利得或损失。在此情况下，企业应当按金融资产或金融负债的类型披露下列信息：

(1) 企业在损益中确认交易价格与初始确认的公允价值之间差额时所采用的会计政策，以反映市场参与者对资产或负债进行定价时所考虑的因素(包括时间因素)的变动。

(2) 该项差异期初和期末尚未在损益中确认的金额和本期变动额。

(3) 企业如何认定交易价格并非公允价值的最佳证据，以及确定公允价值的证据。

新准则中列举了三种可以不披露金融资产或金融负债公允价值的特殊情况，包括：①该金融资产或金融负债的账面价值与公允价值之间差异很小(如短期应收账款或应付账款)；②在活跃市场中没有报价且其公允价值无法可靠计量的权益工具投资以及与该工具挂钩的衍生工具；③包含相机分红特征且其公允价值无法可靠计量的合同。特别是第三种情况，是新准则中新列出的不用披露合同公允价值的情况。

而且，针对在活跃市场没有报价且公允价值无法可靠计量的金融工具或金融负债，企业虽不用披露其公允价值，但仍应在附注中披露对金融工具的描述及其账面价值，以及因公允价值无法可靠计量而未披露其公允价值的事实和说明。

此外，金融工具的相关市场信息、企业是否有意图及如何处置这些金融工具、已终止确认金融工具的事实以及终止确认时的账面价值和形成的利得或损失等几个方面也需要进一步披露。

【例 5-16】 公司对其持有金融资产公允价值相关信息的披露要求如下（以 A 公司在 H 股报表中披露为例）：

本公司各类别金融工具的账面净值与公允价值相若。

管理层已经评估了货币资金、应收票据、应收账款、其他应收款、其他流动资产、应付票据、应付账款、应付股利、其他应付款、一年内到期的非流动负债等。因期限较短，公允价值与账面价值相若。

金融资产和金融负债的公允价值，以在公平交易中，熟悉情况的交易双方自愿进行资产交换或者债务清偿的金额确定。以下方法和假设用于估计公允价值。

其他非流动资产、长短期借款、长期应付款、应付债权等，采用未来现金流量折现法确定公允价值，以有相似合同条款、信用风险和剩余期限的其他金融工具的市场收益率作为折现率，20×3 年 12 月 31 日，针对长短期借款等自身不履约风险评估为不重大。

上市的权益工具，以市场报价确定公允价值。非上市可供出售债券工具，采用折现估值模型确定公允价值。采用的假设并非由可观察市场价格或利率支持。本公司需要就预计未来现金流量（包括预计未来股利和处置收入）做出估计。本公司相信，以估值技术估计的公允价值是合理的，并且亦是于资产负债表日最合适的价值。

A 公司 20×3 持有的金融工具的公允价值层次列示方式如下（见表 5-3）：

表 5-3　A 公司金融工具公允价值层次列式方式　　单位：元

项　目	公允价值计量使用的输入值			
	活跃市场报价（第一层次）	重要可观察输入值（第二层次）	重要不可观察输入值（第三层次）	合计
以公允价值计量且其变动计入当期损益的金融资产：				
衍生金融资产				
交易性权益工具投资				
其他				
可供出售金融资产：				
上市可供出售权益工具				
非上市可供出售债务工具				
以公允价值计量且其变动计入当期损益的金融负债：				
黄金租赁				
衍生金融负债				

20×3年度，并无金融资产和金融负债公允价值计量在第一层次和第二层次之间的转移，亦无转入或转出第三层级的情况。

第七节　与金融工具相关的风险披露

金融工具风险披露一节内容新准则与旧准则基本一致，其中最主要的变动是新准则对金融资产不再强行要求披露到期期限分析，而是根据披露信息的重要性由企业自行决定是否披露。此外，新准则对于金融工具风险的披露还有两点加强：①强调对于财务担保合同所形成的金融负债，企业应按最大担保金额进行披露；②要增加对流动性风险敞口汇总定量信息的披露。

一、各类金融工具风险相关的定性、定量信息

大部分金融工具由于不确定性较强，因此风险相应会高一些。因此企业应当及时披露与各类金融工具风险相关的定性和定量信息，以便财务报表使用者评估报告期末金融工具产生的风险的性质和程度，更好地评价企业所面临的风险敞口。相关风险主要包括信用风险、流动性风险和市场风险三种。

1. 定性信息（描述性信息）

(1) 金融工具风险敞口及其形成原因。

(2) 风险管理目标、政策和程序，以及计量风险的方法。

上述描述性信息在本期发生改变的，应当作相应说明。

2. 定量信息（数量信息）

(1) 资产负债表日风险敞口的汇总数据。企业在提供该数据时，应当以向内部提供给关键管理人员的相关信息为基础。企业运用多种方法管理风险的，应当说明哪种方法能提供最相关和可靠的信息。

(2) 信用风险、流动性风险、市场风险等方面的数量信息。

(3) 资产负债表日风险集中信息。风险集中信息应当包括管理层如何确定风险集中点的说明、确定各风险集中点的参考因素（包括交易对手、地理区域、货币种类、市场类型等）、各风险集中点相关的风险敞口金额。

上述数量信息不能代表企业本期风险敞口情况的，应当进一步提供相关信息。

此外，有两点需要说明：一方面，企业应当披露使财务报表使用者评价期末让企业暴露于风险之中的金融工具相关风险的性质和程度；另一方面，金融风险应当在财务报表中披露，或者从财务报表指向其他报表，比如管理层评论或风险报告。无论何种方式，所使用的术语及其时间含义应相互一致。如没有互相衔接一致或相互参照的信息，则财务报表是不完整的。

【例5-17】　公司持有金融工具的账面价值披露方式如下（以A公司在H股报表中披

露为例)(见表5-4、表5-5):

表5-4　金融资产账面价值披露　　单位:元

项　　目	以公允价值计量且变动计入当期损益的金融资产	贷款和应收账款	可供出售金融资产	合计
货币资金				
以公允价值计量且其变动计入当期损益的金融资产				
应收票据				
应收账款				
其他应收款				
其他流动资产				
可供出售的金融资产				
其他非流动资产				
合　　计				

表5-5　金融负债账面价值披露　　单位:元

项　　目	其他金融负债
短期借款	
以公允价值计量且其变动计入当期损益的金融负债	
应付票据	
应付账款	
应付股利	
其他应付款	
一年内到期的非流动负债	
长期借款	
应付债权	
长期应付款	
合　　计	

二、信用风险信息

企业应当披露与每类金融工具信用风险有关的下列信息:

(1)在不考虑可利用的担保物或其他信用增级(如不符合相互抵消条件的净额结算协议等)的情况下,最能代表企业资产负债表日最大信用风险敞口的金额。对于账面金额最能代表企业最大信用风险敞口的金融工具,则无须提供该项披露。

(2) 可利用担保物或其他信用增级的信息及其与代表企业最大信用风险敞口金额有关的财务影响。

其中,最能代表企业资产负债表日最大信用风险敞口的金融资产金额,应当是金融资产的账面余额扣除满足金融资产和金融负债相互抵消条件且已抵消的金额和已对该金融资产确认的减值损失金额后的余额。

(3) 尚未逾期和发生减值的金融资产的信用质量信息。未逾期金融资产指本金和利息都没有逾期的金融资产。

针对已逾期或发生减值的金融资产,企业应该在附注中对在资产负债表日已逾期但未减值的金融资产进行账龄分析,并对确定为已发生减值的金融资产信息进行分析,以及判断该金融资产发生减值所考虑的因素。

企业本期因债务人违约而处置担保物或其他信用增级对应的资产所取得的金融资产或非金融资产满足资产确认条件的,应当披露所取得资产的性质和账面价值。如果这些资产不易转换为现金的,还应当披露处置这些资产或拟将其用于日常经营的计划等。

【例 5-18】 信用风险在报表附注中需披露信息如下(以 A 公司在 H 股报表中披露为例):

本公司仅与经认可的信誉良好的第三方进行交易。按照本公司的政策,须对所有要求采用信用方式进行交易的客户进行信用审核。另外,本公司对应收账款余额进行持续监控,以确保本公司不致面临重大坏账风险。对于未采用相关经营单位的记账本位币结算的境外交易,除非本公司信用管理部门特别批准,否则不提供信用交易条件。

本公司金融资产包括货币资金、可供出售的金融资产、贷款和应收款项及某些衍生工具。这些金融资产的信用风险源自交易对手违约,最大风险敞口等于这些工具的账面金额。本公司还因提供财务担保而面临信用风险,但根据其对被担保对象信用等级和偿债能力的评价,公司管理层认为因被担保人无法偿还债务而需履行担保义务的可能性很小,故无须在财务报表内确认相关的或有负债。

由于本公司仅与经认可的且信誉良好的第三方进行交易,所以无须担保物。信用风险集中按照客户/交易对手、地理区域和行业进行管理。且由于本公司的应收账款客户群广泛地分散于不同的部门和行业中,因此在本集团不存在重大信用风险集中。

单独或组合均未发生减值的金融资产均未逾期。

截至 20×3 年 12 月 31 日,尚未逾期和发生减值的应收账款与大量的近期无违约记录的分散化的客户有关。

三、流动性风险①信息

企业应当披露金融负债按剩余到期期限所作的到期期限分析,以及管理这些金融资产和金融负债流动性风险的方法。

① 流动性风险是指企业在履行与金融负债有关的义务时遇到资金短缺的风险。

具体而言，对于金融负债的流动性风险披露，应当按照以下要求进行：

(1) 对于非衍生金融负债(包括财务担保合同)，到期期限分析应包括剩余合同到期期限。对于包含嵌入衍生工具的混合金融工具，企业不应当将该嵌入衍生工具分拆出来，而应当将其整体视为非衍生金融负债进行披露。在披露财务担保合同形成的某些金融负债的到期期限分析时，担保合同最大金额应分配到可能支付担保金额的最早期间。

(2) 对于衍生金融负债，如果其合同到期期限对于理解现金流量时间分布是关键性的，到期期限分析应包括剩余合同到期期限。例如浮动利率资产或负债的现金流量套期中剩余五年的利率掉期，或所有的贷款承诺等，都需要进行合同到期期限分析。

新准则对金融资产是否需要做到期期限分析没有强制性的规定。但是当企业将所持有的金融资产作为流动性风险管理的一部分，且披露金融资产的到期期限分析使财务报告使用者能够恰当地评估企业流动性风险的性质和范围时，企业应当披露金融资产的到期期限分析。

企业在披露金融资产和金融负债到期期限分析时，应当运用职业判断确定适当的时间段。列入各时间段内的金融负债金额，应当是未经折现的合同现金流量。例如，扣除融资费用前的融资租赁负债总额、通过支付现金方式购买金融资产的远期协议中约定的价格、“付浮动—收固定”且以净现金结算的利率掉期形成的净额、预期以总额为基础交换的衍生金融工具合同金额(如货币互换)、贷款承诺总额等。这些未折现的现金流量不同于资产负债表所涵括的金额。

企业可以但不限于按下列时间段进行到期期限分析：

(1) 一个月以内(含本数，下同)；

(2) 一个月至三个月以内；

(3) 三个月至一年以内；

(4) 一年至五年以内；

(5) 五年以上。

此外，如果债权人可以选择收回债权时间的，债务人应当将相应的金融负债列入债权人要求收回债权的最早时间段内。

债务人应付债务金额不固定的，应当根据资产负债表日的情况确定到期期限分析所披露的金额。如分期付款的，债务人应当把每期将支付的款项列入相应的最早时间段内。

财务担保合同形成的金融负债，担保人应当将最大担保金额列入相关方可以要求支付的最早时间段内。

除此之外，新准则增加了流动性风险敞口汇总定量信息的披露要求。也就是说，企业应当披露流动性风险敞口汇总定量信息的确定方法。此类汇总定量信息中的现金(或另一项金融资产)流出可能显著早于汇总定量信息中所列示的时间，或者可能与汇总定量信息中所列示的金额存在重大差异，则应在附注中说明相关事实，并提供有助于评价该风险程度的额外定量信息。

【例5-19】 公司需要在年报中披露的流动性风险信息如下(以A公司在H股报表中

披露为例）：

本公司采用循环流动性计划工具管理资金短缺风险。该工具既考虑金融工具的到期日，也考虑本公司运营产生的预计现金流量。

本公司的目标是运用债券、银行借款和其他计息借款等多种融资手段来保持融资的持续性与灵活性的平衡。截至20×3年12月31日，本公司61%的债务在不足12个月内到期。

表5-6、表5-7概括了金融资产和金融负债按未折现的合同现金流量所作的到期期限分析。

表5-6　金融资产到期期限分析　　单位：元

项　　目	1个月以内	1个月至3个月	3个月以上至1年	1年以上至5年	5年以上	合计
货币资金						
以公允价值计量且其变动计入当期损益的金融资产						
应收票据						
应收账款						
其他应收款						
其他流动资产						
可供出售的金融资产						
其他非流动资产						
合　　计						

表5-7　金融负债到期期限分析　　单位：元

项　　目	1个月以内	1个月至3个月	3个月以上至1年	1年以上至5年	5年以上	合计
短期借款						
以公允价值计量且其变动计入当期损益的金融负债						
应付票据						
应付账款						
应付股利						
其他应付款						
一年内到期的非流动负债						
长期借款						
应付债券						
长期应付款						
合　　计						

四、市场风险信息

金融工具的市场风险，是指金融工具的公允价值或未来现金流量因市场价格变动而发生波动的风险，包括外汇风险、利率风险和其他价格风险。

外汇风险是指金融工具的公允价值或未来现金流量因外汇汇率变动而发生波动的风险（汇率风险可源于以记账本位币之外的外币进行计价的金融工具）。

利率风险是指金融工具的公允价值或未来现金流量因市场利率变动而发生波动的风险（利率风险可源于已确认的计息金融工具和未确认的金融工具，如某些贷款承诺）。

其他价格风险是指汇率风险和利率风险以外的市场价格变动而发生波动的风险，无论这些变动是由于与单项金融工具或其发行方有关的因素而引起的，还是由于与市场内交易的所有类似金融工具有关的因素而引起的。其他价格风险可源于商品价格或权益工具价格等的变化。

在对市场风险进行敏感性分析时，应当以整个企业为基础，披露下列信息：

（1）资产负债表日所面临的各类市场风险的敏感性分析。该项披露应当反映资产负债表日相关风险变量发生合理、可能的变动时，将对企业当期损益或所有者权益产生的影响。

（2）本期敏感性分析所使用的方法和假设。该方法和假设与前一期不同的，应当披露发生改变的原因。

企业采用风险价值法或类似方法进行敏感性分析能够反映风险变量之间（如利率和汇率之间等）的关联性，且企业已采用该种方法管理财务风险的，可不按照上述规定进行披露，但应当披露用于该种敏感性分析的方法、选用的主要参数和假设、所使用方法的目的以及使用该种方法不能充分反映相关金融资产和金融负债公允价值的可能性。

如果按上述对敏感性分析的披露不能反映金融工具内在市场风险的（如期末的风险敞口不能反映当期的风险状况），企业应当披露这一事实及其原因。

【例 5-20】 公司需在报表附注中披露的公司市场风险的主要内容如下（以 A 公司在 H 股报表中披露为例）：

本公司通过维持适当的固定利率债务与可变利率债务组合以管理利息成本，降低利率风险。截至 20×3 年 12 月 31 日，本公司约 58%的计息负债按照固定利率计息。

（1）利率风险

表 5-8 为利率风险的敏感性分析，反映了在其他变数不变的假设前提下，利率发生合理的、可能的变动时，将对净利润（通过对浮动利率借款的影响）和股东权益产生的影响。

（2）外汇风险

本公司在中国可用以降低人民币与其他货币之间的汇率波动风险的对冲工具有限。至今，本公司并未开展任何对冲交易，以降低外汇风险。

表 5-9 为外汇风险的敏感性分析，反映了在其他变数不变的假设下，英镑、美元、港元、加元、卢布及澳元汇率发生合理、可能的变动时，将对净利润和股东权益产生的影响。

表 5-8 利润风险的敏感性分析

	基准点增加/减少	净利润增加/减少	股东权益增加/减少
人民币			
美元			
港元			
其他			

表 5-9 外汇风险的敏感性分析

	汇率增加/减少	净利润增加/减少	股东权益增加/减少
人民币对美元贬值/升值			
人民币对英镑贬值/升值			
人民币对港元贬值/升值			
人民币对加元贬值/升值			
人民币对卢布贬值/升值			
人民币对澳元贬值/升值			

(3) 权益工具投资价格风险

权益工具投资价格风险，是指权益性证券的公允价值因股票指数水平和个别证券价值的变化而变动的风险。因此财务报表附注中应予以披露。截至 20×3 年 12 月 31 日，A 公司暴露于因归类为以公允价值计量且其变动计入当期损益的金融资产和可供出售权益工具投资的个别权益工具投资而产生的权益工具投资价格风险之下。本公司持有的上市权益工具投资在上海、多伦多、伦敦、香港、澳大利亚等证券交易所，并在资产负债表日以市场报价计量。

以下证券交易所的、在本年最接近资产负债表日的交易日收盘时的市场股票指数，以及本年度内其各自的最高收盘点和最低收盘点如下(见表 5-10)：

表 5-10 各大证券交易所股票指数一览表

	20×3 年 12 月 31 日	20×3 年 最高/最低	20×2 年 12 月 31 日	20×2 年 最高/最低
上海——A 股指数				
香港——恒生指数				
多伦多 TSX 创业交易所				
伦敦证券交易所指数				
澳大利亚证券交易所指数				
……				

表 5-11 列明了在各个交易所中，当所有其他变数保持不变，且不考虑任何税务影响

的情况下，本公司的净利润和股东权益对权益工具投资的公允价值的每10%的敏感性。就本敏感性分析而言，对于可供出售权益工具投资，该影响被视为对可供出售权益工具投资公允价值变动的影响，而不考虑可能影响利润表的减值等因素。

表5-11　公允价值变动敏感性分析

	权益工具投资 账面价值	净利润 增加/减少	股东权益 增加/减少
以公允价值计量且其变动计入当期损益的金融资产			
上海证券交易所			
香港联合证券交易所			
多伦多证券交易所			
多伦多 TSX 创业交易所			
纽约证券交易所			
伦敦证券交易所			
澳大利亚证券交易所			
可供出售金融资产			
多伦多 TSX 创业交易所			
伦敦证券交易所			
澳大利亚证券交易所			
香港联合证券交易所			

（4）商品价格风险

本公司主要承担未来黄金、铜、锌和银等主要金属的价格变动风险，这些商品价格的波动可能会影响本公司的经营业绩。

本公司订立了黄金、铜、锌和银的远期销售之期货合约。所有远期商品期货合约只能由经董事会批准并由本公司高级管理层组成的远期交易小组执行。经董事会批复，黄金、铜、锌以及银的远期销售合约持仓量不得超过其年计划产量的一定比例。此外，远期交易小组会时刻关注商品期货合约的价格波动。截至20×3年12月31日，本公司大部分远期期货合约已平仓。

另外，为规避阴极铜市场价格波动风险，本公司使用临时定价安排对本公司之子公司B用于铜冶炼的存货进行套期。

因此，商品价格的10%合理可能变动将不会对本公司本年度的损益和权益产生重大影响。

第八节　金融资产转移的披露

对于金融资产转移的信息披露，旧准则只对不满足金融资产终止确认条件的金融资产转移披露进行了规定，较为笼统，可操作性不强。因此新准则做了大量修订，变更幅度较大，区分了“已转移尚未全部终止确认的金融资产”和“全部终止确认，但转出方继续涉入的被转移金融资产”两种不同情况，同时对两种情形下的金融资产转移的披露分别进行规定和补充。

本节所述的符合披露要求的金融资产转移，属于下列两种情形之一：①将收取金融资产现金流量的合同权利转移给另一方；②将金融资产全部或部分转移给另一方，但保留收取金融资产现金流量的合同权利，并承担将收取的现金流量支付给一个或多个收款方的合同义务。

披露企业金融资产转移的信息，应能够帮助财务报表使用者了解未整体终止确认的已转移金融资产和企业相关负债之间的关系，有利于评价企业继续涉入已终止确认金融资产的性质和相关风险。因此新准则要求，若企业披露的内容无法满足该披露目的，则企业需要披露其他补充信息。

新准则对“继续涉入”进行更加明确的定义和信息披露规范。

本节所述的继续涉入，是指企业保留了已转移金融资产中内在的合同权利或义务，或者取得了与已转移金融资产相关的新合同权利或义务。转出方与转入方签订的转让协议或与第三方单独签订的与转让相关的协议，都有可能形成对已转移金融资产的继续涉入。如果企业对已转移金融资产的未来业绩不享有任何利益，也不承担与已转移金融资产相关的任何未来支付义务，则不形成继续涉入。以下情形不形成继续涉入：

(1) 与转移的真实性以及合理、诚信和公平交易等原则有关的常规声明和保证，这些声明和保证可能因法律行为导致转移无效。

(2) 以公允价值回购已转移金融资产的远期、期权和其他合同。

(3) 使企业保留了获取金融资产现金流量的合同权利但承担了将这些现金流量支付给一个或多个收款方的合同义务的安排，且这类安排满足《企业会计准则第 23 号——金融资产转移》第四条第(二)项中的三个条件。

企业在确定是否继续涉入已转移金融资产时，应当以企业自身财务报告为基础进行考量。

一、列明已转移尚未全部终止确认的金融资产应披露信息

对于已转移尚未全部终止确认的金融资产，企业应当在每个资产负债表日披露各类已转移尚未全部终止确认金融资产的下列信息：

(1) 所转移金融资产的性质；

(2) 仍保留的与所有权有关的风险和报酬的性质；

(3) 已转移金融资产与相关负债之间关系的性质，包括因转移引起的对企业使用已转移金融资产的限制；

(4) 在转移金融资产形成的相关负债的交易对手方仅对已转移金融资产有追索权的情况下，应当以表格形式披露所转移金融资产和相关负债的公允价值以及净头寸，即已转移金融资产和相关负债公允价值之间的差额；

(5) 继续确认已转移金融资产整体的，披露已转移金融资产和相关负债的账面价值；

(6) 按继续涉入程度确认所转移金融资产的，披露转移前该金融资产整体的账面价值、按继续涉入程度确认的资产和相关负债的账面价值。

二、列明已全部终止确认，但转出方继续涉入的被转移金融资产应披露信息

(1) 因继续涉入确认的资产和负债的账面价值和公允价值，以及在资产负债表中对应的项目。

(2) 因继续涉入导致企业发生损失的最大风险敞口及确定方法。

(3) 应当或可能回购已终止确认的金融资产需要支付的未折现现金流量(如期权协议中的行权价格)或其他应向转入方支付的款项，以及对这些现金流量或款项的到期期限分析。如果到期期限可能为一个区间，应当以企业必须或可能支付的最早日期为依据归入相应的时间段。到期期限分析应当分别反映企业应当支付的现金流量(如远期合同)、企业可能支付的现金流量(如签出看跌期权)以及企业可选择支付的现金流量(如购入看涨期权)。在现金流量不固定的情形下，上述金额应当基于每个资产负债表日的情况披露。

(4) 对本条(1)至(3)条定量信息的解释性说明，包括对已转移金融资产、继续涉入的性质和目的以及企业所面临风险的描述等。其中，对企业所面临风险的描述包括对继续涉入已终止确认金融资产的风险进行管理的方法描述，以及企业是否应先于其他方承担有关损失，以及先于本企业承担损失的其他方应承担损失的顺序及金额。此外，企业还应向已转移金融资产提供财务支持或回购该金融资产的义务的触发条件。

(5) 金融资产转移日确认的利得或损失，以及因继续涉入已终止确认金融资产当期和累计确认的收益或费用(如衍生工具的公允价值变动)。

(6) 终止确认产生的收款总额在本期分布不均衡的(例如大部分转移金额在临近报告期末发生)，应当披露本期最大转移活动发生的时间段、该段期间所确认的金额(如相关利得或损失)和收款总额。

企业在披露本条所规定的信息时，应当按照其继续涉入面临的风险敞口类型分类汇总披露。例如，可按金融工具类别(如担保或看涨期权)或转让类型(如应收账款保理、证券化和融券)分类汇总披露。企业对某项终止确认的金融资产存在多种继续涉入方式的，可按其中一类汇总披露。

第九节 衔接规定

本准则规定，变更新准则后采用“追溯调整法”进行会计处理。追溯调整法不可行的，则应采用未来适用法。

在对外提供比较期间的财务报表时，对于因会计政策变更产生的累积影响数，应当调整比较财务报表最早期间的期初留存收益，涉及财务报表其他相关项目的数字也应当一并调整。

企业应当在 2014 年年度及以后期间的财务报告中按照本准则要求对金融工具进行列报。

第六章

公允价值计量

第一节　公允价值计量准则概述

一、公允价值计量准则制定背景

随着我国市场经济体系建设的不断完善和企业会计准则体系持续平稳实施，公允价值计量在我国经济运行发展中所起的作用越来越重要。目前，我国企业会计准则体系中关于公允价值计量的相关会计处理规定分散在《企业会计准则第3号——投资性房地产》、《企业会计准则第8号——资产减值》、《企业会计准则第20号——企业合并》、《企业会计准则第22号——金融工具确认和计量》等多项会计准则中。为更加有效、统一地应用公允价值计量，实务界、监管部门等在企业会计准则执行过程中提出建议，有必要根据我国现有市场特征对公允价值计量制定相关的会计处理规定，并提供详尽的操作性指南。

从国际范围来看，自2008年国际金融危机爆发后，公允价值计量受到社会各界的空前关注，公允价值计量一度被认为是导致金融危机的原因之一。2008年美国为应对金融危机发布的《紧急救市法案》曾要求美国证监会对会计准则中应用公允价值对经济造成的影响进行了为期三个月的调查。同时，为应对国际金融危机，二十国集团和金融稳定理事会提出建立一套全球统一的高质量会计准则，其中，公允价值计量准则就是与国际金融危机密切相关的重要准则之一。为响应二十国集团和金融稳定理事会提出的倡议，国际会计准则理事会加快了对公允价值计量准则项目的研究和制定工作，并于2011年5月12日发布了《国际财务报告准则第13号——公允价值计量》。《国际财务报告准则第13号——公允价值计量》重新定义了公允价值，制定了统一的公允价值计量框架，规范了公允价值的披露要求。《国际财务报告准则第13号——公允价值计量》为其他国家或地区应用公允价值计量提供了有益参考。

为进一步规范我国企业会计准则中公允价值计量的相关会计处理规定，并保持我国企业会计准则与国际财务报告准则的持续趋同，财政部借鉴《国际财务报告准则第13号》，结合我国实际情况，制定发布了《企业会计准则第39号——公允价值计量》。

二、公允价值计量准则的主要内容

《企业会计准则第 39 号——公允价值计量》明确了公允价值定义，规范了公允价值计量的方法，并对与公允价值计量相关信息的披露提出具体的要求。

（一）公允价值计量准则规范的内容

公允价值计量准则只用于规范公允价值如何计量和披露，而相关资产、负债和权益工具是否应当或者可以采用公允价值计量，则由其他相关会计准则规范，如金融工具、投资性房地产、生物资产、非货币性资产交换、债务重组，以及无形资产等长期资产的初始计量或后续计量是否采用或涉及公允价值计量均由各自的准则规范。

（二）明确公允价值的定义

公允价值计量准则将公允价值定义为市场参与者在计量日发生的有序交易中，出售一项资产所能收到或者转移一项负债所需支付的价格，即退出价格。该定义强调了公允价值是基于市场的计量，不是特定企业的计量。对于一些资产和负债，可观察的市场交易或市场信息能够获得，而对于其他资产和负债，由于不存在活跃市场，可观察的市场交易和价格信息可能无法获得。然而，公允价值计量的目标在两种情况下是一致的——估计计量日当前市场条件下，“市场参与者”之间发生“有序交易”时，出售一项资产或转移一项负债的价格（即从持有一项资产或承担一项负债的市场参与者的角度看，该资产或负债在计量日的“退出价格”）。

在计量公允价值时，企业应当使用市场参与者在当前市场条件下对相关资产或负债进行定价时所使用的假设（包括关于风险的假设），并以主要市场（或最有利市场）中发生的有序交易中的价格计量公允价值。因此，在计量公允价值时，定价与企业持有资产、偿还或以其他方式履行负债的意图并不相关。

（三）规范公允价值的估值技术及其输入值

公允价值计量准则对于公允价值的估值技术提出了具体要求。企业在计量公允价值时应当采用恰当的估值技术，估值技术一经确定，不得随意变更，但变更估值技术及其应用方法能使计量结果在当前情况下同样或者更能代表公允价值的情况除外。所选用的估值技术应当尽可能多地使用可观察输入值，尽可能少地使用不可观察输入值，并且这些输入值与市场参与者对相关资产或负债定价时所使用的输入值应当保持一致。

（四）引入公允价值级次

公允价值计量准则规定，企业应当将用于计量公允价值的估值技术输入值按照优先顺序分为三个层次。公允价值计量级次由对公允价值计量整体而言最重要的输入值所属的层次决定。

（五）规范公允价值计量的披露

公允价值计量准则提出，企业应当对以公允价值计量的资产、负债或权益工具项目进行适当分组，并在此基础上披露公允价值计量级次、估值技术和输入值等相关信息，对不同级次的公允价值计量信息提出的不同要求。

三、公允价值计量准则的适用范围

若其他相关会计准则要求或允许采用公允价值进行计量或披露，则公允价值准则所规范的公允价值计量框架既适用于初始计量也适用于后续计量。但以下各项的计量和披露除外：

（1）与公允价值类似的其他计量属性的计量和披露，《企业会计准则第 1 号——存货》规范的可变现净值、《企业会计准则第 8 号——资产减值》规范的预计未来现金流量的现值，分别适用《企业会计准则第 1 号——存货》和《企业会计准则第 8 号——资产减值》。

（2）股份支付的计量和披露，适用《企业会计准则第 11 号——股份支付》。

（3）租赁的计量和披露，适用《企业会计准则第 21 号——租赁》。

（4）以公允价值减去处置费用后的净额确定可收回金额的资产的披露，适用《企业会计准则第 8 号——资产减值》。

（5）以公允价值计量的职工离职后福利计划资产的披露，适用《企业会计准则第 9 号——职工薪酬》。

（6）以公允价值计量的企业年金基金投资的披露，适用《企业会计准则第 10 号——企业年金基金》。

第二节 公允价值的定义

公允价值是指市场参与者在计量日发生的有序交易中，出售一项资产所能收到或者转移一项负债所需支付的价格（即从持有一项资产或承担一项负债的市场参与者的角度来看，该资产或负债在计量日的“退出价格”）。这一定义包含以下几层含义。

一、公允价值是对资产或负债在市场参与者之间交易价格的估计

市场最为主要的功能是以价格的形式传递信息。市场参与者在进行交易时，根据其对交易对象的评价进行报价，随着交易不断增加，相关信息在不同市场参与者之间传递和分享，在市场充分活跃的条件下，所有市场参与者最终将就交易对象形成一致的市场价格。该市场价格汇聚了所有市场参与者对交易对象未来现金流量的数量、时间及其不确定性的一致看法。公允价值的定义建立在“市场参与者观”的基础上，公允价值的基本属性是对市场参与者之间交易价格的估计，并利用市场信息计量会计要素，从而使财务报告

能反映市场对特定资产和负债未来现金流量的数量、时间及其不确定性的预期。理解公允价值这一属性时，还应注意以下几点：

一是公允价值不同于完全有效市场条件下的均衡（出清）价格。完全有效市场条件下，资源配置达到最优状态，任何交易的超额利润将不再存在，在不损害其他市场参与者福利的前提下，基于均衡价格的交易不能提高市场参与者的福利，这也是完全有效市场条件下均衡价格的福利特性。完全有效市场建立在一系列假设基础上，例如，市场是完全竞争的，所有的市场参与者都是价格接受者（市场参与者没有能力对价格施加影响）。但公允价值并不基于这些假设，公允价值不能反映完全有效市场条件下均衡价格的福利特性，而是反映现实市场条件下，市场参与者对特定资产或负债未来现金流量的一致看法。

二是公允价值不完全等同于实际市场的交易价格。通常情况下，所有会计要素的确认和计量是建立在企业持续经营假设基础上，以公允价值计量资产或负债也不例外。公允价值计量并不要求报告企业实际出售或转移负债。资产或负债的公允价值应该是计量日市场参与者之间假想交易的价格。从这一角度分析，在资产或负债以公允价值计量时，不需要考虑包括交易成本的影响。

三是即使市场存在缺陷或交易不存在，公允价值仍是对资产或负债在市场参与者之间交易价格的估计。在这些情况下，公允价值的计量需要对缺陷市场上的可观察交易价格进行调整，或者估计市场参与者进行假想交易时形成的价格，但目标仍然是反映市场参与者对资产或负债未来现金流量的数量、时间及其不确定性的一致看法。为此，需要利用可获得的技术和信息，估计市场参与者对资产或负债进行交易所依据的假设和判断。

二、公允价值取决于资产或负债的特征，与报告企业特征无关

公允价值的基础是市场参与者观，这也意味着在计量公允价值时需要考虑的是市场参与者对资产或负债定价时所依据的观点和假设，而报告企业将如何使用该资产或负债的决定与公允价值计量无关。换一句话说，公允价值计量的对象是特定资产或负债的特征，而与报告企业的特征无关。

影响公允价值计量的资产或负债特征涉及很多方面，如资产的状况、位置和转移限制等，如果市场参与者在确定资产或负债在计量日的价格时考虑了该资产或负债的一些特征，那么在计量公允价值时就同样需要考虑这些特征。在计量公允价值时应区别资产或负债特征与企业特征的影响。

三、公允价值是退出价格

本准则将公允价值定义为退出价格，这更能体现财务报告的目标，即提供与资产或负债相关的未来现金流量信息。公允价值计量准则将公允价值统一定义为退出价格，而与之相关的首日损益和交易成本的确认问题留给各具体准则予以规范解决。

第三节　公允价值计量基本要求

如上节指出，公允价值是市场参与者在计量日发生的有序交易中，出售一项资产所能收到或者转移一项负债所需支付的价格。该公允价值定义涉及的基本要素包括：相关资产和负债、有序交易、市场、市场参与者和市场价格。公允价值计量准则对这些要素的特征进行了规范，并对其应用提供了指南。

一、计量对象与计量单元

会计计量是以货币为单位对会计要素进行加总反映。会计计量首先应当明确会计计量对象和计量单元。

（一）相关资产和负债

公允价值计量准则规定，企业以公允价值计量相关资产或负债，应当考虑资产或负债的特征。资产或负债的特征，是指市场参与者在计量日对该资产或负债进行定价时考虑的特征。公允价值计量结果取决于市场参与者在计量日定价时考虑的资产或负债的特征，如果市场参与者考虑了资产或负债的某一特征，该特征就应在其公允价值计量过程中得以反映，这也意味着在计量公允价值时需要考虑的是市场参与者对资产或负债定价时所依据的观点和假设，而与企业使用注入资产或负债无关。换句话说，公允价值计量的依据是特定资产或负债的特征，而与企业的特征无关。影响公允价值计量的资产或负债特征涉及很多方面，如资产的状况、位置和转移限制等。在计量公允价值时应区别资产或负债特征与企业特征的影响。

有些情况下资产或负债特征与企业特征之间存在较大差异，例如：负债的不履约风险与企业的不履约风险（例如具有担保的负债的不履约风险就不同于企业的总体不履约风险）；企业取得的有利价格合同。（例如，企业在大量采购时获得的折扣价格不同于企业一般采购的价格。）

（二）计量单元

计量单元是会计确认和计量资产或负债的最小单位，它反映了会计准则对特定资产或负债予以加总或分散计量的要求。以公允价值进行计量的资产或负债存在两种形式：

（1）单独的资产或负债，例如一项金融工具或一项非金融资产；

（2）一组资产、一组负债或一组资产和负债，如一个现金产出单位或一项业务。

公允价值的计量依赖于可观察的市场交易价格或估值模型。评估公允价值时资产的加总水平在实务中称之为估值单元。在一些情况下，市场价格反映的资产或负债单元，或者估值模型的估值单元，可能与计量单元不一致。例如，在交易价格包含交易成本时，资产或负债公允价值计量单元仅仅是交易价格的一部分；而且估值模型经常以资产组为估值对象。估值单元与计量单元不一致时，首先应将估值单元的公允价值分配至计量单元，再乘以报告企业持有计量单元的数量，以计量企业所持有资产或负债的公允价值。

由于具体资产或负债及其交易的性质与特征各不相同，相关资产或负债的计量单元应由各具体准则规定，但是，如果企业持有单一资产或负债的头寸（该头寸可以包括大量完全相同的资产或负债，例如持有金融工具），并且资产或负债存在活跃的交易市场，该资产或负债的公允价值应以单项资产或负债的市场报价进行计量，即使市场每天的正常交易量不足以消化企业持有的数量，企业通过一笔交易出售其持有的数量将影响市场报价。但本章第六节规定的市场风险或信用可抵消的金融资产和金融负债的公允价值计量除外。

二、有序交易

公允价值计量假定，资产或负债的交换发生在计量日当前市场条件下，市场参与者之间出售资产或转移负债的“有序交易”中。

有序交易是指在计量日前一段时期内相关资产或负债具有惯常市场活动的交易，清算等被迫交易不属于有序交易。

有序交易的两个最主要特征是：一是活跃市场交易；二是不属于强迫交易。

1. 活跃市场与非活跃市场

对于活跃市场和非活跃市场，本身并不存在显著的分界线，最大的区别可能在于，相对于活跃市场，企业处于非活跃市场时，需要付出更多的努力来保证所提出的价格是公允价值。因此，“活跃市场”的特征并非是指市场本身是否活跃，而在于在这个市场中进行的交易价格是否属于公允价值。

非活跃市场表现为交易活动以及成交量的显著下滑，交易价格随时间或者市场参与者的不同而时常变动。而在活跃市场中，交易在一段时间之内是“有规律的”发生的，这是用来计量公允价值的重要依据。非活跃市场中市场交易活动及成交量的显著下滑，有以下几个特点：

(1) 近期几乎没有成交量；

(2) 价格行情并未根据当前信息进行更新；

(3) 价格行情的变动仅与时间或者造市者有关；

(4) 市场显示的交易价格远高于企业通过可获得信息对其现金流的估计，显示出存在流动性风险溢价或者收益率的显著增加；

(5) 买卖差价很大或者增长较快；

(6) 新发行证券的交易量显著降低或不存在交易量；

(7) 公开可获得的信息较少。

当企业处于非活跃市场中时，就需要使用估值技术来计量公允价值。估值技术的选择应该反映当前的市场条件，相同或相似的估值技术所计量得出的交易价格被认为是当前条件下该交易的公允价值的估价，但这一交易价格并未包含对公允价值起重要作用的一些无意识的条件，因此如果使用这一估值，企业需要根据不可观察的数据做出重要的调整以使其更加准确地反映公允价值。在非活跃市场中，公允价值的计量是建立在事实、环境以及事项判断上的，无论所选用的估值技术是什么，企业在估计公允价值时必须包括适当的风险调整，如信用风险及偿债能力等。

2. 非强迫交易

有序交易的另一个特征是不属于强迫交易或亏本销售。即使在非活跃市场中，企业通过所有可获得信息来衡量公允价值时，也不能包含体现强迫交易的任何信息。企业在判断交易价格是否为公允价值时，除了需要考虑所处的环境及交易事项外，还需判断该交易是否属于强迫交易。

供求的不平衡并不会导致强迫交易的发生，比如，当卖方处于财务压力而销售物品时，若存在多个买方，并且有一定的时间来做出买卖决策时，这一交易价格仍可认为是市场价格。以下列出几种属于强迫交易的情况：

（1）法律制裁下的强制交易执行；

（2）必须立即处理的资产，并且没有足够的时间到市场进行交易；

（3）法律或时间限制下仅存在的唯一潜在购买者。

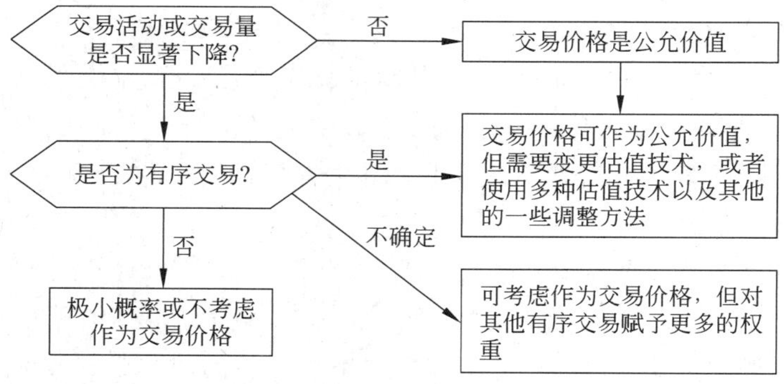

图 6-1　交易价格是否作为公允价值的判断流程

需要说明的是，准则对有序交易这一概念的提出，并非要求企业需竭尽所能来判断这一交易是否属于有序交易，但企业也不能忽视一些可观察到的可判断为无序交易的信息。如果企业是这一交易的一方参与者，我们假定该企业有足够的信息来判断该交易是否属于有序交易。

三、最主要市场与最有利市场

根据公允价值的定义，活跃市场的交易价格是公允价值的最佳证据。当特定资产存在多个市场报价时，公允价值计量准则要求以报告企业能进入的最主要市场的价格作为计量对象的公允价值。

公允价值计量准则指出,“最有利市场”是在考虑交易费用和运输费用之后,出售资产能获得最高售价或转移负债需支付最小金额的市场。同时,准则不要求报告企业去搜寻所有其能够进入的市场,以确定最有利市场,而是如果没有相反证据,报告企业进入的最主要市场可以被认为是最有利市场。在实务中判断最有利市场比较困难,因此要求直接以报告企业能进入的最主要市场的价格来计量公允价值。“最主要市场”是指资产或负债交易量和交易活动最大的市场。若某资产或负债存在主要市场,公允价值计量应当代表该市场的价格(无论该价格是直接可观察的还是使用其他估值技术估计的),即使另一不同市场在计量日的价格更为有利。

从市场参与者角度看,最主要市场一般情况下也是最有利市场,并且最主要市场与公允价值的市场参与者观在逻辑上是一致的,最主要市场反映了市场参与者对最有利市场的一致看法,最有利市场更倾向于基于报告企业的概念。公允价值计量准则要求在公允价值计量时应参照最主要市场的交易价格,在不存在最主要市场的情况下参照最有利市场的交易价格。

【例 6-1】 最主要市场

A 企业主要经营大豆的买卖。对于企业 A 来说,存在两个大豆交易市场:

(1) 国外市场:这一市场为生产者提供更高的价格,但政府对于大豆的出口销售存在销量的限制,并且,若想要出口大豆,需要获得政府的批准。

(2) 国内市场:相对于国外市场,这一市场的交易价格较低,但是并不存在对销量的限制条件(除了购买者的需求对销量的影响)。

生产者想要在国外市场销售它所能销售的最大量的大豆,当达到限制销量后,再将剩余大豆销往国内市场。由于国外市场能够给生产者提供更高的收益,这一市场就是最有利市场,但就销量来说,国内市场是生产者的主要市场,因此国内市场的价格应作为公允价值。

需要注意的是,尽管在计量日企业必须是有能力进入市场的,但并不需要在计量日出售特定资产或转移特定负债来计量以市场价格为基础的公允价值。同时,即使计量日不存在提供出售资产或转移负债价格信息的可观察市场,公允价值计量仍应从持有资产或承担负债的市场参与者的角度考虑,假设当日发生了交易。该假设的交易是估计出售资产或转移负债价格的基础。

【例 6-2】 公允价值的判断

企业 A 在 20×4 年 3 月 30 日存在一笔大豆商品的交易,这一天正好是周日。大豆商品的交易在批发市场和零售市场均存在。由于批发市场大豆的销量最大,因此被认为是主要市场,但是零售市场的交易价格更高,而批发市场仅在周一至周五交易,零售市场在周日仍然能进行交易。

在确定周日大豆的公允价值时,仍以批发市场的价格作为大豆的公允价值,不能因为批发市场不存在交易数据而选择以价格更高的零售市场的价格作为公允价值。

四、市场参与者特征

无论是否存在活跃的交易市场，公允价值计量都是对资产或负债在市场参与者之间交易价格的估计，反映市场参与者对资产或负债进行定价时依赖的假设，并假定市场参与者以实现其最高经济利益为目的。在最主要(或者最有利)市场上出售资产或转移负债的交易中，市场参与者总是倾向于将资产的公允价值最大化或将负债的公允价值最小化。市场参与者一般具有以下特征：

1. 相互独立

这里有两层含义：一是市场参与者之间相互独立，不存在关联方关系(如果关联方之间进行的交易是公平的，该交易价格也能用于公允价值的计量)；二是市场参与者独立于报告企业。报告企业应使用自身关于市场参与者如何进行定价的信息计量公允价值。若不存在可观察市场信息，报告企业自身观点或判断只有与市场参与者观一致时才能用于公允价值的计量。

2. 熟悉交易对象

公允价值并不同于理想市场条件下的均衡价格。这里并不假定所有市场参与者拥有关于交易对象完全相同的信息，或者市场是完美的。公允价值计量也不考虑市场参与者之间信息不对称的影响。所谓“熟悉”并不要求报告企业获得所有关于资产或负债的信息，而只需通过一般情况下应尽的努力获得资产或负债的信息。

3. 有能力并愿意交易

无论从法律角度还是财务角度，市场参与者都需要有能力参与交易。这也意味着，计量资产公允价值时应考虑资产流动性受到限制时的影响。但负债的公允价值只与义务履行的要求相关，无论谁履行义务，所以一般认为负债公允价值的计量与对负债转移的限制无关。“愿意交易”强调交易的有序性，而非强迫交易。

只有符合上述两个条件的市场参与者进行交易时观察到的市场价格，才能直接作为公允价值计量的输入值，或者依赖符合上述条件市场参与者确定交易价格的参数和假设计量公允价值。企业在确定市场参与者时，应当考虑所计量的资产或负债、该资产或负债的主要市场(或最有利市场)以及在该市场上与企业进行交易的市场参与者等因素，从总体上识别市场参与者。

五、价格

《企业会计准则第39号——公允价值计量》准则中提出，公允价值是退出价格(即销售一项资产或转移一项负债的价格)，而不是交易价格或进入价格(即购买一项资产或承担一项负债)。从概念上讲，进入价格和退出价格是不同的。“退出价格”是指市场参与者对销售资产或转移负债的当前期望值。

对于“退出价格”的使用是存在争议的。例如，当企业想要使用而不是销售一项资产时，采用退出价格并不是很贴切。但是，如果一个企业真想要使用这项资产，退出价格仍然是对公允价值的恰当衡量，因为退出价格反映了对市场参与者用同一方式使用该资产所产生的未来的现金流的预期，而市场参与者仅会支付其从该资产的使用或销售中所获利益的金额来获取该资产的使用权。同样的逻辑也适用于对负债的公允价值的衡量，即市场参与者通过履行负债所需的未来现金流的流出来估计负债的退出价格。

市场参与者在决策购买资产的价格时，会考虑与资产相关的限制条件而不是与资产的持有相关的限制条件，因此公允价值的定义考虑了所有与资产销售或使用相关的限制条件，而不是与资产持有者相关的条件。

【例 6-3】 受销售限制的权益工具

企业持有一项权益工具，该权益工具是可销售的，但又受到条件限制，如仅可以销售给特定的购买者。这个限制条件是由该权益工具所引起的，随着权益工具的销售会转移给购买者。所以这个权益工具的公允价值的衡量是在相同发行方的同样的非受限权益工具在公开市场上交易的公允价值的基础上，根据限制条件进行调整得到该受限权益工具的公允价值，而这一调整方法要求反映由于受限制而使得持有者无法进入公开市场交易的风险。调整方法会随着下述条件的不同而不同：

（1）限制条件的性质及持续时间；

（2）可参与购买的投资者数量；

（3）关于权益工具及卖方定性和定量的一些因素等。

【例 6-4】 资产使用受限

某企业将一块住宅区域捐赠给一个非营利协会，当前该土地被用作操场。捐赠者在捐赠时对协会提出要求其将该土地永久性地作为操场使用。

通过查阅相关文件，协会得知，对于该条永久性作为操场使用的条款仅针对协会有效，当协会将该土地销售后，购买者不受该条款的限制，而捐赠者并未规定协会不能转卖该土地。如果除去对该土地用途的限制，该土地将被改造成为住宅区，同时，该土地拥有可以铺设电力线路的权利。

下面对该土地的限制条款以及权利对其公允价值测量的影响进行分析：

（1）捐赠者对土地用途的限制。在这个案例中，捐赠者所提出的对土地用途的限制仅针对协会做出的，这个限制条件不会随着土地的转卖而转移给市场参与者，因此，在考虑土地的公允价值时，无须考虑对协会所提出的对土地用途的限制条件，土地的公允价值应是作为操场用途和作为住宅用地两者的公允价值的较高值。

（2）可铺设公用电线的权利。由于这一权利是直接针对该土地的，它会随着土地的转卖而转移给购买者，因此，无论该土地最终是作为操场还是住宅用地，对该土地的公允价值的计量应考虑这一权利的价值。

从上述两个例子中，可以看到，当限制条件是针对企业或实体单位时（即这一限制条件能通过转移资产等方式避免时），不会对该资产或负债的公允价值产生影响，而只有当这一限制条件是直接与该资产或负债有关时，才会影响公允价值的计量。

第四节 估值技术

在有些情况下，相关资产或负债不存在有序交易或者市场价格无法观察，需要采用估值技术计量公允价值。需要强调的是，企业使用估值技术，是为了估计在计量日当前市场条件下，市场参与者在有序交易中出售一项资产或转移一项负债的价格，公允价值计量的目标没有改变，这也是选择合理估值技术及输入值的原则。估值技术的选用应当基于这一原则，考虑所有影响因素和约束条件，并使用专业判断。

一、估值技术方法——市场法、收益法和成本法

公允价值计量准则对于公允价值的计量提出了三种估值技术：

一是市场法，主要采用相同或相似资产或负债的市场交易产生的价格和其他相关信息。

二是收益法，采用现值技术或期权定价模型等将与资产或负债未来相关的现金流量转换为单一的现值，公允价值取决于对未来现金流量的市场预期。

三是成本法，主要反映替代资产服务能力所需要的现行成本（一般称之为“现行重置成本”），该方法主要适用于在用估值假设的有形资产公允价值的计量，因为市场参与者通常不会针对特定资产支付超过该资产的服务能力所需的成本。

企业在计量公允价值时，应当采用在当前情况下适用，并且有足够可利用数据支持的估值技术。投资者选取最佳估值技术需要考虑两方面的因素：一是估值对象自身的属性特征，二是投资者自身能获取的信息。例如，在可以获取可比同行业公司信息，而无法获取被投资企业的未来现金流信息的情况下，选择可比公司价值乘数法而不是现金流贴现法（DCF）来进行估值更为合理。或者说，在财务信息有限的情况下，如果被投资企业定期支付股利，企业可以选择股利贴现模型（DDM）来进行估值。相应地，在某些特定的因素和条件约束下（如企业的历史、性质、所处发展阶段，资产和负债的性质、资本结构等），净资产调整法可能更为合适。企业在计量公允价值时，应当使用与其中一种或多种估值技术相一致的方法。当企业使用多种估值技术对公允价值进行计量时，应当考虑各估值结果的合理性，选取当前情况下最能代表公允价值的金额作为公允价值。

【例 6-5】 估值技术的选择

企业在企业合并中取得一台机器，企业将在其经营中持有并使用该机器。该机器最初是由被购买企业向某一外部供应商购置的，而被购买企业在企业合并前对该机器进行了特定配置以使其适于自身经营。但是，对该机器的特定配置并未涉及很大范围。购买企业将该资产（在安装或配置后）通过与其他资产或者其他资产和负债相结合的方式使用来为市场参与者提供最大价值。没有证据表明该机器的当前使用并非其最佳用途，因此该机器的最佳用途是与其他资产或者其他资产和负债相结合的当前使用方式。

企业确定可获得使用成本法和市场法(因为对该机器的特定配置并未涉及很大范围)的充分数据。因为该机器没有单独可辨认收入流以取得未来现金流量的可靠估计值因此不可使用收益法。而且,也无法获得可用来预测收入流(即资产剩余服务寿命内的租赁付款额)的类似二手机器的短期和中期租赁费率。市场法和成本法的应用如下:

(1) 应用市场法时,将采用类似机器的报价,并就该(经配置的)机器与类似机器之间的差异进行调整。该计量反映了机器按其当前状况(二手机器、为使用安装或配置)及地点出售可取得的价格。假设该方法所得出的公允价值范围为 40 000～48 000 元。

(2) 应用成本法时,将估计当前建造具有可比用途的替代(经配置的)机器所需的金额。该估计考虑机器的现状及其运行所处的环境,包括实体磨损(即实体性陈旧)、技术改进(即功能性陈旧)、机器状况的外部条件(如类似机器市场需求的下降,即经济性陈旧)以及安装成本。假设该方法所得出的公允价值范围为 40 000～52 000 元。

企业认为市场法得出的公允价值范围内的最高值最能代表机器的公允价值,并因此赋予采用市场法得出的结果更多的权重。这一决定是基于输入值的相对主观性作出的,并考虑了该机器与类似机器之间的可比程度。特别地:

(1) 与成本法所使用的输入值相比,市场法所使用的输入值(类似机器的报价)仅需作出较少的主观调整。

(2) 市场法得出的公允价值范围与成本法得出的公允价值范围重叠,但范围更窄。

(3) 该范围内不存在任何(该机器与类似机器之间的)已知的无法合理解释的差额。

据此,企业确定该机器的公允价值为 48 000 元。

如果对该机器的特定配置涉及范围较广,或者无法获得应用市场法的充分数据(例如,由于市场数据反映单独使用机器的交易,如专门用途资产的报废价值,而非与其他资产或者其他资产和负债相结合使用的机器的交易),企业将应用成本法。如果资产是与其他资产或者其他资产和负债相结合使用,则成本法假设将该机器出售给拥有配套资产及相关负债的市场参与者买方。出售机器所能取得的价格(即退出价格)将不超过下列两项中的任何一项:

(1) 市场参与者买方为购置或建造具有可比用途的替代机器将发生的成本;

(2) 市场参与者买方通过使用该机器将获得的经济利益。

【例 6-6】 市场法的应用

20×4 年 3 月 1 日,A 公司购入 B 上市公司 200 万股普通股股票,共支付 1 000 万元,假定不考虑其他费用。A 公司将对 B 上市公司的投资作为交易性金融资产持有。20×4 年 12 月 31 日,B 上市公司普通股股票的收盘价为每股 3.6 元。A 公司在编制 20×4 年度财务报表时,采用市场法确定其持有的 B 上市公司投资的公允价值。根据 B 上市公司普通股股票 20×4 年 12 月 31 日的收盘价,A 公司对 B 上市公司投资的公允价值为 720 万元(3.6×200)。

二、估值技术的输入值

无论采用何种估值技术,其目标都是估计市场参与者在有序市场交易中的产生的价格。上述估值技术没有优劣之分,报告企业应当根据所处的情况选择最恰当的技术,以获得充分的数据计量公允价值,同时最大程度地使用相关可观察的输入值,最小程度地使用无法观察的输入值。

估值方法输入值的选择在一定程度上取决于具体准则确定的资产或负债的计量单元。当第一层次输入值无法获得并且具体准则规定了资产或负债的计量单元,如果市场参与者在对资产或负债定价时考虑溢价或折价因素(如控制溢价),企业计量公允价值时也应考虑溢价或折价,即使持有的数量不同于计量单元;当具体准则没有规定资产或负债的计量单元,如果市场为最大化资产公允价值或最小化负债公允价值而在选择进入交易的方式时考虑了溢价或折价因素,企业计量公允价值时也应考虑溢价或折价。

【例 6-7】 第 1 层次主要(或最有利)市场

某资产在两个不同的活跃市场中以不同价格出售,企业同时在这两个市场内进行交易,并且能够在计量日获得资产在这两个市场中的价格。

在 A 市场,出售资产将收到的价格为 26 万元,该市场中的交易成本为 3 万元,且将资产运抵该市场的成本为 2 万元(即收到的净金额为 21 万元)。在 B 市场,出售资产将收到的价格为 25 万元,该市场中的交易成本为 1 万元,且将资产运抵该市场的成本为 2 万元(即收到的净金额为 22 万元)。

如果 A 市场是资产的主要市场(即该资产拥有最大交易量和交易水平的市场),则资产的公允价值计量应使用在该市场中出售该资产将收到的价格,并考虑运输成本(24 万元)。

如果这两个市场均不是资产的主要市场,则资产的公允价值计量应使用最有利市场中的价格。最有利市场是使出售资产收到的价格在考虑交易成本和运输成本后(即在相应市场中收到的净金额)实现最大化的市场。

由于企业在 B 市场中能够使出售资产收到的净金额最大化(22 万元),因此资产的公允价值计量应使用该市场中的价格(25 万元)并减去运输成本(2 万元),从而公允价值计量值为 23 万元。尽管在确定哪一个市场是最有利市场时考虑了交易成本,但用于计量资产公允价值的价格不应就交易成本进行调整(但应针对运输成本进行调整)。

三、校准估值技术

为了提高估值结果的可靠性,报告企业应定期采用相同资产或负债可观察的现行市场交易价格校准采用不可观察的输入值的估值技术。

如果初始确认时交易价格是公允价值,以无法观察的输入值对公允价值进行后续计量,应对估值方法校准,使得初始确认时估值方法得出的结果等于交易价格。初始确认后,采用无法观察到的输入值的估值方法应以可观察的市场数据进行校准,校准应确保估值方法反映现实的市场状况。

四、变更估值技术

当市场的相关情况发生变化(如出现新的市场、获得了新的信息、不再获得以前的信息、估值方法的改进和市场状况变化等)后，企业应判断是否有必要变更估值方法。

如果通过估值技术及其应用的变更(例如当使用多种估值技术时改变其权重，或改变针对估值技术的调整)取得的计量结果在当前情况下同样或更能代表公允价值，则此变更是适当的。例如，在下述事项发生时就可能符合上述变更情况：

(1) 出现新市场；

(2) 可获得新信息；

(3) 以前使用的信息不再可获得；

(4) 估值技术得到改善；

(5) 市场情况发生了变化。

改变估值技术及其应用所引起的修订应作为会计估计变更处理，但是，关于会计估计变更的披露规定不适用于改变估值技术及其应用所引起的修订。

五、估值溢折价

企业在采用估值技术计量公允价值时，应当选择与市场参与者相关资产或负债的交易中所考虑的与资产或负债特征相一致的输入值。

对估价的合理调整，如溢价或折价，是准确衡量资产或负债的公允价值的必要手段，如流动性溢价、控制权溢价或者少数股东权益折价等。但在对估价进行调整时，需要关注以下情况：

(1) 当所需调整的范围与资产或负债的账户单元不一致时，不能进行折溢价调整；

(2) 对估价的调整仅适用于能够反映资产或负债的特征时才被允许，当折价或溢价的调整是根据企业所持资产的规模时，该调整是不被允许的，即企业不应当考虑因其大量持有相关资产或负债所产生的折价或溢价，该折价或溢价反映了市场正常日交易量低于企业在当前市场出售或转让其持有的相关资产或负债的数量时，市场参与者对该资产或负债报价的调整。

【例 6-8】 持有规模的调整

企业持有能够在活跃市场交易的股票，当企业一次性卖出所有股票时，由于市场的正常日交易量不能完全吸收该企业的所有股票，导致一次性卖出将获得一个较低的销售价格，那么企业是否因此而需要调整股票的公允价值?

答案是否定的。准则中所指的计量单元是指单股股票，而并非企业所持有的所有股票，因此对企业所持股票的公允价值的计量应等于单股股票的公允价值乘以所持有的股票的数量。对负债的计量亦是如此，不管该资产或负债的持有数量是多少，是否在活跃市场交易，企业对其公允价值的计量都应根据以下公式计算：

资产或负债的公允价值＝计量单元的公允价值×持有数量

【例 6-9】 持有规模及其他因素的调整

投资者 X 持有私营企业 Y 公司 10％的股权，这一投资被归类为可供出售金融资产。投资者 X 对该私营企业 Y 股权的公允价值的计量通过可比上市公司 Z 的股价来获得，在

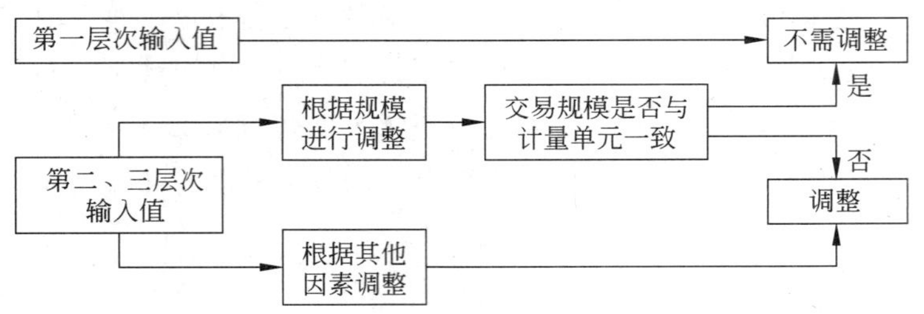

图 6-2　不同层次输入值的调整

此基础上，是否应就下述两个方面对该公允价值进行调整：

(1) 和上市公司 Z 相比，Y 公司股权的流动性不足；

(2) 如果投资者 X 一次性卖出 10%的股权，相比分多次小批量的卖出股权，将获得较低的价格。

针对问题 1，私营企业 Y 的流动性不足，这是私营企业 Y 的股权所存在的特征，因此投资者 X 应当据此调整其公允价值。

针对问题 2，投资者 X 不能因其可能一次性卖出 10%股权获得较低成交价格而调整其公允价值。因为该资产的公允价值的计量单元应是单股股权，因此，投资者 X 所持股权的多少对其公允价值的计量无影响。

六、基于出价—要价的公允价值计量

《企业会计准则第 39 号——公允价值计量》准则中提出，当以公允价值计量的相关资产或负债存在出价和要价时，企业应当以在出价和要价之间最能代表当前情况下公允价值的价格来确定该资产或负债的公允价值。企业可以使用出价计量资产头寸、使用要价计量负债头寸。

无论是对于公允价值相关信息的第一、第二还是第三层次，都可能存在出价—要价差，而中间市场价格是在第一层次公允价值估计时可采用的方式，同时也适用于对稳定经营、存在经销商价格的市场公允价值的估计。总的来说，当市场所存在的输入值信息越少时，越不能使用中间市场价来衡量公允价值。例如，当资产的出价—要价差较大时，就不适合采用中间价来表示公允价值，因为中间价可除了交易成本外，还包括如流动性储备等其他影响价格的因素。

【例 6-10】 资产初始确认时的出价—要价差处理

企业购买一项金融资产，归类为可供出售金融资产，要价为 104 万元，手续费为 3 万元。企业能确定该资产的中间市场价格最能代表其公允价值，于是使用中间市场价值来重新计量该金融资产，差异部分计入其他收益。

表 6-1 是相关信息的数据：

该金融资产为可供出售金融资产，因此其初始确认应以公允价值加交易成本的金额作为其初始价值。

表 6-1　相关信息数据　　单位：万元

参考价	获取日	资产负债表日
出价	100	110
中间价	102	113
要价	104	116

如上所述，要价代表的是经销商想要出售资产的价格，因此，买方必须出这个价格才能获得这项资产。能代表公允价值的中间价格和要价的差属于交易成本。同时，手续费也属于交易成本。

由于该资产被分类为可供出售金融资产，所以其初始价格应包含交易成本。因此该资产的初始入账价格等于公允价值(102 万元)加上中间价－出价差(2 万元)，再加上手续费(3 万元)，总共 107 万元。而在资产负债表日，该资产的中间价为 113 万元，与初始入账价值(107 万元)的差将计入其他收益。

因此，对该笔资产在获取日以及资产负债表日的处理如下：

① 获取日

借：可供出售金融资产　　1 070 000
　贷：银行存款　　1 070 000

② 资产负债表日

借：可供出售金融资产　　60 000
　贷：资本公积——其他资本公积　　60 000

【例 6-11】 出价—要价差不包含在初始计量中的资产处理

与上例情况相同，不同的是该金融资产被计入交易性金融资产。交易性金融资产的初始确认应以公允价值计量，其交易成本应立即确认为当期损益。因此，该资产的初始确认金额为中间价格(102 万元)。在资产负债表日，该资产将以中间价格(113 万元)计量，与初始金额的差计入当期损益。

对该笔资产在获取日以及资产负债表日的处理如下：

① 获取日

借：交易性金融资产　　1 020 000
　　投资收益　　50 000
　贷：银行存款　　1 070 000

② 资产负债表日

借：交易性金融资产——公允价值变动　　110 000
　贷：公允价值变动损益　　110 000

第五节　公允价值层次

一、公允价值层次划分的原则

不同的资产或负债可能存在不同的市场状况，公允价值计量也面临不同的困难和问题。

为提高公允价值计量和相关披露的一致性和可比性，准则将用于估计公允价值的信息(输入值)根据其质量(与被计量资产或负债的相关程度和可观察性)分成三个不同的层次：第一层次是未经任何调整的相同资产或负债在活跃市场的交易价格，它们为公允价值的计量提供了最为可靠的证据；第二层次是除第一层次输入值以外的可观察市场信息，包括相似资产或负债在活跃市场的交易价格、相同或相似资产在非活跃市场的价格以及历史交易价格等；第三层次是不可观察的信息，借助这些信息有助于模拟在当前条件或假设下市场价格的形成。

不同层次的输入值将导致不同层次的公允价值，如果使用了多个层次的输入值，公允价值的层次取决于各层次输入值对计量结果影响的重要程度，即输入值的重要性。但是，第一层次的公允价值只能使用第一层次的输入值。

在有些情形下，资产或负债公允价值计量所使用的输入值可能分布在公允价值级次的不同层次。在这种情况下，公允价值计量整体所属的层次与对计量整体具有重要意义的最低一层输入值所属的公允价值级次相同。在评价某一特定输入值对公允价值计量整体的重要性时需要运用判断，考虑资产或负债的特定因素。在决定公允价值计量所属的公允价值级次时，不考虑为取得公允价值计量所做的调整，如计量公允价值所扣除的销售成本。

如果可观察输入值需要使用不可观察输入值进行调整，而该调整引起公允价值计量的结果显著增高或显著降低，那么所得出的计量结果属于公允价值级次中的第三层次。例如，如果市场参与者在估计资产价值时会考虑其销售受限的影响，企业将调整报价以反映销售受限的影响。若报价是第二层次输入值，调整是不可观察输入值且对整体计量具有重要影响，那么该计量应当被划入公允价值级次中的第三层次。

二、第一、二和第三层次公允价值的特征与判定

在第一层次下，有公开的活跃市场，公允价值较好确认，可以直接根据市场报价确定资产或负债的价值。

许多金融资产和金融负债可获得第一层次的输入值，其中一些金融资产和金融负债可能在多个活跃市场交易，因此，第一层次的重点在于确定：①资产或负债的主要市场，或不存在主要市场的情况下，资产或负债的最有利市场；②企业是否可以在计量日以该

价格进行资产或负债的交易。

对于第一层次的输入值，企业不应当对其进行调整，除了下述情况：

(1) 当企业持有大量以公允价值计量的类似(但非相同)资产或负债(如债务性证券)，活跃市场中的报价是可以获得的，但却无法获得每项资产或负债单独的报价(即企业持有大量相似资产或负债，难以获得在计量日每一项资产或负债单独的定价信息)。在这种情况下，企业可以使用不完全依赖于报价的备选定价方法(如矩阵定价)作为权宜之计来计量公允价值。但是，使用备选定价方法将导致公允价值计量划入公允价值级次中的较低层次。

(2) 当活跃市场的报价不代表计量日的公允价值。例如，在闭市之后但在计量日之前发生重大事项(如买卖双方直接交易、经纪商交易或公告)的情况。企业应当制定并一致地执行一项政策以识别那些可能影响公允价值计量的事项。然而，如果报价因新信息而有所调整，那么该调整会导致公允价值计量划入公允价值级次中的较低层次。

(3) 当使用活跃市场中作为资产交易的相同项目的报价计量一项负债或企业自身权益工具的公允价值，且需要根据项目或资产的特定要素调整该价格。如果无须对资产报价进行调整，公允价值计量结果为公允价值级次中的第一层次。然而，任何对资产报价的调整都会导致公允价值计量划入公允价值级次中的较低层次。

若企业持有单项的资产或负债头寸(包括大量相同的资产或负债头寸，例如持有金融工具)，并且该项资产或负债在活跃市场交易，该资产或负债的公允价值应当按照个别资产或负债的报价与企业持有数量的乘积在第一层次下计量，即使市场正常日交易量不足以吸收持有量，以致在单项交易中卖掉头寸可能影响报价的情况下也应如此。

但是当金融工具缺乏活跃的市场交易时，由于金融产品此时的流动性极低，不会也不可能存在市场交易价格和类似交易的市场交易价格，这时就需要我们借助各种估值模型来估计其公允价值。但是不同模型及使用的变量参数会存在差异，从而使得此时的估值结果不可避免地带来较强的主观性。所以，相对于第一层级，第二、三层级下的公允价值估值对于会计人员的专业性要求更高。

在第二层级下，不存在某种金融产品的活跃市场，因此就要使用类似产品(同类产品)在活跃市场上的报价。此时选择的同类产品不应当只选取一个作为标准，可以选取几个同类产品，确定它们各自的市场价格，再对这几个同类产品的市场价格进行加权平均或简单的算术平均，从而计算出一个价值，把这个价值作为公允价值。在选取同类产品时，要将主观的输入因素降低到最低点。

如果资产或负债具有一个特定(合同)期限，那么第二层次输入值必须在资产或负债的几乎整个期限内都是可观察的。对于第二层次的输入值，包括以下几项：①活跃市场中类似资产或负债的报价；②非活跃市场中相同或类似资产或负债的报价；③资产或负债可观察的除报价以外的输入值，例如在正常报价间隔期间可观察的利率和收益率曲线，隐含波动率以及信用点差等；④市场验证的输入值。

有关第二层次输入值，包括以下情况：

(1) 当金融资产的成本固定,利率是建立在 LIBOR 互换利率上的可变利率的情况下,如果这一利率在正常报价间隔期间是可观察的,那么 LIBOR 互换利率可作为第二层次的输入值。

(2) 上市交易股票的三年期权。当以下两个条件成立时,第二层次输入值将会是该股票所推测出来的 3 年内股票的隐含波动性:

① 该期权第一年和第二年的股票价格是可观察到的;

② 对该三年期期权隐含波动性的推测可被在该期间可观察到的市场数据证实的。

(3) 持有或使用的建筑物。第二层次的输入值将会是从市场上观察到的相同或相似建筑交易中每平方米的价格,同时要考虑市场、财务和非财务等因素的影响。

对于第二层次的输入值,依据资产或负债特定因素的不同而进行不同的调整,这些因素包括资产状况或所在地、输入值与资产或负债的可比项目的相关程度,以及观察到输入值的市场的交易量和活跃程度。如果使用了重要的不可观察输入值,那么对第二层次输入值进行调整。可能会导致公允价值计量划入公允价值级次中的第三层次。

第三层次的输入值是资产或负债不可观察输入值。对于这一层次,只有在相关可观察输入值无法获得的情况下才可以使用不可观察输入值计量公允价值,如在计量日资产或负债的市场活动极少甚至没有的情况下。但是,公允价值计量的目标保持不变,即从持有资产或承担负债的市场参与者角度确定计量日的退出价格。因此,不可观察输入值应当反映市场参与者给资产或负债定价时使用的假设,包括有关风险的假设。

有关风险的假设包括用来计量公允价值的特定估值技术(如定价模型)的固有风险和估值技术输入值的固有风险。若市场参与者在对资产或负债定价时包括了风险调整,那么计量时若不包括风险调整就不能代表公允价值计量。例如,当存在重大计量不确定性时,可能需要包括风险调整(当资产或负债或相似资产或负债的交易量或交易活动比正常市场活动显著下降,企业确定交易价格或报价无法代表公允价值时)。

企业确定不可观察输入值时应当使用当前环境下可获得的最佳信息,这可能包括企业自身的数据。在确定不可观察输入值时,企业可能先使用自身的数据,但如果可合理获得的信息表明其他市场参与者将使用不同数据,或者企业存在其他市场参与者不具备的特殊之处(例如企业特定的协同效应),企业就应调整这些数据。企业无须不遗余力地获取关于市场参与者假设的信息。然而,企业应考虑所有可合理获得的有关市场参与者假设的信息。按照上述方法确定的不可观察输入值被认为是市场参与者的假设,并符合公允价值计量的目标。

对于在第三层次下的公允价值技术的确定,由于这一层次不存在或者很少存在市场价格信息,这时需要我们根据主观判断和市场假设来建立合理的估值模型,目前较为常用的估值技术包括市场法、收益法和成本法。在第三层次下的公允价值估价技术中,不可避免地融入了主观因素,这时就需要对估值技术进行校准。比如,在每月的月初和月末都对某项金融产品进行现值的估计,采用月初和月末的平均值作为最终此项金融产品的公允价值。通过对估值技术的校准,可以弱化主观因素对第三层次下估值技术的影响。

第三层次输入值，包括以下情况：

(1) 远期货币互换：第三层次输入值将会是某一指定货币的利率，该利率是不可观察的，并且不能从当前可观察市场中证实的。该货币互换利率是通过各个国家的收益率曲线来计算获得的。

(2) 三年的上市交易股票期权：第三层次输入值将是历史波动性，如从该股票的历史价格中获得的波动性。即使该方法是对该期权定价的唯一信息，历史波动性也并不代表当前市场参与者对该股票未来波动性的预期。

(3) 利率互换：第三层次输入值将会是中间市场共同价格的一个调整值，该价格并不是直接从市场获得的，也不能被市场的可观察信息所证实。

第六节 公允价值计量的应用

一、公允价值初始计量

(一) 公允价值初始计量与实际交易价格

通常情况下，资产或负债的公允价值(退出价格)等于其进入价格，因此，初始确认时的公允价值等于实际交易价格。

在获得一项资产或承担一项负债的交换交易中，交易价格是为获得该项资产而支付的或为承担该项负债而收取的价格(进入价格)。相反，资产或负债的公允价值是出售资产所能收到或转移负债所要支付的价格(退出价格)。企业不一定以获取资产时支付的价格出售资产。同样，企业也不一定以承担负债时收取的价格转移负债。

在一些情况下交易价格不同于初始确认时的交易、强迫交易价格、交易单元不同于公允价值计量的账户单元(交易价格包括交易成本或者交易中包括的权利和义务应分别根据其他准则的要求予以计量)，销售或转移资产或负债的市场不同于交易现在发生的市场。

因此，在确定初始确认时的公允价值是否等于交易价格时，企业应考虑交易及资产或负债的特定因素。

(二) 首日损益的确认

如果根据其他准则的要求，资产或负债初始确认时应以公允价值计量，但交易价格与公允价值不同，这将导致首日损益。对于首日损益应予以确认，除非其他准则作了具体的规定。

在企业取得资产或者承担负债的交易中，交易价格是取得该项资产所支付或者承担该项负债所收到的价格(即进入价格)。公允价值是出售该项资产所能收到或者转移该项负债所需支付的价格(即脱手或退出价格)。相关资产或负债在初始确认时的公允价值通常与其交易价格相等，但在下列情况下两者可能不相等：

(1) 交易双方为关联方。但企业有证据表明该关联交易是在市场条件下进行的除外。

(2) 交易是强迫交易。

(3) 交易价格所代表的计量单元与准则规定的计量单元不一致，包括：公允价值计量单元只是所交易资产或负债的其中一个份额；该交易价格还包含未表明的权利或特权(如财务担保)；交易价格包含因交易产生的成本。

(4) 交易市场不是相关资产或负债的主要市场(或最有利市场)。如对于经销商而言，其主要市场或最有利市场是经销商市场，那么对他来说，零售市场的价格就不是公允价值。

金融工具的确认和计量准则中提出，禁止在利润表中立即确认首日损益，除非满足具体的条件。但在公允价值计量准则中，并未禁止首日损益的确认。准则指出，"当企业以公允价值对相关资产或负债进行初始计量，且其交易价格与公允价值不相等时，企业应当将相关利得或损失计入当期损益，但其他相关会计准则另有规定的除外。"因此，当企业有证据表明该交易价格与当前市场相同交易的公允价值或根据可观察市场的数据测算所得的公允价值存在差异时，方可确认首日损益，在其他情况下，根据金融工具的确认和计量准则，不对其首日损益进行确认和计量。

二、金融工具公允价值计量单元的特殊考虑

(一) 金融资产和金融负债组合公允价值计量产生的问题

持有一组金融资产和金融负债的企业暴露于市场风险和每个对手方的信用风险。如果企业基于市场风险或信用风险的净敞口管理该组金融资产和金融负债，企业可以适用该公允价值准则对公允价值计量的例外要求。该例外要求允许企业在计量一组金融资产和金融负债的公允价值时，以当前市场条件下市场参与者之间在计量日进行的有序交易中，卖出特定风险敞口的净多头(即资产)或转移特定风险敞口的净空头(即负债)所取得的价格为基础。相应地，企业应当采用与市场参与者在计量日对净风险敞口定价相一致的方式，计量一组金融资产和金融负债的公允价值。

要使用上述例外要求，必须同时满足以下条件：①根据企业记录在案的风险管理或投资策略，企业以特定市场风险或某特定对手方信用风险的净敞口为基础，管理一组金融资产和金融负债；②向企业的核心管理人员提供的关于该组金融资产和金融负债的信息，是基于该管理基础的；③在报告期末的财务状况表中，被要求或选择以公允价值计量这些金融资产和金融负债。

当企业决定采用上述例外会计政策时，应当在各个会计期间针对特定组合一致地使用这一会计政策，其中包括分配出价—要价调整。同时，企业应确保企业在该金融资产和金融负债组合中面临的市场风险实质上是相同的。例如，企业不会将与金融资产相关的

利率风险和与金融负债相关的商品价格风险相结合，因为这样不会减小企业利率风险或商品价格风险的敞口。当运用例外要求时，对组合中金融资产和金融负债进行公允价值计量应当考虑所有市场风险输入值不完全相同所引起的基础风险。

类似地，企业金融资产和金融负债暴露在特定市场风险的期间实质上应当是相同的。例如，企业使用 12 个月的期货合同对应 5 年期金融工具中与 12 个月利率风险敞口价值相关的现金流，对于由这些金融资产和金融负债组成的组合，企业以净额为基础计量 12 个月利率风险敞口的公允价值，以全额为基础计量剩余利率风险敞口（即第 2～5 年）的公允价值。

（二）以金融资产组合为基础计量公允价值的条件

实务中，若企业持有面临特定市场风险和特定企业信用风险的金融资产和金融负债，通常会以组合的方式对净头寸风险进行管理。如果满足以下条件，企业可以采用计量日市场参与者对净头寸进行有序交易的价格来计量组合净头寸的公允价值：

（1）根据企业书面的风险管理或投资战略，金融资产和金融负债组合以企业面临的特定市场风险或特定企业信用风险的净头寸为基础进行管理；

（2）以金融资产和金融负债组合为基础向关键管理人员提供信息；

（3）金融资产和金融负债要求或指定以公允价值计量。

需要强调的是，组合中金融资产和金融负债面临的市场风险应几乎完全相同，包括风险的类型和期间等。例如，金融资产的利率是 LIBOR 的风险，金融负债是政府债券；或者金融资产的期限是一年，但金融负债的期限是三个月，以上两种形成的组合都不符合上述条件。对于面临特定企业信用风险的金融资产和金融负债组合，只有当特定企业违约，金融资产与金融负债具有法律上相互抵消的权利时，该组合才能适用上述公允价值准则的例外规定。

上述公允价值计量原则的例外并不意味着企业可以以净额的方式列报金融资产和金融负债。允许基于组合净头寸计量公允价值的条件与金融资产和金融负债抵消列示的条件并不完全相同（IAS39 号要求报告日企业具有抵消金融资产和金融负债的法律权利），如果金融工具的披露准则要求以总额的方式列报，企业应采用合理的方法（如相对价值法）将净头寸的公允价值分配给各金融资产和金融负债。

【例 6-12】　使用净头寸列示的股权

A 公司拥有 Y 公司 50 万股股票，同时已签订一项远期合同，将于 3 个月后卖出 50%的所持股票。当其他条件都满足时，A 公司所持的 50 万股股票及该远期合同是否适用以净头寸计量该组合的公允价值?

由于该股票和远期合同基本上面临同样的风险，因此适用于以净头寸列示其公允价值。但是，由于远期合同在 3 个月后才能执行，因此还受该期间内利率因素的影响，而这一因素不会对股票的公允价值产生影响。当将股票及远期合同作为组合来考虑其公允价值时，要将这一影响远期合同的利率因素考虑进去。

【例 6-13】 使用净头寸列示的利率互换

A 公司需要支付以 LIBOR＋0.5％为浮动利率的 500 万元负债，同时可以收到以 LIBOR＋0.5％为浮动利率的 200 万元资产，那么 A 公司是否能使用净头寸列示，即以净头寸 300 万元的浮动利率资金成本来列示其公允价值？

该公允价值是建立在市场参与者考虑了该组合所面临的净风险后所得到的公允价值。当满足文中所列的其他条件时，可以以净头寸来列示该组合的公允价值。

三、非金融资产公允价值计量：最佳用途

企业会计准则中对于非金融资产采用公允价值计量的规定分散在不同的具体准则中。其中直接涉及公允价值的非金融资产包括：投资性房地产、生物资产、非货币性资产交换、债务重组、政府补助、租赁和企业合并中的非共同控制下的企业合并等。

金融资产公允价值的计量应当考虑市场参与者通过最佳使用资产或将其出售给最佳使用该项资产的其他市场参与者而创造经济利益的能力。

（一）非金融资产的最佳用途

“最佳用途”指的是市场参与者对资产的使用能够最大化资产或资产所处的资产组的价值，创造最大的利润。最佳用途是与公允价值定义一致的概念。因为在资产特征相同的情况下，卖方总是将资产出售给出价最高者，在市场机制作用下，最终的买方将会在现有状况下最佳地使用该资产，以创造最大利润。如果资产存在活跃市场，从市场参与者的角度来看最有利的价格将被认为反映了资产的最佳使用状况。

公允价值计量假定在计量日资产处于物理上可能（市场参与者对资产定价时考虑的资产的物理特征，例如房地产的面积和所处的地段）、法律上允许（市场参与者对资产定价时考虑的对资产使用的法律限制，例如房地产的地役权）和财务上可行（物理上可能、法律上允许的资产的使用是否能产生充分的现金流量，使市场参与者对资产的使用获得满意的投资收益）的最佳使用状态。

【例 6-14】 研发支出

A 公司在企业合并中取得一个研发（R&D）项目。A 公司并不打算完成该项目，因为该项目若得以完成将与 A 公司自身的一个（提供 A 公司下一代商业化技术的）项目构成竞争。相反，A 公司打算持有（即锁定）该项目，以防止其竞争对手获得该项技术。据此，该项目预期主要通过提升与其构成竞争的 A 公司自身技术的发展前景，来提供防御性价值。为在初始确认时计量该项目的公允价值，该项目的最佳用途将基于市场参与者对其的使用来确定。例如：

（1）如果市场参与者将继续开发该项目，并且继续开发将实现利用该项目的资产组或者资产和负债组（即该资产将与其他资产或者其他资产和负债相结合使用）价值的最大化，那么该研发项目的最佳用途是继续进行开发。如果市场参与者未拥有正在开发中或已商业化的类似技术，则属于这种情况。该项目的公允价值将基于在出售该项目的当前

交易中收到的价格来确定,同时假定该研发项目将与其配套资产及相关负债相结合使用,并且市场参与者将能够获得此类资产和负债。

(2) 如果出于竞争原因市场参与者将锁定该项目,并且锁定将实现利用该项目的资产组或者资产和负债组价值的最大化,那么该研发项目的最佳用途是停止开发。如果市场参与者拥有处于更先进的开发阶段的技术,而该项目完成后将对其构成竞争,并且若该项目被锁定预期能够提升与其构成竞争的企业自身技术的发展前景,则属于这种情况。该项目的公允价值将基于在出售该项目的当前交易中收到的价格来确定,同时假定该研发项目将与其配套资产及相关负债相结合使用(即被锁定),并且市场参与者将能够获得此类资产和负债。

(3) 如果市场参与者将不再对该研发项目进行开发,其最佳用途是停止开发。如果预期该项目完成后将不能提供合理的市场回报,并且若该项目被锁定也不能够提供防御性价值,则属于这种情况。该项目的公允价值将基于在单独出售该项目的当前交易中收到的价格来确定(可能为零)。

(二) 非金融资产最佳用途的确定

最佳使用状态是从市场参与者角度判断的,与企业使用资产的形式无关。在某些情况下,出于保护竞争性地位或其他原因,企业可能不打算积极使用已获取的非金融资产,或者不以最高效和最佳方式使用该资产。例如,企业可能为了防止其他企业使用资产而防御性地使用取得的无形资产,然而,企业的资产使用通常被认为是最佳使用,除非市场或其他因素表明,市场参与者可以采用不同的方式使用该资产,以最大化其公允价值。

【例 6-15】 土地

企业在企业合并中取得一块土地,该土地当前被开发用于工业用途,作为厂房用地。该土地的当前使用被假定为其最佳用途,除非市场或其他因素表明该土地的其他用途为最佳用途。邻近的一块土地近期被开发用于建造住宅,作为高层公寓大楼住宅用地。鉴于该开发以及相应的近期规划和其他变更,企业确定当前作为厂房用地的该土地可被开发为住宅(即高层公寓大楼住宅)用地,因为市场参与者在对该土地进行定价时将考虑该土地可作为住宅用地进行开发的潜力。

该土地的最佳用途将通过比较以下两项确定:

(1) 该土地现时被开发用于工业用途(即该土地将与其他资产,如厂房,或者其他资产和负债相结合使用)的价值。

(2) 该土地作为用于建造住宅的空置土地的价值,同时应考虑为将该土地变为空置土地(即该土地可以被市场参与者单独使用)而必须发生的拆除厂房成本及其他成本(包括企业能否将该资产转换成替代用途的不确定性)。

该土地的最佳用途将根据上述两个价值的较高者来确定。在涉及房地产估值的情况下,最佳用途的确定可能需要考虑与工厂经营(包括其资产和负债)相关的因素。

（三）非金融资产最佳用途与公允价值计量

由于资产的特征不同，其最佳用途也不尽相同。

在估值实务中，最佳用途假定衍生出两个估值假设：一是在交换(in-exchange)假设，适用于单独使用就可以达到最高和最好使用状态的资产，在这一假设下，资产的公允价值是单独出售该项资产所能收取的价格；二是在用(in-use)假设，适用于必须与特定资产组合使用才能达到最高和最好使用状态的资产，在这一假设下，资产的公允价值应是将资产出售给拥有资产组合中其他资产或负债的市场参与者的价格。无论在交换假设还是在用假设，资产的公允价值都是市场参与者对特定资产进行交易的价格，但在用假设强调市场参与者应当拥有在资产到达最高和最好使用状态时所处的特定资产或负债组合中的其他资产和负债。因此，无论在交换假设还是在用假设，公允价值都是特定单项资产的退出价格。

通常情况下，公允价值计量假定资产的出售单元与其他具体准则确定的账户单元是一致的，资产并不必定是资产或业务组合的一部分。但是，与其他资产或负债组合使用的资产公允价值应以其组合使用状态(市场参与者认定的最高和最好使用状态)为基础计量其公允价值，而不论该资产在适用其他准则时是否需要将资产按不同的水平进行汇总或分拆。

【例 6-16】 资产组

企业在企业合并中取得了资产并承担了负债，所取得的其中一个资产组包括资产 A、资产 B 和资产 C。资产 C 是由被购买企业开发的自用收费软件，是业务不可分割的组成部分并且与资产 A 和资产 B(即相关资产)相结合使用。企业按照与这些资产的记账单元一致的方式逐个计量每一单项资产的公允价值。企业确定这些资产的最佳用途是其当前的使用，并且每一项资产将主要通过与其他资产或者其他资产和负债(即配套资产及相关负债)的结合使用来为市场参与者提供最大价值。没有证据表明这些资产的当前使用并非其最佳用途。

在这种情况下，企业将在最初购买资产的市场上出售该资产(即对企业而言进入市场与退出市场是相同的)。在该市场中与企业进行交易的买家，具有战略买家(如竞争对手)和金融买家(如不具有补充性投资的私募股权或风险资本机构)所代表的特征，并且包括那些最初对该资产进行投标的买家。虽然市场参与者买方可大致分为战略买家或金融买家，但在许多情况下每一类中的市场参与者之间仍存在差异，反映了诸如对资产的不同使用及不同经营策略。

如下文所述，单项资产公允价值的指示值的差异主要与不同资产组内市场参与者对该资产的使用相关：

(1) 战略买家资产组。企业确定战略买家拥有能够提升包含对该资产使用的资产组合价值的相关资产(即市场参与者的协同效应)。此类资产包括资产 C(收费软件)的替代资产，该资产只会在有限的过渡期内使用，且在过渡期结束时无法单独出售。由于战略买家拥有替代资产，资产 C 将不会在其整个剩余经济寿命内被使用。假设战略买家资产组内资产 A、资产 B 和资产 C 的公允价值指示值（反映对该资产组内资产的使用所产生的协同效应）分别为 360 万元、260 万元和 30 万元，战略买家资产组内整个资产组的公允价值指示值为 650 万元。

（2）金融买家资产组。企业确定金融买家不拥有能够提升包含对该资产使用的资产组合价值的相关资产或替代资产。由于金融买家没有替代资产，资产 C（收费软件）将在其整个剩余经济寿命内被使用。假设金融买家资产组内资产 A、资产 B 和资产 C 的公允价值指示值分别为 300 万元、200 万元和 100 万元。金融买家资产组内整个资产组的公允价值指示值为 600 万元。

资产 A、资产 B 和资产 C 的公允价值将基于战略买家资产组内整个资产组的使用来确定（即 360 万元、260 万元和 30 万元）。虽然战略买家资产组内资产的使用并未实现每一单项资产公允价值的最大化，却能够实现整个资产组公允价值的最大化（650 万元）。

【例 6-17】 最佳和最好的使用状态

企业拥有一项投资资产，包括土地以及一个旧仓库。企业已经决定将该土地改造成休闲公园，如果改造完成，土地的市场价值将高于当前使用状态。管理层无法判断该投资资产的公允价值应该是以当前使用状态的价值衡量，还是以改造成休闲公园的市场价值来衡量。

从最佳和最好使用状态来看，该资产的公允价值应建立在其潜在用途上。公允价值计量假定在计量日资产处于物理上可能、法律上允许和财务上可行的最佳使用状态。

在本例中，最佳和最好使用状态是假定对这一资产进行改造，这将会拆除当前的仓库，并建立休闲公园。对该土地的市场价值衡量时并未包含仓库的价值，所以该仓库的价值在资产最佳和最好使用状态下等于零，其当前账面价值应减记至零。

四、负债和企业自身权益工具的公允价值计量

（一）负债和企业自身权益工具的公允价值计量的原则

公允价值计量要假定一项金融或非金融负债或者企业自身权益工具（例如企业合并中作为对价发行的权益）在计量日被转移给市场参与者。

负债或者企业自身权益工具的转移含有以下假设：①负债继续存在，作为受让方的市场参与者将被要求履行义务，负债在计量日并没有与对方结清或以其他方式消除；②企业自身权益工具继续存在，作为受让方的市场参与者将取得与该工具有关的权利并承担相关义务，该工具在计量日并没有被取消或以其他方式消除。

在对负债或企业自身权益工具公允价值进行计量时，在任何情况下，企业都应当尽可能多地使用相关的可观察输入值，尽可能少地使用不可观察输入值，以满足公允价值计量的目标，即估计计量日市场参与者之间按照当前市场条件转移一项负债或权益工具的有序交易中的价格。

如果转移相同或类似负债或企业自身权益工具的报价无法取得，但相同项目被其他方作为资产持有，企业应当在计量日从将相同项目作为资产持有的市场参与者的角度计量负债或权益工具的公允价值。对此类负债或权益公允价值的计量，使用以下三种方式：①若被其他方作为资产持有的相同项目存在活跃市场的报价，使用该价格；②若该价格不存在，则使用其他可观察的输入值，如被其他方作为资产持有的相同项目在不活跃市场中的报价；③若前两种方式中的可观察价格不存在，则使用其他估值技术，如收益法或市场法。

只有当存在资产特有的因素且该因素不适用于负债或权益工具的公允价值计量时，企业才能对被其他方作为资产持有的负债或企业自身权益工具的报价进行调整。企业应保证资产的价格不会受到资产销售受限等因素的影响。可能表明资产价格应当被调整的因素包括：

（1）资产报价与被其他方作为资产持有的相似（但不完全相同）负债或权益工具相关。例如，该负债或权益工具可能具有特定特征（例如发行方的信用质量），与被作为资产持有的相似负债或权益工具的公允价值中反映的特征不同。

（2）资产的记账单元与负债或权益工具的记账单元不同。以一项负债为例，某些情况下资产的价格反映了由发行人和第三方信用增级共同引起的金额组合而形成的价格。如果负债的记账单元不是这一组合，目标是计量发行人负债的公允价值，而非组合的公允价值。因此在这种情况下，企业应当调整资产的可观察价格，剔除第三方信用增级的影响。

如果转移相同或类似负债或企业自身权益工具的报价无法取得，并且相同项目也没有被其他方作为资产持有，企业应当从承担负债或发行权益工具的市场参与者角度，采用估值技术计量负债或权益工具的公允价值。例如，当采用现值技术时，企业需要考虑以下几点：①市场参与者为履行义务预期发生的未来现金流出，包括市场参与者为承担义务要求的补偿；②市场参与者承担或发行相同负债或权益工具所取得的金额，使用市场参与者在主要（或最有利）市场中发行相同合同条款的负债或权益工具时对相同项目（如具有相同信用特征）进行定价时的假设。

【例 6-18】 负债公允价值的计量

20×4 年 5 月 1 日，A 公司发行了面值总额为 3 000 万元的 AA 级 10 年期固定利率债券，面值为 100 元，票面年利率为 10%。A 公司将该金融负债指定为以公允价值计量且其变动计入当期损益的金融资产。

该债券在中国银行间债券市场的交易量很大。20×4 年 12 月 31 日，每百元面值在考虑应计利息付款额后的交易价格为 93 元。A 公司使用该债券的活跃市场报价估计其负债的公允价值。

A 公司在确定该债券的活跃市场报价是否代表负债的公允价值时，应当评估债券的报价是否包含不适用于负债公允价值计量的因素，例如，债券的报价是否包含了第三方信用增级的影响。

若 A 公司确定无须对资产的报价进行调整，则该负债在 20×4 年 12 月 31 日的公允价值为 2 790 万元[3 000×(93÷100)]。

（二）不履约风险对负债公允价值计量的影响

负债的公允价值计量假设负债(无论是金融负债还是非金融负债)将在计量日转让给市场参与者(即负债尚未被清偿并且作为受让人的市场参与者将必须履行相关义务;该负债在计量日并未与交易对手进行结算或以其他方式被消除)。

通常情况下,负债的转移都会受到合同或法律的限制,因此不存在可观察的转移价格。有些情况下,负债被其他企业作为资产持有。负债的转移不存在活跃市场时,可以采用对应资产在活跃市场上的交易价格计量该负债的公允价值。

负债公允价值计量应考虑不履约风险。不履约风险包括但不仅限于自身信用风险。在负债转移前后,其履约风险假定为相同。当计量一项负债的公允价值时,企业应该考虑其信用风险的影响,以及其他可能影响负债是否履行的因素。这些影响因素可能因负债自身特点的不同而不同。比如该负债是一项偿付现金的义务(金融负债)还是一项提供商品或服务的义务(非金融负债)?或者与该负债相关的信用增级条款如何等。

计量负债公允价值考虑不履约风险的影响时,应以其账户单元为基础,如果负债在发行时附有不可分割的第三方信用增级且该信用增级与负债单独进行会计处理,该负债的发行人在计量负债的公允价值时不应当考虑信用增级(如第三方的债务担保)的影响。如果信用增级与负债单独进行会计处理,发行人在计量负债的公允价值时应考虑自身的信用状况,而不考虑第三方保证人的信用状况。例如,发行的负债嵌入了第三方信用担保,如果具体准则要求分拆嵌入的信用担保,计量该负债的公允价值时应考虑自身信用风险的影响,对第三方的信用保证不予考虑。

负债公允价值的计量不需要考虑限制负债转移因素的影响。事实上,公允价值计量采用的其他输入值已经包含了限制负债转移因素的影响,例如负债发行人的信用状况。

【例 6-19】 不履约风险

A 公司的信用评级为 AA,可用 5%的利率在资本市场借款。B 公司的信用评级为 BB,可用 10%的利率在资本市场借款。

20×4 年 3 月 15 日,A、B 公司分别与 C 银行签订一份借款合同,约定在 20×9 年 3 月 14 日各自向 C 银行一次性偿还借款本金和利息 500 万元。根据 A、B 公司与 C 银行签订的借款合同,A 公司于 20×4 年 3 月 15 日收到 392 万元(500 万元在 5 年内按 5%折现后的现值);而 B 公司于 20×4 年 3 月 15 日收到 310 万元(500 万元在 5 年内按 10%折现后的现值)。A 公司和 B 公司相关负债的公允价值计量,均需考虑其信用状况。

第七节　公允价值披露

对于以公允价值计量的资产或负债,报告企业应当披露有助于财务报告使用者评价计量公允价值所采用的方法和输入值的信息,对于采用重要无法观察输入值(第三层次)

计量的公允价值，还应披露公允价值计量对当期损益和其他综合收益的影响。上述公允价值披露要求主要基于以下两方面的考虑：一是输入值和估值技术对公允价值计量的影响；二是第三层次公允价值计量对总体资产或负债以及损益的影响。

在进行公允价值信息披露时，应考虑以下几点：①满足披露要求所需要的详尽程度；②对每种要求赋予多大的重要性；③汇总或分解的程度；④财务报表使用者是否需要额外信息来评估披露的量化信息。

企业对初始确认后在财务状况表中以公允价值计量的每组资产和负债至少应披露以下相关信息：

(1) 对于持续和非持续的公允价值计量，应披露报告期末的公允价值；对于非持续的公允价值计量，应披露计量的原因。资产或负债的持续公允价值计量是指其他相关会计准则要求或允许在每个报告期末的财务状况表中进行公允价值计量，例如对交易性金融资产公允价值的计量。资产或负债的非持续的公允价值计量是指其他相关会计准则要求或允许特定情况下在资产负债表中进行公允价值计量，例如对持有待售的非流动资产公允价值的计量。

(2) 对于持续和非持续公允价值计量，公允价值计量整体被划入的公允价值级次的层次(第一、第二或第三层次)(见表6-2)。

表6-2　公允价值计量披露格式　　单位：元

项　　目	20×4年12月31日	第一层次公允价值计量	第二层次公允价值计量	第三层次公允价值计量	合计
一、持续的公允价值计量					
(一) 以公允价值计量且其变动计入当期损益的金融资产					
1. 交易性金融资产					
(1) 债务工具投资					
(2) 权益工具投资					
(3) 衍生金融资产					
2. 制定为以公允价值计量且其变动计入当期损益的金融工具					
(1) 债务工具投资					
(2) 权益工具投资					
(二) 可供出售金融资产					
1. 债务工具投资					
2. 权益工具投资					
3. 其他					

续表

项　　目	20×4年12月31日	第一层次公允价值计量	第二层次公允价值计量	第三层次公允价值计量	合计
（三）投资性房地产					
1. 出租的土地使用权					
2. 出租的建筑物					
3. 持有并准备增值后转让的土地使用权					
（四）生物资产					
1. 消耗性生物资产					
2. 生产性生物资产					
持续以公允价值计量的资产总额					
二、非持续的公允价值计量					
持有待售资产					
非持续以公允价值计量的资产总额					

（3）对于报告期末持有的持续以公允价值计量的资产和负债，应披露公允价值级次中所有第一层次与第二层次之间转移的金额、转移的原因，以及企业确定层次之间何时发生转移的政策。每一层次的转入应当与每一层次的转出分开披露与论述。

（4）对于划入公允价值级次中第二层次和第三层次的持续和非持续公允价值计量，应说明公允价值计量中使用的估值技术和输入值。如果估值技术变更（例如从市场法变为收益法或使用额外的估值技术），企业应当披露这一变更以及变更的理由。对于划入公允价值级次中第三层次的公允价值计量，企业应当提供关于公允价值计量中使用的重要不可观察输入值的量化信息。如果量化的不可观察输入值不是企业在计量公允价值时确定的（例如，企业使用未经调整的以往交易价格或第三方定价信息），企业无须为遵循本披露要求而创造量化信息。但是，在进行本项披露时，企业不能忽略公允价值计量中重要的、企业可合理获取的量化不可观察输入值。

（5）对于划入公允价值级次中第三层次的持续公允价值计量应披露，期初余额与期末余额之间的调节，并单独披露该期间以下内容的变动：

① 当期计入损益的利得或损失总额，以及确认这些利得或损失时的损益项目。

② 当期计入其他综合收益的利得或损失总额，以及确认这些利得或损失时的其他综合收益项目。

③ 购买、出售、发行及结算（单独披露每一类变化）。

④ 转入或转出公允价值级次中第三层次的金额、转移的原因以及企业确定层次之间何时发生转移的政策。第三层次的转入应当与第三层次的转出分开披露与论述。

(6) 对于划入公允价值级次中第三层次的持续公允价值计量应披露，与报告期末持有的资产和负债相关的未实现利得或损失变动引起的、包含在(5)①所述损益中的当期利得或损失总额，以及确认这些未实现利得或损失时的损益项目。

(7) 对于划入公允价值级次中第三层次的持续和非持续公允价值计量，应描述企业的估值流程(例如，包括企业如何确定估值政策和流程，分析各个期间之间的公允价值计量变化)。

(8) 对于划入公允价值级次中第三层次的持续公允价值计量：

① 对于所有这些计量，如果改变不可观察输入值的金额可能导致公允价值计量的显著提高或降低，公允价值计量对这些输入值改变的敏感性的叙述性描述。如果这些输入值和公允价值计量中使用的其他不可观察输入值之间具有相关关系，企业同样应当描述这种相关关系，以及它们可能如何扩大或减轻不可观察输入值变化对公允价值计量的影响。为遵循这一披露要求，对不可观察输入值变化的敏感性叙述描述应当至少包括遵循第(4)项要求披露的不可观察输入值。

② 对于金融资产和金融负债，如果变更不可观察输入值中的一个或多个以反映合理可能的其他假设将导致公允价值的重大改变，企业应当陈述这一事实并披露这些变更的影响。企业应当披露反映合理可能的其他假设的变更造成的影响是如何计算的。影响是否重大应当相对于损益、资产总额或负债总额、权益总额(当公允价值变动计入其他综合收益时)判断。

表 6-3　第三层次公允价值计量的定量信息

	20×4 年 12 月 31 日的公允价值	估值技术	不可观察输入值	范围区间(加权平均值)
权益工具投资		现金流量折现法	加权平均资本成本	
			长期收入增长率	
			长期税前营业利润	
			流动性折价	
			控制权溢价	
		上市公司比较法	流动性折价	
			控制权溢价	
债务工具投资		现金流量折现法	提前偿付率	
			违约概率	
			违约损失率	
衍生金融资产		期权定价模型	波动率	
			交易对手信用风险	
			自身信用风险	
出租的建筑物		现金流量折现法	长期净营业收入利润率	
			计算资产余值所使用的利率	

表 6-4　第三层次公允价值计量

单位：元

项　目	期初余额	转入第三层次	转出第三层次	当期利得或损失总额		购买、发行、出售和结算				期末余额	对于在报告期末持有的资产，计入损益的当期未实现利得或损失的变动
				计入损益	计入其他综合收益	购买	发行	出售	结算		
交易性金融资产											
债务工具投资											
权益工具投资											
衍生金融资产											
指定为以公允价值计量且其变动计入当期损益的金融资产											
债务工具投资											
权益工具投资											
可供出售金融资产											
债务工具投资											
权益工具投资											
其他											
投资性房地产											
出租的土地使用权											
出租的建筑物											
持有并准备增值后转让的土地使用权											
生物资产											
消耗性生物资产											
生产性生物资产											
合　计											

(9) 对于持续和非持续公允价值计量，如果非金融资产的最佳用途与其当期用途不同，企业应当披露这一事实，以及为何非金融资产按照非最佳用途的方式使用。

在对公允价值进行披露时，企业应当基于资产或负债的性质、特征和风险以及公允价值的层级确定资产或负债的适当类别；资产或负债类别的加总程度不应高于财务状况表列示的加总项目。对于重复以公允价值计量的项目，如果第三层次输入值的变动对公允价值计量的结果存在重要影响，企业应对第三层级公允价值进行敏感性分析。敏感性分析披露的目标是，向财务报表使用者提供关于第三层级公允价值计量不确定性的信息，而不是更坏情形或前景信息。同时，敏感性披露应当考虑输入值之间相关性的影响。

第八节　衔接规定

公允价值计量准则从 2014 年 7 月 1 日起施行，在施行日之前的公允价值计量与准则要求不一致的，企业不作追溯调整。

比较财务报表中披露的本准则施行之日之前的信息与准则要求不一致的，不需按照准则的规定进行调整。

第七章

合营安排

第一节　合营安排准则概述

一、制定背景

《国际会计准则第 31 号——合营中的权益》和《解释公告第 13 号——共同控制主体：合营者的非货币性投入》规范了合营的会计处理，但其存在两个重大缺陷：一是基于合营的形式进行分类并确定会计处理要求，如以是否单独设立主体为条件确定共同控制主体；二是允许共同控制主体选择比例合并法或权益法进行会计处理。对于共同控制主体而言，参与者控制的是权益性投资，而不是共同控制主体的资产或负债，采用比例合并法在财务报表上确认和计量部分共同控制主体资产或负债，不符合实际经济情况。相反，对于单独建立主体但实质上共同控制经营（资产）的合营，采用权益法又导致主体没有确认和计量其分享的共同控制资产或负债。为改进合营的会计处理，国际会计准则理事会于 2004 年将合营项目列入其日程，2007 年发布关于合营的征求意见稿，并最终于 2011 年 5 月 12 日发布《国际财务报告准则第 11 号——合营安排》(IFRS11)，取代了《国际会计准则第 31 号——合营中的权益》和《解释公告第 13 号——共同控制主体：合营者的非货币性投入》。

2006 年财政部发布企业会计准则时，并没有单独制定合营安排准则，而是将相关内容放在长期股权投资准则应用指南和相关讲解中予以规范。随着我国市场经济的不断发展，合营安排日益增多，合营参与方与合营安排之间的关系、合营安排与其他企业之间的交易也日趋复杂，实务界、监管部门等在企业会计准则执行过程中提出建议，有必要根据我国实际情况单独制定一项会计准则以规范合营安排各参与方的会计处理。此次针对国际财务报告准则的新变化，为实现与国际财务报告准则的持续趋同，同时也为了更好地解决我国实务操作的具体问题，财政部单独制定发布了《企业会计准则第 40 号——合营安排》。

二、合营安排准则的主要内容

合营安排准则主要规范了合营安排的认定、分类，以及各参与方在合营安排中权益的会计处理等问题。

（一）合营安排的认定——共同控制

合营安排准则将合营安排界定为一项由两个或两个以上的参与方共同控制的安排。合营安排最本质的特征是共同控制，具体包括两个方面：一是各参与方受到该安排的约束；二是两个或两个以上的参与方对该安排实施共同控制。任何一个参与方都不能够单独控制该安排，对该安排具有共同控制的任何一个参与方均能够阻止其他参与方或参与方组合单独控制该安排。

（二）合营安排的分类

合营安排准则将合营安排分为两类：共同经营和合营企业。共同经营中，协议各方分享合营有关的资产、负债，以及承担联合经营所产生的收入和费用；合营企业中，协议各方分享联营企业的经营成果，但对联营企业资产、负债和费用不具有直接的合同权利或义务。其中，单独主体的存在是某一合营安排被划分为合营企业的必要条件，但非充分条件。单独主体的法律形式、合同条款及其他情况也可能会影响合营安排的划分，要求企业结合各相关因素进行恰当的职业判断。

（三）合营安排各参与方的会计处理

合营安排准则规定，参与合营安排的各方应当以合营协议确定的合同权利和义务为基础进行会计处理，而不是基于合营的特定形式。至于具体如何核算，则根据权益和义务的性质指向了长期股权投资、金融工具确认和计量等其他相关企业会计准则。

（四）各参与方与合营安排之间交易的会计处理

合营安排准则借鉴了权益法下投资方与被投资方之间发生的未实现内部交易损益予以抵消的会计处理防范，要求各参与方与合营安排之间资产交易（该资产构成业务的除外）产生的实现利润应当仅确认归属于合营安排参与方的利得或损失。

（五）新旧准则衔接规定

合营安排准则要求首次执行本准则的企业应当对其合营安排进行重新评估，由于分类变化导致会计处理方法改变的，应进行追溯调整。

第二节　合营安排的认定

合营安排是指一项由两个或两个以上的参与方共同控制的安排。合营安排的认定包括以下三方面的内容：

第一，存在具有约束力的协议。

第二，两个或两个以上的参与方对该安排实施共同控制。

第三，合营安排不要求所有参与方都对该安排实施共同控制。合营安排参与方包括对合营安排享有共同控制的参与方（即合营方），也包括对合营安排不享有共同控制的参与方。

一、存在具有约束力的合营协议

根据合营安排的定义，存在具有约束力的协议是合营安排存在的基本条件，因为只有通过具有约束力的协议，参与方才能分享控制权，这也是合营安排区别于子公司和联营企业的前提。也即，只有通过具有约束力的协议，才能确保任何一个参与方都不能单独控制该安排，同时，对该安排具有共同控制的任何一方均能阻止其他参与方或参与方组合单独控制该安排。

具有约束力的协议一般以书面形式存在的，通常采取合同形式，或者是记录参与各方讨论的文件或会议纪要。但是，具有约束力的协议并不必定以书面合同形式存在。当合营安排通过设立单独主体而形成时，具有约束力的协议或其中的某些内容，可能包含在设立单独主体的条款、章程或规定中。例如，A 和 B 共同组建一个单独主体，单独主体的章程中明确规定，所有股东必须一致同意时才能对单独主体的相关活动作出决策。尽管该单独主体的股东之间并没有签订关于共同控制单独主体的协议，但单独主体的章程中包含类似条款，该单独主体也应认定为是合营安排。

具有约束力的协议不仅确立对合营安排的共同控制，也包括约束合营安排经营活动的条款。一般情况下，在内容上，具有约束力的协议涉及以下事项：

(1) 合营安排的目的、活动和持续期间。

(2) 合营安排的董事会或类似管理机构成员的任命方式。

(3) 决策程序，包括需要参与方决策权的范围、参与方的投票权、投票规则等。合同安排中体现的决策程序形成了该安排的共同控制。

(4) 要求参与方提供的资本或其他投入。

(5) 参与方如何分享或分担与合营安排相关的资产、负债、收入、费用或损益。

二、共同控制

在判断参与方是否共同控制一项安排时，首先应判断所有参与方或参与方组合是否控制该安排。《国际财务报告准则第 10 号》定义的“控制”概念，也适用于确定所有参与方或参与方组合是否因参与安排而获得或承担可变收益的权利或风险，以及他们是否能够通过其在安排中的享有的权力影响这一收益。当所有参与者或参与方组合有能力决定对安排的收益具有重要影响的活动（即相关活动）时，这些参与方控制了该安排。相关活动是指对某项安排的回报产生重大影响的活动。某项安排的相关活动应当根据具体情况进行判断，通常包括商品或劳务的销售和购买、金融资产的管理、资产的购买和处置、研究与开发活动以及融资活动等。

在确定所有参与方或参与方组合控制该安排后，应判断是否所有参与方或参与方组合能够集体控制该安排。当且仅当相关活动的决策要求这些控制该安排的参与方或参与方组合一致同意时才存在共同控制。该安排是否被所有参与方或一组参与方共同控制，还是被某一个参与方单独控制，需要进行专业判断。有时，由合同安排参与方确定的决策程序也可能导致共同控制。例如，假定甲乙两方建立一项安排，分别在该安排中拥有50%的投票权。双方的合同安排规定，对相关活动作出决策至少需要51%的投票权。在这种情况下，意味着各方同意双方共同控制该安排，因为如果没有双方的同意，则无法就相关活动作出决策。

如果存在两个或两个以上的参与方组合能够控制某项安排的，不构成共同控制。例如，在有些情况下，合同安排规定了就相关活动作出决策所需要的最低投票权比例，但存在多种参与方之间的组合能够满足最低投票权比例的要求，该安排不属于共同控制，除非合同安排明确指出，需要参与方(或参与方的联合)一致同意后，才能就相关活动作出决策。

【例 7-1】 假定 A、B、C 三方签订一项合同设立某安排。A 在该安排中拥有 51%投票权，B 拥有 30%投票权，C 拥有 19%投票权。A、B、C 共同签订的合同规定，对该安排相关活动的决策至少需要 75%的投票权。尽管 A、B 都能够单独否决所有决策，但是 A 和 B 都不能单独控制该安排，因为合同要求至少需要 75%投票权才能对相关活动作出决策，这意味着 A 和 B 共同控制该安排，因为没有 A 或 B 的同意，无法对相关活动作出决策。

又如，在一项安排中，A 拥有 51%的投票权，B 拥有 26%的投票权，其余 23%的投票权由众多不可能取得一致行动的参与方拥有。该安排的章程规定，要求至少需要 75%的投票权才能对相关活动作出决策。在本例中，A、B 都不能单独控制该安排，需要 A 和 B 一致同意才能对相关活动作出决策，同时 A、B 都能阻止任何一项对相关活动的决策，因此，A 和 B 共同控制该安排。

然而，存在多种参与方之间的组合能够对相关活动作出决策的情况下，参与方签订的合同要成为合营安排，需要明确只有在某一参与方组合的一致同意才能对相关活动作出决策。

【例 7-2】 在一项安排中，A 和 B 各拥有 40%的投票权，剩余 20%的投票权由其他参与方拥有。合营安排的章程规定，对该安排的相关活动作出决策要求多数投票权的同意。因为存在多种可能的参与方组合能够控制该安排，因此，当且仅当合同安排规定，需要 A 和 B 一致同意时才能对相关活动作出决策时，A 和 B 才共同控制该安排。

在判断是否存在共同控制时，还需要考虑潜在投票的影响，如果潜在投票权属于可执行的权利时，应将其视同为实际投票权。

【例 7-3】 A 和 B 设立一个单独主体从事医药技术研发，分别拥有该主体 50%的股权。该主体设立董事会，共有 8 名董事。根据章程规定，A 和 B 分别可派 4 名董事，董事长由 A 和 B 派的董事轮流担任。该章程规定意味着 A 和 B 共同控制该主体。但是，A 和

B签订了另外一项补充协议，当A与B就该主体相关活动的决策无法达成一致意见时，A具有购买B持有该主体权益的选择权。该补充协议赋予了A实质性权利，A实际上控制了该主体。

一致同意的要求意味着，共同控制的任何一方可以阻止其他任何参与方或参与方组合在不经其同意的情况下，针对相关活动作出决策。仅享有保护性权利的参与方不享有共同控制。保护性权利是指仅为了保护权利持有人利益却没有赋予持有人对相关活动决策权的一项权利。保护性权利通常只能在合营安排发生根本性改变或某些例外情况发生时才能够行使，它既没有赋予其持有人对合营安排拥有权力，也不能阻止其他参与方对合营安排拥有权力。

【例7-4】 A、B、C公司签订了一份合同，设立某法人主体从事电脑的生产和销售。合同中规定，A、B公司一致同意即可主导该主体的所有相关活动，并不需要C公司也表示同意，但若主体的净利润率低于10%，C公司具有对该主体公开发行权益工具的否决权。

本例中，由于公开权益工具通常代表了该主体经营中的根本性改变，因而是保护性权利。由于合同明确规定需要A、B公司的一致同意才能主导该主体的相关活动，因而A、B公司能够共同控制该主体。尽管C公司也是该主体的参与方，但由于C公司仅对该主体拥有保护性权利，因此C公司不是共同控制该主体的参与方。

合同安排可能包括处理纠纷的条款，例如仲裁。这些条款可能允许具有共同控制的各参与方在没有达成一致意见情况下进行决策。这些条款的存在不会影响该安排的共同控制，因此也不会妨碍该安排成为合营安排。

但是，值得注意的是，如果在各方未就相关活动的重大决策达成一致意见的情况下，其中一方具备“一票通过权”或者潜在表决权等特殊权力，则需要仔细分析，很可能具有特殊权力的一方实质上具备控制权。此外，在分析争议解决机制时，还需要关注参与方是否拥有期权等潜在表决权。

【例7-5】 A公司与B公司各持有C公司50%的股权，C公司的主要经营活动为家用电器、电子产品及配件等的连锁销售和服务。根据C公司的章程以及A、B公司之间签订的合资协议，C公司的最高权力机构为股东会。所有重大事项均须A、B公司派出的股东代表一致表决通过。当双方经过合理充分协商仍无法达成一致意见时，A公司股东代表享有“一票通过权”，即最终以A公司股东代表的意见为最终方案。

本例中，由于A公司实质上可以单方面主导C公司相关活动的决策，因此A公司具有控制权，C公司并非合营安排。

有时协议中可能约定，各参与方意见均不一致时，哪个参与方拥有最终决策权。在判断合营安排的合营方时，也需要考虑最终决策者，但最终决策者未必就是控制方。

【例7-6】 A、B、C公司共同出资设立了D公司。董事会是D公司的决策制定机构，A、B、C公司在D公司董事会中各占一个席位。协议约定规定，D公司相关活动决策须经董事会至少两票才能通过，如果A、B、C公司意见均不一致，A公司具有最终决策权。

本例中，由于存在多种参与方组合能够集体控制D公司，并且协议没有明确指出具体哪些参与方必须同意，决策才能达成，因而不存在共同控制D公司的参与方组合，D公司不是一项合营安排。同时，尽管A、B、C公司意见均不一致时，A公司具有最终决策权，但如果B公司和C公司达成一致意见，即可做出决策。因此，A公司的最终决策权是有条件的，A公司并不拥有对D公司的控制权。

有时，一项安排的各参与方之间可能存在多项相关协议。在单独考虑一份协议时，某参与方可能对合营安排具有共同控制，但在综合考虑该安排的目的和设计的所有情况时，该参与方实际上不一定对该安排具有共同控制。因此，在判断是否存在共同控制时，需要综合考虑该多项相关协议。

另外，当一项安排被排除在合营安排准则的范围之外，企业应根据相关企业会计准则，例如《企业会计准则第2号——长期股权投资》(CAS2)、《企业会计准则第22号——金融工具：确认和计量》(CAS22)或《企业会计准则第33号——合并财务报表》(CAS33)，对其在安排中的权益进行会计处理。

图7-1说明了判断共同控制的程序，以及金融工具确认与计量准则、合并报表准则、长期股权投资准则之间的关系。

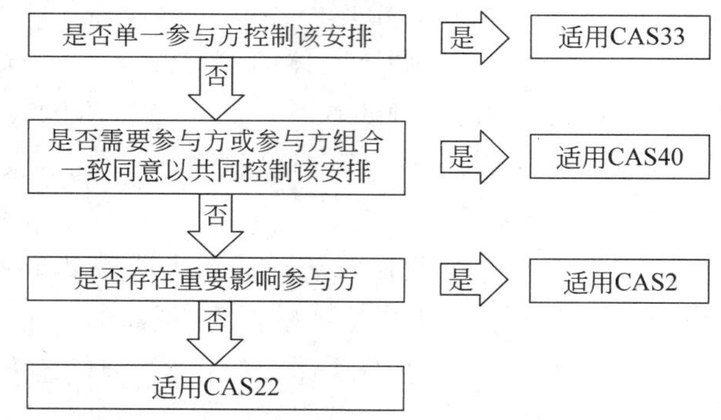

图7-1　不同控制或重大影响情形下所适用的准则判断过程

第三节　合营安排的分类

一、新旧准则关于合营安排分类的比较

《企业会计准则第2号——长期股权投资》将合营安排分为三类：合营企业、共同控制经营和共同控制资产；共同控制经营及共同控制资产与合营企业的共同特点是两个或多个合营方通过合同或协议的方式建立起共同控制关系，区别在于合营企业是通过设立一个企业，有一个独立的会计主体存在，而共同控制经营及共同控制资产并不是一个独立的会计主体。该规定存在两个主要缺陷：一是基于是否存在独立的会计主体这一形式而不是合营安排确定的经济权利和义务，区分合营企业与共同控制经营和共同控制资产；二

是共同控制资产和共同控制经营之间很难区分，并且共同控制资产和共同控制经营具有共同的特征，即按协议规定的比例分享合营安排的资产、负债、收入和费用，并且适用相同的会计原则。

合营安排准则将合营安排分类为共同经营与合营企业。共同经营是指合营方享有该安排相关资产且承担该安排相关负债的合营安排。合营企业是指合营方仅对该安排的净资产享有权利的合营安排。与长期股权投资准则关于合营安排分类的规定相比较，合营安排准则将对合营安排的分类从三分类改为两分类，不再区分在特征和会计处理上基本相同的共同控制经营和共同控制资产，将其归类为共同经营；同时不再以是否存在单独的会计主体作为将合营安排分类为合营企业的充分条件，在一些情况下，即使合营安排设立了单独的会计主体，但是根据协议规定或相关事实和情况表明，合营方仍是对合营安排的资产或负债享有权利或承担义务，该合营安排也将被分类为共同经营，而不是合营企业。新旧准则关于合营安排分类的比较具体可见图 7-2。

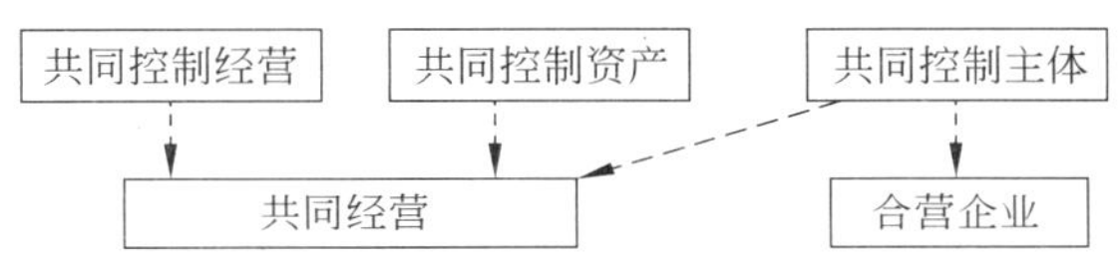

图 7-2 新旧准则关于合营安排分类的比较

二、共同经营与合营企业的区分

根据合营安排准则的规定，合营安排可以分为共同经营和合营企业两类。在对合营安排进行分类时，合营方应当根据其在合营安排中享有的权利和承担的义务确定合营安排的分类：如果合营方对所参与安排的资产或负债直接享有权利或承担义务，应将该安排分类为共同经营；如果合营方是对安排的净资产享有权利，应将该安排分类为合营企业。合营方对权利和义务进行评价时应当考虑该安排的结构、法律形式以及合同条款等因素。

（一）合营安排的结构

从结构上看，合营安排不是一个单独主体的，应当划分为共同经营。所谓单独主体，是指具有单独可辨认的财务架构的主体，包括单独的法人主体或不具备法人主体资格但法律所认可的主体。如果合营安排在结构上没有设立单独主体，也就不存在法律上所认可的净资产及其参与方对净资产享有的权利，因此不符合合营企业的条件。在这种情况下，合营安排通常根据合同确定各参与方有权享有与该安排相关资产的权利，并对相应的负债承担义务，有权获得相应的收入，并对相应的费用承担责任。此类合同通常描述了该安排所从事活动的性质，规范各参与方如何共同享有或承担这些活动所产生的权利或义务。例如，合营安排各参与方可能同意共同生产产品，各参与方负责特定的任务，使用各自的资产，承担各自的负债。合同安排可能也规定了各参与方如何分享共同的收入和分担共同的费用。相应地，各合营方在其资产负债表上确认其用于完成特定任务的资产和负债，并确认与合营安排相关的收入和费用份额。

合营安排在结构上设立单独主体，相关资产和负债由单独主体持有的，通常应当划分为合营企业。但有确凿证据表明满足下列任一条件并且符合相关法律法规规定的合营安排应划分为共同经营：

(1) 合营安排的法律形式表明，合营方对该安排中的资产和负债享有权利和承担义务。

(2) 合营安排的合同条款约定，合营方对该安排中的资产和负债享有权利和承担义务。

(3) 其他相关事实和情况表明，合营方对该安排中的资产和负债享有权利和承担义务，如合营方享有与合营安排相关的几乎所有产出，并且该安排中负债的清偿持续依赖于合营方的支持。

换言之，设立单独主体是将合营安排分类为合营企业的必要条件，但不再是充分条件。设立单独主体的合营安排可能是合营企业，也可能是共同经营，取决于该合营安排各参与方对单独主体持有的与安排相关的资产和负债的权利与义务。当参与方通过设立单独主体构造合营安排时，各参与方需要评估该单独主体的法律形式、合同安排的条款以及其他相关的事实和情况，以判断是否赋予他们拥有与该安排相关资产的权利，并承担与安排相关负债的义务(即该安排是共同经营)，或者拥有安排的净资产的权利(即该安排是合营企业)。

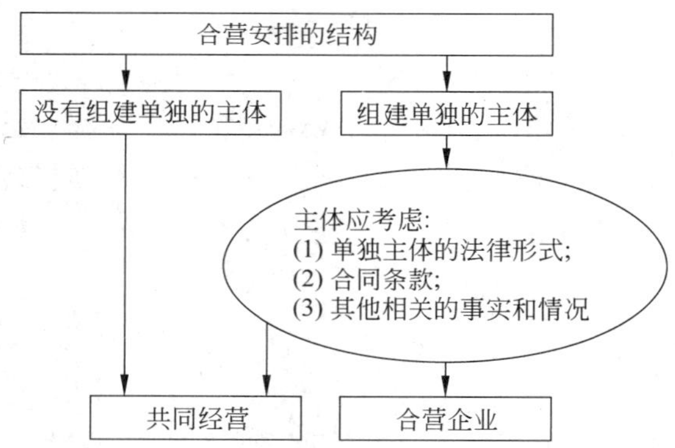

图 7-3　合营安排的分类：评价合营方来源的权利和义务

(二) 单独主体的法律形式

对于设立单独主体的合营安排，单独主体的法律形式是在评估该安排类型时需要考虑的重要因素。单独主体的法律形式有助于评估各参与方享有或承担的与安排相关的权利或义务的性质与内容。例如，各参与方可能通过单独主体执行合营安排，单独主体法律形式可能明确，单独主体持有的资产和负债是单独主体的资产和负债，而不是各参与方的资产和负债，在这种情况下，通过单独主体的法律形式对各参与方权利和义务的评估表明，该项安排是合营企业。然而，各参与方签订的合同条款或者其他相关的事实和情况表明，各参与方直接对单独主体的资产和负债拥有权益或承担义务，这可以否定基于单独主体的法律形式对各参与方权利和义务作出的评估，并将该安排分类为共同经营。另一种情况是，各参与方为实施合营安排而设立的单独主体在法律形式上没有区分参与方和单独主体，即单独主体持有的资产和负债也是各参与方的资产和负债，基于单独主体法律形式对参与方权利和义务的评估就可以判断该合营安排是共同经营。

（三）评估合同条款

在许多情况下，各参与方在合同安排中就权利和义务达成的一致意见与为构建安排而设立的单独主体的法律形式确定的各参与方权利和义务是一致的，或者没有矛盾。但如前所述，在某些情况下，各参与方通过签订合同的方式修改单独主体法律形式赋予各参与方的权利和义务。例如，两家公司通过设立单独的公司制主体实施一项合营安排。公司制主体能够与其所有者分离。各方在该公司制主体中拥有50%的所有权。在这样的情况下，通过单独主体的法律形式对各方权利和义务的评估表明，各方有权获得合营安排的净资产。然而，假定各方通过签订其他的合同调整了该公司的特征，以便各方均按约定比例对公司制主体的资产和负债直接拥有权益和承担义务。通过合同条款的调整可能导致该项安排成为共同经营。

【例 7-7】 甲和乙两家建筑公司实施一项合营安排，以共同完成一项为政府设计并建造道路的工程。该合营安排确定了甲和乙公司的参与份额，明确了两方共同控制该安排。甲、乙公司设立了一个独立公司 M，通过 M 实施该安排。公司 M 代表甲、乙公司与政府签订道路建造合同。根据与政府签订的合同条款，公司 M 代表甲、乙公司向政府提供建造服务。有关该安排的资产和负债由公司 M 持有。但是，甲、乙公司签订的合同条款明确规定：

（1）甲、乙公司根据其在该安排中的参与份额分享该安排相关全部资产的权利；

（2）甲、乙公司根据其在该安排中的参与份额分别或共同承担该安排相关的经营性和筹资性债务；

（3）甲、乙公司根据其在该安排中的参与份额分享由该安排相关活动产生的损益。

本例中，该合营安排通过独立公司执行，该独立公司的法律形式区分了公司 M 持有的资产和负债与甲、乙公司的资产和负债。但是，甲、乙公司之间签订的合同条款表明，甲、乙公司按其在该安排中的份额直接对单独主体的资产和负债拥有权益或承担义务。因此，该合营安排应分类为共同经营。

当合营方之间签订的合同条款约定，各合营方直接享有与该安排相关资产的权利，并承担与该安排相关负债的义务时，即可确定该合营安排为共同经营，而不需为了确定该合营安排的类型考虑其他事实或情况。

（四）其他事实和情况的评估

一项合营安排可能通过设立单独主体实施相关活动，从法律形式上评估，单独主体与合营方相互分离，例如该单独主体是依照《公司法》注册成立的公司。同时，合营方之间达成的合同条款也可能没有明确合营方对资产和负债的权利与义务，但当其他事实和情况表明，合营方实际上直接对与该安排相关的资产与负债享有权利和承担义务，也可以将该合营安排分类为共同经营。例如，假定相关事实和情况表明，一项安排的活动主要是向合营方提供产出，并且合营方可以通过阻止该安排向第三方销售产出而确保他们获得这些产出，这通常表明合营方实质上有权直接享有该安排相关资产产生的所有经济利益。从负债角度分析，如果该安排产生的负债实质上由合营方因购买产品而支付的现金予以清偿，并且合营方为购买产出支付的现金是该安排持续经营所需现金的唯一来源，这通常表明合营方直接承担了与该安排相关的负债。

【例 7-8】 甲、乙两方通过设立丙公司构造了一项合营安排。甲、乙两方各拥有丙公司 50%的所有权。该安排的目的是生产双方各自所需的原材料。该安排确保双方共同经营相应的设施，以生产在数量和质量上满足双方需要的原材料。从法律角度分析，该安排生产活动，以及相关资产和负债都归属于丙公司。甲、乙双方之间也不存在其他的合同安排，以明确各方对丙公司资产与负债的权利和义务。因此，丙公司的法律形式和合同安排的条款表明，该项安排是一项合营企业。但是，甲、乙双方同意分别购买丙公司所有产品的一半。未经双方同意，丙公司不能将任何产品出售给第三方。丙公司出售产品的价格由甲乙双方共同决定，确定的基本原则是补偿丙公司发生的生产成本和管理费用，旨在使丙公司在盈亏平衡的水平上经营。从上述的实际情况来看，丙公司经营的目的是向甲、乙两方提供各自所需的产品。甲、乙两方有权获得丙公司生产的所有产品的事实表明，甲、乙两方有权获得丙公司资产的所有经济利益。甲、乙两方购买丙公司生产的所有产品的义务表明，丙公司完全依赖甲、乙两方获得其现金流，这也表明，甲、乙两方有义务承担丙公司的负债。

上述事实和情况表明，丙公司这一合营安排属于共同经营。即使甲、乙两方在之后的生产过程中不使用他们的从丙公司获得的产品，而是将这些产品出售给第三方，关于将丙公司分类为共同经营的结论也不会改变。但是，如果改变了合同安排的条款，使丙公司能够向第三方出售产品，并导致丙公司承担市场需求变动、存货和信用等风险。这些事实和情况的改变将可能使丙公司重新分类为合营企业。

【例 7-9】 两家房地产公司（参与方）为并购和经营一家购物中心成立了一个单独主体（主体 X）。参与方的合同安排对主体 X 进行的活动设定了共同控制。主体 X 法律形式的主要特征是主体 X，而不是参与方，拥有与该安排相关的资产，并承担其负债。相关活动包括零售单元的出租、停车位的管理、购物中心及电梯等设备的维护、购物中心整体声誉和客户关系的建立。该合同安排的条款如下：

（1）主体 X 拥有该购物中心。该合同安排没有规定参与方有权拥有该购物中心。

(2) 参与方不承担主体 X 的债务、负债或义务。如果主体 X 不能偿还其债务或其他负债，或者不能清偿第三方的义务，各参与方对第三方承担的负债仅限于该参与方出资额中未支付部分。

(3) 参与方有权出售或抵押其在主体 X 中的权益。

(4) 各参与方根据其在主体 X 中的权益分享购物中心经营收益（租金收益减经营成本后的净额）的份额。

本例中合营安排通过一个单独主体执行，该主体的法律形式使其在自身立场上考虑问题（即该单独主体持有的资产和负债是其自身的资产和负债，不是参与方的资产和负债）。此外，合同安排的条款并未明确，参与方拥有与该安排相关的资产权利和负债义务。相反，合同安排的条款表明，参与方拥有主体 X 净资产的权利。

根据上述规定，没有其他事实和情形表明参与方实质上拥有与该安排相关的资产的所有经济利益，并承担与该安排相关的负债义务。该合营安排是合营企业。参与方将其在主体 X 净资产中的权利确认为投资，使用权益法进行会计处理。

【例 7-10】 银行 A 和 B（参与方）同意通过建立一个单独主体（银行 C）合并他们的经营、投资银行、资产管理和服务活动。双方预期该安排能从几个方面使他们受益。银行 A 认为，该安排能使其通过扩大产品和服务的提供而获得发掘潜能高速增长的机会，实现扩大规模的战略计划。银行 B 预期该安排能增强其金融储蓄和市场产品的提供能力。银行 C 法律形式的主要特征是，使其在自身立场上考虑问题（即该单独主体持有的资产和负债是其自身的资产和负债，不是参与方的资产和负债）。

银行 A 和 B 各自持有银行 C 的 40％所有者权益，剩余 20％公开发行并被广泛持有。银行 A 和 B 的股东同意共同控制银行 C 的经营活动。此外，银行 A 和 B 签订了不可撤销协议，即使双方争执，如果需要的话，两家银行同意共同或各自提供相同数量的必要资金，以确保银行 C 符合适用的法律和银行监管要求，并履行其向银行监管部门所作的承诺。该承诺代表各方支付所需资金的 50％，以确保银行 C 符合法律和银行的监管要求。

本例中该合营安排通过一个单独主体被执行，该工具的法律形式区分了参与方和该单独主体。合同的条款没有明确参与方拥有银行 C 的资产权利和负债义务，但它规定参与方对银行 C 的净资产拥有权利。当银行 C 不能够符合适用的法律和银行监管要求时，参与方向银行 C 提供支持的承诺并不是参与方对银行 C 的负债承担义务的决定因素。没有其他事实和情形表明参与方实质上拥有与银行 C 相关的资产的所有经济利益并承担与银行 C 相关的负债义务。该合营安排是合营企业。

银行 A 和 B 都将其在银行 C 中对净资产的权利确认为投资，并以权益法进行会计处理。

图 7-4 反映了当通设立过单独主体构造合营安排时，对一项安排进行分类评估所遵循的程序：

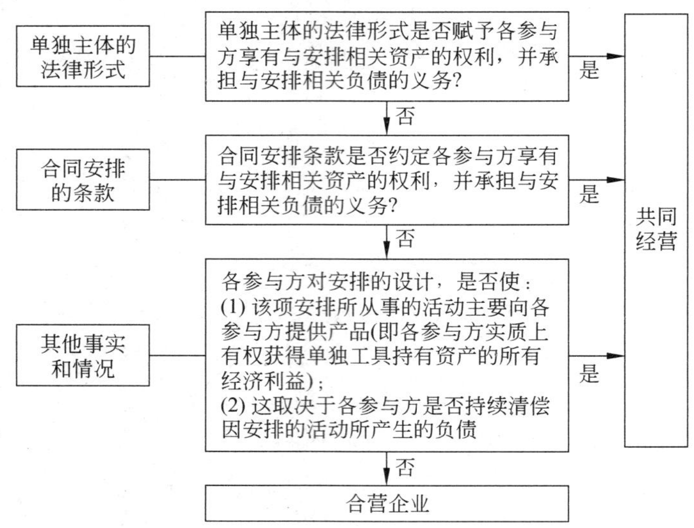

图 7-4　通过单独主体构造的合营安排的分类

第四节　合营安排的会计处理

一、核心原则

参与合营安排的各方应当以法律、合同条款以及相关事实和情况确定的合同权利和合同义务为基础进行会计处理，而不是基于合营的特定形式。也即，需要将合营安排区分为合营企业与共同经营，采用不同的会计处理方法。

(1) 合营方应采用权益法对其在合营企业的权益进行会计处理。合营企业的共同控制者，控制的是对合营企业的权益投资，对合营企业的资产和负债不具有控制权，因此，对其参与合营企业的权益确认计量为一项权益性投资，采取权益法进行会计处理。

(2) 对于共同经营，合营方直接对合营安排中的具体资产、负债、收入和费用享有权利和承担义务，合营方应当适用具体的会计准则确认计量相关的权利或义务。具体而言，合营方应当确认其与共同经营中权益相关的下列项目，并按照具体会计准则的规定进行会计处理：

① 确认单独所持有的资产，以及按本企业的份额确认共同持有的资产；

② 确认单独所承担的负债，以及按本企业的份额确认共同承担的负债；

③ 确认本企业转让其享有的共同经营权利份额所产生的收入；

④ 按本企业的份额确认共同经营因出售其产出所产生的收入；

⑤ 确认单独所发生的费用，以及按本企业的份额确认共同经营发生的费用。

二、共同经营参与方的会计处理

（一）共同经营控制方的会计处理

在共同经营的情况下，具有共同控制权的合营方应作如下会计处理：

（1）确认其所控制的用于共同经营的资产，以及将合营安排控制的资产中本企业按合同或协议中约定份额享有的部分确认为固定资产或无形资产等。

共同经营的情况下，合营方通过运用本企业的资产及其他经济资源为共同经营提供必要的生产条件。按照合营合同或协议约定，合营方将本企业资产用于共同经营，合营期结束后合营方将收回该资产不再用于共同控制，则合营方应将该资产作为本企业的资产确认。对于共同经营形成的资产，该部分资产由实施共同控制的各方共同控制、共同使用的情况下，并不改变相关资产的使用状态，不构成投资，合营方不应将其作为投资处理，而应根据合同或协议中约定份额享有的部分确认为固定资产或无形资产等。

（2）确认本企业直接承担的与共同控制资产相关的负债，以及与其他合营方共同承担的负债中应由本企业负担的部分。或者共同经营承担的负债中本企业按合同、协议规定比例分担的部分。

本企业为共同经营发生的负债或共同经营在经营过程中发生的负债，按照合同或协议约定应由本企业承担的部分，应作为本企业负债确认。

对与共同经营相关的资产和负债的分类和具体会计处理，应取决于资产和负债的性质，根据相关具体会计准则的规定进行处理。例如，共同经营中的固定资产，合营方应将其分享的部分也确认为固定资产。

（3）确认共同经营产生的收入中应由本企业享有的部分。

合营方按照合营合同或协议的规定应分享有关共同经营产生的收益，应确认为收入。共同经营生产的产品对外出售时，所产生的收入中应由本企业享有的部分应借记“库存现金”或“银行存款”等，贷记“主营业务收入”、“其他业务收入”等。如两个企业共同控制一栋出租的房屋，每一合营方均享有该房屋出租收入的一定份额，则各合营方在利润表中应确认本企业享有的收入份额。

（4）确认本企业直接发生的与共同经营相关的费用，以及与其他合营方共同发生的费用中应由本企业负担的部分。

对于共同经营在经营过程中发生的费用，包括有关直接费用以及应由本企业承担的共同经营控制的资产发生的折旧费用、借款利息费用等，合营各方应当按照合同或协议的约定确定应由本企业承担的部分，作为本企业的费用确认。

【例 7-11】 20×4 年 1 月 1 日，A 公司和 B 公司共同出资购买一台大型设备，各自拥有该设备 50%的产权，用于出租收取租金。合同约定，该设备相关活动的决策需要 A 公司和 B 公司一致同意方可做出；A 公司和 B 公司的出资比例、收入分享比例和费用分担比例均为各自 50%。该设备购买价款为 100 万元，由 A 公司和 B 公司以银行存款支付，预计使用寿命10年，预计净残值为10万元，采用年限平均法按月计提折旧。该设备的租赁合同约定，租赁期限为10年，每年租金为12万元，按月交付。该设备每月支付维修费0.5万元。另外，A公司和B公司约定，该设备的后续维护和维修支出以及与之相关的任何资金需求，均由A公司和B公司按比例承担。假设A公司和B公司均采用成本法对投资性房地产进行后续计量，不考虑税费等其他因素影响。

本例中由于关于该设备相关活动的决策需要A公司和B公司一致同意方可做出，所以A公司和B公司共同控制该设备，购买并出租该设备为一项合营安排。由于该合营安排并未通过一个单独主体来架构，并明确约定了A公司和B公司享有该安排中资产的权利、获得该安排相应收入的权利、承担相应费用的责任等，因此该合营安排是共同经营。

A公司的相关会计处理如下：

① 出资购买写字楼时

借：固定资产　　500 000(1 000 000×50%)

　贷：银行存款　　500 000

② 每月确认租金收入时

借：银行存款　　5 000(120 000×50%/12)

　贷：其他业务收入　　5 000

③ 每月计提写字楼折旧时

借：其他业务成本　　3 750(1 000 000－100 000)/10/12×50%

　贷：投资性房地产累计折旧　　3 750

④ 支付维修费时

借：其他业务成本　　2 500(5 000×50%)

　贷：银行存款　　2 500

另外，需要注意的是，在一些情况下合营方确认和计量其与共同经营相关的资产或负债，可能不同于按其控制权比例计算的资产或负债，即不同于按比例合并法计算的资产或负债。

（二）共同经营参与方的会计处理

在共同经营的情况下，对于不享有共同控制的参与方，如果享有或承担该共同经营相关资产的负债的，应当按照上述合营方的规定进行会计处理；否则，应当按照相关企业会计准则的规定进行会计处理。

（三）合营方与共同经营间交易的会计处理

合营方与共同经营间之间的交易，在本质上应视为合营方与共同经营其他参与方的交易，无论共同经营是否以单独工具的形式存在。

合营方向共同经营投出或出售资产等，在共同经营将该资产出售给第三方之前，应当仅确认归属于共同经营其他方的利得或损失。交易表明投出或出售的资产按照《企业会计准则第 8 号——资产减值》等规定属于资产减值损失的，合营方应当全额确认该损失。

如假设甲、乙、丙公司共同出资设立 M 公司，甲公司与乙、丙公司共同控制 M 公司。根据相关事实和情况判断其享有的权利和义务，甲公司将 M 公司分类为共同经营。M 公司成立当年末，甲公司向 M 公司出售一项专有设备，该设备的账面价值为 900 万元，出售价格为 1 500 万元。根据协议规定，交易完成后，该设备由共同经营持有，甲公司享有该设备 1/3 的权益。当年，M 公司实现盈利，甲公司与 M 公司之间未发生其他交易，假定不考虑所得税的影响。

期末，甲公司需要将资产处置收益进行调整，只能将资产处置收益中归属于 M 公司其他参与方的收益 400 万元予以确认，同时调整甲公司确认的共同经营持有的该项设备的权益，也即甲公司应该按原账面价值（900 万元）的 1/3，而不是该项设备在共同经营的账面价值（1 500 万元），确认分享资产的金额（300 万元）。在会计处理上，视同甲公司将该项设备的 2/3 出售给乙、丙公司。

同理，如果甲公司向共同经营出售资产时发生损失，甲公司也只需将资产处置损失中归属于 M 公司参与方的损失予以确认，但是公司交易表明该项设备发生减值时，需全额确认损失，甲公司也按减值后的资产账面价值确认其分享的该资产权益。

需要强调的是，如果合营方向共同经营投出或出售构成业务的资产等的，应当按照企业合并、合并财务报表等相关企业会计准则进行会计处理。

三、合营企业参与方的会计处理

（一）合营企业共同控制方的会计处理

合营企业的共同控制方对合营企业的投资应采用权益法进行会计处理。权益法核算的基本步骤如下（具体可参见长期股权投资准则）：

（1）初始投资成本大于投资时应享有的被投资企业可辨认净资产公允价值份额的，不调整初始投资成本，将超过部分确认为与合营（联营）企业投资相关的商誉；初始投资成本小于投资时应享有的被投资企业可辨认净资产公允价值份额的，其差额应当计入当期收益，同时调整长期股权投资成本。被投资合营（联营）企业可辨认净资产的公允价值，比照 IFRS3 的有关要求确定。

（2）对合营企业投资的后续计量，应当按照应享有或应分担的合营企业实现的净损益的份额，确认投资损益，并调整对合营企业投资的账面价值。投资企业按照合营企业宣告分派的利润或现金股利计算应分得的部分，相应减少并调整对合营企业投资的账面价值。

（3）投资企业确认的对合营企业投资发生亏损的，应以投资账面价值以及其他实质上构成对合营投资的长期权益（如优先股、长期应收款或贷款等）减记至零为限，投资企业负有承担额外损失义务的除外，应将承担的代合营企业支付的法定或推定义务确认为负债。合营企业以后实现利润的，投资企业应在其收益分享额弥补未确认的亏损分担额后，恢复确认收益分享额。

(4) 投资企业在确认应享有合营企业净损益的份额时,应当以取得投资时合营企业各项可辨认资产等的公允价值为基础,对合营企业的净利润进行调整后确认。

合营企业采用的会计政策及会计期间与投资企业不一致的,应当按照投资企业的会计政策及会计期间对合营企业的财务报表进行调整,并据以确认投资损益。

(5) 投资企业对合营企业除净损益以外所有者权益的其他变动,应调整对合营企业投资账面价值,并计入相应所有者权益。

(6) 对于合营企业来源于与投资企业之间交易的利润,投资企业只确认归属于其他投资者的部分,也即与合营企业间交易产生的利润归属于投资者比例的部分应排除在外。

【例 7-12】 B公司和C公司共同设立一项安排D,假定该安排构成一项业务,且属于共同经营。B公司和C公司对于安排D的资产、负债及损益分别享有50%的份额。A公司(非关联方)于20×3年12月31日购买了B公司持有的全部安排D的利益份额,购买对价为200万元,交易费用10万元。A公司所取得的单独持有的资产及共同持有的资产份额以及所单独承担的负债及共同承担的负债份额的公允价值如下(单位:万元)。

资产:		负债:	
货币资金	25	流动负债	28
固定资产	100	非流动负债	12
其他资产	75		
资产总额	200	负债总额	40

假定不考虑所得税,A公司取得的该共同经营利益份额中可辨认净资产的公允价值为160万元,A公司支付的对价为200万元,应相应确认商誉40万元。

(二) 合营中不分享控制权的其他"投资者"的会计处理

对于合营中不分享共同控制权的其他参与者,会计准则将其界定为"不分享控制权的其他投资者"。对于这类投资者在合营企业中的投资应作为一项金融工具,适用金融工具准则;如果该项投资对合营具有重要影响,应适用长期股权投资准则。对于在合作经营中的投资,企业应基于联合协议确定的合同权利和义务进行会计处理。

【例 7-13】 A、B、C公司共同设立合营安排D公司,表决权比例分别为42.5%、42.5%及15%。假设根据协议,A、B公司共同控制D公司,且该合营安排为共同经营,除上述外无其他需考虑的因素。

本例中,A、B公司对合营安排具有共同控制权而C公司仅仅是该项合营安排的参与方。假设C公司对于D公司的净资产享有权利,那么C公司应当判断其持有的15%的表决权比例是否使其对合营安排具有重大影响,进而按照长期股权投资准则或金融工具确认和计量准则进行会计处理。

(三) 丧失控制权或重大影响的会计处理

投资企业丧失对合营企业的控制权时,应以公允价值计量在合营企业中的保留权益,保留权益的公允价值加上处置部分权益产生的净收入与处置部分账面价值之间的差异确认为利得或损失。因合营企业除净损益以外所有者权益的其他变动而计入所有者权益的，处置该项投资时应当将原计入所有者权益的部分，按合营企业直接处置相关资产或负债相同的基础进行处理。例如，如果合营企业直接处置资产或负债时应将之前计入其他综合收益的利得或损失分类为损益，则在丧失控制权时也应将其他综合收益分类为损益；如果直接处置资产或负债时应将之前计入其他综合收益的利得或损失分类为权益（如资产重估增值），丧失控制权时也应将其他综合收益分类为权益。

如果处置部分股权后投资企业对合营企业仍具有重要影响，主体应继续采用权益法核算保留权益。保留权益的账面价值和处置部分权益的收入与原投资账面价值的差额应计入损益，因合营企业除净损益以外所有者权益的其他变动而计入所有者权益的，应将与处置部分相关的部分按与直接处置资产或负债相同的基础重分类。

（四）对合营企业投资在单独财务报表上的反映

如果在合并报表上对合营企业投资采用权益法进行核算，在单独财务报表上可以采用成本法核算或以公允价值计量。以成本法核算时，如果该项权益投资符合会计准则关于待售资产的条件，应采用适用待售资产相关的会计处理要求。采用成本法核算时，投资企业只有在实际获得收取股利的权利时，才将其确认为投资收益。

四、衔接规定

（1）首次采用本准则的企业应当根据本准则的规定对其合营安排进行重新评估，确定其分类。

（2）合营企业重新分类为共同经营的，合营方应当在比较财务报表最早期间期初终止确认以前采用权益法核算的长期股权投资，以及其他实质上构成对合营企业净投资的长期权益；同时根据比较财务报表最早期间期初采用权益法核算时使用的相关信息，确认本企业在共同经营中的利益份额所产生的各项资产（包括商誉）和负债，所确认资产和负债的账面价值与其计税基础之间存在暂时性差异的，应当按照《企业会计准则第18号——所得税》的规定进行会计处理。

（3）确认的各项资产和负债的净额与终止确认的长期股权投资以及其他实质上构成对合营企业净投资的长期权益的账面金额存在差额的，应当按照下列规定处理：

① 前者大于后者的，其差额应当首先抵减与该投资相关的商誉，仍有余额的，再调增比较财务报表最早期间的期初留存收益；

② 前者小于后者的，其差额应当冲减比较财务报表最早期间的期初留存收益。

第八章

在其他主体中权益的披露

第一节 在其他主体中权益的披露准则概述

一、制定背景

2011 年 5 月，国际会计准则理事会发布《国际财务报告准则第 10 号——合并财务报表》、《国际财务报告准则第 11 号——合营安排》及《国际财务报告准则第 12 号——在其他主体中权益的披露》、《国际会计准则第 27 号——单独财务报表(2011)》及《国际会计准则第 28 号——合营和联营中的投资(2011)》等。

对于我国而言，有关企业在其他主体中权益的披露散见于《企业会计准则第 2 号——长期股权投资》和《企业会计准则第 33 号——合并财务报表》之中，不仅披露范围有限，而且披露内容不全面，不利于财务报表使用者全面了解并评估企业在其他主体中权益的风险及其对本企业财务状况和经营业绩的影响。主要体现在以下几方面：一是统一现有相关准则的有关披露内容。现有相关准则所披露的内容仅涉及子公司、联营企业和合营企业，但不包括有关共同经营和结构化主体的披露，财务报表使用者难以了解结构化主体这一表外业务。二是优化现有相关准则的披露内容。现有准则披露要求不够全面、充分，只要求披露诸如注册地、持股比例、主要财务信息等有限的内容，未包括有助于财务报表使用者评估企业在其他主体中权益的性质、风险以及对企业影响的其他信息，例如：少数股东持有的所有者权益比例等。三是完善现有准则披露对象。

现有相关准则披露对象不够全面，未涵盖有关结构化主体和表外主体的风险，国际财务报告准则正因为缺乏该部分披露而在始于 2007 年的全球金融危机中受到众多批判和指责。基于上述原因，财政司在现有准则披露基础上对在其他主体中权益的披露进行了整合、补充和完善，并征求有关方面意见后形成《企业会计准则第 41 号——在其他主体中权益的披露》，遵循了 2010 年发布的《中国企业会计准则与国际财务报告准则持续趋同路线图》，与国际财务报告准则保持了持续趋同。

二、准则的主要目标

本准则的目标是，要求主体披露有助于其财务报表使用者评估下列情况的信息：

(1) 主体在其他主体中权益的性质和相关风险；

(2) 该权益对企业财务状况、经营业绩和现金流量的影响。

三、准则的主要内容

本准则共六章 24 条，主要内容如下：

(一) 明确披露在其他主体中权益的目的

与现行有关准则的披露要求不同，准则首先明确规定，披露在其他主体中权益的目的是有助于其财务报表的使用者评估企业在其他主体中权益的性质及相关的风险，以及这些权益对企业财务状况、经营业绩和现金流量的影响。

(二) 整合并优化在子公司、联营企业、合营企业中权益的披露

(1) 统一在其他主体中权益的披露，主要体现在以下几方面：一是现有《企业会计准则第 2 号——长期股权投资》及《企业会计准则第 33 号——合并财务报表》均对在子公司中的权益有披露要求，包括名称、注册地、业务性质、持股比例、表决权比例等，本准则对此予以统一；二是统一主要财务信息，现有《企业会计准则第 2 号——长期股权投资》要求披露合营企业和联营企业的主要财务信息，而《企业会计准则第 33 号——合并财务报表》对此没有要求，本准则要求拥有重要少数股东权益的子公司、合营企业和联营企业均需要披露主要财务信息。

(2) 优化有关披露内容。与现有有关准则相比，本准则对一些披露内容进行了优化，主要体现在以下几方面：一是在持股比例和表决权比例方面，现有准则要求披露的是母公司的持股比例和表决权比例，而本准则将母公司和子公司作为一个整体考虑，要求披露少数股东的持股比例和表决权比例。二是在重要限制方面，现有准则要求披露的是被投资单位向投资企业(或子公司向母公司)转移资金所受到的重要限制，本准则从不同报告主体(报告企业或集团)角度，对有关重要限制的披露进行了区分，要求披露集团内企业(或主体)之间相互转移资金受到的限制等。三是在失去对子公司控制时，现有准则要求披露该子公司的名称、母公司的持股比例和表决权比例、本期不再成为子公司的原因，以及其在处置日和上一会计期间资产负债表日资产、负债和所有者权益的金额以及本期期初至处置日的收入、费用和利润的金额等；本准则要求披露剩余权益投资的公允价值及按照公允价值重新计量产生的相关利得和损失金额。

(三) 增加在结构化主体中权益的披露

我国现有《企业会计准则第 2 号——长期股权投资》和《企业会计准则第 34 号——合并财务报表》中均不包括有关结构化主体的披露要求，本准则要求披露结构化主体的有关情况，既包括纳入合并范围的结构化主体，也包括未纳入合并范围的结构化主体。

对于纳入合并范围的结构化主体而言，本准则要求企业披露向结构化主体提供财

务支持或其他支持的意图、类型、金额，包括帮助结构化主体获得财务支持的情况及意图等。

对于未纳入合并范围的结构化主体而言，本准则要求企业披露结构化主体的性质、目的、规模、活动及其融资方式，在财务报表中确认的相关资产和负债的账面价值，从结构化主体中获得的收益、收益类型等；提供财务支持或其他支持的，还应当披露支持的类型、数量及提供支持的原因、目的等。

四、准则的范围

本准则适用于企业在子公司、合营企业、共同经营、联营企业和未纳入合并财务报表范围的结构化主体中权益的披露如图 8-1 所示。

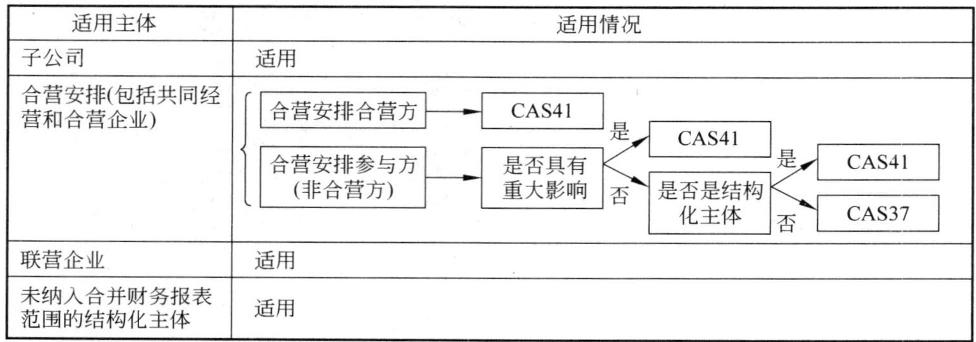

适用主体	适用情况
子公司	适用
合营安排(包括共同经营和合营企业)	合营安排合营方 → CAS41 合营安排参与方(非合营方) → 是否具有重大影响：是 → CAS41；否 → 是否是结构化主体：是 → CAS41；否 → CAS37
联营企业	适用
未纳入合并财务报表范围的结构化主体	适用

图 8-1　不同的被投资主体所适用的会计准则

同时，本准则不适用于：

(1)《企业会计准则第 9 号——职工薪酬》规范的离职后福利计划或其他长期职工福利计划；

(2)《企业会计准则第 37 号——金融工具列报》规范的企业持有的对合营安排不具有共同控制或重大影响的权益投资。但是，当合营安排是一结构化主体时，相应的披露应当适用本准则。

(3) 企业持有的在其他主体中的权益投资的会计处理由《企业会计准则第 22 号——金融工具确认和计量》规范的，有关的披露适用《企业会计准则第 37 号——金融工具列报》。其中，涉及未纳入合并财务报表范围的结构化主体的，相应的披露应当适用本准则；风险资本机构、投资基金、信托公司和包括投连险基金在内的类似主体持有或间接持有以公允价值计量且其变动计入当期损益的在联营企业或合营企业中的权益投资，相应的披露应当适用本准则。

第二节　关于在其他主体中权益的定义

一、在其他主体中的权益

本准则所指的在其他主体中的权益，是指通过合同或其他形式能够使企业参与其他主体的相关活动并因此享有可变回报的权益。

在本准则中，其他主体包括企业的子公司、合营安排（包括共同经营和合营企业）、联营企业以及未纳入合并财务报表范围的结构化主体等。

企业在其他主体中的权益能够使其参与其他主体的活动，并因此享有可变回报。《企业会计准则第33号——合并财务报表》对“相关活动”和“可变回报”做了定义。相关活动是指对被投资方的回报产生重大影响的活动。可变回报是指投资方自被投资方取得的回报可能会随投资方业务而变动。根据上述定义，企业因在其他主体中的权益承受了其他主体经营业绩变动的风险。

二、结构化主体

结构化主体是指在确定其控制方时没有将表决权或类似权利作为决定因素而设计的主体。通常情况下，结构化主体在合同约定的范围内开展业务活动，表决权或类似权利仅与行政性管理事务相关。

在判断某一主体是否为结构化主体，以及判断该主体与企业的关系时，应当考虑结构化主体的定义和特征。结构化主体通常具有下列特征中的多项或全部：

（1）业务活动范围受限。通常情况下，结构化主体在合同约定的范围内开展业务活动，业务活动范围受到了限制。

（2）有具体明确的目的，而且目的比较单一。结构化主体通常是为了特殊目的而设立的主体。

（3）股本不足以支撑其业务活动，必须依靠其他次级财务支持。次级财务支持是指承受结构化主体部分或全部预计损失的可变权益。股本本身是一种次级财务支持，其他次级财务支持包括次级债权、对承担损失作出的承诺或担保义务等。

（4）以多项基于合同相关联的工具向投资方进行融资，导致信用风险集中或其他风险集中。通过向投资者发行不同等级的债券（如分级产品）等金融工具进行融资，不同等级的债券，信用风险及其他风险的集中程度也不同，可以满足不同投资者的不同需求。

【例8-1】 甲银行（发起人）委托某信托公司设立乙信托（结构化主体）。甲银行将其信贷资产转让给乙主体，以满足甲银行自身资产负债管理的需要，这是一种结构化设计。乙主体以信贷资产产生的现金流为基础通过承销商向投资者发行不同等级的资产支持证券筹集资金，并向甲银行支付信贷资产转让对价。信贷资产产生的现金流是资产支持证券投资者的收益来源，本例中，资产支持证券分为优先级和次级，其中优先级还分为优先A档、优先B档和优先C档，不同等级的证券对应着不同等级的受益权，这也是一种结构化设计。根据约定，甲银行持有乙主体发行的次级档资产支持证券，其持有规模为资产支持证券发行总规模的5%。甲银行同时向乙主体提供资产管理服务，乙主体因此向甲银行支付服务费。本例中，乙主体在信托合同等相关合同或协议约定的范围内开展业务活动，由于权益结构比较分散，表决权或类似权利不作为确定乙主体的控制方的决定性因素。该信贷资产证券化交易结构和资金流见图8-2。

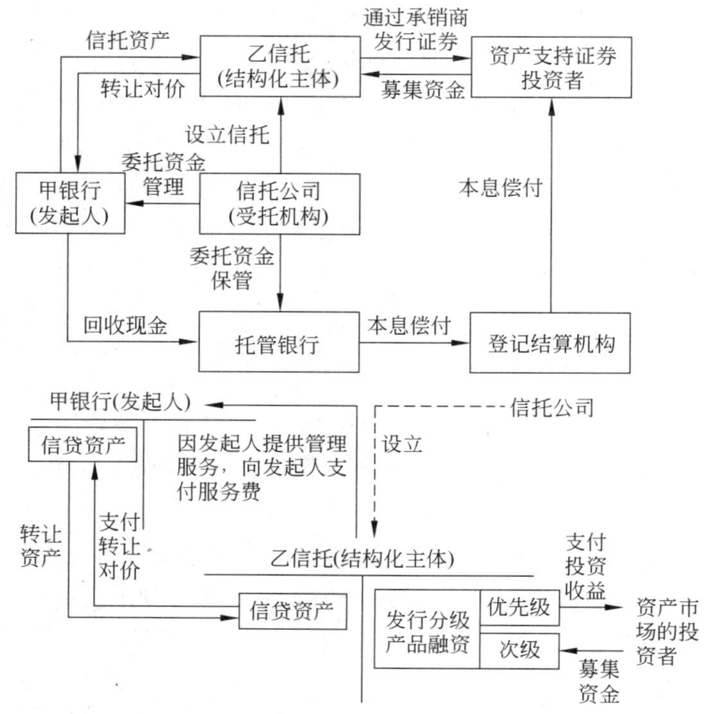

图8-2 信贷资产证券化交易结构和资金流

【例8-2】 目前国内许多商业银行都推出了与汇率、利率挂钩的结构化存款或结构化理财计划等，结构化金融产品得到了广泛关注。以商业银行的理财产品为例，当前银行推出的双币理财产品有如下几类：①光大银行等。此类产品以人民币作为投资本金，将人民币在产品投资期内应当产生的存款利息兑换成美元，将美元作为投资本金以外币理财产品的运作模式加以操作。美元产生的收益和本金以美元形式作为整体收益返还。②上海浦东发展银行等。此类产品的投资本金由两种货币组成，人民币和美元仍按原有人民币理财产品和外币理财模式分别运作，到期后分别以原先币种支付投资本金和收益。③招商银行等。此类产品的投资本金由两种货币组成，包括人民币和美元。将美元部分的资金以起息日当天的汇率折合成人民币，以作为投资本金，到期后以人民币形式返还，然后将人民币部分的资金在产品投资期内应当产生的存款利息兑换成美元，并和美元部分的资金一起作为投资本金以外币理财产品的运作模式进行操作，到期后产品的整体收益以美元支付。

除商业银行推出的结构化理财产品以外，当前受到市场欢迎的余额宝也属于结构化主体的一部分。用户将钱存入余额宝之中，余额宝与银行协议利率后将集资存入银行，因为余额宝具有资金规模优势，与银行的协议存款收取利息要高于银行活期存款利率，因此在银行返还余额宝利息之后，可以将高于市场平均利率水平的利息再返还给客户。

第三节　重大判断和假设的披露

一、对控制、共同控制、重大影响的判断

企业应当披露对其他主体实施控制、共同控制或重大影响的重大判断和假设，以及这些判断和假设变更的情况。

企业在其他主体中持有权益的，应当判断通过持有该权益企业能否对其他主体实施控制、共同控制或重大影响，并在财务报表附注中披露对控制、共同控制和重大影响的总体判断依据，针对某些具体情况作出重大判断和假设，以及权益性质改变导致企业得出与原先不同结论时所作的重大判断和假设。具体情况包括但不限于下列各项：

(1) 虽然持有其他主体半数或以下的表决权但仍控制该主体的判断和假设，以及虽然持有其他主体半数以上的表决权但并不控制该主体的判断和假设等。

(2) 虽然持有其他主体20%以下的表决权但对该主体具有重大影响的判断和假设，以及虽然拥有其他主体20%或20%以上的表决权但对该主体没有重大影响的判断和假设等。

(3) 企业通过单独主体达成合营安排的，确定该合营安排是共同经营还是合营企业的判断和假设。

(4) 确定企业是代理人还是委托人的判断和假设。企业应当根据合并财务报表的规定，判断企业是代理人还是委托人。

【例8-3】 A公司持有甲公司一部分股份，以下为不同情况的判断：

(1) A公司和B公司分别持有甲公司60%和40%的普通股，甲公司的相关活动通过股东会议上多数表决权主导，在股东会议上，每股普通股享有一票投票权，假设不存在其他因素，甲公司的相关活动由持有甲公司大多数投票权的一方主导。

在这种情况下，A公司持股比例超过50%或A公司在甲公司的董事会会议上占多数表决权，甲公司的相关活动以多数表决权主导，则A公司拥有对甲公司的控制权。

(2) A公司投资者持有甲公司40%的投票权，剩余投票权由数千位股东共同持有，但没有股东超过1%的投票权，没有任何股东与其他股东达成协议或能够做出共同决策。

因为甲公司的其他股东表决权均不超过1%，且没有迹象表明其他股东会集体表决，A公司有权任免甲公司董事会的多数成员，主导甲公司的经营活动并享有可变回报，则A

公司拥有对甲公司的控制权。

(3) A公司投资者持有甲公司40%的投票权,其他10位投资者各持有6%的投票权,股东协议授予A公司任免负责相关活动的管理人员及确定其薪酬的权力,若要改变协议,须获得三分之二的多数股东表决权同意。

在这种情况下,A公司得出结论认为,单凭投资者持有的股票权的绝对规模及相对规模无法对投资者是否拥有足以赋予其权力的权利作出结论。但是,由于A投资者规定股东协议条款赋予其任免管理人员及确定其薪酬的权利,足以说明A公司拥有甲公司的控制权。

(4) A公司持有甲公司40%的股票,其余两位投资者拥有甲公司28%的投票权,剩余投票权由其他股东持有。

在这种情况下,如果不存在影响决策的其他安排,A公司投票权的规模及其他股东持有的投票权相对规模,足以说明A公司不具有对甲公司的控制权。如果两位投资者联合可阻止A公司所做的任何决议,因此A公司与另两位投资者共同控制甲公司。

(5) A公司与其他两个投资者各自持有甲公司三分之一的表决权。除了权益工具外,A公司同时持有甲公司发行的可转换债券,该可转债可在目前及未来三年任何时间以固定价格转换为甲公司的普通股。

按照该价格,目前该期权为价外期权,但非深度价外。甲公司的经营活动与A公司密切相关,如果可转债转换为普通股,A公司将持有甲公司60%的表决权,可以据此主导甲公司的相关活动,从而实现协同效应并从中获益。这种情况下,A公司持有的潜在表决权为实质性权利。A公司持有的表决权与实质性潜在表决权结合,使A公司拥有对甲公司的控制权。

二、对投资性主体的判断

企业应当披露按照《企业会计准则第33号——合并财务报表》的要求确定为投资性主体的重大判断和假设,以及虽然不符合《企业会计准则第33号——合并财务报表》有关投资性主体的要求但仍被确定为投资性主体的原因。

依据合并报表准则要求,满足投资性主体需要符合以下条件:①该公司是以向投资者提供投资管理服务为目的,从一个或多个投资者获取资金;②该公司的唯一经营目的,是通过资本增值、投资收益或两者兼有而让投资者获得回报;③该公司按照公允价值对几乎所有投资的业绩进行考量和评价。

同时,投资性主体通常具有以下特征:①拥有一个以上投资;②拥有一个以上投资者;③投资者不是该主体的关联方;④该主体的所有者权益以股权或类似权益存在。

当企业满足投资性主体的重要判断和假设时,或者具有判断为投资性主体的原因时,企业就符合投资性主体的披露要求。

如果企业确定为投资性主体或不再被确定为投资性主体时,应当披露上述变化对财务报表的影响。被停止纳入合并财务报表范围的子公司,相关权益的会计处理方法由成本法转为以公允价值计量且变动计入当期损益，会计处理方法对财务报表将产生影响。因此，企业应在变化当期的财务报表附注中披露下列信息：①对其主体身份变化这一情况及原因予以说明；②对变化当日不再纳入合并财务范围子公司的投资的公允价值，以及按照公允价值重新计量产生的利得或损失以及相应的列报项目。

第四节　在子公司中权益的披露

一、基础信息披露

企业应当在合并财务报表附注中披露企业集团的构成，包括子公司的名称、主要经营地及注册地、业务性质、企业的持股比例(或类似权益比例)等。

子公司少数股东持有的权益对企业集团重要的，企业还应当在合并财务报表附注中披露下列信息：

(1) 子公司的名称、主要经营地及注册国家(或地区)。

(2) 少数股东持有的所有者权益比例。当少数股东持有的表决权比例不同于其所有者权益比例时，还应当披露该表决权比例。

(3) 当期归属于子公司少数股东的损益和向其支付的股利。

(4) 子公司在当期期末累计的少数股东权益余额。

(5) 子公司的主要财务信息，这些信息为集团内各企业之间相互抵消前的金额。但是，当企业在子公司中的权益按照《企业会计准则第30号——财务报表列报》的规定被划分为持有待售时，企业不必披露该子公司的主要财务信息。表8-1为原披露要求与现披露的对比。

表8-1　原披露要求与现披露的对比

原披露	现披露
子公司名称	子公司名称
子公司类型	主要经营地
注册地	注册地
业务性质	业务性质
注册资本	持股比例
出资范围	少数股东持股比例
期末实际出资额	当期归属于少数股东的损益
实质上构成对子公司净投资的其他项目余额	当期向少数股东支付的权利
持股比例(%)	期末累计少数股东权益

续表

原披露	现披露	
表决权比例(%)	主要财务信息	流动资产
是否合并报表		非流动资产
少数股东权益		资产合计
少数股东权益中用于冲减少数股东损益的金额		流动负债
从母公司所有者权益冲减子公司少数股东分担的本期亏损超过少数股东在该子公司期初所有者权益中所享有份额后的余额		非流动负债
		负债合计
		营业收入
		净利润
		综合收益总额
		经营活动现金流量

二、重大限制披露

使用企业集团资产和清偿企业集团债务存在重大限制的，企业应当在合并财务报表附注中披露下列信息：

(1) 该限制的内容，包括对母公司或其子公司与企业集团内其他主体相互转移现金或其他资产的限制，以及对企业集团内主体之间发放股利或进行利润分配、发放或收回贷款或垫款等的限制。

(2) 子公司少数股东享有保护性权利，并且该保护性权利对企业使用企业集团资产或清偿企业集团负债的能力存在重大限制的，该限制的性质和程度。

(3) 该限制涉及的资产和负债在合并财务报表中的金额。

关于重大限制的披露，原有准则要求披露的是被投资单位向投资企业(或子公司向母公司)转移资金所受到的重要限制，本准则从不同报告主体(报告企业或集团)角度，对有关重要限制的披露进行了区分，要求披露集团内企业(或主体)之间相互转移资金受到的限制等。如果重大限制对企业集团的资产和负债产生一定影响，企业应当在合并报表附注中披露该限制涉及的资产和负债在合并财务报表中的金额。

【例 8-4】 A 集团是一家上市公司，旗下有众多子公司，由于 A 集团的子公司在集团资产或清偿集团债务中存在重大限制，故而 A 集团应在其 20×4 年年报的合并报表附注中就子公司受到的重大限制作出披露：

本集团的子公司甲公司因遵循与金融企业签署的合同中关于资金流动性的要求，不能用已确认未实现的收益对集团股东发放股利。该限制涉及的金额为 1 000 万元。

本集团的子公司乙公司由于与银行签订专门协议，按照协议约定，企业用于抵押的部分资产不得擅自改变用途并转移至本集团的其他成员企业。该限制涉及的资产在合并财务报表中的金额为 5 000 万元。

三、已纳入合并报表范围内结构化主体权益的风险披露

企业存在纳入合并财务报表范围的结构化主体的，应当在合并财务报表附注中披露与该结构化主体相关的风险信息。与结构化主体相关的风险主要是指企业或其子公司需要依合同约定或其他原因向结构化主体提供财务支持或其他支持，包括帮助结构化主体取得财务支持。

本准则中提到的"财务支持"，通常包括：向结构化主体无偿提供资金；增加对结构化主体的权益投资；向结构化主体提供长期贷款；豁免结构化主体所欠的债务；从结构化主体购入资产或购买结构化主体所欠的债务；按照偏离市场公允价值的价格与结构化主体进行交易，造成企业资源的净流出；企业就结构化主体的经营业绩向第三方提供保证或承诺；其他情形。本准则所指的"其他支持"通常是指非财务方面的支持，如提供人力资源管理或其他管理服务等。

（1）有合同约定。

合同约定企业或其子公司向该结构化主体提供财务支持的，应当披露提供财务支持的合同条款，包括可能导致企业承担损失的事项或情况（例如清算安排或与购买结构化主体资产或向结构化主体提供财务支持的义务相关的信用评级触发事件）。

【例 8-5】 A 公司是 B 结构化主体的发起人，能够控制 B 主体并将其纳入合并财务报表范围。A 公司在其 20×4 年报的合并财务报表附注中对有关事项披露如下：

A 公司与 B 主体以合同方式约定，如果 B 主体不良贷款率超过 1%，造成 B 主体流动性紧张，A 公司将为 B 主体提供流动性支持，购入 B 主体所欠部分债务。购入债务的上限为 2 000 万元。

（2）没有合同约定。

在没有合同约定的情况下，企业或其子公司当期向该结构化主体提供了财务支持或其他支持（例如购买结构化主体资产或其发行的工具）的，应当披露所提供支持的类型、金额及原因，包括帮助该结构化主体获得财务支持的情况。其中，企业或其子公司当期对以前未纳入合并财务报表范围的结构化主体提供了财务支持或其他支持并且该支持导致企业控制了该结构化主体的，还应当披露决定提供支持的相关因素。

【例 8-6】 A 公司是 B 结构化主体的发起人，能够控制 B 主体并将其纳入合并财务报表范围。A 公司在其 20×4 年报的合并财务报表附注中对有关事项披露如下：

20×4 年9 月 1 日，B 主体的不良贷款率上升超过 1%，产生流动性紧张问题，很可能无法提供持续贷款，为此，在没有合同约定的情况下，A 公司购入 B 主体所欠债务 2 000 万元，为 B 主体提供流动性支持。

（3）企业存在向该结构化主体提供财务支持或其他支持的意图的，应当披露该意图，包括帮助该结构化主体获得财务支持的意图。

【例 8-7】 A公司是B结构化主体的发起人，能够控制B主体并将其纳入合并财务报表范围。A公司在其20×4年报的合并财务报表附注中对有关事项披露如下：

20×4年12月1日，B主体的不良贷款率上升超过1%，产生流动性紧张问题，很可能无法提供持续贷款，为此A公司董事会批准了在未来某一合适时点购入B主体所欠债务2 000万元的方案，A公司有意图在未来为B主体提供流动性支持。

四、在子公司所有者权益份额变化的披露

1. 未丧失控制权

企业在其子公司所有者权益份额发生变化且该变化未导致企业丧失对子公司控制权的，应当在合并财务报表附注中披露该变化对本企业所有者权益的影响。

【例 8-8】 A公司持有B公司70%的股权，能够对B公司实施控制。20×4年5月，A公司出售持有B公司的10%股份，出售后持有B公司60%股权，仍对B公司拥有控制权。A公司在20×4年报的合并报表附注中对该项交易应作如下披露：

A公司20×4年5月1日处置部分B公司的投资（占B公司股份的10%）但未丧失对B公司的控制权。处置股权取得的对价为1 000万元，该项交易导致少数股东权益增加700万元，资本公积增加300万元。

2. 丧失控制权

企业丧失对子公司控制权的，原准则要求披露该子公司的名称、母公司的持股比例和表决权比例、本期不再成为子公司的原因，以及其在处置日和上一会计期间资产负债表日资产、负债和所有者权益的金额以及本期期初至处置日的收入、费用和利润的金额等，本准则要求披露如下信息：

（1）由于丧失控制权而产生的利得或损失以及相应的列报项目。

（2）剩余股权在丧失控制权日按照公允价值重新计量而产生的利得或损失。

【例 8-9】 A公司持有B公司70%的股权，能够对B公司实施控制。20×4年5月，A公司出售持有B公司的50%股份，出售后持有B公司20%股权，丧失对B公司的控制权。A公司在20×4年报的合并报表附注中对该项交易应作如下披露：

A公司20×4年5月1日处置部分B公司的投资（占B公司股份的50%），丧失对B公司的控制权。处置股权取得的对价为5 000万元，该项交易的收益为400万元，列示在合并财务报表的“投资收益”中。处置当日剩余股权的公允价值为2 100万元，剩余股权按照公允价值计量而产生的利得为100万元。

五、企业是投资性主体的且存在未纳入合并范围内子公司相关权益信息的披露

企业按照合并财务报表准则被确定为投资性主体，且存在未纳入合并财务报表范围的子公司，并对该子公司的权益按照公允价值计量且其变动计入当期损益的，应当在财务

报表附注中对该情况予以说明。同时，应当披露该子公司的基础信息和与权益相关的风险信息。

1. 子公司的基础信息

企业（母公司）是投资性主体的，对未纳入合并财务报表范围的子公司，企业应当披露下列基础信息：①子公司的名称、主要经营地及注册地。②企业对子公司的持股比例。持股比例不同于企业的表决权比例的，企业还应当披露该表决权比例。企业的子公司也是投资性主体且该子公司存在未纳入合并报表范围的下属子公司的，企业应当按照上述要求披露该下属子公司的相关信息，如图 8-3 所示。

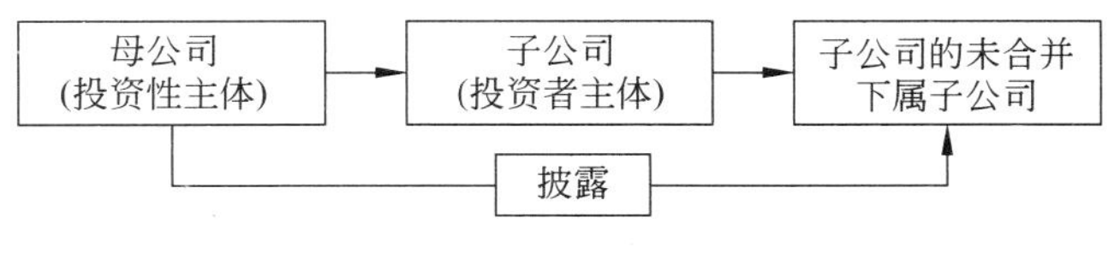

图 8-3　母公司的披露义务

2. 子公司的权益信息

企业是投资性主体的，对其在未纳入合并财务报表范围的子公司中的权益，应当披露与该权益相关的风险信息：

（1）该未纳入合并财务报表范围的子公司以发放现金股利、归还贷款或垫款等形式向企业转移资金的能力存在重大限制的，企业应当披露该限制的性质和程度。

（2）企业存在向未纳入合并财务报表范围的子公司提供财务支持或其他支持的承诺或意图的，企业应当披露该承诺或意图，包括帮助该子公司获得财务支持的承诺或意图。在没有合同约定的情况下，企业或其子公司当期向未纳入合并财务报表范围的子公司提供财务支持或其他支持的，企业应当披露提供支持的类型、金额及原因。

（3）合同约定企业或其未纳入合并财务报表范围的子公司向未纳入合并财务报表范围，但受企业控制的结构化主体提供财务支持的，企业应当披露相关合同条款，以及可能导致企业承担损失的事项或情况。

在没有合同约定的情况下，企业或其未纳入合并财务报表范围的子公司当期向原先不受企业控制且未纳入合并财务报表范围的结构化主体提供财务支持或其他支持，并且所提供的支持导致企业控制该结构化主体的，企业应当披露决定提供上述支持的相关因素。

第五节　在合营企业或联营企业中权益的披露

一、合营安排和联营企业的基础信息

合营企业或联营企业的披露与子公司有相似之处，准则声明当存在重要的合营安排和联营企业时，企业应当披露下列信息：

(1) 合营安排或联营企业的名称、主要经营地及注册国家(或地区)。

(2) 企业与合营安排或联营企业的关系，包括合营安排或联营企业经营活动性质及其是否在战略上影响企业活动等。

(3) 企业所持有的参与份额或所有者权益比例。当表决权比例不同于其持有的参与份额或所有者权益比例时，还应当披露持有的表决权比例。

其中，联营企业是指投资者对其有重大影响，但不是投资者的子公司或合营企业的企业。当某一企业或个人拥有另一企业20%或以上至50%表决权资本时，通常被认为投资者对被投资企业具有重大影响，则该被投资企业可视为投资者的联营企业。

合营安排是指按合同约定对某项经济活动所共有的控制，是指由两个或多个企业或个人共同投资建立的企业，该被投资企业的财务和经营政策必须由投资双方或若干方共同决定。

合营安排不同于联营企业。投资者对联营企业只具有重大影响，即对被投资企业的经营决策和财务决策只具有参与决策的权利，而不具有控制权；而合营者对投资企业的经营决策和财务决策具有控制权，虽然这种控制权是共同控制。

根据财政部《企业会计准则第41号——在其他主体中权益的披露》指南要求，企业应该采用表8-2所示格式披露合营安排或联营企业的基础信息。

表8-2　企业披露基础信息的格式

企业名称	主要经营地	注册地	持股比例	业务性质	对企业活动是否具有战略性

【例8-10】 2013年中国工商银行(H股)关于联营公司信息年报摘录，见表8-3。

表8-3　2013年中国工商银行年报摘录

公司名称	股权比例/%		表决权比例/%	成立注册地	业务性质
	2013年12月31日	2012年12月31日	2013年12月31日		
标准银行集团有限公司①	20.09	20.05	20.09	南非约翰内斯堡	商业银行

① 标准银行是一家位于南非共和国的上市商业银行并且是本集团的战略合作伙伴，能够为集团广大非洲市场的客户群服务。

本公司归属于标准银行的上市投资市值截至2013年12月31日为人民币240.16亿元(2012年12月31日：人民币279.9亿元)。

二、合营企业和联营企业的财务信息

1. 重要的合营企业或联营企业

对于重要的合营企业或联营企业，企业除了应当披露基础信息外，还应当披露对合营企业或联营企业投资的会计处理方法，从合营企业或联营企业收到的股利，以及合营企业或联营企业在其自身财务报表中的主要财务信息。

企业对上述合营企业或联营企业投资采用权益法进行会计处理的，上述主要财务信息应当是按照权益法对合营企业或联营企业相关财务信息调整后的金额；同时，企业应当披露将上述主要财务信息按照权益法调整至企业对合营企业或联营企业投资账面价值的调节过程。企业对上述合营企业或联营企业投资采用权益法进行会计处理但该投资存在公开报价的，还应当披露其公允价值。

原准则要求下联营企业与合营企业投资披露的财务信息如下（见表 8-4）：

表 8-4 原准则下应披露的财务信息

本企业持股比例/%	本企业在被投资单位表决权比例/%	被投资单位名称	期末资产总额	期末负债总额	期末净资产总额	本期营业收入总额	本期净利润
一、合营企业							
二、联营企业							

合营企业、联营企业的重要会计政策、会计估计与公司的会计政策、会计估计存在重大差异的说明。

【例 8-11】 2013 年内蒙古伊利实业集团股份有限公司年报摘录，见表 8-5。

表 8-5 2013 年内蒙古伊利集团年报摘录 单位：元

被投资企业名称	本企业持股比例/%	本企业在被投资单位表决权比例/%	期末资产总额	期末负债总额	期末净资产总额	本期营业收入总额	本期净利润
泰安伊特乳业有限责任公司	30	30	33 991 829.22	15 039 605.86	18 952 223.36	120 663 147.54	1 418 631.79
石河子开发区绿洲牧业奶牛养殖有限责任公司	40	40	42 881 110.37	21 200 877.00	21 680 233.37	13 728 670.12	1 782 840.82
呼伦贝尔盛鑫投资有限公司	40	40	48 149 404.29	264 234.79	47 885 169.50		−433 265.68

新准则要求下联营企业与合营企业披露的财务信息如下（见表 8-6）：

【例 8-12】 2013 年中国工商银行（H 股）年报关于联营企业财务信息的摘录。

标准银行的财务信息列示如下（见表 8-7），并在本集团合并财务报表中进行了权益法调整，其采用会计政策与本集团一致。

表 8-6 新准则下应披露的财务信息

项　　目	本期数			上期数		
	A企业	B企业	…	A企业	B企业	…
流动资产						
其中：现金和现金等价物						
非流动资产						
资产合计						
流动负债						
非流动负债						
负债合计						
净资产						
按持股比例计算的净资产份额						
调整事项						
对合营(联营)企业权益投资的账面价值						
存在公开报价的权益投资的公允价值						
营业收入						
财务费用(联营企业无)						
所得税费用(联营企业无)						
净利润						
其他综合收益						
综合收益总额						
企业本期收到的来自合营(联营)企业的股利						

(注：存在终止经营的净利润的，还应当在本表中单列项目披露)

表 8-7 标准银行的财务信息　　单位：元

项　　目	2013年	2012年
联营公司总额		
资产	985 554	1 138 166
负债	894 821	1 039 279
净资产	90 733	98 887
收入	44 931	52 757
持续经营净利润	9 919	12 433
其他综合收益	3 798	1 033
综合收益总额	13 717	13 436

续表

项　　目	2013 年	2012 年
联营公司股利分配	3 742	4 836
联营公司权益法调整		
归属于母公司的联营公司净资产	77 871	86 065
实际享有联营公司权益份额	20 09%	20.05%
分占联营公司净资产	15 644	17 256
商誉	12 277	15 433
合并财务状况表中的投资标准银行的账面价值	27 921	32 689

2. 不重要的合营企业或联营企业

企业在单个合营企业或联营企业中的权益不重要的，应当分别就合营企业和联营企业两类披露下列信息：按照权益法进行会计处理的对合营企业或联营企业的净利润、终止经营的净利润、其他综合收益、综合收益等项目，企业按照其持股比例计算的金额的合计数。企业是投资性主体的，不需要披露上述信息。表 8-8 为要求的不重要合营企业和联营企业汇总信息的披露格式。

表 8-8　汇总信息的披露格式　　单位：元

项　　目	本期数	上期数
合营企业（联营企业）		
投资账面价值合计		
下列各项按持股比例计算的合计数		
净利润		
其他综合收益		
综合收益总额		

（注：存在终止经营的净利润的，还应当在本表中单列项目披露）

三、与企业在合营企业和联营企业中权益有关的风险信息

1. 对转移资金能力的重大限制

合营企业或联营企业以发放现金股、归还贷款或垫款等形式向企业转移资金的能力存在重大限制的，企业应当披露该限制的性质和程度。

【例 8-13】　A 合营企业与独立第三方签订借款合同，合同约定了合营企业在未清偿债务的情况下，不允许向其他方提供贷款。则企业应当在财务报表附注中披露以下内容：A 合营企业与 B 企业（独立第三方）签订借款合同，按照合同规定，A 企业在完全偿还所借 1 000 万元本金及相应利息前不允许将企业资金贷款给其他方，该项限制涉及的金额为

3 000 万元。

2. 超额亏损

企业对合营企业或联营企业投资采用权益法进行会计处理，被投资方发生超额亏损且投资方不再确认其应分担合营企业或联营企业损失份额的，应当披露未确认合营企业或联营企业损失份额，包括当期份额和累计份额。合营企业或联营企业的亏损情况可以用文字形式披露，也可以用以下表格形式披露相关信息（见表8-9）。

表8-9 披露相关信息的格式 单位：元

被投资单位名称	前期累计未确认的损失份额	本期未确认的损失份额（或本期实现净利润的分享额）	本期末累计未确认的损失份额
合营企业			
(1)			
…			
小　计			
联营企业			
(1)			
…			
小　计			
合　计			

【例8-14】 A公司持有B公司30%的股权，能够对B公式施加重大影响。20×3年度，B公司发生净亏损20 900万元，20×4年B公司发生净亏损10 000万元，假定A公司应收B公司的长期款项100万元且实质构成对B公司的净投资额。则A公司应当披露如下（见文字形式和表8-10）：

文字形式：

20×3年度被投资企业B公司发生亏损10 000万元，本公司按照持股比例应当分担损失3 000万元。由于本公司对B公司权益投资的账面价值为6 000万元，对实质构成B公司净投资额的长期应收款100万元，前期已确认投资损失6 100万元，超额损失170万元，因此本公司当期不确认投资损失。当期未确认的对B公司投资的损失份额为3 000万元，本期末累计确认未确认的对B公司投资的损失份额为3 170万元。

表格形式：

表8-10 披露信息 单位：万元

被投资单位名称	前期累计未确认的损失份额	本期未确认的损失份额（或本期实现净利润的分享额）	本期末累计未确认的损失份额
联营企业：			
B公司	170	3 000	3 170
合　计	170	3 000	3 170

3. 与合营企业投资相关的未确认承诺

企业应当单独披露与合营企业有关的未确认承诺，包括因合营企业协议、无条件购买义务等产生的提供资助的未确认承诺和在未来购买其他企业在合营企业权益投资的未确认承诺等。这就要求企业不仅要披露已确认的协议与财务信息，还要披露未确认的意向，对于表外披露的要求进一步明确和提高。

4. 或有负债

企业应当单独披露与其对合营企业或联营企业投资相关的或有负债，但不包括绩效可能导致经济利益流出企业的或有负债。企业应当按照《企业会计准则第 13 号——或有事项》来判断某一事项是否属于或有负债。如果企业与合营企业的其他参与方、联营企业的其他投资方共同承担某项或有负债，则应当在财务报表附注中披露在该或有负债中企业所承担的份额。在或有负债较多情况下，企业可以按照其类别加以汇总。

【例 8-15】 A 公司对其联营企业 B 公司提供担保，承诺担保期内承担 B 公司应付赔偿金额的 30%，20×4 年 12 月 B 公司因合同违约被法院起诉，经专业人士判断，很有可能赔偿 100 万元，则 A 公司 20×4 年 12 月 31 日的财务报表附注中应当对或有负债披露如下：

20×4 年 1 月 1 日，本公司为联营企业 B 公司提供财务担保，就 B 公司应付赔偿金额承担 30%的责任，20×4 年 12 月 1 日，B 公司未如期履行合同被起诉，经专业人士判断很有可能败诉赔偿 100 万元。本公司因此确认或有负债 30 万元。

第六节　在未纳入合并报表范围的结构化主体中权益的披露

一、未纳入合并报表范围的结构化主体的基础信息

对于未纳入合并报表范围的结构化主体，企业应当披露该结构化主体的性质、目的、规模、活动及融资方式，包括与之相关的定性信息和定量信息。其中，结构化主体的规模通常以资产总额或所发行证券的规模来表示，融资方式包括股权融资、债权融资以及其他融资方式。根据重要性的原则加以判定，企业可以汇总披露结构化主体信息。

【例 8-16】 工商银行(H 股)2013 年年报中就未纳入合并财务报表范围的结构化主体的基础信息披露如下：

本集团发起设立的未纳入合并报表范围的结构化主体，主要包括本集团发行的非保本理财产品和投资基金。这些结构化主体的性质和目的主要是管理投资者的资产并收取管理费，其融资方向是向投资者发行投资产品。本集团在这些未纳入合并报表范围的结构化主体中享有的权益主要包括直接持有投资或通过管理这些投资化主体赚取管理费收入。于 2013 年 12 月 31 日，本集团因直接持有投资以及应收手续费而在财务状况表中反映的资产项目的账面价值金额不重大。

于2013年12月31日，本集团发起设立但未纳入本集团合并财务报表范围的非保本理财产品及投资基金规模余额分别为人民币8 475亿元及人民币2 268.61亿元。

二、与权益相关资产负债的账面价值和最大损失敞口

企业在未纳入合并财务报表范围的结构化主体中应当披露如下信息：①在财务报表中确认的与企业在未纳入合并财务报表范围的结构化主体中权益相关的资产和负债的账面价值及其在资产负债表中的列报项目。②在未纳入合并财务报表范围的结构化主体中权益的最大损失敞口及其确定方法。企业不能量化最大损失敞口的，应当披露这一事实及其原因。③在财务报表中确认的与企业在未纳入合并财务报表范围的结构化主体中权益相关的资产和负债的账面价值与其最大损失敞口的比较。

风险敞口指未加保护的风险，即因债务人违约行为导致的可能承受风险的信贷余额，实际所承担的风险，一般与特定风险相连，敞口大并不意味着风险大。例如向一个企业贷款100万元，其中40万元有外部担保，60万元没有担保，那么风险敞口是60万元。

【例8-17】 A公司20×4年年报中，与在未纳入合并财务报表范围的结构化主体中权益相关的资产负债账面价值和最大敞口的信息披露如表8-11所示。

表8-11 有关信息披露 单位：万元

项目	账面价值	最大损失敞口	账面价值	最大损失敞口
	20×4年	20×4年	20×3年	20×3年
次级债券	100	100	130	130
信用违约互换(负债)	(100)	(1 600)	(90)	(1 500)
应收融资租赁款	20	20	100	100
财务担保		(1 800)		(1 800)

次级债券列示在企业财务报表的“持有至到期投资”项目中。最大损失敞口为次级债券在资产负债表日的账面价值(摊余成本)。

信用违约互换列示在企业财务报表的“衍生金融负债”项目中。最大损失敞口为相关贷款全部违约情况下企业需要偿付的本金和利息之和。

应收融资租赁款列示在企业财务报表的“贷款”项目中。最大损失敞口为应收融资租赁款在资产负债表日的账面价值。

财务担保因其发生的可能性很小，所以未在企业财务报表中确认。最大损失敞口为相关金融工具的名义金额。

【例8-18】 工商银行(H股)2013年年报中就未纳入合并财务报表范围的结构化主体的资产负债账面价值和最大敞口的信息如下：

截至2013年12月31日，本公司通过直接持有投资而在第三方机构发起设立的结构化主体中享有的权益的账面价值列示如下(见表8-12)。

表 8-12　账面价值和最大损失敞口信息　　单位：万元

项　　目	本集团	
	2013 年 12 月 31 日	
	账面价值	最大损失敞口
投资基金	2 039	2 039
理财产品	6 220	6 220
专项资产管理计划	140 566	140 566
资产支持融资	736	736
总　　计	149 561	149 561

截至 2013 年 12 月 31 日，本公司通过直接持有投资而在第三方机构发起设立的结构化主体中享有的权益在本集团财务状况表中的相关资产负债项目列示如下：

表 8-13　工商银行享有的结构化主体之权益的信息披露示例　　单位：万元

项　　目	本集团		
	2013 年 12 月 31 日		
	持有至到期投资	可供出售金融资产	指定为以公允价值计量且其变动计入当期损益的金额
投资基金		2 039	
理财产品		6 220	
专项资产管理计划			140 566
资产支持融资	517	219	
总　　计	517	8 478	410 566

投资基金、理财产品及专项资产管理计划的最大损失敞口为其在报告日的公允价值。资产支持融资债券的最大损失敞口按其在财务状况表中确认的分类为其在报告日的摊余成本或公允价值。

三、企业是结构化主体的发起人但在结构化主体中没有权益的情况

企业发起设立未纳入合并财务报表范围的结构化主体，但资产负债表日在该结构化主体中没有权益的，企业不需要披露上述要求的信息(结构化主体基本信息和相关账面价值及最大损失敞口)，但应当披露以下信息：①企业作为该结构化主体发起人的认定依据；②分类披露企业当期从该结构化主体获得的收益、收益类型；③当期转移至该结构化主体的所有资产在转移时的账面价值。

【例 8-19】　A 公司是结构化主体的发起人但在结构化主体中没有权益，20×4 年年报合并报表附注中 A 公司披露如下：

本公司作为结构化主体的认定依据为，本公司单独创建了该结构化主体，同时本公司是该结构化主体的最主要服务对象，结构化主体为本公司提供了生产所需的重要资金。20×4年本公司从发起的结构化主体获得收益的情况以及当期向结构化主体转移资产的情况如表8-14所示。

表8-14 获得收益情况及转移资产情况 单位：万元

结构化主体类型	当期从结构化主体获得的收益			当期向结构化主体转移资产账面价值
	服务收费	向结构化主体出售资产的利得(损失)	合计	
信用资产证券化	20	16	36	300
合　　计	20	16	36	300

四、向未纳入合并报表范围的结构化主体提供支持的情况

企业应当披露其向未纳入合并财务报表范围的结构化主体提供财务支持或其他支持的意图，包括帮助该结构化主体获得财务支持的意图。

在没有合同约定的情况下，企业当期向结构化主体（包括企业前期或当期持有权益的结构化主体）提供财务支持或其他支持的，还应当披露提供支持的类型、金额及原因，包括帮助该结构化主体获得财务支持的情况。

五、未纳入合并财务报表范围结构化主体额外信息披露

按照在其他主体中权益披露的指南要求，如果企业按照本准则要求披露的有关未纳入合并财务报表范围的结构化主体信息，仍不能充分反映相关风险及对企业的影响，企业还应当额外披露信息。

(1) 合同约定企业在特定情况下需要向未纳入合并财务报表范围的结构化主体提供财务支持或其他支持的，企业应当披露相关的合同条款及有关信息。

(2) 企业因在未纳入合并财务报表范围的结构化主体中持有权益而当期遭受损失的，企业应当披露损失的金额，包括计入当期损益的金额和计入其他综合收益的金额。

(3) 企业在未纳入合并财务范围的结构化主体中持有权益，如果企业当期取得与该权益相关的收益，企业应当披露收益的类型。

(4) 在合同约定企业和其他主体需要承担未纳入合并财务报表范围结构化主体的损失的情况下，企业应当披露企业和其他主体需要承担损失的最大限额以及承担损失的先后顺序。

(5) 企业应当披露第三方提供的、对企业在未纳入合并财务范围的结构化主体中的公允价值或风险可能产生影响的流动性支持、担保、承诺等。

(6) 企业应当披露当期未纳入合并财务报表范围的结构化主体在融资活动中遇到的

困难，主要是指债务融资或股权融资遇到的困难。

（7）企业应当披露与未纳入合并财务报表范围的结构化主体融资业务有关的信息，包括融资形式（如商业票据、中长期票据）及其加权平均期限。特别是当结构化主体投资长期资产但资金来源于短期负债时，企业需要分析该结构化主体资产和负债的期限结构，并披露这一情况。

第七节　衔接规定

企业比较财务报表中披露的本准则施行日之前的信息与本准则要求不一致的，应当按照本准则的规定进行调整，但有关未纳入合并财务报表范围的结构化主体的披露要求除外。

为了保证财务信息更具有可比性，在本准则施行日当年的年报中，企业应当按照本准则的规定对以前年度的有关信息进行调整，将调整后的信息作为比较信息披露在年报中。但是，由于对企业在未纳入合并财务报表范围的结构化主体中权益的披露要求是本准则新增的披露要求，企业对这部分权益只需要提供本准则施行日当年的信息，不需要提供以前年度的比较信息。

参考文献

1. Abbas Ali Mirza, Graham J. Holt. Wiley IFRS: Practical Implementation Guide and Workbook[M]. Wiley, 2011.
2. Ernst & Young. Generally Accepted Accounting Practice Under International Financial Reporting Standards [M]. John Wiley &Sons, 2013.
3. Pricewaterhouse Coopers. Manual of Accounting: IFRS 2013 Pack [M]. Bloomsbury Professional,2012.
4. 财政部. 关于印发修订《企业会计准则第 2 号——长期股权投资》的通知. 财会〔2014〕14 号.
5. 财政部. 关于印发修订《企业会计准则第 9 号——职工薪酬》的通知. 财会〔2014〕8 号. 2014. 1.
6. 财政部. 关于印发修订《企业会计准则第 33 号——合并财务报表》的通知. 财会〔2014〕10 号. 2014. 2.
7. 财政部. 企业会计准则 37 号——金融工具列报. 2014. 6.
8. 财政部. 企业会计准则第 30 号——财务报表列报. 2014. 1.
9. 财政部. 企业会计准则第 39 号——公允价值计量. 2014. 1.
10. 财政部. 企业会计准则第 40 号——合营安排. 2014. 2.
11. 财政部. 企业会计准则第 41 号——在其他主体中权益的披露. 2014. 3.
12. 财政部会计司编写组. 企业会计准则讲解 2010[M]. 北京：人民出版社,2010. 10.
13. 陈朝琳.《企业会计准则第 39 号——公允价值计量》解读[J]. 财会通讯：综合(上)，2014(7)：103-104.
14. 樊晓霞，章雁. 新修订薪酬会计准则与 IAS19 的比较分析[J]. 交通财会，2014(6)：22-26.
15. 高晟星. 解析《国际财务报告准则第 11 号——合营安排》[J]. 中国注册会计师，2012(5)：112-116.
16. 葛家澍，徐跃. 会计计量属性的探讨——市场价格、历史成本、现行成本与公允价值[J]. 会计研究，2006(9)：16-16.
17. 葛家澍. 试评 IASB/FASB 联合概念框架的某些改进——截至 2008 年 10 月 16 日的进展[J]. 会计研究,2009(4)：3-11.
18. 顾先英.《国际财务报告准则第 11 号——合营安排》的难点解析[J]. 财务与会计，2011(9)：23-25.
19. 哈里森,等. 财务会计：国际财务报告准则[M]. 8 版. 上海：格致出版社，2013.
20. 罕尼·梵·格鲁宁. 国际财务报告准则：实用指南[M]. 北京：中国财政经济出版社，2013.
21. 胡格沃特. 论全球会计准则：国际会计准则理事会主席汉斯·胡格沃斯特演讲实录[M]. 上海：上海财经大学出版社，2014.
22. 黄晔，梁飞媛. 国际财务报表列报改革的重要进展与评价[J]. 财会研究，2014(8)：26-27.
23. 梁志艳. 我国同一控制下企业合并会计问题研究[D]. 大连：东北财经大学,2013.
24. 刘丽波. "应付职工薪酬——带薪缺勤"的会计处理[J]. 财务与会计，2014(6)：41-43.
25. 刘全荣. 解读《企业会计准则 41 号——在其他主体中权益的披露》[J]. 现代商业，2014(20)：232-233.
26. 美国财务会计准则委员会. 美国财务会计准则. 149-150 号. 金融工具和套期保值会计修订. 北京：经济管理出版社，2007. 9.

27. 企业会计准则编审委员会. 企业会计准则案例讲解(2014 年版)[M]. 上海：立信会计出版社，2014.
28. 曲晓辉，等. 中国会计准则的国际趋势同效果研究[M]. 上海：立信会计出版社，2011.
29. 汪祥耀，金一禾. 财务报告概念框架列报与披露演进[J]. 财会通讯，2014，13：6-9.
30. 汪祥耀，金一禾. 金融工具列报准则国际发展及启示[J]. 财会通讯：综合(上)，2013(6)：6-9.
31. 汪祥耀，沈灵奕. 我国在其他主体中权益的披露准则(征求意见稿)的相关比较和完善建议[J]. 会计之友，2013(27)：11-15.
32. 王更峰. 2014 年企业会计准则修订变化亮点与企业应对的浅思[J]. 会计师，2014(8)：20-21.
33. 王菁菁，刘光忠. 金融工具减值预期损失模型的演进与会计准则体系变迁——兼评 IASB《金融工具：预期信用损失》征求意见稿[J]. 会计研究，2014(5)：37-43.
34. 王晓国. 对我国公允价值计量运用若干问题的思考[J]. 当代经济，2014(21)：116-117.
35. 温青山，何涛，姚淑瑜，等. 基于财务分析视角的改进财务报表列报效果研究——来自中石油和中石化的实例检验 [J]. 会计研究，2009(10)：10-17.
36. 小企业会计准则编审委员会. 小企业会计准则讲解(2014 年版)[M]. 上海：立信会计出版社，2014.
37. 徐大刚. 后金融危机时代的国际会计准则研究[M]. 北京：经济日报出版社，2012.
38. 许磊. 套期会计国际准则最新成果与启示[J]. 财会月刊，2014(17)：84-86.
39. 宣和. IFRS9 对金融资产和金融负债分类与计量原则的修改及其应对[J]. 中国注册会计师，2014(5)：95-102.
40. 亚历山大，等. 国际会计准则指南(英文版)[M]. 北京：中信出版社，2004.
41. 张莺. 浅析《企业会计准则第 30 号——财务报表列报》的新旧变化及其对上市公司年报披露的影响[J]. 经济师，2014(3)：136-138.
42. 张卓. 股权投资程度与投资核算方法选择——基于国际会计准则标准[J]. 财会月刊(上)，2014(4)：7-9.
43. 赵玉辉. 关于企业合并报表会计问题的分析与思考[J]. 中国总会计师，2014(7)：76-77.
44. 周红，王建新，张铁铸，等. 国际会计准则[M]. 2 版. 大连：东北财经大学出版社，2012.
45. 周明春，袁延松. 同一控制下形成的长期股权投资会计处理相关问题研究[J]. 会计研究，2010(4)：21-25.
46. 周萍. 财务报表列报准则新变化解析[J]. 财务与会计，2014(7)：48-50.